中国高级工商管理丛书

CEO公司治理

（第二版）

李维安　牛建波　等编著

北京大学出版社
PEKING UNIVERSITY PRESS

图书在版编目(CIP)数据

CEO公司治理/李维安等编著.—2版.—北京:北京大学出版社,2014.8
(中国高级工商管理丛书)
ISBN 978-7-301-24671-9

Ⅰ.①C… Ⅱ.①李… Ⅲ.①公司—企业管理 Ⅳ.①F276.6

中国版本图书馆CIP数据核字(2014)第190125号

书　　名:CEO公司治理(第二版)
著作责任者:李维安　牛建波　等编著
责 任 编 辑:郝小楠
标 准 书 号:ISBN 978-7-301-24671-9/F·4020
出 版 发 行:北京大学出版社
地　　址:北京市海淀区成府路205号　100871
网　　址:http://www.pup.cn
电 子 信 箱:em@pup.cn
新 浪 微 博:@北京大学出版社
电　　话:邮购部62752015　发行部62750672　编辑部62752926　出版部62754962
印 刷 者:北京宏伟双华印刷有限公司
经 销 者:新华书店
787毫米×1092毫米　16开本　21.25印张　478千字
2011年1月第1版
2014年8月第2版　2021年10月第6次印刷
印　　数:12001—13800册
定　　价:54.00元

丛书序言

在我国高校MBA教育项目成功开办十周年后，国务院学位委员会于2002年7月正式批准我国30所高校开办EMBA教育项目。从此，一批具有高层管理经验的企业家、董事长和总经理等纷纷报考高级工商管理硕士研究生，再次走进高校，开始他们的学习生涯。工作之余，继续学习。他们刻苦钻研，深究理论，联系实际，探讨改革，在课堂上提出许多中国特有的、具有理论挑战性的管理问题。这批具有丰富实践经验、勤于探索的学生与高校的管理学院之间形成了实践和理论的互动，推动了我国高校管理学院在教学和科研方面的改革和创新。

自清华、北大、复旦、上海交大、西安交大、厦大和南京大学等30所高校开办EMBA教育项目以来，EMBA教育特有的学习和培养模式深受国有企业、外资公司和民营企业高级管理人员的欢迎。他们当中不乏硕士、博士，不乏高级工程师、高级经济师等，但他们有着与众不同的学习目标——不为学历为学习，不为文凭为求知，不为自己为企业，不为现状为未来。我国30所高校的管理学院，在国务院学位委员会的领导下，由全国MBA教育指导委员会组织全国著名专家学者，借鉴国际上EMBA教育的经验，结合中国国情，认真设计和制定了EMBA教育项目的培养方案、课程体系和管理办法；密切注意EMBA教育中出现的问题，提出和制定了相应的政策和管理规范；设计和制定了EMBA教育基本教学规范和教学质量评估方案，并对全国30所招收EMBA研究生的高校进行了教学质量评价。这些举措有力地推动了我国EMBA教育的健康发展。

五年多来，在各高校管理学院的努力之下，EMBA教育的总体发展趋势良好，并涌现了一批优秀的EMBA教师。他们按照我国EMBA研究生培养方案中的课程体系和教学要求，借鉴全国重点高等院校和国际一流大学EMBA课程教学的经验，根据EMBA学生的特点，精选教学内容，结合典型案例，善于联系实际，授课生动活泼，深受学生欢迎。他们丰富的教学经验，是我国管理教育的一笔宝贵财富。为此，北京大学出版社在全国MBA教育指导委员会的支持下，邀请国内一流EMBA院校的负责人和活跃在EMBA教学一线的知名学者组成“中国高级工商管理丛书”编委会，遴选国内一流EMBA院校中在EMBA教育领域已积累丰富经验、深受学生欢迎的知名教师为各书作者，组织撰写和出版“中国高级工商管理丛书”。

本系列丛书针对企业高层管理者在现代管理思想、领导能力、综合决策方面的实际需要，强调管理理论的知识整合和决策导向，注重使用通俗易懂的语言和国内外典型案例，讲授涉及企业全局性、战略性、前瞻性等方面的管理问题，使广大企业高层管理人员能尽快掌握系统的工商管理理论要点和分析决策方法，结合企业管理实践进行有效的管理决策。本系列丛书具有如下特点：

1. 实用性。本系列丛书参照 EMBA 培养方案和课程体系，以全国重点高等院校和国际一流大学所开设的 EMBA 主干课程为基础，邀请具有丰富教学经验的知名专家学者，尊重和鼓励他们在教学内容和教学组织等方面有所突破和创新，同时结合国情，根据我国高层管理人员的管理实践需要，精选教学内容和案例，设计和撰写适合我国高层管理人员实际需要的教材。丛书内容充分吸收了中国企业管理的智慧和经验，具有突出的中国特色。

2. 思想性。本系列丛书针对企业高层管理人员在企业实际运作中面临的企业组织、公司治理、竞争力、财务、资本运作、人力资源、营销、生产和运作等战略性问题，在准确、精练地阐述每个领域的基本理论的同时，结合在中国本土的各类企业的实践，深入挖掘管理实践背后的理论观点和思想内涵，注重启发读者的思维，使读者既能掌握先进的现代管理理念，又能增强解决实际问题的能力。

3. 广泛性。本系列丛书坚持“学以致用，学以致道”的原则，旨在为企业高层管理人员提供一整套系统、实用的企业管理理论和分析方法，为其发现、分析和解决企业各类战略决策问题服务。由于语言通俗易懂，理论突出重点而又简练，分析精辟而独到，案例经典且有借鉴价值，因此本系列丛书不仅适合作为 EMBA 研究生主干课程的教材，同时也适合作为国际通行的高级管理人员培训项目 EDP（Executive Development Program）或企业高级管理人员自学的教材。

此外，本系列丛书将在出版基础教材的同时，推出教学课件，包括教学 PPT、思考与练习题参考答案和案例分析示范等配套教辅材料，以尽可能地方便教师使用。

基于此，我代表编委会真诚地向各位读者推荐这套丛书，并希望这套丛书在今后能够持续地吸收来自读者的意见和建议，在可以预见的将来成为不仅能够充分地满足国内读者学习高层管理知识的需要，同时也因为它日益完善的本土特色而有朝一日成为国外读者了解和学习中国高层管理知识的首选。

赵纯均

全国 MBA 教育指导委员会常务副主任

2008 年 1 月 30 日

再版前言

伴随着我国企业改革的逐步深化和公司治理由行政型治理向经济型治理的转型，围绕规则、合规、问责而进行的治理机制建设使我国上市公司治理的合规性明显改善，南开大学中国公司治理研究院持续发布的中国公司治理指数显示，我国公司治理水平整体呈上升态势。

近年来，治理改革逐渐扩展到非营利组织、政府改革等层面，对公司治理人才的需求快速增加。同时，海内外的治理改革也呈现出一些新的问题和动向，治理理念和治理思维的重要性日益凸显。在这样的背景下，为培养能将公司治理理论与实践有机结合的公司治理人才，便于 MBA、EMBA 等学员系统地学习公司治理理论与方法，便于企业和社会各界人士了解公司治理的精要，遂再版该书，以期不负读者厚望。

伴随着治理改革的全面展开，对治理思维的深入思考，党的十八届三中全会提出："全面深化改革的总目标是完善和发展中国特色社会主义制度，推进国家治理体系和治理能力现代化。"这就使得治理的思维与范畴上升到为国家顶层设计提供基本视角与原则的地位，治理成为广为热议却时常被曲解的"时尚"。所谓"治理"，即用规则和制度来约束和重塑利益相关者之间的关系，以达到决策科学化的目的。它是由治理主体、治理内容、治理结构以及治理机制等构成，以规则、合规、问责为核心要素的一整套制度安排。现代治理有着自身的理念和思维。第一，治理是一种多元化的系统思维，要求识别治理系统中各主体的关联性，强调治理的民主性以及处理好多元利益主体的利益关系。第二，治理的内容是通过多元利益主体的参与，建立规范的治理结构、相互协调的治理机制，并实现治理机制之间的良性互动。第三，治理的关键是顶层设计，涉及制度层面和决策职能。第四，治理的手段是"疏""统"并举、软权力和硬权力并用，以疏导和软权力的运用为主。第五，治理还是一种过程化思维，是围绕"规则、合规、问责"不断演进的建设过程。

十八届三中全会在外部治理的基本架构上做出了重要的改革部署。例如，在坚持和完善基本经济制度方面，全会要求"完善产权保护制度"，不仅明确"公有制经济财产权不可侵犯"，还强调"非公有制经济财产权同样不可侵犯"。全会还提出"健全多层次资本市场体系，推进股票发行注册制改革"，"优化上市公司投资者回报机制，保护投资者尤其是中小投资者合法权益"。而在内部治理层次上，当前最引人瞩目的混合所有制经济发展为公司治理机制的进一步决策科学化提出了要求，现代企业制度的核心是公司治理，深化公司治理改革是推动企业建立和完善现代企业制度的必然选择。这些都对公司治理质量的提升提出了要求，将为公司治理改革的深化注入新的活力。

在上述背景下，依托近十余年对中国公司治理和指数研究的积累，南开大学中国公司治理研究院联合深圳证券信息有限公司、中央电视台财经频道、中央财经大学、复旦大学等机构，于2012年6月推出了央视财经50指数，简称“央视50”，其中，央视50治理指数的股票代码为399554（简称“央视治理”）。央视50治理指数的发布，旨在逐渐使投资者认识到，追求公司价值，要关注公司治理；注重长期投资，要参考治理指数，为证券市场改革输出正能量。同时，2012年11月25日，在“2012中国公司治理指数”发布研讨会上，中国公司治理研究院正式揭牌，成立于1999年的南开大学公司治理研究中心正式更名为南开大学中国公司治理研究院。2014年年初，受深圳市国资委委托，研究团队对其直管的18家企业进行治理评估，为中国国有资产管理的治理制度和机制的设计贡献智慧。

此次再版，结合近年来治理研究的新成果和治理实践的新做法，更新了部分章节的内容，并对相应的案例进行了更新和修订。同时在第二章中还增加了有关非营利组织治理的延伸性阅读内容。力图使本书紧跟治理理论和实践发展的步伐，体现最新的热点与趋势。

本书的再版得到教育部长江学者和创新团队发展计划（IRT0926）、国家自然科学基金重点项目（71132001）、国家自然科学基金项目（71172067、71002104）等项目支持。感谢北京大学出版社的林君秀和郝小楠编辑在再版过程中的大力支持。

我们的目标是提供一本易读且高水平的读物，并尽可能反映最新的研究成果与实践动向，以飨读者。由于自身水平有限，书中的错讹在所难免，衷心希望学界同仁和实业界朋友、广大读者提出宝贵的意见。

作者

2014年6月

前　　言

回顾中国改革开放三十余年的历程，如果说导入市场经济、重视企业管理和树立“顾客是上帝”的理念是中国市场化的最大收获，并促生了一大批成功企业的话，那么未来几十年，在建立完善的现代企业制度的过程中，重视公司治理和树立“利益相关者是上帝”理念的企业将取得成功。经过多年实践总结和学习国外经验，公司基本制度经历了独特的由“破”到“立”的过程，中国公司治理必须要实现从“违规”到“合规”，由行政型治理向经济型治理的转型，这也是国际化对中国公司治理的必然要求。

作为现代企业的优秀高管人员，除了需要具备优秀的管理经验和能力，还需要深谙公司治理之道，即要一手抓管理，一手抓治理，两手都要抓，两手都要硬。高级管理人员掌握和熟练运用公司治理理论的程度决定了其职业生涯的高度，决定了其所经营公司能够实现的成就。

为了适应这一需求，培养出一大批能将治理理论与实践有机结合的现代公司治理高级人才，许多国家的高校在本科、MBA、EMBA、MPAcc、博士研究生等各层次的教学中纷纷开设了公司治理的相关课程。为满足国内教育和培养的需要，我们与国内一些专家和学者一道出版和翻译了一些公司治理教材，但是，在国内仍然缺乏以 EMBA 为主要阅读对象的专门的公司治理教材。

本书的编写和出版试图填补这一空缺。作者在已有长期科学研究成果和教学实践经验积累的基础上，结合 EMBA 学员的独特性，紧扣中国转轨经济公司治理的特殊性，突出运用治理理论解决实际治理问题的能力，编撰了这本以 EMBA 学员为主要学习对象的中国公司治理教材，力图体现理论创新、内容全面、实践性强、易于教学等特点。本书具有以下特点：

第一，既注重对公司治理经典理论的诠释，又注重对最新研究成果的介绍。本书的编写是基于十余年的公司治理研究成果的积淀，教材中包含了我们十余年来公司治理研究团队的大量研究成果和对治理前沿的探索。在国内，南开大学 1996 年率先开设了公司治理课程，并相继招收公司治理研究方向的硕士、博士研究生以及博士后研究人员；2005 年承担国家自然科学基金委关于公司治理的首个重点项目《中国公司治理及评价研究》，并于 2010 年结项时获得“优秀”评价；2007 年受联合国贸发会议委托，在对中国公司治理信息披露状况进行调查研究的基础上，在第 24 届 ISAR 会议上报告了研究成果；

2010 年南开大学公司治理研究团队入选教育部长江学者创新团队。团队的这些长期研究积累为撰写本教材提供了宝贵依据和信心。

第二,浓缩自编教材与海外教材的精要。自 20 世纪七八十年代作为一个科学问题提出以来,经过多年的理论研究和实践推进,公司治理作为一门独立学科存在的条件已趋成熟。公司治理教育也逐渐成为全球高校工商管理教育体系的重要组成部分。我们于 2002 年编写的研究生教材《公司治理教程》在教育部的推荐下得到广泛使用;2005 年出版了普通高等教育"十五"国家级规划教材《公司治理学》;2008 年主持讲授的"公司治理学"被评为国家级精品课程;2009 年出版了普通高等教育"十一五"国家级规划教材《公司治理学》(第二版);2005 年中标世界银行贷款全球招标课题,为中国 CFO 开发公司治理培训教材;2010 年受世界银行国际金融公司的委托,开发《中国公司治理》课程包,并受委托对中国高校的公司治理授课教师和咨询服务机构的培训师进行"中国公司治理培训师"培训。另外,在自己编写中国公司治理课程教材的基础上,还及时把国外该领域最新的研究成果和教学成果引入国内,如《公司治理》(多个版本)、《公司治理与问责制》、《公司董事指南》、《董事会运作手册》、《董事会秘书手册》等。这些教材编写经历和海外教材的翻译为编写一本优秀的 EMBA 公司治理教材提供了重要保障。

第三,强调公司治理与企业活力和竞争优势的内在紧密关联机理。以治理和管理相统一的系统论观点,强调战略管理及执行董事在公司治理中的衔接作用及实现方式,强调董事战略性参与的重要性,强调董事会的有效和高效运作,强调董事和董事会胜任力的持续保障等内容。在本教材中就活力企业再造与公司治理之间的关系专门进行深入的讲解,使用三章的篇幅就董事会的高效运作和持续竞争优势培养进行细致的讲解和示范,以突出董事会作为公司治理核心的重要性。

第四,在编写内容上,既分析了一般公司的治理特征和运作机制,又对跨国公司和企业集团在治理方面的特殊规律和机制进行了深入讲述,还对金融机构等特殊行业公司的治理问题进行了较为深入的探索和分析。在分析董事会、高级管理人员等内部治理要素的基础上,本教材还对市场竞争、政府及监管部门、中介机制和社会舆论等重要的外部治理机制进行了介绍。此外,为了帮助读者对一个公司的治理状况进行科学的量化评价,还专门对公司治理的评价问题进行了阐述。

第五,在编写方式上,注重理论讲解与案例剖析的结合,以提升读者解决公司治理实际问题的能力。在每章的开头有篇首语,向读者展示本章将会涉及的主要内容,随后是开篇案例,以具体公司治理情境向读者展示本章将会涉及的一些重要问题,以启发读者的思考,提高阅读兴趣。在每章的末尾精心编写了综合案例,在每章的正文中还穿插了大量小案例,以帮助读者运用公司治理理论解决实际治理问题。

我们所在的团队——南开大学公司治理研究院的研究员(薛有志、马连福、程新生、张国萍、郝臣、韩忠雪等老师)为本书的编写提供了宝贵资料和素材。袁庆宏教授提供了

第六章“高级管理人员的激励与约束”、武立东教授提供了第七章“企业集团与跨国公司治理”、张国萍副教授和公司治理评价研究课题组提供了第八章“如何评价公司的治理状况”、张耀伟副教授提供了第九章“外部治理机制”的初稿。感谢王栋、任广乾、张立党、李姣慧、李浩波、王倩等研究生为本书编写所付出的辛勤劳动。在本书的编写过程中,引用了一些报纸杂志和书籍文献的有关论文和资料,对被引用的各位作者表示衷心感谢。感谢北京大学出版社林君秀和郝小楠编辑在书稿出版过程中所给予的大力支持。

本书的写作得到长江学者和创新团队发展计划(RT0929)、国家自然科学基金重点项目(71132001)、国家自然科学基金项目(71002104、71172067)、教育部人文社会科学重点研究基地重大项目(2007JJD630003)和中央高校基本科研业务费专项资金资助项目等的资助,这些课题的部分研究成果成为书稿的重要素材。同时要感谢接受调研和访谈的公司董事和经理,他们的治理实践和观点为本书提供了生动的素材。

我们的目标是编写一本高水平的EMBA《公司治理》教材,以便为培养具备现代公司治理能力的高管人才发挥积极作用,但书中难免有不妥和疏漏之处,衷心地希望能够得到学界同仁、实务界的朋友以及广大读者的批评指正,以共同推动中国公司治理理论的完善和治理机制的优化。

作者

2010年10月于南开园

目　录

第一章　公司治理导论

【篇首语】

公司治理是一门比较新的课程。大家知道,现在很多商学院的课程,包括企业实际管理工作,接触了很多管理思路、理论和方法。现在,作为一个高级管理人员,作为优秀的职业经理人,你得把握另一门学问,那就是治理。作为一个优秀企业家,一个世界级的企业领袖,要两手抓,两手都要硬。应该抓哪两手呢?一手抓管理,一手抓治理。本教材即是教大家学会如何抓另外一手。以前大家学的课都是管理的科学,而这门课主要是传授治理的科学。国内有些公司已经越来越意识到公司治理的重要性,特别是那些规模越来越大、国际化经营越来越深的公司,体会更深。

公司的经营除了考虑顾客满意之外,还需要关注投资者这第二个上帝;公司面临危机时,除了传统的管理应对之外,更应该关注公司治理层面的应对举措;接下来阐述公司治理的核心三要素:规则,合规和问责;最后对公司治理的科学内涵进行界定:公司的治理机制不仅限于以治理结构为基础的内部治理,而是利益相关者通过一系列的内部、外部机制来实施共同治理,治理的目标不仅是股东利益的最大化,而且要保证公司决策的科学性,从而保证公司各方面利益相关者的利益最大化。

【引导案例】

南海泡沫与安然事件

一、南海泡沫:内幕交易及虚假信息所引发的灾难

1711 年,英国政府为了向南美洲进行贸易扩张,专门成立了一家公司——南海公司。然而,成立后的 8 年间,除了无休止地向南美洲贩运黑奴之外,几乎没干过一件能够盈利的事情。1718 年,英国的国家债务已累积到了 3 100 万英镑,不堪重负的政府为迅速筹集还债资金,与南海公司达成债券重组协议,由后者认购总价值近 1 000 万英镑的政府债券。作为回报,政府对南海公司经营的酒、醋、烟草等商品实行永久性退税,并给予在南海(即南美洲)的贸易垄断权。

1719 年,英国政府允许中奖债券与南海公司股票进行转换,后来又允许所有债券转换为股票。随着南美贸易障碍的清除,加之公众对股价上扬的预期,促进了债券向股票的转换,进而又带动股价的上升。次年,南海公司承诺接收全部国债。为了刺激股票的发行,南海公司允许投资者以分期付款的方式购买新股票。

南海公司拿到贸易特许权后,开始造势,说在这个地区发现了大储量的金矿、银矿,或是香料贸易如何隐含暴利等。于是股价猛涨。在政府的默许下,公司管理层为南海公司编造了一个又一个美妙的故事。很快人们开始相信南海公司海市蜃楼般的利润前景,唤起了全体英国人超乎寻常的狂热,就连国王也禁不住诱惑,认购了 10 万英镑的股票。在投机狂热之下,南海公司股价迅速飙升,1920 年上半年涨幅即高达 700%。

当人们为南海公司的股票而狂热的时候,英国还发生过这样一件鲜为人知的事情。

1720年年初，南海公司股价迅速上涨。但是，当年要想进一步推高股价，就需要更多的社会资金涌向南海公司。然而，此时的英国正处在第一次工业革命的前夕，大量民间企业同样需要筹集资本，于是它们纷纷组织公司，开始背着政府偷偷地发行股票。扩容太快股价就会下降，就会损害像南海公司这样特权公司的利益。于是特殊利益集团就开始对政府进行游说，用不正当手段买通议员，使议会通过了《反金融诈骗和投机法》，禁止民间发起设立股份公司。

《反金融诈骗和投机法》的颁布进一步推高了南海公司的股价。但虚假的繁荣毕竟掩盖不了事实，在南海事件中所存在的大量腐败行为，很快便击破了南海泡沫。当时的政府成员也许可以被称为最早的内幕交易者，在股价越涨越高的时候，许多知晓内幕的官员，如当时的财政部长，卖掉了所持的股票，为自己赚取了90万英镑的巨额利润。内幕人士与政府官员的大举抛售，引发了南海泡沫的破灭。

南海泡沫的破灭让神圣的政府信用也随之破灭了，英国没人再敢问津股票。从那以后，这条著名的交易街清静了整整100年，此间，英国没有发行过一张股票，从而为发达的英国股市历史留下一段耐人寻味的空白。

南海泡沫事件是近代世界经济史具有深远影响的事件。事件的几个关键要素，如政府政策、行业垄断、金融工具创新、管理层的贪婪、内幕交易及虚假信息对公众的误导等，在时隔300年后，又在一家被誉为美国最具创新精神的大企业聚会并耦合，从而导致了美国历史上最大的破产事件。

二、安然事件：关联交易与财务舞弊引发史上最大破产案

（一）安然公司的神话

安然公司成立于1985年，是由休斯敦天然气公司和北方内陆天然气公司合并而成，总部设在得克萨斯州的休斯敦。首任董事长兼首席执行官肯尼斯·莱既是公司的主要创立者，也是缔造安然神话并使之破灭的关键人物。安然公司在肯尼斯·莱的领导下，通过开创新的天然气现货交易模式、大举进入发电领域、开创能源及原材料的衍生产品交易、创建因特网交易平台四大步跨越，从名不见经传的一家天然气管道运营商，迅速发展成为世界上最大的天然气采购商和出售商、最大的电力交易商、世界领先的能源批发做市商，拥有世界最大的电子商务交易平台，一步一个高潮，步步走向辉煌。1990年到2000年的10年间，安然公司的销售收入从59亿美元上升到1 008亿美元，净利润从2.02亿美元上升到9.79亿美元，其股票成为众多投资者的追捧对象，最高曾至每股90.56美元。2000年，安然在美国《财富》杂志的“美国500强”排行中位列第7，在“世界500强”中位列第16，并在《财富》杂志的调查中连续6年荣获“最具创新精神的公司”称号。

（二）安然事件是如何发生的

安然公司的成功，即使是在美国这样敢于冒险、富有创新精神、奇迹频生的国家，也绝对称得上是个商业神话。然而，这一切是如此地短暂。安然公司2001年10月16日发表年度第三季度亏损6.18亿美元的财务报表，成为安然帝国崩塌的导火索。进而，2001年10月22日，The Street.com网站发表文章进一步披露出安然与另外两个关联企业Marlin2信托基金和Osprey信托基金的复杂交易，安然通过这两个基金举债34亿美元，但这

些债务从未在安然季报和年报中披露。也就在这一天，美国证券交易委员会盯上了安然，要求安然公司主动提交某些交易的细节内容，并于10月31日开始对安然公司进行正式调查，至此，安然事件终于爆发。

在政府监管部门、媒体和市场的强大压力下，2001年11月8日，安然向美国证监会递交文件，承认做了假账：从1997年到2001年间共虚报利润5.86亿美元，并且未将巨额债务入账。就在安然向美国证监会承认做假以后，又犯下了一次重大决策错误，在国债和原油市场上遭受双重损失，同时遭受了一次并购失败的重大打击。就在其奄奄一息之际，证券评级公司雪上加霜，大幅调低了对安然的评级，银行也拒绝提供新的贷款并催还旧债。在接二连三的坏消息中，2001年11月30日，安然股价跌至0.26美元，市值由峰值时的800亿美元跌至2亿美元。12月2日，安然正式向破产法院申请破产保护，破产清单中所列资产价值高达498亿美元，成为当时美国历史上最大的破产企业。

2002年1月15日，纽约证交所宣布，由于安然股票交易价格在过去30个交易日中持续低于1美元，决定将其从道·琼斯工业平均指数成分股中除名，并停止安然股票的相关交易，至此，这个曾经辉煌一时的能源巨人已完全崩塌。

（三）安然公司是如何造假的

安然公司通过政府放松能源管制获得了发展机会，通过大力发展衍生产品交易和电子商务使公司规模得以迅速扩大。然而，当90年代末美国能源价格下降、网络经济泡沫破裂、股市下跌时，安然各项业务都遭受重创。面对这种情况，安然面临重大抉择：是实话实说，承认面临困境，还是通过不正当手段，继续维持高增长的神话？在当时普遍浮躁的气氛中，安然选择了后者。安然采取的方式是：利用资本重组，形成庞大而复杂的企业组织，通过错综复杂的关联交易虚构利润，利用财务制度上的漏洞隐藏债务。这一切都经过精心策划，看上去似乎环环相扣，无懈可击，但一旦某一个环节出现问题，造假链条就会中断，问题就会彻底暴露。这里重点介绍安然复杂的企业结构和编制财务报告的方法。

1. 安然复杂的企业结构与关联交易

从20世纪90年代中期以后，安然通过资本重组，建立起复杂的公司体系，其各类子公司和合伙公司数量达到3000多个，形成错综复杂的关联业务链条。其具体做法是，利用纵向和横向持股编织“金字塔”式多层控股链，来实现以最少资金控制大量公司的目标。安然通过建立关联企业大量融资，边融资边建立新的关联企业，这样，关联企业越来越多，从事关联交易的空间越来越大，融资的杠杆效应就越来越大，越是下层的关联企业离总公司的距离越远，其负债在总公司的财务报表上根本反映不出来。那些层级较低的公司实际上成了处于最高端的安然上市公司的财务处理工具，所有的利润都集中地表现在上市公司的财务报表上，而所有的债务则通过不同层次和渠道化整为零，分散隐藏到被其控制的各层级的公司上，环环相扣，但只要一个环节出现问题，整个安然大厦就有崩塌的危险。

安然的关联交易方式多样，十分复杂，最典型的有四种：一是大量使用股票提供担保来进行融资；二是以出卖资产的收入作为业务收入，虚构利润，而出卖资产多在关联企业中进行，价格明显高于市场正常价格；三是不断制造新的业务模式概念，使投资者相信公司已经进入高增长、高利润的领域（如宽带通信等）；四是很多交易是在关联企业中进行

“对倒”,通过“对倒”创造交易量,创造利润。但复杂的关联交易在造就了安然辉煌的同时,也埋下了其崩塌的隐患。由于安然与关联企业签订了许多复杂的担保合同,这些合同常含有关于公司信用评级或资产价值如何与安然股价联动的条款。这些合同及条款看似各异,但实际上相关性极高,一旦某项条款触发,其他合同及条款就会发生连锁反应。

采取复杂的公司结构和关联交易,在美国并不少见。问题是安然公司的一些高级管理人员在下属的子公司中兼职,子公司之间的管理人员也相互兼职,这使得公司的关联交易与个人利益交织在一起,如财务总监法斯托在好几个下属公司有兼职,从这些公司得到的好处高达6000多万美元。由于涉及个人利益,造假的动机会更加强烈。

2. 安然编制财务报表的方法

安然在财务方面存在的问题主要体现在四个方面:第一,安然以复杂的财务结构掩盖存在的问题。为支持爆炸般的增长速度,与复杂的公司网络和关联交易一样,安然的管理层创造出一套非常复杂的财务结构,不仅一般投资者无法看懂,就连华尔街的分析师和会计学教授都难以解读。安然利用复杂的财务结构,肆无忌惮地虚构利润,隐匿债务。第二,在会计处理上,安然率先采用了一些技术,使公司能够记录尚未创造收入的长期合同的盈亏资料。例如,安然采用了一种叫“盯市”(mark-to-market)的会计制度,这种会计制度允许安然和其他能源类公司从账面上提高其当期净收益,而这些合同在10年或更长的时间内不一定能够实现。同时,这种会计制度还规定,公司可以不披露如何对订单进行估价的细节,也可以不披露收益的多少来自这样的非现金收益。有会计专家认为,由于能源类产品订单变化很大,因此没有一种确定的方法对其进行估价,这给安然公司造假提供了很大的空间。第三,安然公司自定会计条目。为了降低其财务报表的负债额,安然通过所谓的“特殊目的实体”(SPE)等方式,增加了不记入资产负债表的交易业务。第四,安然钻了美国通用会计准则(GAAP)的空子,在财务报表中避免如实反映负债。根据GAAP的规定,对于股权不超过50%的子公司,无须合并其会计报表。安然的结构非常复杂,层级很多,对很多层级较低的公司,安然拥有的股权比例很低,但实际上都受其控制,而这些子公司的负债在安然本身的资产负债表中体现不出来。这种做法大大降低了安然的资产负债率。

安然事件连同美国“9·11”事件、世界通信公司会计造假案和安达信解体,被美国证监会前主席哈维·皮特称为美国金融证券市场遭遇的“四大危机”,可见安然事件对美国经济的影响之大。总之,安然事件对美国经济和社会的影响是多方面的,既有直接的,也有间接的,有些影响现在还难以估量。

资料来源:据相关资料整理。

【案例讨论】

1. 为什么时隔300年历史会重演惊人相似的一幕?怎样的一种制度体系可使企业走向长治久安?

2. 在这些公司丑闻中,监督机制怎么没有发挥作用?

第一节　公司治理与两个上帝

公司治理到底是怎么回事呢？先给大家讲一个基本的概念。

从2007年以来，始于美国次级贷款危机的国际金融风暴席卷全球，对美国以及世界上很多国家的银行业都造成了非常沉重的打击，许多国际活跃银行陷入危机，部分宣布破产或者被政府救援。2009年的诺贝尔经济学奖颁给了两个美国的经济学家，引起轩然大波。很多人表示不满，美国引起的金融危机让全世界陷入经济危机的深渊，美国的学者怎么能获诺奖呢？

有人说这次金融危机主要是哈佛培养的搞金融的人引起的，结果引起了几百名学界的学者联名抗议，他们认为金融危机有很多原因，人的贪婪本性、衍生品的泛滥、监管的失控等，但是哈佛培养的金融人才不是唯一的原因。但为何这次诺贝尔奖还授予了美国学者呢？实际这次颁奖是有其他考虑的，以前的主流经济学家认为价格和市场是万能的，价格会自动回归、自动调节，但这次诺奖颁给了研究治理的经济学家，颁奖的理由是：因为对经济治理的贡献。这一方面是对经济治理研究的认可，另一方面启发我们对于这次金融危机一定要从治理的角度挖掘其深层的根源。关于具体应该怎么考虑，本书后面的内容会进行详细探讨。

这次金融危机掀起了公司治理研究的新高潮，当年第一轮的高潮是安然事件。前一轮影响的是实体经济垮台，这一轮经济危机影响的是虚拟经济。安然、安达信、世通这些大企业为什么一夜之间垮掉，是因为治理出了问题。可以说，安然事件对美国整个社会的冲击不亚于“9·11”事件。

同时，欧洲的公司也接连出了问题。帕玛拉特是全世界的乳制品大王，其总部在意大利。由于意大利有帕玛拉特，因此全世界的很多乳制品企业都集聚在那里，形成了意大利的“奶谷”。由于乳制品的质量方面很容易出现问题，帕玛拉特出事之前，欧盟的标准委员会才刚刚设立，中国的三鹿也给我们上了沉重的一课。

曾是三大乳制品品牌的日本雪印也已破产。打击源于其生产的某一批牛奶损害了消费者的健康，子公司车间维修设备时没有处理干净，滋生了细菌。雪印经过改造和重组后，公司略有起色，但不久就又出了事。按照日本的规定，日本出产的牛肉，特别是神户牛肉由于质量好，因此价格很贵，超过国际市场很多倍，于是美国等国家要求日本开放日本的牛肉市场。鉴于日本汽车在美国市场的占有率以及美国政府的压力，日本虽然答应了美国的要求开放牛肉市场，但是长期的谈判为日本政府采取对策赢得了足够的时间。在牛肉谈判的最后一轮中，当时的日本通商产业省大臣为获得更多的时间向美国政府提出了很多奇怪的问题，例如，我们亚洲人的肠道较短，对牛肉的偏好小。最终，日本还是同意了开放牛肉市场，但日本有对策，即日本企业到国外设立企业，把日本的牛肉品种在国外培养好后再拿回国内来销售，提高了牛肉的进口量。但是这种牛肉也必须贴上进口输入品标签，价格也相对较低。雪印公司被发现其子公司海外进口牛肉不贴进口标签，充当国产牛肉高价出售。正是这次的事件给雪印公司带来了致命打击。

帕玛拉特问题的导火索是出了治理事件，其中一家子公司为表明其财务状况好，号称在美洲银行有20多亿的存款，美洲银行后来对此予以否认，因此帕玛拉特受到证券监管机构的调查。调查结果发现：(1) 帕玛拉特的创始人未经董事会同意私自赞助支持意大利的一支足球队。(2) 帕玛拉特搞超级金融创新，与银行合谋将银行的资金列为投资资金，而不是贷款，负债表上并不显示。

公司是什么？英文的“Corporate”被翻译为“公司”，而不是“私司”。公司的“公”代表产权多元化，出资人多元化，企业不再是自己的。由于公司使用了其他出资人的资金，因此公司就有这些投资人的一份，上市的公司都是公众公司。我们很多民营的上市公司出现了一些与此相关的问题。前几年香港的监管机构逮捕了几家违规上市公司的高管。其中较著名的是两家民营上市公司的董事长。其中一人被逮捕的罪名是诈骗盗窃公司财产，公司的员工很不理解，认为整个公司都是其所有的。民营企业刚起家时是有限责任公司，股东都是亲属，因此可以在亲属的同意下进行交易。但是一旦上市，虽然是大股东，其他投资者即使再小也有其相应的份额，公司不再是自己的私有财产，交易必须经过合法的程序。国有企业为了融资拿出一部分优良资产上市，上市后集团还是按以前的方式支配公司的资产，因此出现关联交易、挪用资金等大股东侵害小股东利益的问题，根源在于一旦子公司上市就不再是单纯为母公司所有了，还会有其他的中小股东，大股东要按照公司治理规则和制度来行使自己的权利。国美的控制权事件是大股东与其他公司利益相关者按照公司治理规则在阳光下维护自身权利的良好开端，标志着我国公司治理理论和实践的新发展。

雪印把进口的牛肉说成国产的，帕玛拉特在财务上舞弊，这两者有何不同？不同的是，雪印是管理事件，帕玛拉特是治理事件。雪印的造假是针对消费者客户，帕玛拉特的造假是针对投资者。为什么产品服务市场上很成功的帕玛拉特会轰然倒下？这说明，管理事件和治理事件都能够给企业造成巨大损害，因此我们提出了“两个上帝”的思想。我国发展市场经济三十多年，经营企业的重要收获是找到了一个上帝，即商品市场的顾客，所以管理的导向就是顾客满意，一切管理工作围绕这个上帝展开。现在治理的导向是还需要关注另一个上帝，即投资者、出资人，还需要让投资者满意。因此，我们要两手抓，两手都要硬，一手对顾客，一手对投资者。

前几年上市公司进行了重大公司治理改革，即股权分置改革。虽然股权分置改革后期还有很多后遗症，如大小非减持的压力等，但总体来说比较成功。股权分置改革最后找到了一种解决方式，大股东为了流通需要给原有的流通股进行对价补偿，可以使用现金和股票等方式。最后的处理方案是，大股东提出补偿方案，中小股东投票进行分类表决，通过之后才能实施。

最早进行股改的两家企业是上市公司A和上市公司B，最后结果截然相反，A公司顺利通过，而B公司被中小股东拒绝。原因何在？B公司为了开好股东大会，管理人员分布在会场各个区维持秩序，董事长宣读了长篇报告，股东提问时间较少，最后改革方案投票没有通过。对于A公司的股改方案，董事长只作了简短的报告，然后请来了专业人员表演文艺节目，改革方案投票顺利通过。这就导入了公司治理的手段IRM，即投资者关系管理。管理中学到了 CRM,即客户关系管理,而 IRM 则使用营销客户的手段来营销另一个上帝——投资者。为什么要到海外路演,就是要推销企业,每股净资产都是 1 元的企业,为什么股票价格差异很大,一部分原因就是向投资者营销的程度不同,因此投资者关系管理也能够提升企业的价值。现在很多上市公司制定的投资者管理办法都只停留于形式,应该在如何处理好与投资者的关系上多下些工夫。服务另一个上帝,也同样重要,且不能像对待自己的员工那样去对待投资者,这是另一门技术,另一门学问,需要另一种智慧。

第二节　出现危机,公司治理怎么办

银广厦是我国第一个出重要问题的上市公司,引起了股东诉讼。当问题发生时,公司先是不承认,后来经查实后高管失踪,引起公司混乱,债权人和银行逼迫还债,公司出现危机,这种形式我们可以叫“企业和经营者共命运”。然而实际上,国外比较普遍的是,如果上市公司经营出现重大问题(如发生造假等丑闻),公司的总裁或董事长会很快辞职或被免职。例如日本一些企业出现问题或发生危机,一般在出事当晚就召开紧急记者招待会,株式会社社长低头认罪辞去职务,新社长上任保存实体,维持企业的持续经营。

在中国,也有不同的例子。黄某和周某同样坐监狱,但结果不一样。黄某从监狱出来后,资产成倍增加,而周某出来则可能变得身无分文。为什么造成这样的差别?是因为对公司的治理方式不同。周某在监狱里还主持召开董事会,海外事发地主管机构先查出嫌疑人,然后派出律师、会计师取证调查(这需要支付大量的费用),而公司由于董事长不在已经停止运作,还面临着债权人的威胁。因此,公司在双面夹击下,面临破产。黄某情况相反,其采用另一种治理方式。黄某被起诉诈骗公司财产后,马上与其弟辞去公司的所有职务,由公司的副总主持工作。其公司开始受到了一些影响,但是由于保存了实体,因此现在发展得很好。因此黄某作为大股东虽然在监狱中也依然享受着公司财富的增值。

要正确处理好危机情境下的公司治理问题,需要明晰治理和管理之间的区别。第一,针对的上帝不同。管理对客户,治理对投资者。第二,使用的工具和手段也不相同,一个是 CRM,一个是 IRM。此外,治理在某种意义上比管理更困难。管理面对的是实体市场,治理面对的是虚拟市场,上市改制面临资本市场,可能几万亿的资产在很短时间内消失,例如美国证券市场前一阵一天跌了十万亿美元。在商品市场上赚几亿的利润很难,但是在资本市场上几亿的盈亏可能会容易一些。国有企业很多成立了改制上市、资本运作办公室,但是很多公司只将公司治理看成一次性的行为,一旦上市改制完成,则撤销或者虚置这些部门。其实公司治理是一个过程,和管理一样伴随着公司和企业的始终。在公司面临危机的情况下,治理方式选择更是关系到公司的存续和成长。

第三节　公司治理三要素:规则、合规、问责

公司治理的称谓很多,像法人治理结构、公司治理结构,但都是“Corporate Governance”。为什么有这么多中文称谓呢?Corporate有公司和法人的意思,公司出现以后,形成了不同于自然人的法人人格,所以称为公司治理结构或法人治理结构。为什么英文中没有结构,而中文加上了结构一词?因为中国多少年来没有股份公司,要改制建立公司制,必须先建立治理的架构,因此叫法人治理结构、公司治理结构。例如,大多数央企还是按企业法人注册,没有按公司制注册,因为按公司制注册就要建立法人治理结构,建立股东会、董事会等。但公司治理不只是一个结构问题,而是要靠运作机制,不能改制完成后就不再完善公司治理了,而是要持续不断地进行,对如何建立有效和高效的治理机制进行探索和实践。例如,山东鲁能改制时期三个名称,山东省电力局、山东省电力总公司、山东鲁能,但是不管怎样,公司治理不只是结构,而要靠运作机制来实现。

那么,公司治理的核心要素有什么呢?主要包括三个要素:规则、合规和问责。

一、规则

我们有太多关于规则方面的教训,和外资与战略投资者合作,败的往往是我们。出现问题的地方,可能就是规则,在技术层面上也可叫制度安排。对于股份公司来说,最基础的规则是股权设计和公司章程。

20世纪90年代末期,证券市场走势比较好,有一个青年做了一个作股票市场分析的软件,取得了不错的业绩,后来与弟弟共同成立了一家新公司,新成立公司的股权设计如下:哥哥拥有50%的股权,弟弟有30%的股权,剩下的股权由财务负责人持有。由于市场较好,公司经营状况不错,同时,弟弟和财务负责人相恋并结婚,因此,哥哥跟弟弟说,修改一下公司章程,将董事长、总经理的任免“由多数股东决定”改为“由多数股份决定”。弟弟与财务负责人商量之后,表示不同意修改。原来多数股东是哥哥和弟弟的联合,现在弟弟和财务负责人联合则变成了多数股东,考虑到哥哥是董事长兼任总经理,因此如果修改公司章程则难以有效制约哥哥。最后双方的争端解决是由其父亲出面。由此我们就可以看出,股权安排和公司章程对于公司治理的重要意义。

股权到底怎么设计合理呢?为什么30%和35%的股权差别会那么大?例如,国内某大型公司集团A到内蒙古办企业,为了获得当地税收优惠,与当地企业联合创办企业,当地企业占35%的股权,A集团占65%,重要事项需要三分之二以上的股份同意,对方为了让A先满足自己的条件,对A集团的意见全部投反对票,A集团虽然控股,但如果当地企业对重要事项不投赞成票,就无法获得三分之二以上的股份同意。

控股与不控股，控股多少都存在底线，所以公司章程与股权设置有重要的关系。中国企业往往对此重视不够。

在我国金融机构债转股时代，银行把企业的债权转成股权，从拨改贷以后，国家就没有向国有企业投资，而是允许国有企业贷款，贷款对于企业的压力很大，因此改为债转股，不用归还贷款而成为企业股权。而法律规定银行不能持有企业的股份，于是成立四大资产管理公司。朱镕基亲自修改了对资产管理公司的要求，其中要求不准干预所在企业的经营。当资产管理公司向企业提要求时，被指违反了总理的要求。在真正了解了公司治理后发现，资产管理公司提出的要求不是干预公司的经营，而是从投资人角度提出了治理的要求，要做到“到位而不越位”。另外，资产管理公司不是永远持有企业的股份，而应该在企业经营好转后适时退出，但是却没有退出通道。例如，有一家债转股的企业由于包袱减轻，经营绩效得到增长，因此有民营企业出资 1.8 亿元想从资产管理公司手中购买该企业的股权，但是《公司法》规定，为了保持原有股东的稳定性，原有股东有优先转让权，因此资产管理公司询问原有股东是否使用优先权购买股票，而原有股东声明不放弃优先权，但是半年都没有就受让股权进行答复。因此，资产管理公司把股权卖给了民营企业，而原有股东向法院就股权转让提起了诉讼。法院宣判，优先权有效，转让合同无效，资产管理公司赔偿所有损失。这是由于原《公司法》规定有优先权，但是没有优先权的期限，这就必须在公司章程中设置细化。而 2005 年修订后的《公司法》则对期限有了新规定。而企业对于公司章程的不重视可能会造成企业的损失。海外战略投资者也经常利用这一点在公司章程中设置陷阱，并把自己的意图写进公司章程。而公司章程中问题的体现不是立竿见影的，而是在多年以后才显现的。娃哈哈与达能合作时的合同文本很多，但在一些关键的内容和条文上，我们可能没有给予必要的关注和重视，没有发现别人预先埋下的地雷。

中国社会正在由东方社会的口头契约向西方社会的书面契约转变，所以不太重视公司章程和书面契约的重要性。例如，某人向朋友借钱，没有写借条，则向法院提起诉讼也没有证据。某人借给朋友 30 万元，到期朋友也不还，借款人用了各种方法，朋友终于还了钱。在还钱时，朋友要求其写个收条，在上面写明“还欠款 30 万”。第二天，由于考虑到当时自己借钱时，都没有要求借款人写借条，现在反而让自己写个收条，借款人心中有些气愤。于此，到法院提起诉讼要求其朋友还钱，而其朋友拿着收条称自己已经还款 30 万，而提起诉讼的这个人则称其朋友欠其 50 万，还了 20 万，还欠 30 万。由于没有证人，法官无法判断究竟是还清了 30 万还是还欠 30 万。最后的解决还是当事人说出了实情。

中国企业由于合同的不完善曾经吃过不少亏。例如，娃哈哈为了赢得官司，聘请了几百人的律师队伍，原因就是所签合同的仲裁地在瑞典斯德哥尔摩。香港某上市公司也出了问题，其中文文本没有问题，但是英文文本却出现了问题，而且合同规定以英文文本为准。由于合同等文本经常出现问题或陷阱，因此我国企业一定要有规则意识。

二、合规

设立了规则,接下来就要合规。由于我国改革开放三十多年来,冲破计划经济的限制,形势已经有了重大的转变,与市场经济接轨的证券法、公司法、国际会计准则都已设置,一旦出错代价很大。况且与海外企业合作,包括到海外上市,即使规则不符合中国企业的实际需求,也一定要按规则行事,否则就会遭到处罚。在中国做企业至少要掌握三套规则。

(1) 国际规则和公司治理标准。即使不在海外上市,也会和海外企业合作。美国出了危机之后,加强了公司治理的要求,制定了新法案,如《萨班斯法案》。《萨班斯法案》提出加大违规的处罚成本。容易引起违规的三要素是欲望、环境、成本。如果造假或在公司治理上违规,严重的罚款100万美元以下,判刑十年;特别严重的,罚款500万美元以下,判刑二十年。前些年,我国上市公司违规最严重的处罚就是证监会罚款20万元,处罚水平很低,现在有所改变。虽然安然对其他事业有很大贡献,但是安然董事长判刑126年,并没有被豁免减刑,但由于突发心脏病死亡,最后CEO和财务总监也被判刑。安然事件造成了美国企业的恐慌,美国加大了法律制裁,重塑企业的信心。《萨班斯法案》规定在美国上市的所有公司一视同仁,不予豁免。我国公司治理水平较低,难以应对美国严格的法律。国内很多企业的领导都是中央委员或中央候补委员,如果企业出问题被美国法院逮捕,那么就无法参加中央委员会的会议,并引发政治事件。因此中国需要国际化,哪怕是"被国际化"。

例如,中国某家保险公司到美国上市,创IPO纪录,但是股东对其提起了诉讼。当时上市时,审计署去公司审计,由于没有审计完,因此路演时该企业并没有披露。因此,上市刚完成后,审计结果才出来,并称企业有违规使用资金的现象,股价大跌。后来在国内宣布,违规使用资金的后果不由海外上市公司承担,而由集团承担。但投资者依然提起诉讼要求赔偿损失,而上市公司的管理层很不理解,认为路演时审计结果没有出来就不需要披露,但是信息披露国际规则的要素是真实性、准确性、完整性、及时性。涉及股价变化的重要事项不仅要披露结果,而且要披露过程。中国企业对规则的理解还很欠缺。经历过此事以后,保监会主席对所有保险公司的高管进行了公司治理培训,并成立了法人治理结构处。2009年,保监会对保险公司的独立董事就如何应对金融危机专门组织了培训。在培训过程中,有一位独立董事对内容提出了异议,认为其公司赢得了诉讼。但我们要注意的是,即使赢得了诉讼,仍需要注意治理风险,该诉讼耗费了公司100多亿美元,而且大部分情况都是庭外和解。诉讼的成功也是由于国务院对美国政府施加了压力,美国法院才没有对此案进行宣判。

微软收购雅虎的案例,每一次谈判的过程都进行了披露,虽然没有收购成功,但是所有过程信息都公之于众。要建立一个高效、规范的证券市场,这是值得我们学习的。

(2) 另外一个需要掌握的规则是上市公司的规则。非上市公司不用公开进行信息披露,因此造假动机小得多,上市公司的法律要求严格,如公司稍有不慎就可能会出现问题。

（3）第三个规则是现有的和过去的国有、民营企业的治理规则。有的企业出问题是因为没有很好地了解和遵守国际规则，此外有的企业是因为过快地与国际规则接轨，而忽略了国内规则。例如，天津的民营企业家世界，为进行海外上市，企业目标是一个月开一家新店，引进了国外500强企业的退休高管作为独立董事，但是成本太高。由于语言障碍，董事会会议的翻译成本很高。海外董事都注重合规，要求取消高管的公车，引入管理信息系统。而且这些董事不了解中国的国情，不能和中国实际结合起来，因此造成了企业连年亏损，被家得宝和华润收购。因此有些企业的失败是归因于对规则的不了解，而有一些则是因为实施了过高的规则。

我国某金融机构导入战略投资者时也遇到了问题。由于董事会之前都先经党委会，因此一位外国董事要求参加党委会。最后答复该董事由于其不是共产党员，因此不能参加。

我国有些民营企业甚至基于对合规的认识动起了歪脑筋。例如广东的某些民营企业，实际的老板不任董事长，并且加入了外国的国籍，由于他们认识到公司违规出现问题后要逮捕法人代表和董事长，因此扶植其他人当董事长，自己在幕后操作，一旦公司出问题，只会逮捕董事长，而不会对自己构成威胁。所以今后上市公司须披露傀儡董事长和实际董事长。

另外，我国企业与国外合资时出现了一些奇怪的事情，国外企业是大股东，但既不要求董事长也不要总经理一职，而要求监事长一职。这是因为，章程中规定重大决策都要经监事会批准，因此他们是只要权力不要责任，监事会成为了权力中心，而一旦出问题却一般不会累及监事会。这就值得我们对公司治理规则进行深思和修改完善。因为，实际控制人如果作出了损害其他股东的决策，就应当承担责任，不管是担任董事长、总经理还是监事长。

三、问责

如果违规，就需要进行问责。我国金融机构率先建立了合规部。公司治理问责强调个人问责，通行做法是集体决策、个人负责，而我们国家通常是集体决策、集体问责，这就导致了责任的不明确。

例如，某上市公司董事会开会审议中报，但董事长和总经理都在国外，授权一名董事代为主持会议，并写了授权委托书。在即将召开董事会时，有其他股东董事提出有紧急事务要求上会，即临时增加会议议题。但董事会需要保证决策的科学，需要准备时间，因此临时增加会议议题是不允许的。因此，双方就是否增加议题发生了争议，并将董事会推迟到了第二天。第二天即将开会时，要求增加议题的董事提出该代理董事没有权力主持董事会，因为其授权委托书已经过期失效。该代理董事气愤之下当即离会，出席会议的董事达不到法定人数，董事会会议无效。最终导致中报没有在截止披露的最后一天前审议，因此公司不能披露中报，股票停牌，证交所谴责董事会，并处罚了董事长（原因：没有对董事会予以特别关注）、代理董事和要求临时增加会议议题的董事。

我国很多企业出问题是因为问责不到位，导致决策失误。世界银行曾提出我国的决策失误率为30%，而其他国家还不到5%。因此决策失误才是最大的腐败。例如，各城市的城市规划，拆迁数量多，重复建设多，城市开发区多，决策失误造成资源浪费。多修桥，少挖洞，是由于形象工程。我国的建筑设计院与国外建筑事务所的区别在于，我国的设计院是有限责任，国外事务所为无限责任。国外事务所对其每一所建筑都负有责任，而我国的建筑平均寿命为30年，建筑拆迁重建频繁。外国如果发生地震，则监管机构和建筑事务所先进入，对所有因不合格出现问题的建筑进行问责后再重建。

第四节　科学的公司治理内涵

公司治理是一个多角度多层次的概念，很难用简单的术语来表达。但从公司治理这一问题的产生与发展来看，可以从狭义和广义两方面去理解。狭义的公司治理，是指所有者，主要是股东对经营者的一种监督与制衡机制，即通过一种制度安排，来合理地配置所有者与经营者之间的权力与责任关系。公司治理的目标是保证股东利益的最大化，防止经营者对所有者利益的背离。其主要特点是通过股东大会、董事会、监事会及管理层所构成的公司治理结构的内部治理。广义的公司治理则不局限于股东对经营者的制衡，而是涉及广泛的利害相关者，包括股东、债权人、供应商、雇员、政府和社区等与公司有利害关系的集团。公司治理是通过一套包括正式或非正式的、内部或外部的制度或机制来协调公司与所有利害相关者之间的利益关系，以保证公司决策的科学化，从而最终维护公司各方面的利益。因为在广义上，公司已不仅仅是股东的公司，而是一个利益共同体；公司的治理机制也不仅限于以治理结构为基础的内部治理，而是利益相关者通过一系列的内部、外部机制来实施共同治理；治理的目标不仅是股东利益的最大化，而且要保证公司决策的科学性，从而保证公司各方面的利益相关者的利益最大化。因此，要理解公司治理的概念，需要转变以下两个方面的观念。

第一，从权力制衡到决策科学。

传统的公司治理所要解决的主要问题是所有权和经营权分离条件下的代理问题。通过建立一套既分权又能相互制衡的制度来降低代理成本和代理风险，防止经营者对所有者的利益的背离，从而达到保护所有者的目的。这一制度通常称为公司治理结构，它主要由公司股东大会、董事会、监事会等公司机关所构成。这一制度或称治理结构建立的基础是公司的权力配置。即无论是所有者还是经营者都以其法律赋予的权力承担相应的责任。股东以其投入公司的财产对公司拥有终极所有权并承担有限责任，因此，在法律意义上公司是股东的，对公司拥有无可争议的剩余索取权。经营者则作为代理人拥有公司的法人财产权而非所有权，但他直接控制着公司，控制着公司的剩余。由于法人财产权和终极所有权的不一致性，从而导致经营者和所有者在公司的利益不一致。因此以权力配置为基础的公司治理制度对于维护各方权力的存在和实施是十分必要的。但是，公司治理并不是为制衡而制衡，而且，制衡并不是保证各方利益最大化的最有效途径。我们认为，衡量一个治理制度或治理结构的标准应该是如何使公司最有效地运行，如何保证各方面的公司参与人的利益得到维护和满足。因此，科学的公司决策不仅是公司的核心同时也是公司治理的核心。因为公司各方的利益都体现在公司实体之中，只有理顺各方面的权责关系，才能保证公司的有效运行，而公司有效运行的前提是决策科学化。因此，公司治理的目的不是相互制衡，至少，最终目的不是制衡，而是保证公司科学决策的方式和途径。

第二，从治理结构到治理机制。

传统的公司治理大多基于分权与制衡而停留在公司治理结构的层面上，较多地注重对公司股东大会、董事会、监事会和高层经营者之间的制衡关系的研究。因此，公司治理可以说是侧重于公司的内部治理结构方面。但从科学决策的角度来看，治理结构远不能解决公司治理的所有问题，建立在决策科学观念上的公司治理不仅需要一套完备有效的公司治理结构，更需要若干具体的超越结构的治理机制。公司的有效运行和决策科学不仅需要通过股东大会、董事会和监事会发挥作用的内部监控机制；而且需要一系列通过证券市场、产品市场和经理市场来发挥作用的外部治理机制，如公司法、证券法、信息披露、会计准则、社会审计和社会舆论等。

【本章思考题】

1. 结合案例谈谈什么是公司，什么是公司治理。
2. 怎样通过公司治理来挽救公司危机？
3. 详细解释公司治理三要素。
4. 什么是科学的公司治理内涵？

【综合案例】

大午集团治理——家族继承与“私企立宪制”

寒风，掠过河北徐水农村零星没有收割的枯败的玉米和一垄一垄泛着绿意的麦田。

大午集团，在农田深处(所在地亦称大午城)。2008 年 12 月 18 日，集团举行第三届董事会换届选举。财经媒体、政经刊物的记者，以及公共知识分子，都有到场。原因简单，一路走来，孙大午作为私营企业主与社会公共人物的形象，不断交叉乃至模糊，却依然引人注目。

孙大午并不是因为他的“私企立宪制”才广为人知的。2003 年，他因为涉嫌“非法集资”而被判处有期徒刑三年，缓刑四年。牢狱之灾改变了大午集团两件事，第一是因为服刑原因，孙大午不再担任自己的私营企业大午集团的董事长，暂时把董事长一职交给20多岁的长子孙萌；第二，这也促使孙大午开始考虑，如何选拔和培养企业接班人来保证企业的持续发展。他觉得，最好是对此有一个制度保障，随后创立了这一套“私企立宪制”。

“私营企业不姓私，它是一种生产经营形式，是私的积累，公的发展。”——从大午温泉城到大午中学的路上，白底红字的灯箱上是孙大午的“格言”。

一、“立宪”为“私”？

选举开始前，大午中学阶梯教室里，工人们唱厂歌《做一个勤恳实在的大午人》。工人中的大多数来自周边村庄，脸上常有春种秋收留下的极深的皱纹。正是这样的661位工龄在三年(含)以上的员工，有权力从13位原董事会成员中选出11位成员，以及从14位新候选人中选出4位成员，组成大午集团15人的新一届董事会。

“现在金融危机，一些民工回家了。南来北往的民工们，他们在用脚投票。我们现在在这个企业，有机会用手投票选领导……”孙大午高调宣称，实行四年的“私企立宪”是“民主选举，民主决策，民主监督”。工人们给了他热烈的掌声。

长期从事“三农”研究的中国社科院学者于建嵘回过头来，告诉《中国企业家》：“多一些参与总是好事，多接受一点老百姓的监督是好的，但是与民主制度无关。民主一定与公共权力相关。”

尽管被贴上“中国企业家的良心”的公众标签，归根到底，孙大午，还是一个私营企业主。中国民营企业家走过的路、吃过的苦、受过的伤，他大都经历，或许更甚。

八九岁时，每晚挎一篮瓜子和烟卷到赌场里去卖；十三四岁时徒步到二百里外的北京倒卖自行车；从部队转业到信用社后，私下与人合伙，雇用货车贩猪。一车猪赚出了一年的工资……庆幸的是没有被政府部门察觉，免于了“投机倒把”的罪名。

1985年，妻子刘慧茹承包了村里用大喇叭广播了三个月也无人承包的3000亩“憋闷疙瘩”——一片荒废的果园、一座荒弃的砖窑和数十个坟包地(那时《土地法》还没有出台)。此后，孙大午辞去了信用社的工作，和妻子一起创业。企业由小到大的发展过程中，“投毒，放火，毁机器，毒打，暗杀，绑架都经历了”。

和所有的民营企业一样，贷款很难。大午集团自创了“粮食银行”——公司向农民借余粮。农民要粮食还粮食，不要粮食还钱。2003年5月27日，因“涉嫌非法吸收公众存款”，孙大午被徐水公安拘捕，直到11月1日，以“判三缓四”的罪犯身份走出监牢。其间，孙大午待过“单间小号”，也曾和死刑犯同室。

“那3000亩土地的合法性解决了吗?”大午集团第三届董事会换届选举当天，快到子夜时分，《中国企业家》记者问孙大午。

“模糊状态。”他以四个字疲惫作答。夜，很安静，呼吸之间，能够感受到一个褪去所有公共光环的企业家，内心最深处最大的焦虑。

孙大午还有很多作为企业家的焦虑。民企传承问题，“唯此为大”。孙大午并不免俗。出狱后，孙大午从紧张、亢奋的“公共”状态，部分回归了一个家族企业创业者的角色。大儿子孙萌已是代理董事长，但并不想干——驾驭不了，太累。自己则被剥夺了当董事长的权利。怎么解决问题，所有权是绕不开的坎。“搞股份制怎么搞？我和我妻子多少股份？两个儿子多少？两个弟弟多少？内侄女多少？元老们多少？……”孙大午觉得股份制根本就是一个陷阱，“上亿资产，我拿钱给大家分，最后我还成为坏人。我把钱分给大家，最后还得搞成内讧”。妻子问孙大午能不能想一个办法，企业永远这样下去，不要搞股份制，两个儿子孙萌、孙硕有本事的去创业，没有本事的享福。

孙大午想到了英国的君主立宪制度、隋朝的三省六部制（皇帝的诏书由中书省代起草，门下省审计通过，尚书省执行）、福特的AB股（B股只可以分红，不可以选举；A股是家族内部的，有选举权）……从而设计了大午集团的“私企立宪”制度。

企业里有三会：监事会、董事会、理事会，职能分别是分权、确权、限权。监事会行使监督权，产权归监事会所有；董事会行使决策权；董事会成员，由职工民主选举产生，董事长、总经理由董事会民主选举产生；董事会每年的投资额度不能超过去年的盈利总额加折旧；理事会行使执行权……

“孙硕有点自卑，”父亲说到儿子的时候，声音里总是带着暖意，“私企立宪，有1/3是为他们设计的。他们哥俩（儿子孙萌、孙硕）认可这个制度。”还有1/3，为克服家族企业的弊病，“做到一定的规模后，争功诿过、争资产、争权力”。最后1/3，“大部分私营企业，80%都存在富不过三代的问题。我想探出一条路——让资本说话，也让工人说话”。

“私企立宪”四年，大午集团产值翻了二番多。不过，就在第三届董事会选举结束的第二天早晨，在大午温泉餐厅，记者见到了前一天被民主选举进入董事会的饲料公司经理刘金虎，他央求一起吃早饭的客户，跟董事长说说自己的待遇太低了。大午集团内部也有中层认为，照目前集团的状况，优秀的职业经理人，进不来，留不住，而三权分立又在根本上弱化了经营者的激励机制。

孙大午一再强调，他追求的是家族和睦，企业长期稳定发展。他设计的“私企立宪”制度，成功与否，还有待时间检验。

二、大午集团的“私企立宪制”主要内容

集团设董事会、理事会，监事会独立，由企业产权人主持监事会，对企业的经营和决策进行监督。由此，企业的决策权、经营权和所有权三权分立，互相制约。

董事会由企业内部人员选举产生的董事组成，行使决策权，但无权干涉经营。

理事会由各单位一把手和子公司办公室主任组成，执行董事会的决策，行使经营权，理事长也即总经理，由选举产生。

董事长也由选举产生，和其他企业不一样的是，大午集团对于董事长进行限权，第一是调动财产的权力不能超过集团上一年盈利总额加折旧；第二是董事长除了受监事会监督，还要尊重总经理的经营权，并且无权解聘总经理。

监事会主要由家族成员组成，所有权作为一个集体存在，由后代继承，不进行财产分割，监事会可聘用会计、律师等对董事会、理事会进行监督，监事会无权决策，也无权任免董事长、总经理，但是有监督权、组织选举权以及弹劾权；监事会世代继承，监事长由家族内部选举产生，家族成员每月除工资外，可以拿相当于工人平均工资1—3倍的

补贴，这是产权拥有者一个象征性的受益权。监事会家族成员在教育、医疗方面享有充分保障，监事会可以提取上一财年利润10%作为监事会专用资金，主要用于公益事业。

“私企立宪制”立的“宪”就是对三权的限制，三项权力严格分开，包括家族成员在内，拥有所有权（监事长）就不能参与决策，也不能调动自己的资产，而拥有决策权（董事长）就没有所有权和经营权。

按照规则，董事任期2年，董事长和总经理任期4年，均可连任。

三、选举程序

观察大午集团的董事长产生过程，会发现其与西方代议制民主颇为相似，选举在过程上是由两次预选、一次正式选举和“代议制”的内阁任命选举所组成。

选举的第一步是推荐候选人，在大午集团，这依据厂区和工人集散方便，分六个区域进行。所有员工都有预选选举权，不分年限。选举方式为：五人以上（含五人）联名推举候选人，也可自荐。第二步是此次预选的一个复选，第一轮预选工作结束后，由工作时间三个月以上的员工以无记名投票的形式按所限名额，从第一次入选的名单中投票选出董事会候选人。

第三步就是正式选举，它将决定谁会成为新一届董事会成员，正式选举只能由工作三年以上的职工、工作两年以上的技术员、工作一年以上的业务员、公司班组长以上干部等“资深员工”参加。在上一步复选结束以后，公司会发给这些拥有正式选举权的人一本小册子，帮助他们了解董事会候选人的个人情况和竞选纲领，在正式选举中，每一位候选人还将进行5分钟竞选演说。这一次选举将决定新的董事会成员，为了保持集团的稳定性，上一届董事会成员在新一任选举后留任三分之二，也就是得票最低的三分之一前任董事将会“下台”。

第四步才是对新一届董事长、总经理的选举，它由新一届董事会成员及监事长、副监事长选举产生，监事会保留优先提名权。副董事长由董事长在董事会成员中提名产生。副总经理由总经理在董事会或理事会成员中提名产生，需经“三会”联席会议通过。此外，各子公司一把手也由董事会内部选举产生，原则上由董事会成员兼任。

四、公共企业家

大午温泉城营业两年，领班祁建峰，只见过一次监事长陪官员——县委组织部的官员——那还是一年前的事，“但是，经常见到他陪朋友——哪个大学的教授——他们在那里聊天，有时聊到晚上十二点，一点”。

秦晖、秋风、茅于轼、陈志武……孙大午是企业家中为数不多的敢将这么多公共知识分子称为朋友的人。而秋风在孙大午入狱时就称他是一个“有公共精神的企业家”。

孙萌，办公桌上摆着妻儿的照片，也摆着2007年夏天和父亲一起看望柳传志时的照片。对于自己童年时处于创业期的父亲，孙萌能想起的东西很少，只记得父亲教导他的是，“一个人富不算富，有本事把整个村庄富起来，把这一带富起来”。

“你安安心心地把你的企业管理好，社会上的问题，有专家学者在研究那些东西”，长大后，儿子开始“教导”父亲，“我们不太支持他搞这些东西。好像我们达不到他的境界”。

弟弟二午对“私企立宪”是赞同的。他1992年带着50万元积蓄进入大午公司(1996年改为集团)，经大众民主选举位列董事会成员，又经董事们的精英选举，连任董事长。过去他和哥哥也一直争吵，“我一直认为，这么多年，他对这个企业的经营并不是很上心。说他对政治感兴趣吧，不是那么好听。怎么说呢，他对大局很感兴趣吧。那时‘三农’问题什么的，他一直在奔跑……然后(集团)大事小事都要请示他，而他决策非常不及时，甚至影响企业效益”。

那时确实没有什么能够阻挡孙大午对于“三农”问题的讨论。2003年3月13日，他到北大作《十八年感受三农——来自底层的声音》演讲，直言“中国农村问题的实质是权力和资本对农民劳动权利的限制和剥夺”，并痛陈基层管理弊病。直到因“非法吸收公众存款”被判罪后，在公共表达上，孙大午才“不再像以前那样，太尖锐，太直白了”。

“我有两个梦想，第一个梦想，我想建一个大午城，一座世外桃源，第二个梦想，安得淳风化淋雨，遍沐人间共和年”；“哪怕还能把这个历史的车轮推进一步一寸，我们也得推”。这些孙大午当年在北大演讲时激昂的话语，已经不复耳闻。无论对媒体还是对于其他企业家，现在孙大午侃侃而谈的都只是大午集团的“私企立宪”，甚至能够做到三个小时内绝不跑题。但是，偶然间，孙大午还是会不自觉地说出一些深思熟虑的话来——改革是从农村开始的，但是现在城市市场化了，农村还是计划经济。家庭联产承包责任制，交足国家的，留下自己的，不是计划经济？一人一亩三分地，不是耕者有其田，是居者有其田，不是计划经济？限制粮食收购价格，而钢铁煤炭化肥价格随便涨，不是计划经济？他说，市场经济下，土地宜耕则耕，宜种则种，宜商则商，如此方能达到资源配置最大化，土地、资本、劳动力均要流动起来。

知父莫如子。儿子孙萌认为父亲，“从根本上，他改不了”。

孙大午常常需要面对的质疑是，为何热衷于思考社会制度，为什么做不到低调发财？他说：“作为企业(家)，时时刻刻感受到政府机构、制度法规的束缚。总得有人说这些事情。我感觉这不是一个吏治腐败的问题，而是一个制度层面的东西。”早在2002年年底，孙大午和杜润生交流时就说：“我现在资产两个亿，名利两个字我都淡化了，没有野心，也没有私心，我在思索怎样多承担一些社会责任，忧国忧民才是企业家，为国为民才是企业家精神。”

54岁的孙大午，自称是“毛泽东时代成长起来的人”，从小受的教育就是共产主义思想，所以就会“以共同富裕为理想”。“我有一种倾向，愿意实现欧洲的那种生活。就是富人可以富，但是他不可以在天堂，穷人可以穷，但是他不可以在地狱。现在我们生活城乡差距太大，贫富差距太大。”

现在，“私企立宪”外，孙大午醉心的另一件事情是考古。徐水釜山研究会有六七十个人，孙大午任会长，“政府拨了20万元，都花完了，现在经费我们出”。研究会经过考证，确认徐水釜山是炎黄二帝“合符釜山”的釜山。“画龙合符，每一个部落图腾最完美的一块都在合符上得到体现。合符也意味着忠孝文化、家族起源。”孙大午，认为自己的考古研究，有文化传承的价值。考古之前，他还修过孔庙。“他现在搞釜山文化，和企业可以说是没有什么关系的，但是，对社会，是有意义的。”孙二午认为哥哥在做大事，而他自己在做小事，“保证给工人开工资”。究竟是企业家，还是梁漱溟、晏阳初一样的乡村改革者？孙大午自己不很在意，“没有想过，那都是别人评的。所有的评论都会随时间烟消云散”。

五、大午集团发展情况

大午集团位于河北省徐水县郎五庄村，资产3.7亿元，年销售额4亿多元，职工2000人，学校有3000师生。集团始建于1985年，从养1000只鸡、50头猪起步，经过25年的自我积累，滚动发展，现已成为集养殖业、种植业、加工业、工业、教育业、旅游、建筑业为一体的大型科技型民营企业。大午集团下辖8个子公司，17个分厂，分别是大午饲料有限公司、大午种禽有限公司（年孵化3000万只小鸡）、大午食品有限公司、大午肥业有限公司、大午农业育种公司、大午中学、大午温泉度假村、建筑公司，集团直属有技校、医院、车队等单位。

私企“君主立宪制”实施6年来，企业稳定发展，“政通人和”，进入了一个良性发展的循环阶段，企业效益以每年30%的增长速度递增。

资料来源：郑褚：《大午集团：君主立宪四年》，载《经济观察报》，2009.1.4；陈建芬：《公私孙大午》，载《中国企业家》，2009（1）；等等。

【案例讨论】

1. 大午集团的“私企立宪制”解决了在传统家族企业继承过程中的问题吗？
2. 你如何评价大午集团“私企立宪制”的持续性？
3. 你认为这套制度的推广价值如何？

第二章 活力企业再造与公司治理模式

【篇首语】

本章旨在讲述现代公司制企业发展历史路径和基本特征，提出公司是由其利益相关者构成的一个经济组织和社会组织的统合体，了解公司治理制度的内涵、结构、机能以及多样性，认识公司治理在企业存续和成长中的关键作用，确立起对企业经营管理而言“公司治理是一种资本和制度保障而不是负担或限制”的理念。

【引导案例】

公司治理与企业竞争力：日本钛产业的发展启示

公司治理制度或惯例有时会对企业的产业竞争力产生具有重要影响，日本钛产业的发展就是一个典型事例。

钛产业的核心是金属钛的精炼。即从矿石中精炼出海绵钛这种制造金属钛的原料。海绵钛的提取需要将钛矿石进行电解加工，其过程要消耗大量的电力，比铝的精炼还要多。而众所周知日本是世界上电价最高的国家之一，而且原材料矿石也不是取自日本而是来自澳大利亚和挪威。尽管存在如此多的不利条件，日本却成了西方国家金属钛的主要供应源。

更不可思议的是，当时日本几乎不存在钛的消费市场。钛像铁一样坚硬，像铝一样轻，而且有很高的耐高温性和抗腐蚀性，对海水具有类似于白金一样的抗腐蚀性，因此价格相当昂贵。由于钛具有上述优异特性，因此主要应用于航空发动机和军用飞机的结构制造材料而被称为空中的金属。在日本，由于各种原因的限制，民用和军用飞机主要靠进口，因此钛的消费市场几乎是不存在的。

尽管存在上述不利条件，日本却成了西方国家钛金属的主要供应者，大阪钛和东邦钛这两家公司几乎垄断了对西方国家钛的供应。

为什么这样的产业会在日本存续并发展？钛的精炼技术并不是日本独有的技术，同时这一产业也没有得到通产省政策的支持，反而由于是公害较大的产业，通产省还有敬而远之的倾向。追根溯源，真正支撑着日本这一产业国际竞争力的是日本型公司治理模式和证券市场的结构。

钛的消费市场是飞机制造业。在生产上，飞机制造业很大程度上左右于各国政府的国防政策和航空器材采购的周期性变化，因此不仅需求量变动较大，同时市场的供给状况也很不稳定。在80年代，当时世界上钛供给能力最大的是苏联，通过向西方国家出售钛来换取外汇。但苏联的供给活动反复无常，有时大量抛售，有时又突然宣布停止出口，这是因为钛的销售很大程度上受其军事政策的左右。

因供需两方均极不稳定，钛的价格总是上下剧烈波动。上涨时每吨可达200万日元以上，下跌时会跌落到几十万日元的水平，结果导致钛制造商的利润起伏较大。美国和欧洲也有钛的精炼企业，但这些公司最终都难以经营下去。在严格追求短期利益的经营环境下，钛的制造企业很难维持下去。

与欧美相比，日本钛制造企业的治理环境是非常有利的。大阪钛公司是住友金属持有过半股份的子公司。社长是住友金属派遣的。由于住友金属理解钛的重要性，同时也深知钛市场的不稳定性，因此不会单纯因经营利润的减少而解雇经营层。另一方面，钛的生产商的股价上下动荡的特性对一些投机的投资者来说正是极好的机遇，他们可以利用股价的动荡来获取投机利益。因此在钛公司股价上涨时，生产企业往往会增资扩股，用以扩大设备投资增加生产能力，其结果是造成过剩的供给能力，这使得欧美的钛制造企业的经营更加困难。

从日本的情况看，另外一个主要的钛生产商东邦钛公司是日矿金属的关联企业，具有类似于大阪钛公司的治理状况，这两家公司就这样瓜分了世界钛市场的份额。大阪钛随后在将社名变更为住友 Sitix 后，被住友金属吸收兼并。即使到现在，住友金属和东邦钛两家公司平分世界钛市场的状况仍没有改变。而钛金属的用途在逐渐被拓宽，最近被作为制造眼镜架和高尔夫球杆的材料。

尽管存在着种种不利的条件，日本的钛制造公司在世界钛市场中占据了绝对的竞争优势，这正是缘于日本型公司治理体制和证券市场结构的结果。

上述事例充分显示出某一国家的公司治理制度是产业竞争力的重要源泉。经过冷静的考虑就会发现，日本型公司治理制度，在多个产业中成为日本企业竞争力的源泉。因为在日本型公司治理制度和证券市场结构下，企业经营者所受到的追求股东短期利益的压力较小，所以企业能够进行长期持续的投资。如在钢铁和半导体这样要获取长期利益必须进行巨额投资的产业，日本型治理制度为强化日本企业的竞争力作出了贡献。日本企业在经济萧条的状况下能够舍弃暂时的利益，坚持在研究开发上进行投资，主要是因为来自短期收益的压力较小。因此，日本型治理制度是支撑其在多个产业上具有较高国际竞争力的要因之一。

钛产业并不是极端特殊的例子。在家电产业，日本企业能占据绝对竞争的优势，几乎使美国、英国的家电产业濒于消亡的缘由之一，可以认为是治理制度的不同。对于英美企业来说，在低收益率下展开激烈的新产品开发竞争这种经营模式，是支撑它们的企业治理体制所不容许的。相反，在硅谷涌现出的大批快速成长的风险企业，也具有其独特的治理体系。美国的大型企业一般通过大胆的裁员和事业整理来不断修正经营方向，这也是因为美国型治理体系发挥作用的结果。

日本型公司治理的基本思想，是委托与企业具有长期安定关系的成员（安定法人股东、主银行、内部晋升的经营者、正式员工）对公司进行治理，可称之为基于长期协同主义的治理模式，与所谓作为国际标准的盎格鲁-萨克森型治理模式有很大不同。这种治理模式的形成，是与日本战后的历史、经济、政治和社会文化传统密切相关的。这种模式可以视为是一种克服亚当·斯密指出的股份公司局限性的替代方案，也是日本企业在某些产业形成国际竞争力的源泉所在。从企业自身发展的角度看，公司治理制度或惯例是企业为了有利于自身的发展而创造出来的。实际上，在竞争条件不同的产业，公司治理的规则也是不同的，并没有一种唯一的、普遍可以遵循的模式。

资料来源：据相关资料整理。

第一节　活力企业再造

一、企业竞争力

公司治理怎样与企业成长、企业战略发展吻合？人们普遍认为企业应该做大做强。做大要基于3M战略——人、财、物(Man, Money, Material)，这是基于资源的成长。如果企业做不大，便难以形成规模效益。但是，什么是真正的大？我们原来意义上的大是加法式的大，那样中国进500强十分容易，但拼凑起来的大在这个竞争的市场中是不行的。这也是和公司治理紧密结合的。

有的说500强就是500大，以销售指标规模为目标，单纯以销售额为目标，集团内部操作便可达到这一目标，涉及的纳税问题企业还可以让政府照顾。中国企业之所以做不大是因为不会做小。企业怎么垮的？许多案例中都是因为子公司出现问题。一个个有活力的子公司才会使得企业做大做强，这就涉及了集团治理。

有效率、有机制的大是做强。做强是什么？做强是基于能力的成长，2M战略——管理、机制(Management, Mechanism)，与做大结合起来就是5M战略，讲管理要效益，通过改制求发展，并不是越大越好，还要做强。

例如青岛啤酒，通过收购扩张，收购后发现许多小厂做不起来，但是并没有转手出售，因为这样做的同时会失去这块市场，而是选择零转让，把职工安置好，市场依旧归青啤，这虽然不是越做越大，但是却更有利于企业发展。

做大做强是最高目标吗？什么是真正的强？以前的外贸企业，现在许多大垄断企业，是真正的强么？真正追求的阶段是第三个阶段——做活，基业长青，百年老店指的就是这个。做活是基于理念的成长，要求的是理念(Mind)，做大做强做活就是企业竞争的基础。

如今，企业竞争力基点也逐渐由做大向做强，甚至向更高的目标——做活转变。通过以上介绍我们可以看出，目前，企业组织的基本要素为6M模式——人财物，管理，机制，理念，这些因素互为结果、互为基础。组织的性质也不断改变：做大——机械组织；做强——一般系统；做活——有机体/生命，如表2-1所示。

表2-1　企业竞争力基与"6M模式"

<table>
<tr><th colspan="3">成长导向</th><th>竞争基础</th><th>核心要素</th><th colspan="3">组织性质</th></tr>
<tr><td rowspan="3">企业竞争力基的转移</td><td rowspan="3">↓</td><td>做大</td><td>基于资源</td><td>Man(人)
Money(财)
Material(物)</td><td>机械组织</td><td rowspan="3">↓</td><td rowspan="3">组织活性度</td></tr>
<tr><td>做强</td><td>基于能力</td><td>Management(管理)
Mechanism(机制)</td><td>一般系统</td></tr>
<tr><td>做活</td><td>基于价值</td><td>Mind(理念)</td><td>有机生命</td></tr>
</table>

二、企业生命特征

(一) 生命周期

到底什么是真正有活力的企业,要与战略(基于资源,基于能力,基于价值)结合起来。这里引入生命周期理论,产品有生命周期,企业也有。企业虽然千差万别,但成长的不同阶段所出现的问题大同小异。由于研究的基点、焦点以及目标、方法等的不同,因此,理论上对企业生命周期的具体描绘是多种多样的。爱迪斯(1988)对企业生命周期做过极为细致的分析研究,他曾将企业生命周期分为孕育期、婴儿期、学步期、青春期、盛年期、稳定期、贵族期、官僚化早期、官僚期和死亡期十个阶段(见图2-1);丘吉尔和李维斯等(1983)将企业成长周期分为存在阶段、生存阶段、成功摆脱束缚阶段/成功成长阶段、腾飞阶段以及资源成熟阶段。当然,无论怎样具体细分,构成企业正常生命周期的不外乎起步期、成长期、成熟期和衰退期这几个基本阶段。

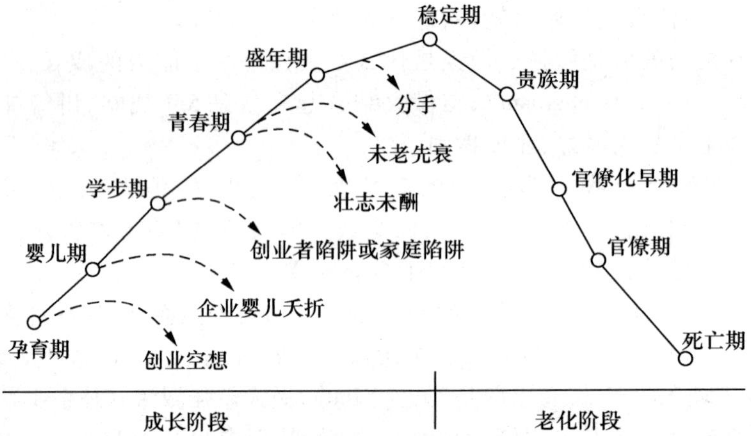

图2-1 企业生命周期曲线

在不同阶段,企业通常容易形成不同的问题。孕育期容易形成创业空想;下一阶段,易出现创业者陷阱,家族陷阱,导致企业夭折;下一阶段,企业做大了以后导致分家,大伤元气;度过这些阶段企业成熟稳定后,容易出现大企业病,走下坡路。因为企业成功后,经验丰富,章程规则完善,但是缺乏创新。摩托罗拉员工如果主动离职要向企业赔偿,但如果被企业开除,企业会赔偿员工,造成许多想离职的经理为让公司开除不尽职。怎么办?这就要求企业形成新的周期,这里涉及企业活力三要素:生存力,成长力,再生力。

（二）企业活力三要素

企业活力在任何一个时刻都表现为生存能力、成长能力、再生能力三个方面，三种能力的综合体现为企业的活力。

生存、成长和再生能力三者相互依赖，又形成一定的层次。它们都是企业活力的体现和有机组成部分，企业活力同时表现在三个方面，没有生存能力就谈不到企业有活力，生存能力是保证企业“生”的基础，生存能力又是企业成长和再生的前提，只有企业生存着，具有一定的底线生存能力（高于生存门槛），考虑企业生命质量才有意义；企业成长是企业保持永续生存的条件，环境是变化的，它会给企业的生存带来挑战，企业只有不断成长，才能使企业保持动态生存，也只有不断成长，才能保证企业不断改善生存质量，为企业的再生奠定基础；企业再生是企业另一个生命周期的开始，它可能源于企业环境变化的剧烈而使企业生存、成长受到威胁而变革，也可能因为企业为了提升其在商业生态系统中的地位，或预见到企业环境带来的新的发展机遇，而主动寻求变革与之适应，在预见环境发展走向、识别环境发展机会的基础上实现企业自我超越、自我否定、自我发展。与其让别人打败，不如自己寻求超越，赢得主动权。这是企业“长寿”的途径，也是企业生存发展的最高境界，是企业层次的自我实现和自我超越。企业组织的生存力、成长力、再生力集中体现了企业活力。

（1）生存力。这是企业最基础、最根本的能力，是成长力和再生力的基础。

（2）成长力。决策不能大失误，持续成长应该靠治理机制的保证，而通常我国企业周期都和经营者结合在一起，外国靠制度机制而不是依靠某个人。怎么保证持续发展？比较典型的例子是福特公司。福特汽车的老福特——亨利·福特，从农村到底特律，树立一个目标，要让消费者用上质量高、价格低的汽车，为了这个目标，创造了第一条自动生产线。但是随着年龄的增大，问题出现了——汽车颜色永远黑色，马力一致，坐椅不舒服，但是老福特仍然认为没有所有人都用上汽车，所以坚持不改变思路，不生产比较奢侈的汽车。通用汽车这时出现了，生产高档、舒适、颜色鲜艳的汽车，导致福特有一年出现巨额亏损，在这个背景下，董事会发挥作用，果断决策，使老福特退休，福特汽车才重新焕发出活力。章程要提前设计，换代的机制要提前设计，不应以哪个人为基准。在中国什么叫改革？邓小平最伟大的改革是什么——领导人任职两届。公司也一样，一定要把制度设计好。怎样成长，持续靠什么保证，强调制度建设，用制度解决问题。

（3）再生力同样重要，资源型的企业资源耗竭使得企业不存在。例如煤矿、油田。大庆油田，最开始油量充足，经常出现井喷，后来资源减少，相继通过注水、化学试剂、微生物等方法来继续开发，现代管理者计算盈亏点作出减产决定。我国现在许多煤炭集团实行多种经营，但最后都失败了，只能继续专注做煤炭。问及原因，管理者说只学过煤炭，做不好别的行业。问题在于管理不过关，光靠自己不行，可以通过并购的方法，并购的不仅是企业，还有被并购企业的各种人力资本。实施多元化属于跨行业再生，还有纵向再生的方式。例如，开滦煤矿在国外开发资源，兖矿收购澳大利亚煤矿。

我国目前可持续发展最大的局限在于高管的短期任命、短期考核,这也与公司治理有关。

企业无论是上市,还是准备上市,甚至不想上市,都应着重发展企业自我造血。充满活力的企业运作机制和完善的公司治理机制是企业长治久安、可持续发展的“两只轮子”。

第二节 公司治理模式

一、公司治理模式分类

对于公司治理一般模式的构筑,应遵循以下三个原则:(1) 可以对公司治理的不同类别的制度安排作出描述和分析;(2) 应能说明特定公司治理安排产生的条件;(3) 必须说明一种公司治理安排的不同构成之间的联系,它们与金融体系以及经济系统的其他部分之间的相互关系。

一般来讲,由于政治、经济、法律、文化和历史等因素不同,公司治理模式大致分为以下四种类型。

(一) 英美股东主导型

英美等国企业特点是股份相当分散,个别股东发挥作用相当有限。银行不能持有公司股份,也不允许代理小股东行使股东权利。机构投资者虽然在一些公司占有较大股份,但由于其持股投机性和短期性,一般没有积极参与公司内部监控的动机。这样,公众公司控制权就掌握在管理者手中,在这样的情况下,外部监控机制发挥着主要的监控作用,资本市场和经理市场自然相当发达。经理市场的隐性激励和以高收入为特征的显性激励对经营者的激励约束作用也很明显。这种公开的流动性很强的股票市场、健全的经理市场等对持股企业有直接影响。这种治理模式被称为“外部治理模式”,也被称为“外部人系统”。虽然英美公司治理模式中,经理层有较大的自由和独立性,但受股票市场的压力很大,股东的意志得到较多的体现。这种模式也被称为股东决定相对主导型模式,如图 2-2 所示。

英美股东主导性公司治理模式属于单层制:股东大会选任董事会,没有独立的监事会。因此其突出特点是独立董事制度。

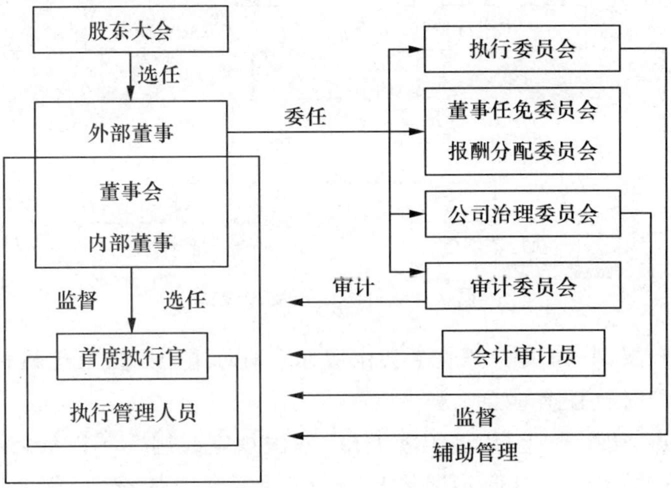

图 2-2　英美股东主导型公司治理模式

（二）德日债券主导型

在日本和德国，虽有发达的股票市场，但企业从中筹资的数量有限，企业的负债率较高，股权相对集中且主要由产业法人股东持有（企业间交叉持股现象普遍），银行也是企业的股东。在这些企业里，银行、供应商、客户和职工都积极通过公司的董事会、监事会等参与公司治理事务，发挥监督作用。这些银行和主要的法人股东所组成的力量被称为“内部人集团”。日本、德国的企业与企业之间，企业与银行之间形成的长期稳定的资本关系和贸易关系所构成的一种内在机制对经营者的监控和制约被称为内部治理模式。相比较而言，日本公司的治理模式更体现出一种经营阶层主导型模式，因为在正常情况下，经营者的决策独立性很强，很少直接受股东的影响；经营者的决策不仅覆盖公司的一般问题，还左右公司战略问题，且公司长远发展处于优先考虑地位。而德国的治理模式更体现出一种共同决定主导型模式，在公司运行中，股东、经理阶层、职工共同决定公司重大政策、目标、战略等。图 2-3 即为德国公司的典型治理模式，图 2-4 为日本公司的典型治理模式。

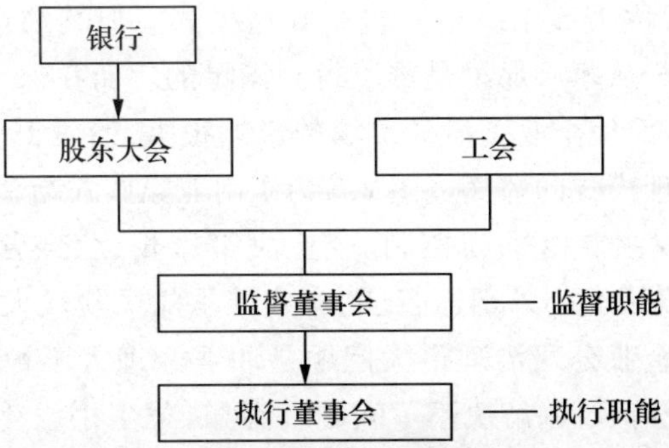

图 2-3　德国公司治理模式

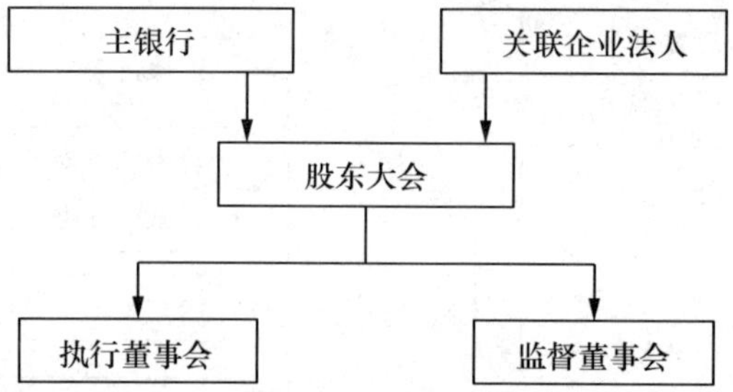

图 2-4　日本公司治理模式

德日模式是双层制：德国——监事会由股东和职工组成，是上位机构；日本——股东大会选任董事会同时选任监事会。

德国模式特点：德国企业 60 多年才上市（我国规定改制 3 年以后才可上市），上市后把股权寄托（寄存）在银行，银行签署委托书，今后所有委托投票、行使股权全由银行负责，形成作用巨大的主银行。不同的法律背景也决定了模式的形成，治理的完善。例如，大陆法系与欧美法系，区别在控方和被控方谁举证（大陆法系控方举证，英美法系被控方举证），导致大陆法系股东诉讼困难，这都是影响治理机制的因素。

日本模式特点：相互持股，主银行制度（贷款银行同时也是你的股东，益处：平常对公司了解，使得危机时有风向标的作用）。例如，日本八佰伴撇开主银行，自己去证券市场融资，时值泡沫经济，股价上涨，可转债不考虑兑换，泡沫经济崩溃后，经营状况不好，主银行这时不注资，别的银行业不敢进，其他公司把八佰伴看成异己（纳税地在香港），导致八佰伴最后破产。

（三）亚洲的家族式治理模式

在东南亚国家、中国台湾和香港等地区，许多大型公众公司都是由家族控制的，表现为家族占有公司的相当股份并控制董事会，家族成为公司治理系统中的主要影响力量。这种模式形成的原因至少有两个方面。一是儒家思想文化和观念的影响；二是在 30 多年前这些地区落后的情况下，政府推动经济发展过程中，对家族式企业的鼓励发展政策。这种家族式治理模式体现了主要所有者对公司的控制。在这种治理模式下，主要股东的意志能得到直接体现，这种模式也可称为股东决定直接主导型模式。但其缺点是很明显的，即企业发展过程中需要的大量资金从家族那里是难以得到满足的。而在保持家族控制的情况下，资金必然大量来自借款，从而使企业受债务市场的影响很大，始于 1997 年 7 月的东南亚金融危机也反映出家族式治理模式的弊病。图 2-5 为东南亚家族式治理模式。

它的特点为：所有权主要由家族控制、企业决策家长化、经营者激励约束双重化、企业员工管理家庭化、来自银行的外部监督弱、家族继承的风险较大、家族企业社会化、公开化程度低等。现在民营企业公司治理最大问题是职业经理人不被信任。虽然公司和经理人之间出现问题，但是没有合同，解决不了问题。例如，蒙牛牛根生在伊利旁边安营扎寨，同业经营，但是国际上不允许跳槽者几年内同业经营。因此信任问题要靠制度说话。

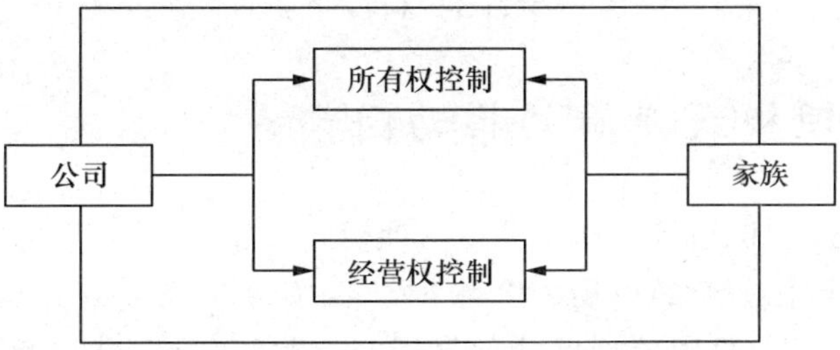

图 2-5　东南亚家族控制型公司治理模式

(四) 我国公司治理模式

我国公司治理模式为混合制:股东大会同时选任董事会监事会(日本),监事会里要有员工代表参加(德国),决策层执行层分开(英美)。我国治理模式融合了各种类型的优点,但是收效甚微,究其原因大概如下:一是是否可以实际执行;二是各模式有自己的逻辑形式,都糅合在一起是否能够系统地完美融合。

为了完善公司治理制度,针对监事会改革有人提出几个方案,一是(像德国一样)坐实监事会,监事会上位机构;二是(像英美一样)取消监事会,完善独立董事制度;三是保留监事会,但是引进外部监事;四是监事会和独立董事制度二者选一(日本)。日本做法的原因:监督职能发生转变——是否违法的监督为主(事后监督)转变为决策正确与否的监督(事前监督)为主。原来规定单一的法人代表,且天然是董事长,现在《公司法》规定仍然是单法人代表,但不一定是董事长,可根据章程规定副董事长、经理或其他人有代表权等。公司治理中另一命题,董事长与总经理原则上不兼任。完整意义的董事会有聘任考核经理层的义务,若董事长兼任总经理,有利益冲突。有关总经理、总裁、CEO 的区别,法律上没有硬性规定,但是作为一个制度的出现不是偶然的,是有一定的背景的。简单说,CEO 制度的出现,基于一个意识——战略的制定者和战略的执行者要集于一身。以前规定董事会是战略的制定者,经理层是战略的执行者,CEO 担任了战略制定,那么董事会的战略职能哪里去了?董事会仍然保留战略职能——是对战略的选择和战略实施的考核,从这个意义上讲,CEO 比原来的职责更大了。

二、公司治理模式的趋同化

(一) 公司治理模式趋同化的引发机制

随着经济的发展,几种模式发展具有趋同性。趋同化的引发机制主要是面对新的经济环境,旧治理模式弊端日显。英美治理模式的弊端包括:(1) 股权高度分散化弱化股东对公司经营的监控;(2) 高度分散的股权结构造成了经营者的短期行为;(3) 机构投资者的消极行为。德日治理模式的弊端包括:(1) 法人相互持股使得证券市场疲软;

(2)“主银行”导致“泡沫经济”的产生;(3)利益相关者的冲突有增无减。

(二)公司治理模式变革的推动因素

市场全球化以及知识经济推动了公司治理模式的变革,全球化包括产品市场的全球化和金融市场的全球化。产品市场的全球化包括:(1)全球经济一体化的发展,市场边界的概念日益淡化;(2)跨国公司的快速发展,对产品市场全球化起到了推波助澜的作用;(3)产品的高科技化。金融市场全球化包括:(1)全球金融自由化;(2)全球资本流动达到了空前的规模;(3)全球金融业相互渗透;(4)股权日益全球化。

(三)公司治理模式的变化趋势

在知识经济中,创新和服务将替代控制和管理成为新的增长点。这就要求企业的结构作如下改变:(1)减少管理层次;(2)使企业的金字塔形的管理转变为网络型的管理。发展过程中,各模式各有优缺点,但是持股变化都是这样的大趋势——战后日本,从个人为主体逐渐变为法人为主体,80年代美国个人股为主,后来机构股为主。机构股与法人股的区别在于,日本的法人股交叉持股,不重视股权的一家受益,机构股重视收益。机构股东最大问题——行为趋同性,他们的教育背景、分析工具都具有相似性。机构股东开始通行的原则——“用脚投票”,但是现在持股量增大,不能继续“用脚投票”,因此进入第二阶段,从“用脚投票”到“发出声音”(以股东的名义通知股东改进,这就要求公司治理),有人说,公司治理是来自股东的反扑,这里的股东指的就是机构股东。

(四)公司治理模式趋同化的影响

公司治理模式趋同化的影响如下:全球化的公司并购更加频繁;市场竞争更加激烈;推动了公司治理理论的发展(不同的公司将有不同的公司治理结构;治理公司的要素资源由单一转向复合化;职工民主治理的地位有所提高);诱发全球经济危机的可能性增大;为转轨经济国家公司治理提供了宝贵经验。

三、结语

最近一次金融危机的爆发引发了我们对公司治理问题的思考,世界范围内也越来越关注公司治理问题,国际公司治理网络发布“对于全球金融危机的宣言”——公司治理失效虽然不是导致金融危机的唯一原因,但不可忽视董事会未能有效识别和控制风险,并助长了不当激励的事实,因此要成功解决这些问题需要从公司治理做起。

【本章思考题】

1. 你如何理解企业做大做活做强？
2. 企业生命周期包括哪些？
3. 什么是企业活力三要素？
4. 公司治理有哪些模式？我国模式的特点是什么？
5. 请谈谈公司治理模式趋同化的引发因素和变化趋势。

【综合案例】

用友软件——创始人与职业经理人的交融与冲突

一个温和重义、国际化意识超强的创业者，一个货真价实、高度职业化的海外经理人，为何仍打破不了中国式分手的宿命？

中关村从不缺乏公司政治，但具有黑色幽默意味的故事并不太多，后者正是用友软件新近上演的。被媒体重重包围的主角，用友软件创始人王文京在这场宫廷政变中自始至终处于被动位置，而出局的职业经理人何经华已经成为实际利益的获得者——与常见的“棒打婚姻”不同，他们仍能共同出席媒体发布会，彼此恭维——但这并不妨碍向来低调、保守的用友软件向外界暴露其遭遇的困境。

在我们揭开这桩黑色喜剧的面纱之前，需要澄清的是，与中关村常见的空降兵水土不服，或职业经理人与创始人角力的故事有所不同，用友变局的两个主角均非弄权爱好者。

自2002年4月以500万年薪的身价空降至用友，何经华可谓鞠躬尽瘁：未带任何亲信，他只身进入公司，并在两年间使用友的收入翻了一倍。“今年我75%的时间都在飞，周末回家只是换了个衣服就又要走。”甚至其辞职的时机选择都经历过深思熟虑：用友即将制订明年的计划，若他参与目标制定却不能参与执行，对用友影响不好。

而他的搭档、公司董事长王文京，多年来以风格沉稳严谨和重感情著称。其早期创业伙伴、用友独立董事苏启强曾表示：“一般朋友和同学的聚会，不论他多忙都会去……他不是一个唯利是图的人。”而何经华也在离职后如此评价对方：“王总是个非常好的人，他的善良、正直、言而有信，从一个人的品质来讲，是非常好的。”

在2004年11月2日下午的员工大会上，何经华向用友员工作了最后一次演讲，在这一20分钟的演说中，何经华反复强调着一个英文单词“capability”（能力），但当看到“有的人眼眶红了，有的表情呆滞，有的惶恐”——事后他对外人如此回忆——他终于也流下眼泪，动情表示：“没有人永远可以牵着你的手，一直牵着你的手。”见者无不动容。

就在员工大会当天，非常“国际化”的，何经华与王文京携手召开了新闻发布会，何向外界公布了其离开的标准答案：“我真的感到累了，需要好好休息休息”，并高调接受了王文京亲手颁发的顾问证书。

但随后在不止一个场合，他又十分坦率地对外承认，2004 年 12 月中，自己将成为美国 Siebel 副总裁、大中华区和东亚区总经理，且表示 Siebel 不仅满足其全部福利要求，甚至会将亚太区总部从新加坡搬至上海，何只需坐镇北京即可。按照行业常规，何不可能是在离职当天找到新的工作，据悉，Siebel 与其接洽开始于 2004 年年中。

不过其“老板”王文京可能对此一无所知：据接近事件核心的消息人士称，何于 2004 年 10 月 29 日星期五突然向董事会递交了辞呈，次日，他本应参加公司内部一个高层会议，但并未出现。而王文京虽然在第一时间召开了董事会电话会议，应允了何的离开，但他仍显得颇为措手不及：他已确定 11 月中旬出国考察的计划被取消，全部工作日程都被迫重新制定。

从友好分手到暗度陈仓，是什么让分别在技术与销售领域本领不俗的这一对“中国版比尔·盖茨和史蒂夫·巴尔默”分道扬镳？

“感觉不在了。”据接近何经华的人士告诉记者，这是何经华对自己与王文京合作关系的结论。

尽管用友各方人士均对何经华离任之事三缄其口，甚至在用友内部，也几乎无人见过两人正面发生口角，但何经华与王文京之“道不同”是无法掩藏的：在对公司是否应当国际化、产品应当选择高端路线还是中低端路线两个战略性问题上，两人无法达成共识。

更根本的不和谐在于，虽然为人温和开明，但王文京和国内不少创业者一样，对控制权极度看重，尽管对何以礼相待，他也从未真正实现放权，这让何经华始终在公司内外扮演着首席运营官和公司内最高层销售员的角色。

何经华并非不想改变这一局面，但结果是，虽然谈话时总是一团和气，但总是笑容可亲的王文京内心无比坚定，改变甚难。无人能够否认王文京的勤奋好学，但他一旦打定主意就坚持到底的性格——一位熟悉 IT 业的风险投资商因此将王比喻为“乌龟”——既成就了他以往的胜利，也让他难以足够开明地与何经华这样工作背景与思考习惯大相径庭者达成共识。

这看似是最理想的分手：何经华的出走并未影响用友的股价，短期内他的缺席也并不会动摇用友在国内管理软件领域的龙头地位。但真正的问题在于，职业务实且富有国际经验的何经华试图改造的用友的问题，会随着他的离开迎刃而解吗？

一、经营理念的碰撞

甫一上任，何经华就被反复问及一个问题：这个习惯用英文表达的台湾人，能否做到足够本土化？不久之后，何经华在公开场合表示：自己已经不是本土化，而是已经用友化了。

在知情人士看来，所谓用友化，并非只是减少说英文，以及学会周末加班，其关键是，在用友内部，王文京的绝对权力无法被挑战。据用友高层透露，虽然外界一贯认为王与何分工明确，王文京主管战略和抓产品，何主抓执行、运营和外界形象。其实，总裁会和董事会的分工，两年半来从来没有分清楚过。没有过白纸黑字的岗位责任书，这使习惯在管理规范的跨国公司工作的何十分难受：一个公司再简单，也有三样基本的因素,人、财、物,但是何在用人、预算、费用、产品等涉及经营的层面,都没有足够大的自主权。

尴尬接踵而至:当何经华去外省出差,拜会当地政府官员,每每听到对方邀请把用友的一部分研发放到当地,何经华都无以作答——作为用友总裁,他也无权决定此事。

双方分工不清晰的影响还有细节上的:用友的中高层写电子邮件向上汇报时,没有规范的解决问题的流程,经常是同时发给王与何。何经华也感到非常困惑:要不要回邮件呢?自己的意见和王文京意见不一致怎么办?开始他还强调发邮件的层级和管理次序,到后来一见此类邮件就干脆不回了,让发件人直接等王文京回信。

对于王文京而言,这的确是一手难落之棋:如果充分放权,一旦离开,自己如何收回权威?

时间长了,何会在公司内部发出这样的牢骚:"大的合作伙伴来了谁去谈呢?扫厕所的日程又是谁批呢?"

得不到充分授权,何经华只能通过行动获得公司内部的权威。他之所以不带任何旧部进入用友,原因在于他有充分的自信在新团队中建立威信。出差时,他不仅会约见各地客户,也会跟分公司的部门经理长谈,帮助解决他们的各种问题。据参加过这种长谈的人表示:"经常吃一顿饭要四五个小时。"到了晚上,他还会对分公司全员培训,"问题问完为止"。

但何经华为人严厉,其名言是"我的耐心只有5句、30秒",如果对方向其汇报时不能迅速阐明重点,何就让对方出去,想清楚再进来。

而在开会时,他则希望管理层言无不尽。据一高层透露,在一次总裁会上,何曾十分气愤地不点名批评:"开了一整天的会,一句话都没吭,是什么意思?你是没想法,总裁会谈的问题,你一个都不懂?或者你是不屑发言,这些东西太低级了,你瞧不上?"

这与王文京多年来富有耐心的倾听与沟通截然不同。虽然众人无不服膺何的才干,但抵触情绪日益加重——据称,王文京没有适时站出来支持何经华,而是以很委婉的方式提醒过何经华要发挥总裁会团队的力量。最终妥协的结果是,何经华让一位副总裁作会议主持,自己少讲话。

离去之前,何经华在公司对手下说:"在你们的脑子里,有两个东西永远改不掉了。第一,何经华是外来的,怎么看他都长得不像用友人,再干八年还是个外边的人。第二个改不掉的是,何经华是暂时的,这个暂时可能是两年半,也可能是五年而已。"

二、国际化战略的重大分歧

没有人能够准确说出,何经华对与王文京合作"感觉不在了"是在哪个具体时刻,不过,公认两人合作的转折点是用友开始高举国际化大旗那一刻。仿佛一个悖论:王文京寄希望于带领用友进行国际化的何经华,正是公司内最反对国际化战略者。

2004年2月18日的发布会上,用友软件董事长王文京、用友软件总裁何经华和用友工程有限公司总裁邵凯一起,把"软件中国造"的大印盖在了一幅世界地图上,以此宣告启动新三年国际化战略:用友要从中国管理软件市场老大升级为亚洲最大的管理软件企业,2010年成为世界级软件企业,进入全球管理软件厂商第一梯队。

这并非王文京的心血来潮，自从2001年定下10年进入到全球软件业前50强的目标，他就开始反复考虑这个问题，而何经华也是因此被引入的。

其结果是，王文京认定："国际化对用友来说不是发展的问题，而是生存的问题。"自2003年起，他不断向员工灌输的一个概念是："第三次创业。"在他看来，80年代中期兴起的第一次创业是体制的创新，民办体制由此崛起；第二次创新，是90年代，核心是产业化建设；现在进入第三次创业，核心正是国际化。

但相对于如此宏大的"历史使命"，何经华考虑的是更现实的问题：用友公司3 000多名员工，一年的销售收入不过7个亿，平均的生产率是20余万元，"这不是一个高科技公司的劳动生产率"。

何经华到用友的第一周，王文京让每个部门主管带几名干部向其作三个小时的业绩报告，以此帮助何经华迅速理解用友。整整一周，每天早、中、晚各谈一个部门。一次，一个部门经理迟到了一小时，一进门就道歉："何总对不起，我搭夜车回来的，但火车晚点了。"何经华第一个反应是："开这么重要的会议，你怎么不坐飞机？"全场顿时鸦雀无声，包括静静坐在旁边的王文京。

后来何才得知，在用友内有资格坐飞机出差的人并非很多。这与何十几年跨国公司经验中不管什么级别的员工都有权坐飞机截然不同，用友还处在飞机票比员工的时间更昂贵的阶段。

快口直言的何经华由是公开提问：用友真的有了国际化的产品吗？难道我们在国内的钱挣完了吗？

何经华认为比立刻走出去更重要的，是具备国际竞争力。在不止一个公开场合，何经华都对国内企业匆忙的国际化表示否定："设立海外办事处很容易，收购一家美国硅谷的公司很容易。但问题是，收购完毕后你的董事会能不能给这个美国公司作业务指导，你能告诉美国总经理他能干什么吗？你公司的董事会能不能用英文开？你有没有国际运营的能力？收购也好，扩张也好，完全是跟你公司的战略有关系的，你要考虑的不是今天要去哪里，而是三五年你往哪里去。这是一个战略是否需要，能力是否匹配的问题。"

而在公司内部，他也发表过更为尖锐的质疑："今天我们关上门说实话。SAP、甲骨文一个客户经理一年就能拿到500万美元的单子，上海分公司是用友最大的分公司，一年不过六七千万的收入。一定要去挣美元、日元了吗？"

即使何经华本人坚持"对事不对人"的职业态度，但他如此对国际化不留情面的驳斥，真正尴尬的人显然只有一个：王文京。由于难以统一意见，后来用友只能将增强国际竞争力和国际化同时提出，作为战略的两个层面。

一向以务实著称的王文京恐怕很难想象，何经华比他更为务实。随着用友逐渐在国内确立管理软件领域的领袖地位，王文京认为公司应当走上高端路线。投入4亿元研发资金后，面向大型集团用户和高成长性企业的NC被推上市场。

何经华并非不支持公司拓展第二条产品线，但他并不赞成公司将过多精力投注于NC这款属于未来的产品上。目前，NC仅占公司收入中的20%，而面向中小企业的U8系列软件则为公司提供70%的收入。作为公司总裁，需要对财务报表负责的何经华并不希望看到公司在“大跃进”中丧失根基:2003年用友利润较前一年减少,一定程度上正源于对NC研发和销售的投入骤增。

如果说有什么事让何经华灰心,那很可能是王文京的多元化安排。和不少中国民营企业一样,多年发展下来,用友内部已有权力派系,公司员工将此戏称为:大郭(郭新平)、小郭(郭延生)、大吴(吴政平)、小吴(吴晓冬)、高(高少义)、李(李友)、邵(邵凯)。对于重感情的王文京,如何安置合作多年的手下成为一个问题。

2004年,王文京先后设立用友工程、用友金融两家公司,加上原有的用友股份和收购整合而成的用友安易,用友系已经拥有四家业务不同的管理软件公司。单纯从业务角度看,这并不为过,但据接近用友高层的人透露,何对于这种安排相当反感,他认为这不是提高效益,而是对某些干部的特殊照顾和安排——“去查查,用友工程、用友金融什么时候收支平衡?”

在此问题上,何经华坚决反对,但无效。他曾经在董事会上对负责记录的秘书大喊:“你一定要把我的话记下来!董事会可以通过同意的决议,但不是一致通过,是有反对意见的!”

三、“谁更适合把中国队带入16强?”

与其将王文京与何经华组合比喻为“中国版比尔·盖茨和史蒂夫·巴尔默”,不如将他们比喻为亨利·福特和50年之后出现在福特公司的职业经理人——某个意义上说,他们不属于同一时代。

不可否认,王文京是他同代人中最卓越的创业者与企业家之一。如同苦行僧一般,王文京将其全部精力投注于工作,几乎毫无业余生活。因其专注,24岁开始创业的他在15年间打造出国内软件业第一品牌,且在上市后因超过50亿元的个人身家,而成为国内富豪排行榜上前十名的常客。

让他与其他企业家有所不同的,还有他为人之仁义。在用友内不乏这样的故事:六七年前,用友曾有一个经理主管进销存软件的研发工作,但当他出去创业,成为用友的竞争对手后,身患重病且公司倒闭。得知此事后,王亲自开车去看望对方,并留给其五万块钱。

这种故事显然能够让用友在创业阶段聚揽人气,但当公司做大时,负面效应显现出来:仁厚的王文京不愿意开除不合格的员工,甚至当公司内部出现麻烦,王“很难自己拉下脸来去整治”。不过,公司内敢于直接对王文京的决策提出质疑者,却越来越少。

而且,虽然他会对老员工仗义相助,但他始终坚持对用友的高度控制。在对手金蝶已经发放了8次期权时,用友的大部分副总裁级别的人物还没有股权。

王本人也希望借助外力改变用友,当他经人介绍,几次与何经华在饭桌上讨教从公司向ERP转型到“员工休假天数合理不合理”等大小问题,他似乎找到了合适的“助推器”。

进入之初,何经华即明确告诉王文京:“我在用友要完全按你原来的思路来,我就不用来了。要照我的思路做,你会痛,而且会有风险。”王对此表示认同。

从2002年5月中旬开始,何经华开始在华东、华南四大区的第一次视察。此行除了鼓舞士气外，何更重要的任务是传达压力：半年内实现从卖财务软件到卖 ERP 的彻底转变，否则就要走人。以前用友的销售员签单主要是靠感觉，但何要求一切要拿数据说话，无论是业绩的好坏，还是市场的推进工作，何全部要求用数据说话。

何清楚他想要什么。据知情者回忆，何在公司内反复表示："做一个伟大的公司需要一个伟大的产品。"而他对好产品的要求包括四方面，时间长了，几乎所有用友人都知道何经华的"LCSE"标准：L 是 Licence，指有好的软件，C 是 Consult，通过咨询服务帮助客户把系统运行好，S 是 Support，上线后服务，E 是 Education，贯穿整个全过程的培训。

针对 9 个月内考察发现的用友的种种最薄弱环节，何经华继而提出用友的五大工程，涉及产品、渠道、人才、实施、售前等方面——几乎算得上用友的完整升级。

何上任时，ERP 软件收入占用友总收入的 38%。当他离开时，用友的 ERP 软件收益已占到公司收入的 90%，可谓转型成功。

"他是一个很美国化的中国人。"谈到何经华，一位用友高层如此评价对方。在他看来，何的丰富经验是他能够迅速改变用友，并在员工处得到尊敬的关键：说到一个方案，何经华就会举例说当年甲骨文这方面是怎么做的，后来有什么样的结果，对于用友有什么样的借鉴意义，这都是国内成长的高管所不具备的能力。

但说一不二的何经华很快意识到，他工作的最大掣肘是：他与王文京的合作看似顺畅，实则艰难。王文京不爱直接发表意见，但他并非没有看法——据说，在何经华空降用友后不久，王文京曾与何极尽坦诚地长谈过一番，把用友总裁会上的每一个成员的特点为何经华作了极为通透的分析，但这种交谈在何、王共事的两年半中，也相当有限。而在关键决策上，何经华更是无法说服王：心里早已有答案的他总是笑容可掬，却不作太多许诺。

"我认识你，也不认识你。"何经华曾如此当面评价王文京。在对王的一片褒奖之辞中，何经华也认为对方胸襟上略有不足，虽然较多数国内企业家已算很好，但"糟糕的是有这个特性却不自知"，王虽好学，但只是不停出国考察，仍对许多事情的理解深度不够——他固执己见地要实践一些舶来的创意，在旁观者看来是用友发展的最大瓶颈。

而在离职的新闻发布会上，何将自己比喻成中国男足前任教练伯拉·米卢蒂诺维奇："米卢负责把中国足球队带进世界杯。"这种说法多少带有无奈：如果能够给何更大的空间与更多的时间，用友仍不乏改变的余地。据悉，离任后，公司内部员工发给何经华以示挽留的短信就超过百条——谁来把中国队带入 16 强呢？

王文京与何经华均爱阅读世界商业史。王最推崇的是福特、洛克菲勒等 19 世纪末 20 世纪初美国的那一批极富创新精神的工商巨子，而何经华欣赏的是 IBM、HP、沃尔玛等告别"独角戏"的成熟企业，标准化的商业能力使它们基业长青。"IBM 是谁的企业？"何经常问道。在用友内，没有人回答他。

资料来源：鲁娜谷：《用友软件上演中国式分手　500 万先生何经华弃主》，载《环球企业家》，2004(12)，总第 105 期。

【案例讨论】

1. 如何把握引入职业经理人的时机？

2. 你如何评价王文京与何经华之间的合作效果？

3. 如果你是何经华，在意识到与王文京之间在众多理念上的冲突之后，你会采取什么样的应对策略？为什么？

4. 如果你是王文京，是否结束何经华的聘任合同？为什么？

【延伸阅读】

非营利组织治理

当前，“治理”一词频现，从营利性组织的公司治理、金融机构治理、集团治理、跨国公司治理，到非营利组织的大学治理、慈善机构治理、社区治理，再到宏观层面的环境治理、国家治理、全球治理，等等，似乎不谈治理就不时髦。所谓“治理”，即用规则和制度来约束和重塑利益相关者之间的关系，以达到决策科学化的目的。公司治理要求通过正式及非正式的制度来协调各利益相关者与公司的关系，在权衡各方利益的基础上实现公司决策科学化。因此，“治理思维”要求从系统观的角度出发，识别治理系统中各主体的关联性，从整体角度综合考虑各方利益和诉求，构建适应性的治理结构和机制，实现治理目标。

一、非营利组织概述

对于非营利组织，由于其非营利性和公益性特征，除了要正确处理与社会公众的关系外，尤其要重视处理与营利性企业的关系，以保持其独立性和服务形象。宏观治理层面（包括环境治理、国家治理和全球治理等），关键在于识别各类利益相关者及其在治理中的相应角色，以明确其在实现治理有效性中的权责和义务。营利性组织治理、非营利性组织治理以及宏观治理对“治理一般”及“治理思维”构建的需求表明了“治理思维”的重要性及普适性。

（一）非营利组织界定

非营利组织是指不是以营利为目的的组织，它的目标通常是支持或处理个人关心或者公众关注的议题或事件。非营利组织所涉及的领域非常广，包括艺术、慈善、教育、政治、宗教、学术、环保等。非营利组织的运作并不是为了产生利益，这一点通常被视为这类组织的主要特性。然而，某些专家认为将非营利组织和企业区分开来的最主要差异是：非营利组织受到法律或道德约束，不能将盈余分配给拥有者或股东。非营利组织还是必须产生收益，以提供其活动的资金。但是，其收入和支出都是受到限制的。非营利组织因此往往由公、私部门捐赠来获得经费，而且经常是免税的状态。私人对非营利组织的捐款有时还可以扣税。

慈善团体是非营利组织的一种，而非政府组织（NGO）也可能同时是非营利组织。非营利组织在不同国家和地区有不同的称谓。非营利组织是美国广泛采用的概念,美国财务会计准则委员会(FASB)将其定义为:“符合以下特征的实体:① 该实体从捐赠者处获得大量的资源,但捐赠者并不因此而要求得到同等或成比例的资金回报;② 该实体经营的目的不是获取利润;③ 该实体不存在营利组织中的所有者权益问题。”FASB 对非营利组织描述的特征①和③基本上说的是非营利组织的“志愿性”和“公益性”,当然特征①中的捐赠者绝大多数是民间个人和机构,因此 FASB 描述的非营利组织也具“民间性”特征,特征②说的即是“非营利性”。

在我国,非营利组织作为一个独立的概念在正式文件中基本没有出现过。从经营目的来说,我国的事业单位应属于非营利组织的范畴,但其具有国有属性,且多是由财政拨款的。因此,不宜将事业单位与非营利组织混为一谈。财政部印发的《民间非营利组织会计制度》中指出,民间非营利组织应符合以下条件:“① 不以营利为目的;② 任何单位和个人不因为出资而拥有非营利组织的所有权,收支结余不得向出资者分配;③ 非营利组织一旦进行清算,清算后的剩余财产应按规定继续用于社会公益事业。”此定义借鉴了美国的定义,且更加突出了非营利性和社会公益目的。《民间非营利组织会计制度(征求意见稿)》用列举的方式指出我国的民间非营利组织包括社会团体、基金会和民办非企业单位,这就与我国的事业单位区分开来。从法律形式上来考察,这三类单位是符合民间非营利组织条件要求的:社会团体是指由中国公民自愿组成的,为实现会员共同意愿,按照其章程开展活动的非营利性社会组织;基金会是指对国内外社会团体和其他组织以及个人自愿捐赠资金进行管理的民间非营利性组织,是社会团体法人;民办非企业单位是指企业事业单位、社会团体和其他社会力量以及公民个人利用非国有资产举办的,从事非营利性社会服务活动的社会组织。因此,征求意见稿将它们作为民间非营利组织从而做出会计规范是合适的。

(二)非营利组织的发展

非营利组织在世界范围内出现、成长是有一个过程的。二战以前,社会主要可划分为两大部门:第一部门是经济部门,也就是企业。它以营利为主要目的,它投资是要有收益的,在市场环境中遵循市场原则,配置资源,创造财富。第二部门是政府部门。它通过税收形式从第一部门得到资金,用于解决社会公共事务,解决企业和个人无法解决的问题,满足社会的公共需要,使社会获得基本的平衡与和谐。二战后,一方面,人们对两次大战进行了反思,战争给社会造成了空前的灾难和巨大浪费;另一方面,民族间的、地区间的、国家间的差别和矛盾继续存在,并可能激化。人们发现,社会中的两大部门已不能满足社会经济活动与公共需求的平衡需要。于是,社会组织形态开始蛹化,逐渐出现了第三部门——社会公益部门,也就是非营利性组织。如出现了联合国,以协调国家之间的关系;建立了世界银行,对不发达国家和地区做扶贫性质的援助性贷款工作;成立了世界卫生组织,关注欠发达国家和地区的卫生与健康问题;WTO 组织也属于这种非政府组织。这些组织的出现和发展大大有利于世界的发展和社会的和谐,这些公益组织的力量也越来越强,影响越来越大。

社会三大部门在社会中各有其特定的功能,分工合作,使社会处于一个和谐的状态。第一部门创造先进的生产力与社会财富,是社会基础。第二部门通过纳税和财政支出处理社会公共事务,维护社会公平与秩序。第三部门通过征集社会资源和经营处理特别公共事务,救助弱势群体,增进社会和谐与文明。但随着社会不断发展和进步,社会三大部门也发生了变化,逐渐按照市场的要求来进行改造和建设,进行市场化改革就成为一种发展趋势。所谓市场化改革就是确立平等的市场参与主体、公平透明的市场运行规则和中立的市场裁决主体。在这个市场体制中,各市场参与主体平等参与市场竞争,每一主体都可以自由选择是否参与和怎样参与,但必须对其选择后果负责,并按照市场规则和制度办事。其结果是,有竞争力的企业存活下来,丰富了社会供给、提高了商品品质,且价格低廉、服务周到,符合广大人民群众的利益。而市场化的选举竞争和规则的执行使政府腐败逐渐消除,社会服务水平得到极大的提高。非营利组织则通过公平的竞争主体和公行的自律互律准则,促进公益市场的透明化,提升公益组织的效率,增进社会的和谐与文明。

我国非营利组织由于20世纪80年代的经济体制转轨和政府职能转变,得到了迅猛发展。但是也存在不少的问题,主要表现为:人均拥有量不足。非营利组织数量的多少在一定程度上可以反映出一个国家和地区文明和民主的发展程度,是公众发挥其作用的重要工具。据统计,我国每万人拥有的非营利组织的数量为1.45家,不仅远远落后于发达国家(美国为51.79家,法国则高达110.45家),而且低于印度和巴西等发展中国家,非营利组织数量的不足,严重制约了市场经济的发展。市场经济不仅需要买卖双方,还需要大量中介组织对市场交易过程进行监督和协调。非营利组织的主要功能在于为社会提供集体的福利,如社区服务、养老等。由于这些集体物品的消费规模较小,如果由政府直接提供,则组织成本将非常高,因此,政府一般不会直接介入这类集体物品的供给,而是通过非营利组织来提供一定的集体物品。

(三) 非营利组织的分类

根据非营利组织的服务对象和功能结构不同,大致可以分为以下四类:

(1) 动员资源型。非营利组织为了能够生存和发展,必须动员各种社会资源,包括慈善捐赠和志愿服务。随着这种社会功能日益发展和成熟,动员资源在少数非营利组织身上会逐渐专业化,出现一些以动员资源为核心功能的非营利组织,包括一些专业筹款的基金会和社会团体,一些专业开展资助活动的基金会和社会团体,一些专业招募、培训和派遣志愿者的社会团体以及民办非企业单位。这种类型的非营利组织可能数量很少,但专业化程度很高,有相当高的社会公信度和影响力,对各种类型的非营利组织形成强有力的资源支持平台,因而在公益认定和评估,以及社会监督和监管方面都应有很高的要求和相应的约束。

(2) 公益服务型。非营利组织提供的公益服务遍及社会的各个方面,包括公益慈善、救灾救济、扶贫济困、环境保护、公共卫生、文化教育、科学研究、科技推广、农村和城市的社会发展以及社区建设等许多领域,都是非营利组织开展公益服务较为集中的领域。随着这种社会功能的不断发展和成熟,公益服务在一些非营利组织身上会逐渐专业化,出现一些以公益服务为核心功能的非营利组织,包括一些主要开展公益项目的基金会、社会团体和民办非企业单位,以及开展各种社区服务的基层组织等。这种类型的非营利组织数量巨大,分布广泛,但是单体规模可能不大。它们的共同特点是面对受益者的各种需求，致力于为公众提供各种形式的公益服务并谋求社会公益；它们与各级政府和各个相关领域的政府公共服务部门相辅相成，在很大程度上成为政府公共服务的有益补充。

（3）社会协调型。在社会转型期，各种形式的非营利组织越来越成为公民表达意愿、维护权益、协调关系、化解矛盾、实现价值的最为广泛和直接的形式，这是中国的非营利组织近年来在数量上急剧膨胀的重要原因之一。随着这种社会功能的发展，推动社会协调、参与社会治理成为一部分非营利组织的主要功能。从机制上看，大体上有以社区为基础的横向协调型和以社群为基础的纵向协调型两种不同类型，前者如各种社区群团组织，后者则包括各种形式的商会、行业协会、工会、联谊会、同学会、消费者协会等。这种类型的非营利组织一般采取会员制的社团形式，注重关系资本，在会员共同利益基础上形成一定的共益空间并为会员提供服务，同时强调对所在社区或社群的代表性，积极参与社会公共事务。它们数量很大，种类繁杂，其共同特点是具有较强的自我稳定性。

（4）政策倡导型。非营利组织不仅积极参与各级相关立法和公共政策的制定过程，以各种努力倡导和影响政策结果的公益性与普惠性，而且往往作为特定群体特别是弱势群体的代言人，表达其利益诉求和政策主张。随着这种社会功能的发展，政策倡导成为一些非营利组织的主要功能，其中一部分成为专门从事相关政策研究并积极影响政策过程的思想库，另一部分成为积极参与社会博弈的弱势群体或者利益集团的代言人，还有的发展成为对社会政治过程有影响的压力集团。这种类型的非营利组织的数量虽然不多，但影响很大，它们的共同特点是有明确的政策主张，较多关注社会公正，并通过积极的倡导活动影响政策过程。

（四）非营利组织的特点

现代公司制企业的重要特征在于所有权与控制权分离，一切公司治理问题的产生都是以所有权与控制权的分离为前提的。“所有权”有两种定义：第一种为“剩余索取权”，是对企业收入在扣除所有固定的合同支付后余额的要求权；第二种为“剩余控制权”，即对在契约中没有特别规定的活动的决策权。这两种定义对公司制企业而言没有太大差异，因为剩余索取权与剩余控制权所指向的主体是同一人，即终极所有人。在公司制企业内，效率最大化要求企业剩余索取权和剩余控制权的安排应相互匹配。因此，在营利性的公司制企业内，仅存在所有权与控制权之间的“两权”分离，而剩余索取权与剩余控制权是合一的且互相匹配。但非营利组织产权结构特征不仅表现为所有权与控制权的两权分离，同时也存在着剩余索取权与剩余控制权的分离。在非营利组织的治理中，剩余控制权、剩余索取权与控制权分别属于不同的三方：委托人、受益人和受托人。如在公益信托制度中，委托人设立信托后，便失去了对信托财产的占有、使用、收益、处分以及管理、经营的权利，从这个意义上讲，委托人只有有限的剩余控制权。因此许多学者认为对非营利组织，特别是公益性非会员制组织，如财团法人或信托型组织来说，并不存在“所有者”，委托人所拥有的权利理解成“委托权”更为贴切。受益人不占有信托财产，名义上也不享有所有权，但收益权归其享有，受益人被视为剩余索取权的享有者。受托人取得信托财产后可占有、处分以及经营、管理这些财产，但财产处分后或经营管理中取得的利益应交付受益人，受托人享有的只是控制权。

对公司企业来说，尽管存在所有权和控制权分离问题，但原始“出资人”也是最终“受益人”，至少“所有权”与“受益权”是统一的。而对于非营利组织特别是其中的公益性非会员制组织来说，“出资人”（捐助人）与“受益人”的角色是分离的，且捐助人一旦完成了捐助行为即丧失其控制权。因此，非营利组织存在剩余控制权、剩余索取权（受益权）与控制权“三权分离”的产权结构特征。这种产权结构需要一种新型治理模式，才能进行有效的监管，从而促进非营利组织的发展。

二、非营利组织治理

（一）非营利组织治理理论基础

1. 利益相关者理论

非营利组织的资金来源于捐赠和提供服务所获得的收入，因此，非营利资产法人在捐赠者捐赠资产行为发生后，资产的所有者发生了变化，被捐赠的资产属于公共资产，不再属于捐赠者，从而导致了所有权和经营权的分离。委托代理关系也成为最基本的组织内部关系。因此，为了有效地激励非营利组织领导人，需要对组织的权力进行合理的配置，同时建立有效的治理结构。非营利组织治理以监督与激励为核心内容，它不但研究非营利组织治理结构对经营者的监督与制衡机制，也强调如何通过治理结构与治理机制来保证组织决策的科学性与有效性，从而维护组织相关利益群体的利益。

非营利组织治理，从非营利组织的相关利益群体角度来看，应该包括非营利组织理事会（假定非营利组织存在理事会）和捐赠者的权利和责任、治理接管原则、政府部门的作用与影响、非营利组织领导人的报酬等，狭义的非营利组织治理探讨有关理事会的权力和结构，或者非营利组织受益人的代理人（非营利组织理事会的理事）以及捐赠者在理事会决策中的权利和天赋特权，集中思考相关利益群体对经营者的一种监督和制衡机制。广义的治理是指公司相关利益者对经营者的一种监督和制衡机制，可以归纳为一种法律、文化和制度性安排的有机整合，这一整合决定非营利组织如何满足公众和捐赠者的需求，不可以做什么，谁来控制他们，这种控制如何分配，活动产生的风险与回报如何分配。

利益相关者理论与非营利组织有着相同的价值取向。利益相关者理论对企业的认识拉近了企业与非营利组织、经济领域与社会领域的距离，倡导企业关注除股东之外其他利益相关者和社会的需求，注重伦理和社会责任，而这些正是非营利组织存在的意义所在。利益相关者理论为非营利组织治理找到了方向。非营利组织特殊的产权结构，使其不能像企业那样可在内部建立起权力制衡的治理机制，非营利组织必须要引入外部利益相关者，才能使治理机制更有效。利益相关者理论有效结合了内部治理与外部治理机制。由于非营利组织的先天不足，即缺乏企业所具有的三种责任机制：个人利益所在；提高效率的竞争机制；显示企业最终业绩的晴雨表——利润和相应的业绩评估指标。因此，非营利组织尤其要强调内部治理与外部治理的结合。

2. 利益相关者的监督

对于非营利组织而言，对利益相关者的理解可以按照广义程度分为三种层次：第一层次，即从最狭义的角度来考察，非营利组织的直接利益相关者是捐助人、受益人（狭义）

及内部利益相关者;第二层次的利益相关者的定义的外延稍窄,是指与组织有直接关系的人或团体,主要包括捐助者、受益人(广义)、政府主管部门、志愿人员及内部利益相关者;第三层次的利益相关者是所有能够影响或被非营利组织的宗旨、决策、活动所影响的人或团体,包括捐助者、政府主管部门及其官员、受益人、评估组织、专业协会、社区、组织所在城市或地区、媒体及公众等外部利益相关者,也包括理事会(或董事会)、监事会、管理层、员工及志愿人员等内部利益相关者。非营利组织被认为对上述这些利益相关者负有责任。

(1) 来自捐助人的监督。捐助人有两类:一类是财团法人的设立人,通过捐助行为设立财团法人;另一类是向业已成立的非营利组织捐赠财产的人或组织。就作为财团法人的设立人而言,其捐助行为是以设立财团法人为目的,订立捐助章程,捐出一定财产的无偿要式行为。财团法人的捐助人对于具有人格的组织本身并不拥有成员的身份及相关的权利,其所捐助的资产,在捐助行为完成时,即脱离捐助人的财产控制,也不能以任何形式成为捐助人财产的延伸。捐助人除非经由捐助章程获得介入组织管理事务的一定权限,例如选任董事及担任监事(监察人)等,否则,组织一旦成立,捐助人就不再享有任何正当权利介入财团法人的任何内部事务。当然,在实践中,捐助人一般会通过捐助章程成为理事会(或董事会)的成员而参与组织的治理。"与企业一样,基金会的决策权力机构是理事会(或董事会)。最初一届董事的产生多半就是注册人,也就是捐款人及其家人或极少数亲密朋友。"①此时,捐助人已不再作为捐助人的身份,而是在行使组织决策者的职能,而该职能的行使也是遵照章程的有关规定。

(2) 来自社会公众的监督。由于非营利组织承担的是社会公益和社会服务的任务,本质上说属于民间的行为、私人的行动,但谋求的却是公共的利益,如前所述,从最广泛的意义上说,非营利组织行为受益人可以是整个社会或全体公众。从这一意义上讲,非营利组织就需要面临社会公众的监督,这里的社会公众主要是指评估组织、专业协会、社区、组织所在城市或地区、媒体及公众等外部利益相关者。正是对社会公众的依赖性决定了其对环境资源的依赖形态,以维系组织的运作。社会公众不仅是非营利组织的监督者,更是非营利组织资源的提供者。

(二) 非营利组织治理运作措施

(1) 强化内部治理结构。非营利组织要规范内部决策人、执行人、监督人的相互分离制衡的有效机制。理事会要明确其权利义务,建立合理的理事会规模,聘请专业知识水平较高以及管理经验丰富且对非营利组织的活动较为熟悉的管理人员。内部可划分成不同的小组:专业小组包括规划与发展小组、财务与资产小组、公共关系小组。执行小组负责理事会的日常工作,包括筹备理事会会议,确定会议程序和议题;编制并执行理事会工作预算;落实新理事的聘请工作;等等。专业小组主抓组织的各项重点项目,营造组织的公信力,拓宽筹资领域。

(2) 明晰决策机制,保证机构行为符合法律法规和道德规范,具有透明度和公信力。建立持续稳定的资源网络,保证机构有足够的资源实现战略目标地位,创新宣传手段,扩

① 资中筠:《散财之道:美国现代公益基金会述评》,上海人民出版社 2003 年版。

大机构在国内外的影响;准确定位方向,制定严谨政策,做好财务管理,清晰理事会决策程序等。

(3) 完善监督机制。非营利组织的利益相关者对组织的经营结果、行为或决策进行一系列的监督、审核和督导。从内部监督与外部监督入手,内部监督主要是规范章程制度,由监事会、理事会履行职责。外部监督包括政府监督、独立第三方监督、行业监督、媒体监督、捐赠人监督、公众监督等,需要大家更关注非营利组织的运营。政府应建立相应的监督检查部门,公众反映部门,让人们来约束非营利组织合法合理运行。并且完善相关的法律法规,用法律的准绳来约束组织。

(4) 建立激励机制。非营利组织是一个公益性的组织,有很多志愿者的参与,激励机制的建立,能在组织繁杂劳累的工作中,给成员以鼓励,促使成员高效地完成任务,处理好代理人与受理人之间的关系。当然还有正式的工作者,建立相应的激励机制,尤其是薪酬激励,可以在很大程度上提升正式人员工作的积极性,但对于非营利组织来说这在财政上就是一个难题,所以就需要政府的财政支持。组织要善于运用政府的公信力,来拓宽筹资领域,呼吁更多的公众参与到非营利组织的公益性事业中去。

(5) 加强信息披露机制。非营利组织要想获得持续不断的社会捐赠,其组织必须符合公共利益,服务于社会发展,而良好的公信力是非营利组织发展的关键。因此,非营利组织具有对其所做的各项公益活动进行信息披露的义务,通过信息披露来接受外部相关利益群体的监督,有利于加强自律机制,减少不诚信行为,进而提高非营利组织的公信力,以促进非营利组织的健康发展。

(6) 完善信息化治理机制,加强非营利机构的竞争力。非营利组织要广泛应用现代信息技巧。构建非营利组织的业务流水线和治理流水线,完善非营利组织结构和治理政策等,有助于加强非营利组织的应变能力;建立非营利组织的总体数据库,提高非营利组织对信息的采集、治理、剖析的频率和准确性,有助于实现非营利组织治理决策的科学化;使非营利组织和合作伙伴、顾客或消费者之间实现信息共享。非营利组织对所获得的信息可进行全面、系统性的剖析,以明确合作的效益和障碍。在经济不景气的时期,非营利组织之间不得不就捐款和财政拨款展开竞争。假如非营利组织治理者能够更多地获得其竞争对手的信息,就能够更好地配置其各种资源,从而使非营利组织受益。

(三) 非营利组织治理:国外经验

非营利组织发展至今,在许多国家都取得了法人地位。法人型非营利组织在大陆法系下有财团法人和社团法人,在英美法系下是非营利公司,因此公司治理的有关理论与实践在很大程度上也适用于非营利组织的治理。现代公司治理有两大价值取向:一是强调股东至上主义,公司治理的目标是实现股东价值的最大化;二是关注企业利益相关者的价值诉求。显然,对非营利组织而言,不存在拥有剩余控制权与剩余索取权合一的股东,因此,股东至上主义的治理价值观并不适合非营利组织。但在公司治理中并不占主流的利益相关者理论在非营利组织治理中却大有用武之地。

(1) 对非营利组织治理进行立法。在西方,无论是大陆法系还是英美法系国家都通过立法对非营利组织给予明确的法人地位。如对基金会,大陆法系主要将其归为财团法人,指法律上为特定目的财产集合赋予民事权利能力而形成的法人。英美法系中,政府、公司和非营利组织在法律形式上都可注册为“公司”。英美法系中非营利组织主要的法律形式包括非营利公司、协会和信托，许多基金会都采取公益信托的形式。明晰的立法使非营利组织的治理有章可循，并明确规定了委托人、受托人和受益人的权利与义务。

(2) 强调信息公开。美国对非营利组织进行监督的一个重要手段就是实施所谓的“公开原则”，联邦法律规定任何人都有权向非营利组织要求查看它们的原始申请文件及前三年的税表；同时，人们也可写信给税务部门以了解某非营利组织的财务情况和内部结构。1992 年英国的慈善法也明确规定：只要交付“合理的费用”，公众中的任何成员都有权获得慈善组织的年度账目和财务报告。对那些公益性非营利组织来说，信息披露的要求不亚于上市公司。

(3) 政府的积极介入。美国联邦或中央政府对非营利组织的建立、解散及职能规范有着重要的影响。立法部门即国会负责有关非营利组织法律的起草工作；司法部门主要对各种法律上的争议及对被指控违法的行为进行裁定；而行政部门则对非营利组织的登记和减免税待遇，特别是对非营利组织的管理与监督起着重要的作用。

(4) 引入外部独立董事。非营利组织特别是其中的公益性非会员制组织，国外主要由独立、志愿的董事组成，不仅独立于内部管理层，也独立于原始捐助人，以克服非营利组织可能存在的“内部人控制”问题。独立董事来源于有关的社会知名人士、咨询公司、律师事务所、会计师事务所等。较大的非营利组织还允许理事会(或董事会)设立专门委员会，如财务审计委员会、工薪委员会等，并由独立董事组成，承担额外的责任。

(5) 建立民间评估和监督组织。美国有许多监督机构本身即是非营利组织，如全国慈善信息局(NICB)和公益咨询服务部(PAS)等。全国慈善信息局是美国最早成立的民间评估机构之一，其最主要的工作是对慈善组织的非营利性进行评估，帮助捐款人掌握慈善组织的全面信息，使公司、公司基金会、小企业、个人等捐赠者更明智地捐款。他们同时也对慈善组织的理事会(或董事会)制度、资金筹集与使用制度、信息披露制度、公共责任等多方面制定了详细的行为标准。

(6) 强调社会公众和舆论监督。社会公众监督是实现基金会社会责任的重要保障机制。其机制是社会公众均享有监督权，使每一个对该组织关心或有疑问的人都可对其进行检查、监督，一旦发现问题，则会对其进行严格处罚，相当于给非营利组织一个强烈的自律激励。此外，媒体的舆论监督也是一种重要模式。可见，国外对非营利组织的治理是多层次、多主体、全方位的治理，是典型的利益相关者治理的模式。

(四) 中国非营利组织治理发展方向

在行政色彩浓厚、“政非不分”(类似营利组织的政企不分)的环境下，大多数非营利组织显现出行政型治理的特征，由此衍生出一系列难以有效发挥其作为非营利组织职能的问题。鉴于此，治理问题首次作为中国红十字会未来改革的重点和发展方向被提上议事日程，从而凸显出当前非营利组织进行实质性治理改革的紧迫性。实际上，我国其他非营利组织也面临着同样的问题，改革的出路就是建立现代非营利组织制度，即实现非营利组织决策科学化的现代红十字会制度、现代大学制度、现代基金会制度等，而这就要求非营利组织首先建设现代的治理结构和机制，进入治理改革的新阶段。

从我国治理改革的历程看，营利性组织的治理改革先行，公司治理经历了从单体公司治理到集团治理、网络治理乃至跨国治理的过程。时下治理改革从营利性组织扩展到非营利性组织，一方面让我们看到了改革的复杂性在加大，另一方面也提醒我们应该借鉴营利性组织治理改革中的路径和经验。

目前，我国各类非营利组织主要集中在社会团体、基金会、事业单位和民办非企业单位几类，由于上述非营利组织类型和环境差别较大，使得目前我国非营利组织的治理改革必然要走分类改革之路。一是具有营利性质和能力的非营利组织，要从非营利组织改制为营利组织，如当前我国的证券和商品期货等交易所采用的是会员制，要通过改制为公司甚至上市公司实现向经济型治理的转型；二是对于其他大量的非营利组织则需要在保持原有非营利性的同时，实现组织治理的优化。从借鉴公司治理改革的经验来看，非营利组织治理改革也要经历建立治理结构、完善治理机制、实现治理有效性等阶段。

市场化改革多年来，我国企业正在逐步实现从行政型治理向经济型治理的转型。可以看出，良好的公司治理必须遵循一些最基本的治理理念，这些理念对于非营利组织治理亦有借鉴意义：其一，治理基础多元化。非营利组织在明晰所有权结构的同时引入多元利益相关者，并使其真正参与到非营利组织的治理中来，让多元利益相关者自愿选择参与治理的程度，实现非营利组织“治理民主性”。其二，注重非营利组织的顶层设计。通过治理顶层设计区分治理和管理职能的界限，避免“治理倒置”，使得真正意义上的“治理者拉动”在非营利组织的治理中起到作用。其三，注重治理的“疏”、“统”并举。由于存在广泛的利益相关者，非营利组织治理更应强调通过利益等激励约束关系来疏通引导，疏通与控制并用，且以软权力为主提高非营利组织治理的有效性。从宏观层面看，非营利组织的发展，要在保持营利组织和非营利组织并存竞争的同时，通过外部产品服务市场竞争来完善治理，如非营利医院和营利医院间的互补竞争关系。从微观层面看，非营利组织的发展必须正视自身治理问题。在复杂多变的环境中，突破阻碍自身发展的瓶颈，在树立正确的治理理念的前提下，通过非营利组织治理改革，实现非营利组织决策的科学化，从而实现非营利组织的宗旨和各类主体整体利益的最大化。

资料来源：李维安、王世权：《大学治理》，机械工业出版社 2013 年版；程昔武、朱小平：《非营利组织治理结构：特征分析与框架构建》，载《审计与经济研究》，2008（23）；李维安：《非营利组织管理学》，高等教育出版社 2008 年版。

第三章 构建有效和高效的董事会

【篇首语】

董事会作为公司的"中枢",在公司的股东和管理层之间发挥着杠杆支点的作用。本章在于明确董事会的目标及其承担的责任;董事所承担的权利、义务和责任;在对董事会的角色定位有一个清晰认识的基础上,了解董事会的专业委员会及其职责;最后,以董事会会议为核心,探讨董事会的运作问题。

【引导案例】

惠普首席执行官因业绩不佳遭董事会辞退

2005年2月9日,惠普董事会正式辞退了公司董事会主席兼首席执行官卡莉·菲奥莉娜。分析师认为,菲奥莉娜的离职源于公司运营和业务表现不佳,而不是战略方面的问题。

菲奥莉娜从1999年开始正式担任惠普首席执行官,其5年任期的业绩毁誉参半。在执掌惠普公司的时间里,菲奥莉娜对惠普实施了一系列结构改革。其中最为著名也最富争议的一项改革便是2002年兼并康柏电脑公司。然而事与愿违,兼并康柏公司两年多以来,惠普公司在个人电脑领域与戴尔公司和IBM公司的竞争中日益失去优势,两家大型IT企业的迅速合并并没有产生预期的协同效应。虽然菲奥莉娜用她一贯的作风顶住了许多措辞激烈的批评,但从2003年下半年起,投资者的注意力已经开始从收购康柏电脑时的亢奋转移到了惠普公司比起竞争对手IBM和戴尔的拙劣表现,他们开始厌烦惠普公司节节下滑的股票价格。这次收购被称为一个没有得到回报的巨大赌注,甚至没有达到菲奥莉娜和惠普董事会私下设定的目标。

兼并活动并没有带来预想的结果。在菲奥莉娜任职期间,惠普公司的股价下挫了63%。菲奥莉娜承认,在如何执行惠普发展策略的问题上,她与董事会存在分歧。惠普公司股价一度上涨。在菲奥莉娜被解职的当天,惠普的股价应声上扬,比前一个交易日上涨了6.9%。

惠普表示,该公司已经任命公司首席财务官罗伯特·韦曼来担任公司过渡时期的首席执行官,并任命帕特里西亚·邓恩为董事会的非执行主席,邓恩自1998年以来一直任惠普公司董事暨董事会审计委员会主席。惠普董事会表示,他们将立即开始寻找新的首席执行官人选。

早在2004年11月起,惠普的董事会开始举行周期性的会议,当然没有菲奥莉娜参加,到了2005年1月在旧金山的一次会议终于作出决定,由三名董事会与菲奥莉娜面谈以评估她的表现,三人作出了一份综合的调查报告提交给全体董事会成员,在随后的会议中,董事们开始酝酿分散菲奥莉娜的权力给她的几名关键的副职官员,这项议程其实已经是惠普权力变更的先兆。最终董事会还是解除了菲奥莉娜的职务。不过,根据离职协议,董事会还是以支付2100万美元解约费作为代价,向菲奥莉娜作出了为数可观的经济补偿。

资料来源:根据相关资料整理。

【案例讨论】

1. 惠普的董事长兼 CEO 为什么遭董事会解聘?
2. 如何看待菲奥莉娜与惠普签订的离职协议?

董事会是公司治理的核心,因此董事会组织结构的设计是否合理以及董事会是否能够有效地运作成为公司治理中最为重要的问题。目前不同国家的公司治理实践中存在两种截然不同的董事会结构,即一元制董事会和二元制董事会。但是,这只是董事会形式上的差别,其治理机制的设计从本质上而言是一致的,都必须有决策、执行、监督、评价、奖惩等一系列相互制约机制存在。此外,为了保证董事会的作用发挥,董事会必须具有科学、合理、完善的运作程序,保证董事会内部以及内外部之间有效的信息沟通以及各项董事会职能的贯彻。

第一节 董事会的起源、职能与特征

董事会是现代企业制度发展到一定阶段的产物。本节在阐述董事会起源的基础上,首先从董事最初产生的缘由出发,结合现代企业经营和环境发展的需要,我们对董事会应当承担的职能进行了归纳和剖析。接着对董事会中的董事长、非执行董事、执行董事的含义、特征等进行了分析。连锁董事是一类特殊的公司治理现象,在本部分也对此进行了分析。

一、董事会制度的起源

董事会制度的产生和现代企业制度的建立与发展密不可分,董事会是现代企业制度发展到一定阶段的产物。企业制度是指以产权制度为基础的企业组织和管理制度,其实质是企业内在运行规律的外在形式。企业制度主要经历了业主制企业、合伙制企业和公司制企业三种形式。①

业主制企业是最早出现的企业制度形式。这种企业是由业主个人投资兴办的,一般由业主自己经营,也可以委托或雇人经营。业主对债务须承担无限连带责任。这类企业的规模一般都不大,只有少数企业能使资本迅速扩张。为了解决个人财产有限的问题,由任何两个或两个以上的人合资,共同创办企业的形式——合伙制企业就应运而生了。合伙制企业是共同投资、合伙经营、共享利润、共担风险、共负责任的,其投资规模和经营

① 这部分内容参考李维安:《公司治理学》,高等教育出版社 2005 年版,第 85—88 页。

规模一般比业主制企业大,但企业成员须以他们的全部财产承担公司债务。为了克服业主制企业和合伙制企业大规模投资和现代化生产经营的局限性,人们逐渐探寻到一种新的企业制度形式——现代公司制企业。在19世纪初期,以资本为核心、具有现代意义的股份有限公司制度开始在英美等国家发展起来。[①] 由于其特有的优势,股份有限公司的制度形式在出现后得到了广泛的采用,并迅速成为最普遍的企业组织形式,它与有限责任公司一起构成公司的主要形式。与业主制企业和合伙制企业相比,公司制企业具有以下几个明显的特点:

(1) 公司是一个独立于出资人的法律虚拟体,公司的生命在理论上可以永续;

(2) 股份可以自由转让;

(3) 出资人承担有限责任。

随着公司规模的不断扩张,股东越来越多,业务日益复杂。企业制度发展到20世纪初也产生了一个深刻的变化,即高度分散的公司股权导致了公司的所有权与经营权的高度分离(Berle and Means, 1932)。由于股东人数众多,加之股东管理能力、管理经验与时间、精力等种种客观条件的限制,不可能由所有的股东共同参与公司的日常经营管理。随着市场的扩大和生产、经营技术的复杂化,在企业大规模从事多方面经营活动的情况下,企业的经营管理只能由专业经营人员(即经理层)来负责。这就使企业的所有权与经营权产生分离。企业所有权归全体股东所有,经营权则归经理层所有。随之而来的一个问题在于,股东能够放心地将企业交给管理层经营吗?股东怎么能够知道管理层是否损害了他们的利益呢?由于股东人数众多,受管理成本的限制,只能每年举行为数不多的几次股东会,而无法对企业的日常经营作出决策,因此公司需要一个常设机构来执行股东会的决议,并在股东会休会期间代表股东对公司的重要经营作出决策。这个机构就是董事会。

从委托-代理的角度看,在股东与董事的关系中,股东是委托人,董事是代理人;在董事与经理的关系中,董事是委托人,经理是代理人。而股东与经理之间是双层的委托-代理关系。显然,董事会就成为这种双层委托代理关系的"中枢",同时承接了股东和经理层。

二、董事会的职能和定位

综合而言,董事会的职能就是公司的战略决策与管理层监督。各国立法对董事会职能的界定多是采用描述性的任务分析,尽管这种任务描述详尽程度有所不同,措辞也有所不同,但是从中仍然可以清晰地总结为战略决策和管理层监督这两大职能。

我国《公司法》第四十七条对董事会的职权有如下相应的规定:

股份有限公司设董事会,董事会对股东会负责,行使下列职权:

(1) 召集股东会会议,并向股东会报告工作;

(2) 执行股东会的决议;

---

① 于东智:《董事会与公司治理》,清华大学出版社2004年版,第8页。

(3) 决定公司的经营计划和投资方案;

(4) 制订公司的年度财务预算方案、决算方案;

(5) 制订公司的利润分配方案和弥补亏损方案;

(6) 制订公司增加或者减少注册资本以及发行公司债券的方案;

(7) 制订公司合并、分立、变更公司形式、解散的方案;

(8) 决定公司内部管理机构的设置;

(9) 决定聘任或者解聘公司经理及其报酬事项,并根据经理的提名决定聘任或者解聘公司副经理、财务负责人及其报酬事项;

(10) 制定公司的基本管理制度;

(11) 公司章程规定的其他职权。

而美国的商业圆桌会议(The Business Roundtable,企业总裁协会之一)代表美国大公司对董事会职责的描述如下①:

(1) 挑选并定期评估、更换首席执行官(如果需要的话);决定管理层的报酬;评价权力交接计划。

建立科学、公正、合理的人才选聘机制,为公司选择经理等高级管理人员,是董事会的一项重要职责。董事会还对高级管理人员的工作作出评估,以决定其报酬及奖惩。

(2) 审查、审批财务目标、公司的主要战略以及发展规划。

董事会掌握着公司战略决策与控制的实际权力,并且要审查公司财务状况,审批公司财务目标。这是董事会的一项重要职责。

(3) 为高层管理者提供建议与咨询。

董事会的职能就是公司的战略决策与监督管理。它通过向公司高层管理者提供建议来影响公司的具体经营业务。董事会决定公司高层管理者的任免、报酬与奖惩。公司高层管理者对董事会负责。

(4) 挑选董事候选人并向股东会推荐候选人名单;评估董事会的工作绩效。

董事会负责召集股东会,向股东会报告工作。如果董事会人员需要增减,要向股东会报告增减董事名单,由股东会决定。

(5) 评估公司制度与法律、法规的适应性。

董事会要确保公司章程与制度符合国家的法律、法规;监督公司的活动,确保其遵守国家的法律、法规。同时,要不断熟悉国家新的法律、法规,以法律手段回避不利于本公司的法律、法规,使用有利于本公司的法律、法规,如合理避税问题。

中美两国对董事会的职能界定尽管各有侧重,但总的来说已经涵盖了董事会的基本职责。在这些董事会的职责定义之中,还包含了董事会要关注的无数细节问题,包括季度报告和下一季度的经营计划;公司长期战略目标;资本结构;债务融资;资源分配;买卖资产的要求;股息政策;等等。

股东为了有效地将他们的公司托管给董事会,会赋予董事会相当大的权力。就公司

---

① 〔美〕罗伯特·蒙克斯、尼尔·米诺:《公司治理》,李维安、周建等译,中国财政经济出版社 2004 年版,第 145—146 页。

而言，董事会应当对公司的事务和公司发展负有终极责任，同时要对股东负责。股东授权董事会代表他们对公司经营进行指导，董事会应就公司绩效和其他必要的方面向股东作出解释。因此，从这个意义上而言，董事就是公司合法的管家，他们要为股东的利益服务。

董事会的重要职能之一在于战略决策，尤其对于公众公司而言，董事会不应该卷入到公司日常的经营管理中去，这些事务应由公司的高级管理人员负责。董事会应该关注那些影响公司发展的重大方面，应该注意更广范围内的公司战略目标。董事会负责指导公司，它是风险承担的主要代理人。这意味着董事会对公司应该有着整体的领导、判断和计划并且能够制定公司的核心决策。

三、董事会成员和规模

下面对董事会中的董事长、非执行董事、执行董事和连锁董事的含义、特征等进行一些简要阐述。

（一）董事长

尽管各国的法律实践并没有一致规定公司必须设置董事会主席或者董事长，但是大多数公司都会设置这个职位。董事会主席是由董事会任命，通常由较高等级的董事担任。董事会可以决定他们认为适合的主席的义务和责任。当然，董事会主席的角色可能存在很大的差异，它可能仅仅是一个名誉的职位；也可能是董事会中最重要的人物，负责整个董事会的运作。

我国《公司法》第一百一十条规定，公司的董事会必须设立董事长一人，没有强制规定必须设立副董事长。董事长和副董事长要由董事会以全体董事的过半数选举产生。董事长负责召集和主持董事会会议，检查董事会决议的实施情况。副董事长协助董事长工作，董事长不能履行职务或者不履行职务的，由副董事长履行职务；副董事长不能履行职务或者不履行职务的，由半数以上董事共同推举一名董事履行职务。

（二）执行董事和非执行董事

董事是公司内部治理的主要力量，对内管理公司事务，对外代表公司进行经济活动。一般而言，所有董事只要是由股东在股东会上根据法律程序和公司章程任命的，就对股东负有相同的责任和义务。尽管世界上没有哪个国家的公司法对董事的身份进行分类，但在实践和理论研究中，却有着执行董事与非执行董事（独立非执行董事是它的一种特殊形式）的区分。

执行董事一般指的是同时担任董事和高级管理人员职务的人，以 CEO（首席执行董事，也可认为是总经理）为代表，他们最大的特征是与公司订立有雇佣合同，按合同规定提供劳务、获取报酬。这类董事又被称为“内部董事”。执行董事要承担作为一名董事对公司整体发展所负有的全部责任,作为董事会成员,他们要对其所管理的公司业务的业绩负责;但是同时执行董事又具执行责任,要对公司各个方面的经营情况有充分了解并且管理公司。

非执行董事主要是指那些不参与公司日常的经营管理同时不是公司职员的董事,其责任仅限于准备并参与董事会会议。但是,除了不参与公司的日常经营管理之外,非执行董事承担着跟执行董事相同的法律义务和责任。非执行董事大都具有丰富的专业知识、其他行业或公司的经验和相对独立的判断力,能够促进公司从整体和更加长远的角度考虑问题。独立非执行董事简称独立董事。对于独立董事,各国实践中的解释相当自由,其共同点是:独立董事应该具有超然独立的地位、独立的态度和判断。独立性其实意味着在董事会审议过程中,非执行董事应该保持足够的客观或者不偏不倚的态度。非执行董事和独立董事又统称“外部董事”。

董事会人员结构的优化要求非执行董事占有适当的比例,这样才能更好地约束公司董事会中“内部人”行为,提高董事会运行绩效。如果非执行董事比例过低,则其只能充当配角,起不到应有的监督、制衡作用。一般认为,董事会中至少应该有 1/3 的董事为非执行董事。公司规模越大、股权越集中,则非执行董事比例也应越大。

(三)连锁董事

连锁董事是一类比较特殊的董事,该类董事同时在两家或两家以上公司出任董事职务。从理论上而言,连锁董事的产生有如下四种解释:互惠理论、资源依赖理论、金融控制理论和管理控制理论。

互惠理论的主要观点是:两家或两家以上的公司通过连锁董事连接起来会给双方或多方带来利益。显然,支持互惠理论的学者们把连锁董事作为关联公司之间互惠交易的一种制度安排。

资源依赖理论认为,资源是约束企业生存与发展的重要因素,某些稀缺资源甚至决定了企业有无核心竞争能力。公司为了避免获得资源的不确定性和限制才与其他公司结成连锁董事关系,即把连锁董事视为联系环境与外部资源的重要渠道。通过连锁董事,企业之间可以互相利用资源、协调关系。

金融控制理论则从企业和金融机构这两个层面来加以解释。从企业层面看,货币资金通用性比较强,可以较容易地转化为任何形态的物质资本或生产要素。因此。当资金成本低于投资收益率时,企业乐于通过银行或其他金融机构获得长期贷款。但企业与金融机构之间的借贷信息是不对称的,为校正这种信息失衡的格局,经常向银行融资的企业欢迎银行或其他金融机构向本单位派驻董事。对企业而言,接受银行派驻的董事其实是一种信号显示机制——只有让金融机构洞悉企业真实的投资及生产经营状况,获得贷款才能变得相对容易。从银行和金融机构层面看,向企业派驻董事也符合自身的利益。

管理控制理论认为,尽管董事成员拥有决策权,但由于股东极为分散,个体股东的实际影响力非常弱小,致使企业高管人员可以左右董事成员的投票,甚至可以随意地指定和更换董事成员。该理论认为,连锁董事缺乏职权和管理经验,对任何企业生产经营问题都不过问,是公司高管人员的附属品(Koening et al., 1979)。在所有权和经营权相分离的情况下,CEO 和高管人员往往对连锁董事的加盟持欢迎态度。因为,聘任、解雇首席执行官和企业高管人员是董事会的一项重要职责,连锁董事多为兼职的独立董事,容易使监督流于形式,也容易看 CEO 的风向而转舵(卢昌崇,1999)。

(四) 董事会的规模

不同的公司中董事会规模差别很大,有些国家的法律法规对此有严格的标准,有些则没有严格的限制。但是毫无疑问,董事会成员的数目会对其有效性产生重大影响。因为董事会职能的有效发挥需要集体制定决策,如果人员太少,可能会导致缺乏必要的才能和阅历,从而不能制定出较优的决策;如果人员太多,又会增加决策制定的成本。

一般认为,董事会的规模取决于公司规模、公司所在的行业、公司的财务状况和所有权等因素。一般而言,初成立公司和规模较小的公司只有较小规模的董事会,随着公司的发展壮大,董事会能力的增强就变得重要,这时需要聘任新的具有特殊专业知识和能够满足公司变化之需的新的董事。影响董事会规模的其他因素包括:

(1) 行业性质。比如在美国,属于银行和教育机构的公司中董事会人数较多。

(2) 业务模式的差异。一般而言,相对于业务简单的公司而言,业务复杂的公司中董事会人数较多。

(3) 是否发生兼并事件。当兼并刚刚发生时,一般不会大规模解雇董事,此时两个公司的董事合在一起组成董事会,董事会规模达到最大。随着一方渐渐控制了公司,另一方的董事将不得不离开董事会,董事会规模趋于缩小。

(4) 董事会内部结构设置。设置多个下属专业委员会的董事会要比单一执行职能的董事会规模大。因为每一个下属专业委员会要行使职能,组成人数必须达到一定数量(法律规定),因此下属专业委员会越多,职能划分越细,董事会人数越多。

(5) 外部压力。随着要求增加外部董事、少数民族董事、妇女董事的社会呼声日渐提高,董事会呈扩展之势。

一些学者对董事会规模进行了经验研究。1935 年,全美 155 家最大公司董事会的平均人数是 13.5 人;1947 年,一项类似的关于 101 家全美大公司的调查,结果是 12.3 人;1985 年,Korn 和 Ferry 对全美 200 家最大公司的董事会规模进行了调查,结果是 13—14 人。1996 年,英国上市公司的平均董事会规模为 8 人,一些大型公司则平均有 12 人。

我国《公司法》对董事会规模的上下限作出明确规定:股份有限公司董事会成员为 5 到 19 人,有限责任公司的董事会成员为 3 到 13 人。自 2003 年以来,南开大学商学院进行的我国上市公司治理指数评价中,对 931 家上市公司作了调查研究,结果发现董事会的平均规模为 11 人。我国上市公司董事会的规模跟行业、控股股东性质等都有一定的关系。需要注意的是,并不是所有的公司都设董事会。我国《公司法》第五十一条规定:有限责任公司,股东人数较少和规模较小的,可以设 1 名执行董事,不设立董事会。执行董事可以兼任公司经理。执行董事的职权,应当参照本法第四十六条规定,由公司章程规定。有限责任公司不设董事会的,执行董事为公司法定代表人。

第二节 董事制度及董事的权利和义务

董事的权利和义务是董事履行其职责的重要基础和依据。本节随后按照我国有关法律、法规的规定,讲述了董事所承担的义务、权利等。最后,对董事所应该承担的法律责任和免责进行了阐述。

一、董事制度

首先我们对董事的任免、董事资格、持股规定、董事报酬制定和董事责任保险制度等内容进行分析。

(一) 董事任免制度

1. 董事的资格

对于董事资格的描述可以分为积极资格和消极资格,积极资格是担任董事必须具备的条件,消极资格是担任董事不得具备的情形。不同国家的法律可能倾向于采取不同的资格描述方式。我国《公司法》中是采用消极资格的描述方式,即规定了如下5种情形不得担任公司的董事:(1) 无民事行为能力或者限制民事行为能力;(2) 因贪污、贿赂、侵占财产、挪用财产或者破坏社会主义市场经济秩序,被判处刑罚,执行期满未逾五年,或者因犯罪被剥夺政治权利,执行期满未逾五年;(3) 担任破产清算的公司、企业的董事或者厂长、经理,对该公司、企业的破产负有个人责任的,自该公司、企业破产清算完结之日起未逾三年;(4) 担任因违法被吊销营业执照、责令关闭的公司、企业的法定代表人,并负有个人责任的,自该公司、企业被吊销营业执照之日起未逾三年;(5) 个人所负数额较大的债务到期未清偿。①

另外,我国《公司法》还规定了国家公务员不得兼任公司的董事、监事、经理。当然,尽管在形式上,我国公司法与大陆法系国家一样,对董事消极资格作了规定,但是这一规定实际上并不严格。比如,对什么是"负有个人责任",并不十分明确;究竟个人所负债务达到多少才是"所负较大债务到期未清偿"。公司法中规定,违反五种情形之一选举、委派董事、监事或者聘任经理的,该选举、委派或者聘任无效,但没对于目前屡见不鲜的国

① 李维安、武立东:《公司治理教程》,上海人民出版社2002年版,第78—81页。

家公务员兼任公司董事、监事、经理现象，公司法没有明确规定这种“兼任”无效，也没有规定相应的纠正办法。

英国董事协会在一系列调查的基础上，提出了董事应该具备的个人品质和知识，这是一种积极资格的描述。尽管这是一个指导性的意见，但是对于实践中董事的选择却有着非常明确的标准。这些特征包括：战略洞察、决策制定、信息分析和利用、与他人互动和实现目标的能力，以及勇气、坚韧等品质。这主要是因为尽管董事会负责指导整个公司，但是董事会是否优秀在很大程度上取决于董事会成员的个人特征。理想的董事会中董事会成员应该在技能和个性方面有着很好的互补。

2. 持股规定

随着公司股东的分散化，以及对董事专业技能的要求越来越高，对董事担任职务必须持有股份的规定，已经并不十分严格。持有股份也不再是董事忠实履行义务的保证。英美公司法中都没有对董事持股的最低数量要求，但是承认董事持股的重要性。美国《示范公司法》等都承认，除非公司章程另有规定，董事不必是股东且不必持有资格股。英国虽然在公司法中规定董事不必是股东，但是实际上公司章程中一般都对董事资格股作出规定。法国的商事公司法中，对采用单层制董事会的公司规定：“每个董事必须拥有章程确定数量的公司股份。为使股东有权参加普通股东会，这一数量不得低于章程要求的数量。一个董事在被任命当天不拥有要求数量的股份的，或在其任职期间停止拥有这一数量的股份的，如未在3个月的期限内依法纠正该情况，视为依职权辞职。”我国香港特别行政区的《公司条例》中也作了类似规定，只是将要求持股的3个月期限改为2个月。

我国《公司法》中没有董事资格股份的规定。按照这一精神，中国证监会颁布的《上市公司章程指引》中则明确规定，“董事无需持有公司股份”。但是在《公司法》中又规定，“公司董事、监事、经理应当向公司申报所持有的本公司的股份，并在任职期间内不得转让”，从而在一定程度上反映了我国《公司法》对董事持股重要性的重视。

3. 罢免和补选董事

在我国《公司法》中，只是规定如果董事在任职期间出现上述五种不得担任公司董事的任何一种情形的，公司应当解除其职务。纽约州公司法和特拉华州公司法中规定，如果董事不尽职或不称职，只要半数以上股东投不信任票就可以罢免董事。在股东会闭会期间，董事可能因为辞职、死亡、罢免和其他无法履行职责的原因而离职，对于这类在董事会席位总数不变的情况，《示范公司法》中允许董事会任命董事，补缺董事离职后的剩余任职期限。无论补缺董事的席位期限有多长，都必须在下次股东会上重新选举。但是，也有的公司法规定，补缺董事必须经股东投票来产生，董事会无权直接任命董事。

有些公司法规定，为了保持公司的连续稳定经营，当董事任期结束时，如果股东会还没有选举出新的董事，则要求董事继续留任，直至股东会选举出新的董事为止。

（二）董事报酬制度

从美英等国的实践来看，董事的报酬可以分为以下几类：一是董事出席董事会议，可以按惯例获得公司给予的车马费，董事如果兼任公司的高级职员，则从公司领取薪酬。二是除了固定报酬外，越来越多的公司以认股权方式给予董事额外的报酬，从而使董事的报酬和公司的经营业绩和市场价值挂钩，促使董事更加努力地为公司服务。三是签订特别的报酬协议，常见的一种形式称为“金降落伞”，就是公司与董事之间签订的离职补偿协议，一般来说在协议中规定，当公司被竞争对手收买或兼并时，如果公司的董事自愿或被迫离职，公司应当给离职的董事以数量可观的补偿费。这些离职费数额惊人，往往使竞争对手望而却步，是公司防御收购和兼并的重要武器。

各国公司法对董事报酬由董事会还是股东会来决定有不同的规定。美国的《示范公司法》以及一些州公司法如特拉华州公司法中规定，除非公司章程另有规定，由董事会决定董事报酬。而英国则规定，除非公司章程另有规定，由股东会决定董事报酬。如果由股东会决定董事报酬，从形式上看似乎是股东直接监督了董事的绩效，而在实际上并非如此。单层制董事会制度下，即使由股东会决定董事报酬，也只是形式上的。有关的报酬具体数量一般由董事会下的薪酬委员会来核定。报酬标准主要参考：（1）董事对公司的服务价值，包括董事的工作量、责任大小、经验等。（2）企业内部薪酬标准，与公司雇员平均报酬水平的差距。（3）参照同行业的薪酬标准，主要与类似公司的董事报酬标准相比。（4）公司的盈利状况。（5）从税收角度来衡量董事报酬的合理性。由董事薪酬委员会来核定董事报酬的做法，在一定程度上存在是否客观公正的问题。但即使将报酬决定权授予全体董事，实际上也很难做到完全的客观公正。为此，必须有相应的机制来约束董事会的报酬决定。一个最主要的机制是通过强制披露来规范报酬。我国香港特别行政区的《公司条例》规定以下资料必须在年度财务报告中予以公开披露：（1）董事的报酬总额，包括董事袍金、佣金、各种形式的津贴、为董事支付的退休金计划供款以及非现金收益。（2）董事会或前任董事退休金的总额。（3）向离职董事支付的补偿金。香港联交所在此基础上更要求公司按照董事报酬级别进行分类并披露，以及公开报酬最高的5人的额外资料。实行双层制委员会国家的公司法中，一般将董事报酬决定视为监督董事的重要工具，并将决定权赋予监事会，如德国、奥地利。法国公司法规定，单一委员会制度下，董事报酬由股东会决定，双层委员会制度下则由监事会决定董事报酬。

我国《公司法》中规定，股东会的职权包括选举和更换董事，决定有关董事的报酬事项；董事会决定公司经理、副经理和财务负责人的报酬事项。由股东会决定董事的报酬，在我国实际上也是徒具形式。监事会作为监督机构，对董事报酬的决定没有发言权。此外，我国《公司法》还规定公司应当定期向股东披露董事从公司获得报酬的情况。

（三）董事的责任保险制度

董事与高级职员责任保险是西方发达国家职业责任保险的主要险种之一，最早起源于美国,主要是为企业的董事和高级管理人员对第三方的经济损失应负的责任所提供的保险。

企业的经营管理是一项复杂的职业活动,由于董事的自身能力和经验有限,加之外部经营环境日趋复杂动荡,董事们难免会出现过失行为,比如言行误导、信息披露失真、经营决策不当,等等。这些行为无疑会给其所在企业造成经济上的损失,比如错失投资机会、伤害到第三方利益公司甚至公司股票市值下降,等等。这些事件有可能引发受害人针对董事个人或者组织的索赔。从理论上而言,这种索赔应由董事承担,而不应由所在组织承担。随着经济环境的发展,董事们的利益日益受到重视,一些公司开始通过内部协议建立对董事的补偿机制。但由于单个企业财力有限,且风险集中,补偿范围较小,董事的自主行为所造成的损失一般不在补偿之列,这就远远不能满足其合理的补偿要求。因此,需要在企业之外建立一种对董事和高级职员职业责任的保障机制,于是董事责任保险便应运而生。

董事责任保险制度的意义在于:

(1) 董事责任保险有利于充分发挥董事的经营潜力。在现代企业制度下,董事承担股东的受托责任,需要董事们对公司做到谨慎、勤勉和诚信。但是在竞争激烈的市场环境中,董事们仅仅做到忠诚谨慎地经营是不够的,董事们更需要具有开拓创新的精神,积极寻找可能的发展机会,从而为公司创造更大的价值,这一过程需要他们能够承担一定的风险。显然董事责任保险有利于提高董事的风险承担能力,从而更好地发挥他们的经营才能。

(2) 董事责任保险有助于促使更多的优秀人才充实到公司董事会中,从而使董事们成为更加职业化的群体。目前,从世界范围而言,各种针对公司董事或者高级职员的索赔诉讼案件层出不穷。董事责任保险制度发挥了保险业分散和管理风险的优势,从而使得企业的董事会对社会精英具有强大的吸引力。

(3) 董事责任保险对董事行为具有一种无形的约束作用。董事责任保险是一种新型的约束机制,它通过保险合同条款约束董事的行为,发挥间接监督董事会运作的有效作用。保险公司往往可以通过多种渠道及时了解被保险人所在企业的经营管理状况,甚至包括以往该公司董事和高级职员曾发生的索赔情况,从而及时调整保险合同条款,这成为对公司董事监督的补充。

近年来,我国已有一些法律、法规涉及利用保险的方式为董事和高级职员的权益提供保护,而且一些公司中也出现了为公司董事购买责任保险的实践。2001 年 8 月颁布的《关于在上市公司建立独立董事制度的指导意见》中建议“上市公司可以建立必要的独立董事责任保险制度,以降低独立董事正常履行职责可能引致的风险”。2002 年 1 月颁布实施的《上市公司治理准则》第三十九条规定:“经股东大会批准,上市公司可以为董事购买责任保险。但董事因违反法律、法规和公司章程规定而导致的责任除外。”2002 年 1 月 23 日中国平安保险公司与全球最大的董事和高管人员保险承保人之一的美国丘博保险集团联合推出了我国第一份董事和高管人员责任保险的保单,向被保险人提供抗辩诉讼费用的保障。

二、董事义务和权利

董事在公司权力结构中具有特定的法律地位,同时需要承担特定的法律责任和义务。董事义务通常可以分为勤勉义务和诚信义务。董事的勤勉义务属于董事经营能力的范畴,而诚信义务属于道德品质的范畴。勤勉义务要求董事尽到充分的管理者的义务,而诚信义务则要求董事在自身利益和公司利益发生冲突时选择维护公司的利益。因此,两者的结合有利于促使董事为公司的利益最大化而尽力工作。

(一) 董事义务

董事的所应当承担的义务可分为勤勉义务和诚信义务两大类。

1. 董事的勤勉义务

所谓勤勉义务,是指董事有义务对公司事务付出适当的时间和精力,关注公司的经营,并按照股东和公司的最佳利益谨慎行事。勤勉义务具体包括:

(1) 保证时间和关注。要求董事作为受托人,对公司事务付出一定的时间和精力,参加董事会会议,关注公司的经营。早期在判例法上认为:"董事不必持续地关注公司事务,他的义务具有间歇性,在定期召开的董事会和他所任职的委员会会议上履行。但是,他不一定要参加所有这些会议。当然,如果参会要求在合理范围内,他应该参加。"这样的判例,对董事勤勉义务的要求在实践中并不严格,董事总可以为缺席会议找到合法的理由。缺席董事也不对董事会会议的决议负责。为此,现代法律规定的倾向是,缺席和出席不存在区别,除非缺席者的反对意见记录在案,否则视为缺席董事同意董事会所通过的决议。

(2) 董事不作为与依赖他人。一般而言,董事并不具体负责公司的业务,因此为了高效地开展公司业务,董事必须将一些层次上的业务进行授权。董事据以决策的信息来自公司的高级管理人员,并依赖于高级管理人员检查公司财务、对公司事项提出质询等。由于董事履行义务通常需要公司的管理人员或审计师的协助,如果就董事本身而言履行了勤勉义务,而公司人员或审计师在向董事提供有关材料方面存在过错,则董事不应承担责任。但是,在某些方面依赖于其他人的专门技能和董事应保持应有的作为是两件不同的事情,董事可以把一些任务进行委派,但是他们仍然对已委派任务的完成情况负有监督责任。

(3) 谨慎行事是勤勉义务的核心内容。如何判别董事谨慎行事,是一个十分复杂的问题,谨慎的标准具有很大的弹性。不少国家在公司立法方面都强调谨慎标准的客观性。美国的《示范公司法》要求董事"以一个在相似环境中处于相同位置的普通的谨慎的人行事",英国的法律要求董事按一个合理的勤勉的人的标准了解事务,采取行动,具有① 一个执行与该董事所执行的公司职能相同的人所具有的一般知识、技能和经验,② 该董事所具有的一般知识、技能和经验。

我国的《上市公司章程指引》中要求公众公司的董事谨慎、认真、勤勉地行使公司所赋予的权利，同时规定董事如果连续两次无故缺席董事会会议，应当予以免职。这些对公司勤勉义务的规定，没有列入董事未履行或不恰当履行勤勉义务时公司招致损失后董事的赔偿责任，因此并不具有很强的约束力。

实际上，具备勤勉责任是董事们的最低门槛。对于执行董事而言，由于契约往往规定他们必须把他们的全部时间都投入到公司中，因此相对于非执行董事而言，这个门槛的水平要较高。非执行董事在掌握公司的及时信息方面明显弱于执行董事，但是作为非执行董事，也必须认真履行作为董事所应当承担的勤勉义务。

2. 董事的诚信义务

诚信义务是要求董事在决策时必须诚实善意且合理地相信其行为符合公司（而非其个人）的最佳利益。从这个定义中可以看出董事的诚信义务包括两个方面：从主观上而言，董事在履行职责时必须保持对公司的忠诚；从客观上而言，当董事的个人利益和公司利益发生冲突时，必须以公司利益为重。显然，董事的诚信义务与董事的品德有关，其本质含义要求董事依公司最佳利益诚实行事，不能将自己置于与公司利益相冲突的境地。

具体而言，董事的诚信义务大致有以下几方面的内容：

（1）董事必须真诚地为公司利益行事，他们必须真诚地工作，而不应在制定公司决策时掺杂任何私人动机。

（2）董事不得因自己身份而受益。

（3）不得侵占和擅自处理公司的财产。

（4）董事不得同公司开展非法竞争。

董事作为公司的管理人员，应当用自己的才智为公司服务，不得为自己或第三人的利益而同公司开展非法竞争。在我国《公司法》中，这种义务也称为竞业禁止义务。在股份有限公司中，董事是具有特定地位的人之一。依《公司法》规定，董事不得自营或者为他人经营与其所任职公司同类的营业。董事如果违反上述竞业禁止义务，公司可以依法行使归入权。《公司法》之所以作出这些规定，主要是基于这种行为对公司的危害性。董事从事上述竞业行为，极有可能夺取公司的交易机会，还可能利用对公司秘密的了解，对公司造成损害。但是立法所禁止的并非董事的任何与公司有竞争性的行为，而是董事有恶意的、对公司具有损害性的竞争性行为。当然，即使是此种行为，如果董事取得了公司出资人会的同意，董事对公司的责任亦可被免除。

（5）董事不得与公司从事自我交易。

（6）董事不得泄露公司秘密。

（7）董事不得篡夺公司机会。

公司机会理论是英美法系公司法中的一个重要理论。这一原则是指禁止公司董事、高级职员或管理人员把属于公司的商业机会转给自己利用而从中谋取利益。董事基于其特殊地位，可以接触到大量的商业信息，董事应当把这些商业机会提供给公司，不得篡夺自用。

一般而言,董事代表公司与没有关联关系的第三方作交易时,履行诚信义务比较容易,也比较清楚地予以证明。但是当董事代表公司和自己有关的一方进行交易,甚至和自己进行交易时,就存在利益冲突。诚信义务要求董事在发生利益冲突时保持公正性。除了董事在利益冲突的交易中自觉地保持公正外,公司法和公司章程等也建立了相应的机制来保障董事履行诚信义务。

(二) 董事权利

董事的权利是其履行职责的基础和法律保障。下面我们从董事的一般权利和董事长的特有权利两个方面展开分析。

1. 董事的一般权利

董事权利是指公司董事基于法律、公司章程的规定和委任契约的约定而享有的受托处理公司事务的各种权利或权力。我国《公司法》对董事会的职权有集中的规定,但对董事的权利并没有集中的规定。此类内容,可散见于《公司法》、《上市公司治理准则》、《上市公司章程指引》、《关于在上市公司建立独立董事制度的指导意见》等有关董事的条款。

公司董事的一般权利主要包括:

(1) 出席董事会会议。我国《公司法》第一百一十三条规定:"董事会会议,应由董事本人出席。"但是,董事因故不能出席董事会会议的,可以书面委托其他董事代为出席,委托书中应载明授权范围。受托董事行为的法律后果由委托董事独立承担,受托董事不负连带责任,我国《上市公司治理准则》第三十五条对此作了明确规定;关于受托董事能够接受几名董事的委托问题,我国法律并无规定。有的国家或地区的公司法明文规定,受托董事以受一人委托为限,以防止董事会由少数董事把持。

出席董事会会议,是董事的权利,同时也是其应尽的义务。所以,我国一些部门规章,如《上市公司治理准则》、《上市公司章程指引》、《关于在上市公司建立独立董事制度的指导意见》等进一步规定:董事应当以认真负责的态度出席董事会,对所议事项表达明确的意见;董事会的决议违反法律、行政法规和公司章程,未出席也未委托他人出席董事会会议的董事不得免除责任;如董事连续二次未能亲自出席,也不委托其他董事出席董事会会议,视为不能履行职责,董事会应当建议股东大会予以撤换;独立董事连续三次未亲自出席董事会会议的,由董事会提请股东大会予以撤换。

(2) 表决权。董事在董事会议上,有就所议事项进行表决的权利。《公司法》第一百一十二条规定,股份有限公司董事会会议应由1/2以上的董事出席方可举行。董事会作出决议,必须经全体董事的过半数通过。可见,董事在董事会会议上,有就所议事项进行表决的权利。

董事在董事会会议上的表决事关董事会决议,并进而影响到公司和国家的利益,也关系到董事对公司损害赔偿责任的承担,所以董事必须以高度负责的态度对待所议事项的表决。为了促使董事谨慎决策,各国公司法通常都规定董事应对董事会的决议承担责任。我国《公司法》第一百一十三条规定:"董事应当对董事会的决议承担责任。董事会的决议违反法律、行政法规或者公司章程,致使公司遭受严重损失的,参与决议的董事对公司负赔偿责任。但经证明在表决时曾表明异议并记载于会议记录的,该董事可以免除责任。”

(3) 董事会临时会议召集的提议权。《公司法》只规定董事会可以召开临时会议,而未规定如何召集。当然,董事长可视其情况主动召集,也可以根据一定人数的董事的提议而召集。由后者产生了董事对召集董事临时会议的提议权。《公司法》第一百一十一条规定,有限责任公司1/3以上董事可以提议召开董事会会议,而对于股份有限公司未作相似的规定。《上市公司章程指引》第一百零二条规定,上市公司1/3以上董事联名提议时,董事长应当在公司章程规定的工作日内召集临时董事会会议。

(4) 参与行使董事会职权的权利。董事会的职权显然不是董事个人的职权,因而不能由董事分别行使。但是没有董事的参与,董事会无法行使其职权。并且,董事作为董事会的成员,可以通过行使决议权而影响董事会的决定。

2. 董事长的特有权利

董事长除了享有一般董事的权利外,还享有自己独特的权利。董事长所享有的权利的范围和大小,各国立法并不完全一样。在法国,董事会授权董事长行使董事会几乎全部权力,在不违反法律法规授予董事会权利的前提下,董事长享有代表公司进行活动的充分权力,并且董事长对公司的管理事务承担完全责任。在德国,董事长仅为董事会议的召集和主持人,除此没有优于一般董事的其他权利。

对股份有限公司董事长的职权,我国《公司法》明确规定:“董事长召集和主持董事会会议,检查董事会决议的实施情况。”除此之外,并没有明确规定董事长和一般董事权利的差别。在《上市公司章程指引》中规定,上市公司的董事长行使下列职权:(1) 主持出资人大会和召集、主持董事会会议;(2) 检查董事会决议的实施情况;(3) 签署公司股票、公司债券等;(4) 实行发行代表人的职权;等等。对于上市公司而言,以上权利可归纳为两大类:第一类为对外代表权,即除另有规定外(如由执行董事或经理担任法定代表人),由董事长对外代表公司;第二类为对内业务执行权,主要包括:董事会召集并主持权;检查董事会决议实施权;董事会赋予的其他职权;等等。

三、董事的法律责任和免责

如果董事没有尽到其所应当承担的义务,并给公司带来损失的,要承担法律责任。本部分在对董事的法律责任进行阐述的基础上,对派生诉讼和集团诉讼两种董事民事义务的强制执行制度进行了分析,最后专门对董事责任的免除问题进行了探索。

(一) 董事的法律责任

如果董事因没有履行勤勉义务和诚信义务而导致股东和公司利益遭受损失,一方面股东在获知董事违反义务时，可以向法院提出诉讼，禁止董事不当地行使权力，公司也可以在发现董事签订不适当合同或以公司名义从事与其有利益关系的交易时，撤销有关合同或交易；另一方面，对董事应违反义务而造成的损失、获得的收益和流出的资产等，公司可以要求返回或恢复原状。比如，董事因其受贿，未获公司知情和同意的情况下向公司出售资产，或以其他方式给公司造成损害的，应负赔偿责任；接受贿赂或秘密佣金的董事要向公司交出不当得利；董事挪用公司资产，应当予以填补，或赔偿相应的价值损失。

一些国家对董事承担的责任作了强制性规定。如英国规定，董事作为公司受托人，只要参与甚至指导引致渎职、疏忽或违反信托的行为，即使公司章程规定可以免责也要承担责任。日本对董事必须负担赔偿责任的情形作了规定，包括：(1) 违反法律和章程规定给公司造成损失时，应对公司负连带赔偿责任；(2) 违反规定分配盈余或公司资产时，应负有偿还全部违法分配额责任；(3) 贷款给其他董事时，应对未偿还金额负有偿还责任；(4) 即使是得到董事会许可的私人交易，只要给公司带来损失也要赔偿。另外，董事还有对公司负有使资本充实的责任。

我国《公司法》中，对董事责任也作了明确的原则规定。除规定董事在违反法律的情况下承担刑事责任外还规定，董事会决议违反法律、行政法规或者公司章程，致使公司遭受严重损失的，参与决议的董事对公司负有赔偿责任。但是，对于董事未能真正履行勤勉义务和诚信义务，疏忽或进行关联交易而形成的损失，公司法和公司章程指引中均未明确规定董事的赔偿责任。

(二) 董事民事义务的强制执行——派生诉讼制度

派生诉讼(derivative action)是指公司的合法权益受到他人的侵害，特别是受到有控制权的股东、董事或其他管理人员的侵害，而公司怠于或者客观不能追究侵害人的责任时，符合法定条件的股东或者利益相关者为了公司的利益，依照法定程序，以自己的名义提起诉讼，追究侵害人民事法律责任的诉讼制度。此项诉讼制度的诉因源于公司利益遭受的损害而不是由于股东或其他利益相关者自身的利益遭受的损害，诉讼权利并不源于名义原告而源于公司，名义原告并不代表自己而是代表公司以强制执行公司的义务，诉讼结果归属于公司而不归属于名义的原告，因而被称为派生诉讼。

19 世纪初，英美两国为了加强对股东权的保护，制约公司管理层滥用其管理权，牺牲公司利益为自己牟取非法利益，以达到股东与董事之间的权利平衡，在衡平法上首创了股东派生诉讼制度，随后其影响力逐步扩大，相继被英美法系国家和大陆法系国家公司法所借鉴，如英国、美国、澳大利亚、加拿大、日本等地的公司法都作了相应的规定，提起派生诉讼成为股东的一项重要权利，也成为现代公司法的一项重要制度。

我国《公司法》第一百五十二条规定："董事、高级管理人员有本法第一百五十条规定的情形的，有限责任公司的股东、股份有限公司连续一百八十日以上单独或者合计持有公司百分之一以上股份的股东，可以书面请求监事会或者不设监事会的有限责任公司的监事向人民法院提起诉讼；监事有本法第一百五十条规定的情形的，前述股东可以书面请求董事会或者不设董事会的有限责任公司的执行董事向人民法院提起诉讼。

“监事会、不设监事会的有限责任公司的监事，或者董事会、执行董事收到前款规定的股东书面请求后拒绝提起诉讼，或者自收到请求之日起三十日内未提起诉讼，或者情况紧急、不立即提起诉讼将会使公司利益受到难以弥补的损害的，前款规定的股东有权为了公司的利益以自己的名义直接向人民法院提起诉讼。

“他人侵犯公司合法权益，给公司造成损失的，本条第一款规定的股东可以依照前两款的规定向人民法院提起诉讼。”

上述法条中所引用到的第一百五十条内容是：“董事、监事、高级管理人员执行公司职务时违反法律、行政法规或公司章程的规定，给公司造成损失的，应当承担赔偿责任。”

从字面分析该法条，第一百五十条规定明确了董事、监事、高级管理人员对公司应尽的诚信、忠实及善管义务，而第一百五十二条则规定了符合一定条件的股东对违反上述义务的上述公司高管人员所行使的诉讼权利。其中第二款规定“股东有权为了公司的利益以自己的名义直接向人民法院提起诉讼”，标志着我国新《公司法》明确规定了股东派生诉讼制度。其前第一款则是对股东派生制度中前置程序的规定。

（三）董事民事义务的强制执行——集团诉讼制度

集团诉讼是指一个或数个代表人，为了集团成员全体的共同的利益，代表全体集团成员提起的诉讼。集团诉讼是从英美衡平法上发展而来的一种独特的诉讼制度，用于处理大量产生于同一事件的类似诉讼请求。它分两大类，一类是诉讼请求较小的诉讼，这类诉讼通常无法比较经济地通过分散诉讼加以处理，因而采用集团诉讼的方式；另一类是由于受害于同一不法行为而产生的诉讼，比如，某一雇主针对一群雇员的种族歧视，由于公司的经营不当而使公司股东遭受的共同损害，或环境污染对一群居民所造成的损害，等等。法院对集团所作的判决，不仅对直接参加诉讼的集团具有约束力，而且对那些没有参加诉讼的主体，甚至对那些没有预料到的相关主体，也具有约束力。

集团诉讼的作用范围限于大量小额的被害请求诉讼案件，在具有极大危害的集团被害事件频频发生的今天，充分体现了民事诉讼法对公民权利的保障和救济。集团诉讼制度的显著优点在于：其一，集团诉讼打破了行政机关对共同性的独占，将实现法律的任务分担给个人，从机制上丰富和完善了公民维护自身权益的途径。目前，投资者集团诉讼制度形成了对美国证券违法行为的一股强大的监督力量，该制度是投资者权益保护的极其有效的法律制度。其二，投资者集团诉讼制度将众多纠纷一次性纳入法制轨道予以解决，避免了重复诉讼以及可能出现的相互矛盾的判决，有利于判决和执行上的一致性；对于单个诉讼参与人而言，还节约了诉讼成本。

但是集团诉讼自身也存在许多问题：一是结案率低，美国集团诉讼一年内能结案的仅8%，二年内结案的只有26%，三年内结案的则为39%；二是能否选出能真正代表所有集团成员的代表人或首席律师在现实中是一个难题；三是巨额律师费用往往诱使律师出于其他动机联合被告律师与其客户和解；四是巨额赔偿和大量人力、资源及金钱的投入往往使得被告无法运营甚至破产；等等。

集团诉讼制度是证券市场民事诉讼的形式之一，其他民事诉讼制度还有股东代表诉讼、投资者个人诉讼、投资者社会团体诉讼和政府诉讼等，其中投资者集团诉讼和股东代表诉讼是主要的诉讼形式。我国证券市场设立的是代表人诉讼制度，虽然同样是为了解决群体性纠纷而设立，但它与美国的集团诉讼有着显著区别：

（1）代表人的产生方式不同。我国代表人诉讼是由其他当事人明确授权产生或由人民法院与多数人一方商定；而美国集团诉讼则是以默示方法消极认可诉讼代表人的代表地位。

（2）诉讼参加人确定的方式不同。我国代表人诉讼明确了将不确定人数转化为确定人数的程序，即权利登记程序。通过向法院登记，使群体成员人数确定下来。对于法院公告期未明示参加诉讼的，不作为群体成员。而美国集体诉讼则采用相反的做法，规定法院公告期间没有明确申请排除于集团之外的，视为参加诉讼。

（3）判决扩张的方法不同。这一差异是由诉讼参加人确定方式的不同决定的。我国代表人诉讼判决是对未作登记的权利人间接有扩张力，即在权利人独立提起诉讼后，人民法院裁定适用对群体诉讼的判决和裁定，而美国的集团诉讼判决是直接扩张于未明示把自己排除于集团之外的成员。

我国的代表人诉讼制度与美国的集团诉讼制度各有特点，具有各自相应的功能。集团诉讼在美国的施行有其独特的社会文化和政治经济背景，它在实际运行中虽然也存在着自身缺陷，但是其在制度设计上的一些特点值得我国借鉴。代表人诉讼在诉讼标的“共同利益关系”上限制十分严格，远不如英美国家中集团诉讼制度“同一利益”的相关规定灵活，后者更有利于人们在群体性纠纷中利用诉讼来维护自己的权益，而我国的代表人诉讼关于诉讼标的的规定十分严格，在实践中出现了一些弊端，应考虑适当放宽。代表人诉讼判决的诉讼参加人范围比较明确，即申请加入诉讼然后受到拘束，而集团诉讼相反，判决是对不确定的集团成员生效，除非申请退出。从而导致两种制度解决纠纷所发挥的功能有很大差异，显然集团诉讼对参加人的确定会使更多的受害人受益。因此，有学者建议，我国代表人诉讼是否可以将现在的权利登记程序视为一种过渡，而将来也考虑在立法上作出相应修正。

在一些具体领域，如证券、环境权益等纠纷中，也一直有人呼吁直接引入集团诉讼制度。但由于我国已有代表人诉讼制度，因而在我国现有制度的基础上，适当借鉴集团诉讼的优点，予以改进，使之更好地发挥解决群体性纠纷的功能，加强对董事义务履行程度的监督，应该是更为可行、稳妥的办法。

（四）董事的责任免除

董事作为股东的受托人，在决定公司经营方针或进行资产的处分时，并不是完全理性地来考虑问题的。尽管在选举董事时，股东可以对候选董事的能力、专业背景进行选择，但是董事在履行职责时，不可能对其提出超过常人太多的要求。特别是随着公司业务发展的多样化，董事的专业背景也不可能完全适合任职公司的要求。所以，美国的《示范公司法》和州公司法规定了董事义务的一般条款，作为对董事履行义务的基本要求。这些要求包括：(1) 以诚信的方式；(2) 应当以普通谨慎之人，处于类似的职位、在相似的环境中，能够做到的那种注意处理事务；并且(3) 按照一种他合理地相信符合公司最佳利益的方式行事。如果董事履行了诚信义务和勤勉义务，按照法律和公司章程的规定，在某些情况下可以不承担个人责任。美国《示范公司法》中规定，只要董事的行为是在高级雇员、独立会计师和其他人员的帮助下为公司最高利益而忠诚地进行的，则可免除个人责任。英法等国则在公司法中没有规定董事免除责任，在公司章程中可以规定由股东会免除董事在某些事务上的个人责任。

在我国的立法中，《公司法》第一百一十三条规定："董事会应当对会议所议事项的决定作成会议记录，出席会议的董事应当在会议记录上签名，董事应当对董事会的决议承担责任。董事会的决议违反法律、行政法规或者公司章程、股东大会决议，致使公司遭受严重损失的，参与决议的董事对公司负赔偿责任。但经证明在表决时曾表明异议并记载于会议记录的，该董事可以免除责任。"《上市公司章程指引》中也有类似的规定。除了董事在相关会议中对违法行为有事先和有记录的证明这种情况以外，对于董事其他的可以免责的情况，我国法律和法规并没有明确的规定。

第三节　董事会的专业委员会

本节将对董事委员会设置的政策指引、主要委员会的职责以及如何评价董事设置特定专业委员会等内容进行分析。

一、董事会专业委员会的设置及政策指引

董事会处于公司委托代理链条中承上启下的中心环节，因此董事会治理成为公司治理的核心。然而，董事会是由股东大会选举的若干名董事所组成的公司经营决策机关，是集体决定公司业务执行的机构。董事会作为公司的业务执行和决策机关存在其内生性缺陷，一方面，其功能的发挥主要表现为对已经形成的议案进行讨论和表决，而专业有效的议案的形成和提出往往需要进行广泛调查和深入研究；另一方面，部分董事会职能的履行，如财务审计和业绩评估等，也需要监督主体在被监督对象日常履行职务的过程对其中加以考察和评估，这些都是每年仅仅数次的董事会议力所不能及的。① 而董事会专业委员会的设立恰恰可以弥补上述董事会所存在的缺陷。通过这样的安排，原本需要董事会所作的初步工作可以在低于董事会的层次上展开，从而使董事会的工作更具有可操作性，同时也使董事会更加集中于那些战略性的事务决策。

专业委员会的设置依公司的规模、性质而有所差异，但在大部分英美公司中，下述委员会是经常设置的：执行委员会、审计委员会、提名委员会、薪酬委员会、公共政策委

① 谢增毅：《董事会委员会与公司治理》，载《法学研究》，2005(5)。

员会等。

近几年，许多国家的政策制定部门、专业机构和社会团体纷纷提出针对董事会专业委员会的规制、指引和建议，如表3-1所示。2002年7月30日，距安然公司会计造假案件事发仅9个月、世通公司倒闭才几个星期，布什总统签署了旨在通过引入新的规则和修改原有规则来提升投资者对财务报告的程序和金融市场信任的《2002年公众公司会计改革和投资者保护法》[①]，该法案的重要内容之一就是授权美国证券交易委员会(SEC)发布规则要求上市公司建立符合该法要求的审计委员会，并对审计委员会的权力、审计委员会成员的独立性、工作程序以及经费来源作出详细的规定。

表3-1　部分主要国家和机构对董事会专业委员会设置的相关规定

公司治理原则、准则	审计委员会	报酬委员会	提名委员会	执行委员会	公司治理委员会	其他
美国商业圆桌会议	√	√	√			
美国CalPERS	√	√	√			√
美国CII的《核心政策》	√	√	√			
美国TIAA-CREF	√	√	√			
美国纽约证券交易所	√	√	√			
通用汽车公司	√	√	√	√		√
英特尔公司	√	√	√	√	√	
Hample报告	√	√	√			
澳大利亚投资总经理协会	√	√	√			
爱尔兰投资经理协会	√	√				
德国股东协会	√	√				
日本公司治理论坛	√					
荷兰《彼特报告》	√	√	√			
法国《维也纳特报告》	√	√	√			
中国公司治理原则	√	√	√			
上海证监会董事会秘书协会	√	√	√	√		

资料来源：在南开大学“中国公司治理原则”课题组编译的各国公司治理原则基础上整理。

与之相呼应，美国纽约证券交易所(NYSE)在2003年11月经SEC批准的上市规则中，也要求公司必须设立提名委员会、薪酬委员会以及审计委员会，并且对这些委员会的组成、目的和权力作出严格规定。[②] 另外，1999年OECD发布的《公司治理准则》在董事会的职责部分并未涉及董事会委员会的问题，但至2004年修订该准则时，却将董事会委员会的内容纳入其中，文件指出，如果董事会设置委员会，那么董事会应该清楚界定委员会的权力、组成、工作程序并给予披露。同时，还对设置委员会可能产生的问题和应采取的措施作出说明。[③]

① 又称《萨班斯-奥克斯利法案》，参见Sarbanes-Oxley Act of 2002, Sec. 301。

② 参见Section 303A, NYSE's Listed Company Manual, November, 2003。

③ 参见OECD: OECD Principles of Corporate Governance, 2004, p. 65。

与此同时,我国的政策规制者和部分中介组织也开始重视董事会专业委员会在促进良好公司治理方面的作用。2002 年 1 月,中国证监会和原国家经济贸易委员会联合发布的《上市公司治理准则》第五十二条规定:“上市公司董事会可以按照股东大会的有关决议,设立战略、审计、提名、薪酬与考核等专门委员会。专门委员会成员全部由董事组成,其中审计委员会、提名委员会、薪酬委员会中独立董事应占多数并担任召集人,审计委员会中至少应有一名独立董事是会计专业人士。”上海证监会董事会秘书协会也于 2002 年发布了《董事会专门委员会实施细则》。该细则对董事会战略委员会、提名委员会、审计委员会、薪酬委员会的人员组成、职责权限、决策程序、议事规则等提出了意见和建议。为上市公司实施《上市公司治理准则》,建立董事会专门委员会,从而规范董事会运作,提高董事会议事质量和效率提供了可操作的参考。

牛建波和刘绪光(2008)考察了 2002—2005 年我国上市公司董事会专业委员会的设置情况,如表 3-2 所示。可以看出,整体而言提名、薪酬、战略和审计委员会的上市公司的比例是逐年增加的。这一方面可能由于政策导向发挥了作用,也可能是由于更多的上市公司认识到专业委员会的设置和有效运行有利于保持董事会的独立性和运作效果,进而维护公司股东(特别是中小股东)和其他利益相关者的利益。

表 3-2　中国上市公司董事会专业委员会的设置状况　　单位:%

年度	提名委员会	薪酬委员会	战略委员会	审计委员会
2002	54.10	79.70	51.30	67.50
2003	59.60	82.10	56.60	75.40
2004	61.10	81.40	57.60	77.80
2005	59.60	81.20	55.70	76.40

二、专业委员会的主要职责

专业委员会的职责划分一般是由公司章程规定的,不过有的委员会,如审计委员会,职责是由公司法律框架体系规制的。关于各个专业委员会的设置、作用以及主要职责简要介绍如下。

(一) 审计委员会

1938 年,美国证券交易委员会(SEC)针对 Mckession & Robbins 公司丑闻案的调查结果,首次提出应在公司中设置独立的审计委员会建议,但在当时并未引起注意。1968 年,纽约州法庭在审理 E. Scott & V. Barchris 建筑公司案件时,强调董事会应该对误导和错误性的财务信息负责任,这使审计委员会的设置问题再次引起了注意。其后,美国注册会计师协会提出,上市公司董事会应该设置全部由独立董事组成的审计委员会。据调查,1970—1980 年这十年间,有 400 多家美国公司涉嫌财务犯罪,其直接的后果是 1977

年美国国会通过了《与腐败无关联法案》。① 1978 年纽约证券交易所正式要求在该交易所上市的 1 600 家公司必须在董事会中设置审计委员会，并规定，审计委员会至少有 3 名成员，独立董事应该占多数。审计委员会的建立主要是进一步确保董事会所使用的财务信息以及公司公布的财务报表是真实和可靠的。

随着我国经济的发展，审计委员会制度逐步受到重视并逐渐引入我国。中国证监会发布的《上市公司治理准则》第五十二条规定："上市公司董事会可以按照股东大会的有关决议，设立战略、审计、提名、薪酬与考核等专门委员会。专门委员会成员全部由董事组成，其中审计委员会、提名委员会、薪酬与考核委员会中独立董事应占多数并担任召集人，审计委员会中至少应有一名独立董事是会计专业人士。"第五十四条也对上市公司审计委员会的职责作出了明确要求。这表明审计委员会制度在我国已得到了相关机构的高度关注。

审计委员会作为董事会的一个专业委员会，其作用体现在多个方面。从公司内部的角度，审计委员会通过对公司财务控制和其审计程序进行检查，从而帮助董事会履行保证公开发行财务报告的真实性的义务；同时避免了董事会花费太多的时间处理所有的与审计有关的问题，保证董事会集中力量于关键审计、会计和内部控制问题。从公司外部角度而言，审计委员会的设立也对外传递了一个积极的信号，即公司内部存在专业和规范的机构对会计报告和内部控制负责，从而增强公众对公司财务报告的信任程度。此外，审计委员会的设立还有一个重要的作用，它为外部审计人员和董事之间建立了一个常规交流渠道，这种交流的正式性程度显然低于外部审计人员和董事会直接沟通。

考察各个国家关于审计委员会职责的界定，可以看出其主要责任在于，在公司内部控制系统及财务报告过程的有效性方面协助公司董事会规范运作。具体而言，这些责任主要集中在如下几个方面：

（1）审查公司财务报告以及重大会计政策的适用性，包括审查会计政策和会计估算选择的合理性、财务报表的一致性、可能被认做异常的重要的事项、重大调整事项等；

（2）检查和内部财务控制的有效性；

（3）外部审计方面，决定外部审计员的资格认定和审计服务的质量以及审计范围及审计结果；

（4）内部审计方面，在设立内部审计部门的情况下，评价内部审计程序，保证内部和外部审计人员的合作，确保内部审计活动获得足够的资源支持，并在公司中拥有合适的地位；

（5）检查内部调研的主要发现和经理层的反应。

（二）薪酬委员会

目前，薪酬的确定，尤其是执行董事薪酬的确定越来越复杂。因为薪酬方案包含的

① Elliot M. Schnitzer. Foreign Corrupt Practices Act, *Board Practices Monograph*. National Association of Corporate Directors No. 14, April 1981.

内容越来越多,这些执行董事所花费的时间、公司的业绩、公司未来的成长潜力等。确定执行董事的薪酬方案可能需要作大量的调查、分析和判断。正因影响薪酬的因素如此之多,设计出使各方都信服的薪酬方案非常困难。所以,有关董事报酬的争论目前也越来越成为公众注意的焦点问题,一些有关于此的外部规制体系开始建立。在美国,1985 年 SEC 要求所有公司都要公布其 5 个最高管理人员的报酬,而且要分基本薪金、股票期权、股票升值收入、年金等细目列出。事实上,为了避免潜在的利益冲突,执行董事不应该负责确定自己的薪酬。在英国,1992 年《凯德伯里报告》[①]提出的《示范行为准则》明确提出,公司高级管理人员的报酬应该由独立董事组成的薪酬委员会来确定。

薪酬委员会的主要职能是对公司高级管理人员(主要是执行董事)的报酬设计薪酬方案。薪酬委员会的建议将提交给董事会进行讨论决定。实际上,薪酬委员会的成员不可避免地会面临一些困难。最大的困难来自于薪酬的确定缺乏一个一致公认的标准,因此所制订的薪酬方案即使能够通过董事会批准,可能也要面临公司内部和外部的质疑。减少董事会会议上的争论以至于减少公司内外部的质疑,还是有一定的原则可以遵循:第一,薪酬委员会确定执行报酬的标准有很多,公司业绩无疑是最主要的标准,这是股东和管理层都可以接受的一个标准。第二,一个公司所取得的成就毕竟是公司全体人员共同努力的结果,绝不仅仅是执行董事努力的结果,因此薪酬委员会在设计执行董事薪酬时应该考虑到执行董事的报酬水平和整个公司的报酬框架的吻合性,要充分地考虑到执行董事、高级管理人员以及员工三者之间的平均薪酬应该存在一种可以接受的某种联系。

从广义上看,薪酬委员会除了为执行董事设计薪酬方案以外,还要对以下内容负责:分析关于执行董事薪酬的内外部信息;检查付给非执行董事的费用;制定合适的报酬政策,保证能够招聘到高质量的员工;等等。当然,某一家公司中薪酬委员会的具体职责包括哪些需要该公司董事会进行明确的授权。

(三) 提名委员会

按照法律规定,董事由股东会选举产生。现实中,有些公司试图通过股东选举的形式产生董事人选,以加强股东对公司管理层的制衡。比如,TIAA & CRFF 公司(美国的一个教师养老基金公司)曾经做过这样的尝试。在任命董事前,将某一董事职位的多个候选人的详细信息用邮件寄给股东,听取股东的意见后再进行选择。这种实践并不很成功,一是因为股东人数太多,进行选举的成本可能很高;二是股东中不同利益集团可能就董事的人选产生冲突,而协调他们之间的矛盾是十分费时费力的事情;三是若股东自己提名人选,可能存在良莠不齐的情况。例如 1978 年,美国 ICC(国际控制公司)公司的董事选举就发生了这样的情况,由股东提名并经通过的两名董事是曾被法庭判决不宜担任

---

① 在英国,有三个以半官方委员会的主席名字命名的研究报告,即《凯德伯里报告》(Cadbury Report)、《格林伯里报告》(Greenbury Report)和《哈姆佩尔报告》(Hampel Report)。这三个研究报告在英国公司治理改革过程中有着举足轻重的作用。英国的上市规则在一定程度上吸收了这些委员会的建议,不仅如此,这些报告的观点也影响了其他国家的公司实践。

董事的人。显然,如果有提名委员会进行事前的资格认定的话,这种事情是不会发生的。

现实的情况是,往往是董事选董事,董事会成了一个自我永续的组织。而且提名董事的权利涉及公司控制权的争夺,CEO 非常看重,许多 CEO 利用其影响安排亲信之人进入董事会,以实现控制公司的目的。

就董事的具体人选而言,社会等级传统有着非常重要的影响。在英国,即使是在 70 年代,还有许多大公司的董事由具有贵族称号的人担任。1966 年,美国进行的一项调查表明,在《财富》500 强公司中,董事人员的学历背景与他们获得董事职位有着很强的关联性。毕业于哈佛、耶鲁、宾夕法尼亚等著名大学商学院的学生有 1/49 的机会成为大公司的董事;毕业于其他私立名校的学生有 1/456 的机会成为大公司的董事;毕业于公立名牌大学的学生有 1/818 的机会成为大公司的董事;而一般国立大学的毕业生仅有 1/18 750 的机会成为大公司的董事。不仅学历、民族、种族,甚至社会习俗都影响着董事的选择。例如在日本企业的董事会中,女性董事、外籍董事几乎没有。1990 年《日经产业新闻》的一项调查显示,在 100 家日本优秀企业的 3 069 名董事中,女性仅有 2 人,一人为孤和兴业(商社)的社内董事,还有一人是凸版印刷的社外董事。而外籍董事仅有 21 人,其中社内董事 6 人,社外董事 15 人。而且这些外籍董事大部分又集中在像石油公司那些和外国企业的合作业务特别多的企业中。

提名委员会的职责是向董事会提出有能力担任董事的人选,同时也包括对现有董事会的组成、结构、成员资格进行考察,以及进行董事会的业绩评价,具体包括:

(1) 对担任董事的资格条件进行说明;

(2) 对董事会下属各专业委员会的组成人员提出方案;

(3) 对空缺的董事职位提出候选人名单;

(4) 评价董事会业绩,包括评价 CEO,评价董事个人及评价董事会全体;

(5) 对执行董事与外部董事的人选提出方案;

(6) 处理出资人提出的董事人选提案。

1978 年 12 月,SEC 就提名委员会的工作程序提出规范意见,它建议董事的任命应遵循下列程序:提名委员会提出人选→董事会集体通过→股东会批准认命。工人董事的提名一般不涉及提名委员会。全美公司中的第一个工人董事,克莱斯勒公司的 Douglas Fraser 是由工会提名的。其后,大多数具有工人董事的美国公司都仿照了这一做法。德国公司监督董事会中的工人代表也是由工会提名的。而在我国,公司中的工人董事名义上是由职代会提名的。

三、公司对董事会内部结构的选择

除了上面提到的审计委员会、薪酬委员会和提名委员会以外,在现有的公司实践中,还有执行委员会、计划委员会等。从广泛的意义上而言,如果董事会认为有必要,可能也可以成立其他的委员会,比如,人力资源、知识产权、保护环境等,董事会可以考虑将这些方面的职责授予一个次级的委员会来处理。

在公司选择董事会内部结构的问题上，有一些委员会的设立必须遵守监管法规的规定，比如审计委员会；但是公司对于一些委员会是否设立仍然具有选择的权利。此时，我们必须明确知道设立这些委员会的利弊究竟是什么。总体而言，设立一个专业委员会的优势可能包括：可以使董事会有更多的时间集中于特定问题；减轻董事会全体会议的负担；使董事会的专业知识和能力得到发展和利用；更为专业地讨论某个领域的问题，从而提出对策建议；等等。而设立专业委员会的弊端主要在于：专业委员会的运营成本；某些董事不得不投入更多的时间，因为他们不仅要出席全体董事的董事会会议，还要出席所在的专业委员会的会议；增加了相互合作和沟通的任务；等等。

公司选择建立何种职能的专业委员会必须深入考虑其利弊。如果建立某个专业委员会无法提高董事会整体的有效性，进而不能给公司带来价值的话，那么此种行为完全没有意义。维持专业委员会的运行可能花费大量的时间和精力。总之公司不能单纯地追求拥有精巧的董事会结构，要确保所选择的这种结构能够对公司产生好的影响。此外，如果确定建立一个专业委员会，一定给其明确的职责界定以及授权。一个责任界定不清楚和授权不明确的次级委员会，不可能为公司创造价值，甚至可能会发展成为董事会的竞争性机构，产生不必要的内耗。

【案例 3-1】

传媒帝国的危机：治理风险的累积

默多克新闻集团旗下的老报《世界新闻报》因窃听丑闻于2011年7月10日最后一次发行，有着168年历史的该报因此停刊。该事件的发生引起了我们的反思，公司发生危机时，看似强大的董事会却近乎“失声”了。在“窃听门”事件发生后，默多克本人代替应作为问责主体的董事会受到了来自议会的质询，这从一方面表明了新闻集团董事会职能的缺失。

伟大的公司需要伟大的董事会。董事会的高效运作需要公司广泛而科学的决策机制，避免董事会职能的缺失。新闻集团如此庞大的传媒巨头都因董事会职能的缺失而深陷泥潭，一些尚处于发展期的中国公司，特别是民营企业更是需要引起重视。在发展初期就应构建良好的治理机制，为未来的持续发展提供坚实的决策支撑，唯其如此，才能孕育出更多的“百年老店”。

资料来源：李维安：“传媒帝国的危机：治理风险的累积”，载《南开管理评论》，2011(4)，第1页。

第四节　董事会的高效运作

董事会的模式不同，其运作的机制也就不尽相同。但是无论在何种模式中，举行董事会会议都是董事会运作的核心问题,因此本节围绕董事会会议,着重介绍董事会会议的规划和召开以及对董事会专业委员会的利用,其中包含一些公认的高效董事会运作的良好实践。①

一、董事会运作与制定决策

董事会是公司的最高决策主体,董事会运作的核心问题在于举行董事会会议。董事会会议提供了一个机会,从而使得所有董事们可以聚集起来就某个重要问题进行集中的讨论和决策。

除了例行的年度董事会会议,比如审查公司年度财务状况、制订公司的利润分配方案和弥补亏损方案以外,日常的董事会层次的决策可以由董事会内部发起,也可能由董事会外部发起。无论事件发生在公司内部或者公司外部,如果董事会认为这些事件将会影响公司未来的发展,那么就会由董事会内部提出讨论,然后在适当的时间作出决策。显然,在由董事会内部发起的决策中,董事会主席通常起着非常关键的作用。在更多的公司实践中,董事会是由董事会的外部,尤其是经理层发起并促使董事会作出相关决策。如果经理层没有使董事会注意分析企业的风险和机会,经理层就没有做好他们的工作,因为经理层所接触的大量日常经营管理工作,使他们熟悉企业的情况,可以辨识出各种可供选择的方案以及优先选择的方案,他们将这些方案提交给董事会供其决策。

在董事会会议上,如果董事们的观点不统一,这种意见的不一致性通常用投票的方式来解决。董事会是讨论和形成一致性观点的重要机制。在运作良好的董事会中,很少需要进行投票决策。一些观点认为,如果董事会经常进行投票,说明董事会的分裂趋势明显。实际上,如果董事在关键问题上存在严重分歧的话,最好推迟决策,以进行更多的咨询和收集更丰富的信息,而不是利用投票来决定。

二、规划董事会会议

董事会的成功召开首先取决于事前是否对会议作出了成功的规划,如制定会议机制,会议之前的各项准备,确定、收集并深入理解会议决策所需要的各种信息等。

(一)会议机制

董事会会议的召开次数因公司而异,具体而言,要取决于该公司所处的环境、公司的

---

① 本部分内容主要参考以下三本著作,某些地方作者作了适当调整。〔英〕托尼·兰顿、约翰·瓦特肯森:《公司董事指南:职责、责任和法律义务》,李维安、牛建波等译,中国财政经济出版社 2004 年版,第 74—75 页;〔英〕约翰·哈珀:《董事会运作手册》,李维安、李胜楠、牛建波译,中国财政经济出版社 2006 年版,第 135—163 页;〔美〕小约翰·科利、华莱士·斯科蒂纽斯、乔治·洛根、杰奎琳·道尔:《公司治理》,李维安、周建等译,中国财政经济出版社 2004 年版,第 92—96 页。

规模、所要面对的问题、竞争环境的变化，等等。

出席董事会的成员必须达到法定人数，以确保事务处理的有效性。一个被正式任命的董事有权也有责任出席董事会会议，如果他经常不出席的话，就可能会失去这个职位。在实践中，尽管董事并不必须参加所有的董事会会议，因为他可以委托其他董事代为出席；但是，他必须尽可能地多参加会议。董事的出席和贡献是决策制定程序的重要组成部分，尤其是在他们拥有一些特殊技能的情况下，譬如财务董事。

董事的地理分布也是影响董事会会议召开频率的因素之一。如果绝大多数董事分布在公司总部附近，那么董事会会议的召开次数会更频繁，开会的时间会更短。与此相反，如果董事们要经过长途跋涉才能见面，董事会会议一般召开的次数会更少，开会的时间会更长一些。现在出现了一种发展趋向，那就是通过远程电话会议召开董事会会议，有的时候借助视频方式，弥补了董事们在长途跋涉上花费的时间与费用。这种安排常常看起来是高效的，但是事实上却不如把每一位董事都集中到同一个房间中有效。

年度董事会会议的时间选择应该预先加以考虑。一般而言，董事会在年度会议上会听取关于公司年度财务状况和经营成果的报告，并且新年度的战略规划和预算也应该在此时被批准。很多董事会使用这些事件作为董事会会议时间选择的标志，并且在介于其间的董事会日程中规划其他一些事务，以使下一个年度的所有董事会会议的日程内容达到一个较好平衡。

(二) 会议准备

只有经过精心的准备，才有可能召开有效的董事会会议。董事会会议的日程安排是一个有用的工具。应该用一种清晰和明确的方式制定出董事会会议的日程安排，以便所有的董事明确和参考，要确保这些日程在董事会会议召开之前就很好地被制定出来。一般而言，在董事会会议召开之前，很多公司的董事长会首先要求公司秘书起草每一份会议日程，它应该包括这次董事会会议的任何重要的事项。

需要注意的是，拟定这样一份议事日程，不仅仅是董事长和公司秘书两人的事情。作为董事长，应该对会议日程上的事务负责，但是要明确这是董事会的会议日程，它应该开放地吸收来自任何一名董事以及首席执行官的建议。因为他们可能都会有实践性的洞见和建议，因此在日程最终确定之前，最好与其他董事和首席执行官进行讨论并获得认同。

作为董事长应该最终审查会议议程上的事项，并要确保这次董事会需要考虑的所有事务都包括在董事会会议中。在任何一个日程中尽量不要安排太多的主题，因为每一个主题都可能需要相当长的时间来考虑和讨论。这样有利于避免董事会会议被拖延或被敷衍。一般认为，一个高效的董事会会议往往召开2—4个小时。因为，在任何一个会议上，经过数小时的倾听、思考和讨论之后，大部分人的兴趣、注意力以及能力都会明显地下降，董事们也不例外。而董事会会议上，尤其需要董事们在对重要事情发表观点或者决策时保持清醒的思维。

（三）所需信息

向董事会提交的信息是非常重要的，并且与董事的技能和勤勉义务的履行相关。董事需要也有权获得公司内的所有可以获得的完全、准确和合适的信息，以保证他们职能的正常发挥。因此，董事有权检查公司的会议记录，例如，他们应该有权查看所有相关的记录，以确定公司是否成功履行了其法律义务，因为董事要为公司的违规行为承担责任。如果没有持续的信息提供，董事应该主动把它们找出来。只有采用这种方式，董事会才可能保证公司的最大利益，并履行他们作为董事的责任。缺少信息不应被当做董事没能对公司尽责的充分理由。

提交给董事会的信息应该结构合理，并且包括了趋势分析和判断基准等内容。另外，董事需要在会议之前就能获取资料，并且保证他们有充分的时间阅读。遗憾的是，提交给董事会的信息经常难以达到这个要求。

董事长应该意识到执行董事与非执行董事在关于公司经营和相关问题上的知识存在着较大的差距。后者掌握相关和及时的信息对于他们的正常工作是至关重要的。因此，董事会主席应该特别关注非执行董事的信息需求。否则，非执行董事就会处于不利地位，董事会也不能从他们的才干和经验中获益。

倘若董事没有合理的理由来认定经理层所提供的信息是有误导性或错误的，他们可以依靠这些信息进行决策。但是，他们不能自动认为这些信息是正确无误的。对这些信息的来源和出处进行调查，以检验是否存在可疑之处，通常是一种合适的做法。对向董事提供的关于董事会会议的财务信息进行抽样检查也是正当合理的。

每个董事都应坚持要求的基本信息（通常由董事会秘书负责分发）包括：

（1）会议议程：虽然法律上没有规定必须把董事会将要讨论的事项提前通知，但是，向董事提供一份议程是一项好的实践。

（2）备忘录：董事有权收到前一次董事会会议的备忘录，这样他们可以在下一次会议召开之前对有关情况进行仔细考虑，并检查备忘录，以核实是否对至少包括上一次董事会会议所作出的决定等内容进行了正确的记录。

（3）财务信息：在董事会会议之前，董事应该从财务董事（或者公司财务负责人）那里收到财务信息，借此以对公司的绩效进行监督。

（4）非财务信息：有关任何质量问题、顾客满意和员工短缺等情况。这类信息可能会非常重要，但经常被淹没在提交给董事会的大量财务数据中。

（5）政策信息：与董事会会议上将要讨论事项有关的任何文件的复印件。同时，执行董事的定期报告，使董事能够注意到公司的一些主要特征或问题。

三、召开董事会会议

为了保障董事会能够高效有序地运作，对董事会会议召开过程中的各种条件和因素应当给予足够的关注。例如,会议召开的环境因素,关注和发送董事会会议召开过程中董事的行动举止,做好会议备忘录,等等。

(一) 会议召开的环境因素

高效的董事会会议的召开需要良好的外界环境因素,安静的会议室、适当的温度、舒适的坐椅等。否则这些因素可能会成为会议拖沓和没有效率的原因。比如说,当七个或者更多的人围坐在一个细长型的会议桌周围,很容易产生分离而不是凝聚的感觉;当人数更多时,这种分离的气氛就会更加浓厚,这时一个椭圆形的会议桌可能效果会更好一些。如果"拥有权力"的一些董事坐在会议桌的一端,那么坐在另一端的董事就会感觉被孤立甚至是排斥。因此,要注意拥有不同权力的董事们的座次问题,这可以由董事会秘书事先用桌牌来决定他们的位置,而不是由董事们自己选择座位来解决。这些都是非常细致的问题,但是它们却会不知不觉地影响到董事会会议的气氛。

董事们应该能够集中他们所有的精力考虑董事会会议上的事务。如果外部环境很差的话,他们的这种精力集中将很难维持。因此必须注意会议召开的外界环境因素。

(二) 会议室的举止

每一位董事可能都非常有才干和有能力,但是董事会会议绝不能成为某个董事或者某些董事炫耀其才能的场所。所有董事们应该团结成为一个团体,从而发挥他们作为董事会的全部潜能。因此董事会会议上每位董事的举止非常重要,当然归根结底这取决于他们的操行。但是,事先对于董事会会议上的举止作出一些规定将有助于发挥每位董事的作用,从而形成集体决策的优势。

有时在董事会会议上,某位董事可能用一刻钟甚至更长的时间描述问题本身和发表自己的观点,这会将董事会拖入拖沓和低效率的泥潭之中。针对这种情况,可以事先制定这样的规则:(1) 对于事先已经提供详细信息的问题的描述不要超过5分钟;(2) 表述问题本身而不是炫耀你的个性;(3) 讨论过程中不能超过 3 分钟来表明自己的观点;(4) 讨论时要切中题目,不要远离主题;(5) 要尽可能使用大家都知道的专业术语;等等。这些规则有助于引导董事们全面和高效地来研究问题,积极地引导董事们的情绪和智慧,同时也有助于缩减会议持续的时间并使会议更加集中。

董事长在整个会议举行过程中发挥着不可替代的重要作用。董事长主要应该关注董事会的凝聚力、会议过程的完整性、董事会目标以及公司整体目标是否达成。董事长不应该将自己的观点强加给他人,而应该引导董事们表明他们的观点。在会议举行期间,董事长应该尽量保持中立,如果在某些事务上董事长坚持其立场,那么他将很难关注对整个会议过程的指导。董事长在主持会议过程中应尽可能使大家畅所欲言,积极地促进沟通,鼓励那些相对沉默寡言的人表达他们的看法,从而使他们的知识和经验也能够融入讨论中。此外,董事长还必须能够对讨论保持控制,以防止董事们的错误理解和解释从而节省时间和减少争论。对于那些不断重复其观点或者喋喋不休的董事们,董事长必须适时地阻止他们从而保证所讨论问题的相关性和集中。

（三）会议备忘录与集体责任

董事会秘书应该就每一次会议过程准备好详细的备忘录。备忘录记录了董事会的全部正式活动，包括投票表决，记录了投反对票或者弃权票董事的名字。备忘录应该是关于在会议上所作出决策的真实记载，在一些情况下，董事可能会希望对他们作出决策的原因进行记录。对备忘录的记录应该做到简明扼要、准确、客观，并且没有丝毫的模糊和不确定。在两次董事会会议之间，应该誊写备忘录，并使之成为正式文件。在董事会召开下一次常规会议的时候，也许通过信件或者传真方式对备忘录进行表决通过，抑或把备忘录保存起来以备说明和获得董事会的批准。董事应该仔细阅读备忘录，并认识到一旦备忘录获得通过，那就成了董事会所有审议与活动的正式记录。如果对董事会活动或其监督的有效性表示密切关注或者产生不同意见，这些备忘录就变得异常重要了。原因很简单，如果董事以某种方式批准了董事会的备忘录，那么董事就很难推卸掉他们对所作出的任何决定而应承担的集体责任。与会议备忘录意见不一致时，董事应该把他的意见在第一可能的时机提出以免除个人责任。如果反对意见没有被记录的话，持有不同意见的董事，应根据事情的严重程度，最好寻求其他一些可能的文件方式，以记录他的观点，他也可能需要寻求一些专业性的建议。在极端情况下，如果一个董事认为董事会批准的一些行动事项是违法的或者不道德的，他应该拒绝同意这个集体决策并辞职。董事是对公司，而不是对董事会负有诚信义务，辞职可能是解除这种义务或免除个人承担决策责任的最佳方式。

1985 年英国《公司法》规定，必须保存所有董事会会议的备忘录。保存备忘录通常是董事会秘书的职责，但这不是法律所作出的规定。我国也是由董事会秘书负责董事会会议的记录与保存。

四、利用董事会的专业委员会

由于董事会开会的时间有限，因此董事会的大量工作都是由各个委员会来完成的。基于每位董事的个人专长，董事被委派到各个董事会专业委员会来深入地考虑某些问题。这一做法可以使董事会有最佳的能力来应对决策中某些更为宏观和重要的问题。董事会各个委员会必须能够在其职责范围之内，接触公司的主要管理人员，同样在需要的时候也能接触外部专家。因为各个专业委员会只是董事会较小的组成部分，因此其成员全面参与富有成效的董事会讨论是比较容易实现的。所有董事的这种积极参与，加强了董事会的凝聚力与有效性。

这些专业的委员会是董事会的下属团体，它们要向董事会汇报详细的建议。对于董事会可以将哪些事务授权给委员会处理并没有限制，但是董事会必须对委员会的行为负责并且必须保留最终决策的权力。

【本章思考题】

1. 董事会的职能与定位是什么?
2. 董事的任职资格有哪些?
3. 如何评价董事责任保险制度的价值?
4. 如何选择确定董事会中设立或取消何种次级委员会?
5. 董事会会议的召开有什么重要意义和价值?
6. 如何提高董事会会议的效率和效果?

【综合案例】

央企嬗变:第一家董事会浮出水面

2005 年 10 月成立的宝钢集团董事会,成为国有独资公司第一家规范的董事会,4 名内部董事加 5 名外部董事的结构更是开创性尝试。它能否有效运作,将影响其余 168 家中央企业的选择。

一、一个人的董事会

从 2003 年成立伊始,国务院国有资产监督管理委员会已将推动所属企业成立董事会列入工作日程。

当时董事会已是所有中国股份公司和上市公司的法定权力机构,“董事”一词已成国人的日常语汇。但在占国有资产 60%、GDP 40% 的央企中,董事会却踪迹罕现——央企仍绝大部分实行总经理制,没有董事会,或者董事会虚设。

169 家国资委所属央企中,绝大部分是按照企业法注册,只有为数极少的按照公司法注册。两者的最大区别在于,企业法是所有权和经营权不分,而公司法是所有权和经营权分离。原有的厂长经理制难以摆脱“内部人控制”痼疾,有些企业经营者大权独揽,一人说了算,导致决策失误甚至以权谋私;企业决策权和执行权不分,一些企业负责人“自导自演”,“自己考核自己”;国有控股的子公司尤其是上市公司的所有权和经营权合一,使上市公司的其他股东特别是中小股东在公司治理上的作用极其有限。

国资委的职责被定义为“履行出资人职责”。但在所属央企没有董事会的现实下,国资委不得不把主要精力放在了企业的具体经营事务上,外界评价它成了“婆婆 + 老板”。董事会建设相对滞后,不能很好地发挥作用,是大型国有独资企业中亟待解决的问题。因此央企董事会成了国资委必须倾力而为的大事——规范的董事会成立,国资委就可以充分授权,摆脱双重角色,实现角色回归,真正履行自己作为出资者的监管职能,否则有可能遭到各方质疑。

二、外部人来了

国有独资公司出资人只有国家一方,是否有必要建立董事会? 如果仍是由“自己人”

组成董事会，只是多了一个机构而已，并不能避免诸多弊端。质疑的潜台词在于，如果选择外部人进入董事会，能够信任他们，把企业的决策权交给他们吗？

2004年6月，争论以国资委发布《关于国有独资公司董事会建设的指导意见(试行)》告终，宝钢、中国诚通集团等7家央企被选为试点企业。

与以往不同，境外人士和特大型企业退休的优秀负责人被列入了备选范围。宝钢5位外部董事中，包括2位国内大型中央企业原负责人和1位财会高级专家及两位境外企业高管：吴耀文，原中国石油天然气集团公司副总经理；杨贤足，原中国联通公司董事长；夏大慰，上海国家会计学院院长、中国会计学会副会长；冯国经，全国政协委员，香港利丰集团董事局主席，香港机场管理局主席及香港大学校务委员会主席；李庆言，新加坡港务集团董事局主席，大马纺织品制造有限公司执行董事，新加坡全国雇主联合会会长。这是一个重量级的人员组合。

宝钢外部董事分两种，一种是外部非执行专职董事，宝钢中有两名是原国企的总经理，一位来自联通，一位来自中石油，虽然他们原来不从事钢铁行业，但他们在大公司当总经理的经验很丰富；并且他们在岗位上做得有成效，有业绩；此外，他们因为退休了，也有充足的时间和精力，来履行他们的职责。选择他们是因为董事会的决策更重要的是一种宏观的分析能力，而不是专业的分析能力。而另一种是外部非执行兼职董事，如夏大慰具有财务会计方面的经验，李庆言则有管理国际大公司的经验。

“相比内部人的董事会，由这样的外部非执行专职董事和外部非执行兼职董事——国内有丰富经验的企业家和国外的高管人员，这无疑是一个进步，”周放生说，“这也为以后国资委选择外部董事奠定了标准，是否具有战略思维是一个最重要考量指标。”

这个设计能够真正实现决策权与执行权的分权制衡，保证董事会能够作出独立于经理层的判断与选择；而且外部董事不负责企业的执行性事务。这个角色有利于外部董事更好地代表出资人的利益。

三、国资委归位

新成立的董事会将决定宝钢的未来命运，对于国资委而言，这次改革同样“意义非凡”。

国资委的职责被定义为“履行出资人职责”。但在所属央企没有董事会的现实下，国资委不得不把主要精力放在企业的具体经营事务上。因此，规范的董事会成立，国资委就可以充分授权，摆脱双重角色，实现角色回归，真正履行自己作为出资者的监管职能。

在宝钢集团董事会成立大会上，国资委为董事会划定了职权范围，首先是重大决策与战略性监控，包括推进改革与重组，还包括把握好宝钢的发展方向与速度，对宝钢的日常经营运作进行总体监控。其次是对经理层进行管理，包括选择经理人员，考核经理人员，决定经理人员的薪酬。

在董事会下，将设战略委员会、薪酬与考核委员会、提名委员会、内部审计委员会等专门委员会。

如此，国资委将淡出过去对央企的具体行政管理，这意味着，组织公开招聘企业高管、与企业“一把手”签订经营业绩责任书等，这些事就无须国资委费心劳神了，都由企业的董事会自主安排和决定。

资料来源：本案例改编自《央企嬗变：第一家董事会浮出水面》，载《南方周末》，2005.11.10；《宝钢董事会制度试点拉开　国资委打造中国淡马锡》，载《中国证券报》，2005.12.26。

第四章 如何充分发挥独立董事的作用

【篇首语】

董事会是公司治理的核心,独立董事制度则是保证董事会决策科学与独立的关键因素之一。独立董事制度在受到广泛关注的同时,也引起众多的质疑与责难。本章将在对独立董事制度的演进进行分析的基础上,详细阐述独立董事的作用及其在公司治理中的定位,并论述独立董事的义务和权利,分析比较独立董事的任职资格条件,最后就独立董事制度真正发挥作用的重要前提和环境保障进行探讨。

【引导案例】

科龙电器:三名独立董事集体辞职

事件回眸

1989 年,顾雏军凭借发明"顾氏热力循环系统",在英国创办了顾氏热能技术(英国)有限公司。

1992 年,顾雏军在加拿大成立了格林柯尔(加拿大)有限公司。

1995 年 12 月,顾回国发展,投资 5 000 万美元在天津建成"亚洲最大无氟制冷剂生产基地"。

2001 年,顾雏军的顺德格林柯尔斥资 5.6 亿元,收购了时为中国冰箱产业四巨头之一的广东科龙电器 20.6% 的股权。

2003 年 5 月,顺德格林柯尔又以 2.07 亿元收购了当时另一冰箱产业巨头美菱电器 20.03% 的股权。

2003 年 12 月,扬州格林柯尔创业投资有限公司斥资 4.18 亿元,收购亚星客车 60.67% 的股权。

2004 年 4 月,扬州格林柯尔创业投资有限公司以 1.01 亿元的价格入主 ST 襄轴。

2004 年 8 月,郎咸平发表演讲,指责顾雏军在"国退民进"的过程中席卷国家财富,"郎顾之争"上演。

2005 年 1 月 11 日,香港联交所对格林柯尔发出谴责,指其在未通知联交所、未获得股东批准的情况下,口头与关联企业天津格林柯尔工厂协议延付价值 2.3 亿元制冷剂货物的事项,有关行为超出了联交所授予的在关联交易上的豁免条件,违反了创业板上市规则。

2005 年 1 月 15 日,新鸿基证券前股票经纪人宋秦为 1 053 万港元的公关费在香港起诉顾雏军,指其在 2001 年年底曾通过新鸿基自行买卖科龙股票,邀请郎咸平捉刀为格林柯尔与科龙撰写正面文章,拉升上市公司股价。

4 月初,广东、江苏、湖北、安徽四省证监局就有关格林柯尔涉嫌违反规定,挪用科龙电器资金,收购美菱电器、ST 襄轴、ST 亚星的事件,展开联合调查。

4 月 27 日,科龙电器发布预亏公告,突然宣布 2004 年业绩可能出现 6 000 万元的亏损。

4月28日，科龙电器因涉及敏感问题未披露而宣布深港两地停牌。

5月10日，科龙电器发布公告：科龙因涉嫌违反证券法规被证监会立案调查。

5月12日，华意压缩发布公告：自己的经营亏损，并不是连累科龙2004年亏损的主要原因。

5月13日，科龙电器发布公告：德勤不寻求连任。

6月24日，科龙电器三名独立董事集体辞职。

7月11日，持科龙100股的小股东、大律师严义明发表声明，征集科龙中小股东的独立董事罢免权并偕同其他两位专业人士竞选独立董事。同时，声称如果竞选成功，将罢免顾雏军等几位董事会成员。

科龙危局

2004年年报暴露该年度科龙电器巨亏6416万元，并且年度审计报告里出现保留意见事项段，科龙电器因而饱受市场质疑。审计师在报告中质疑了涉及5.7亿元销售收入的真实性及正确性；同时，审计师报告还因担心2005年内存在2004年已售产品大量退货，对2004年全年退货总额约2亿元（此2亿元已全额冲减2004年销售收入），要求计提退货准备。

此后，科龙电器于4月底连连停牌，并于5月10日传出已被证监会立案调查。6月17日开始，该公司又连续数次停牌。其间更是传出银行已对该公司停止放贷、上游供应商对该公司已停止供货、下游经销商已对该公司催货、该公司已经陷入资金困境等传闻，同时还传出董事长顾雏军拟放弃科龙电器股权等消息。对上述传闻，科龙电器两次发出澄清公告，否认了有关顾雏军被监视居住及拟放弃科龙电器股权事项；澄清公告中科龙称，已对部分媒体报道的经营情况展开调查，但尚未有确定的结果。

而正在接受中国证监会立案调查的科龙电器（000921）又遭独立董事集体辞职。在辞呈里，三位独立董事揭露，三人曾就科龙电器多项问题提出意见但都未得到回应；而科龙电器也在披露公告里对三位独董辞呈里的内容提出不同说法。

根据中国证监会有关规定，科龙电器须在两个月内，即8月23日前召开股东大会改选独立董事。在此期间，现有的独立董事仍须履行职责。因此三位独立董事将继续留任。若逾期仍未能填补空缺，三人表示，于8月23日后将不再负责任何独立董事事务。

科龙电器曾于8月12日公告收到独立非执行董事李公民、徐小鲁撤销辞职的申明以及陈庞昌更改辞职时间的申明，陈庞昌在该申明中表示“更改本人于2005年6月24日向公司提出的辞职申请及于2005年6月28日递交给公司的辞职申请补充资料的生效时间（辞职生效时间由2005年8月23日开始更改为2005年11月23日开始）。于2005年11月23日后，本人将不再担任公司独立非执行董事职务”。

此后科龙电器并未公告陈庞昌曾撤销辞职申请，但陈庞昌仍然作为独立非执行董事，与另外两位独立非执行董事，在11月29日共同签署了独立董事委员会函件，建议独立股东在临时股东大会上投票赞成批准持续关联交易及上限的普通决议案。12月1日，陈庞昌又出席了董事会会议。在此次会议上，鉴于顾雏军、严友松、张宏已无法正常履行执行董事职责，科龙电器董事会审议通过提请2006年第一次临时股东大会免去三人的执行董事职务。一旦陈庞昌的辞职在事实上已经生效,再加上免去顾雏军等三人的执行董事职务,科龙电器董事会将只剩下五人,少于公司章程要求数额的三分之二,即六人,需要召开临时股东大会进行补选。但由于该次临时股东大会通知中并无新的董事人选提案,而临时股东大会又不得对通知中未列明的事项进行表决,因此科龙电器处于一个十分尴尬的境地。

独董称工作受限制

陈庞昌、李公民、徐小鲁在辞职报告中称,其工作受到限制而未能满意地履行独立董事的任务,因此被迫辞去公司独立董事之职务,即时生效。三位独立董事称,他们从被委任独立董事以来就尝试尽心尽力为公司服务及保障股东利益,然而在就任期间,公司屡屡未能及时提供工作所需资料,或对所提意见作出适当回应,故此感到公司并没有给予应有的配合及支持。

对于科龙电器的关联交易,三位独董表示,曾多次向科龙电器查询有关事项,但该公司并未给予合理关注,如"康拜恩"品牌之问题迟迟未解决。对于2004年年报之审计师报告,就审计师给予保留意见之事项,三位独立董事重复要求该公司对该等事项展开深入调查。如今已超过两个月仍未获得科龙电器任何进展报告。

陈庞昌等三位独立董事还于近期得悉科龙电器可能发生一些潜在的不正常交易。三人表示,曾尝试跟进该等事项,但工作受到限制。三人还称,为了尽独立董事之职责需要知悉科龙电器最新状况,但该公司经常未能及时提供该等资料。

科龙电器说法不同

科龙电器则表示,并不完全同意独立董事于辞呈中所表达该等董事辞职之原因。据称,"康拜恩"商标为该公司关联公司格林柯尔制冷剂(中国)有限公司所拥有,格林柯尔允许科龙电器及属下子公司无偿使用"康拜恩"商标,事实上科龙电器已经就上述事件致函独立非执行董事。

科龙电器称,虽然公司与独立非执行董事在意见上存在分歧,但该公司认为独立非执行董事关于"康拜恩"品牌是一件未解决之事件的说法并不适当。

资料来源:《中国证券报》,http://www.pgxy.net/2007/news/show.asp? url = Finance News/stock/s/20050708/14541776503.shtml;《证券时报》,http://blog.sina.com.cn/s/blog_465f4e980100001c.html。

【案例讨论】

1. 独立董事在公司治理结构中如何定位?有哪些作用?
2. 为什么会出现独立董事集体辞职的现象?
3. 独立董事是如何提名的?

第一节　独立董事制度简介

一、独立董事的产生与发展

独立董事(independent directors)是独立非执行董事的简称。与其相近的两个概念是外部董事(outside directors)和非执行董事(non-executive directors),外部董事、非执行董事不一定是独立董事,但独立董事一定是外部董事、非执行董事。

独立董事制度首创于美国。美国证监会早在1930年开始建议公开发行公司采用独立董事制度。1940年《投资公司法》规定至少40%的董事必须为独立人士。在一般公众公司中推行独立董事制度的背景可归于美国20世纪60年代的政治混乱、越南战争以及“水门事件”等政治、经济丑闻,使人们对一些大公司失去了信心。[①] 尤其是“水门事件”之后,随着对尼克松政府的不当行为的深入调查,一些大公司董事被卷入行贿的丑闻当中,如在国内政治选举中的非法捐款、在国际贸易中向外国官员行贿等,引起美国广大中小投资者对董事会监督职责的怀疑,要求公司改革组织结构,随后的法院股东诉讼判决中,要求公司改变董事会成员结构,即要求董事会成员中大部分应由外部人担任,另一方面也促使美国证监会强制要求所有上市公司设立由独立董事组成的审计委员会,以审查财务报告,控制公司内部违法行为。1977年经美国证监会批准,纽约证券交易所引入一条新规定,要求每家上市的本国公司在“1978年6月30日以前设立并维持一个专门由独立董事组成的监督委员会,这些独立于管理层的董事不得有任何会影响他们作为委员会成员独立判断的关系”。1982年,英国建立了“非执行董事促进协会”,其目的是促进英国的公司更广泛和更有效地使用独立的非执行董事。此后,纽约证券交易所、全美证券商协会、美国证券交易所也纷纷要求上市公司的董事会多数成员为独立董事,并逐渐为大陆法系国家所引进、吸收。美国密歇根州的《公司法》更是率先在各州立法者中间确立了独立董事制度(第450条),该法不仅规定了独立董事的标准,而且同时规定了独立董事的任命方法以及独立董事拥有的特殊权力。1991年5月,英国伦敦证券交易所成立了公司财务治理委员会,并发表了著名的《凯德伯瑞报告》,该报告除明确指出董事长和总经理应由二人分任外,特别提倡要更广泛地吸收独立非执行董事进入董事会。科恩-费瑞国际公司2000年5月22日发表的研究结果显示,《财富》美国公司1 000强中,董事会平均规模为11人,其中外部董事9人,占董事会总人数的81.8%。独立董事制度建立的主要目的是完善公司治理结构,防止内部执行董事与高级管理人员相互勾结形成“内部人控制”,从而损害股东的利益。

现在一般美国大公司的董事会,有这样的规律,公司越大,其董事会中独立董事的比

① 殷少平:《关于独立董事制度的思考》,载《中国证券报》,2002.4.15。

重越大。下面四个表格列出了海外有关内外部董事的一些调查结果。

在《财富》美国公司 1 000 强中,董事会的平均规模为 11 人,平均拥有内部董事 2 人,拥有外部董事 9 人,如表 4-1 所示。

表 4-1 《财富》美国公司 1 000 强董事会人员情况

	董事会平均规模	内部董事平均人数	外部董事平均人数
人数	11	2	9
比率(%)	100	18.2	81.8

资料来源:科恩-费瑞国际公司 2000 年 5 月 22 日发表的有关研究结果。

关于董事会中最佳外部董事人数,调查结果如表 4-2 所示,当时被调查公司的外部董事的实际人数大于最佳人数。

表 4-2 您所在董事会的内外部董事人数?您认为的最佳人数是多少?

	内部董事	外部董事
实际人数	2.8	7.9
最佳人数	2.3	7.6

资料来源:"What Directors Think", A Korn/Ferry International and Corporate Board Member Magazine Study.

在关于哪些因素对于良好的公司治理最重要的调查中,"董事会主要由外部独立董事组成"得分 8.7 分,被认为是最重要的公司治理因素,其次是"董事会或其下设委员会确定 CEO 的行为标准"(8.4 分)和"管理层接任计划"(7.3 分)。调查结果如表 4-3 所示。可见外部独立董事的重要性。

表 4-3 哪些因素对于良好的公司治理是最重要的?(1—10,1 不重要,10 最重要)

项目	分数	项目	分数
董事会主要由外部独立董事组成	8.7	董事会或其下设委员会确定 CEO 的行为标准	8.4
管理层接任计划	8.1	有规章限制董事会在可管理的规模	7.3
一个董事会委员会制定并修订公司治理原则	7.3	独立的提名委员会负责选拔新的董事	7.0

资料来源:"What Directors Think", A Korn/Ferry International and Corporate Board Member Magazine Study.

另外,麦肯锡公司 2002 年的调查报告同样也显示了独立董事制度的重要性,在"投资者认为识别公司治理状况最重要的四项因素"的调查中,"董事会大多数是独立董事"位居第二,有 44% 的被调查者选择了该项因素。调查结果如表 4-4 所示。

表 4-4 投资者认为识别公司治理状况最重要的四项因素

因素	比率(%)
董事会定期披露信息	52
董事会大多数是独立董事	44
有效的董事会工作	38
董事/经理层的薪酬与绩效挂钩	28

资料来源：McKinsey Global Investor Opinion Survey on Corporate Governance, July 2002.

【案例 4-1】

花旗集团独立董事与董事会结构

花旗集团是一家美国银行控股公司,1967 年组成,最早的历史可以追溯到 1812 年花旗银行的成立。1998 年,花旗与旅行者集团合并,从此形成了涵盖商业银行(花旗银行)、投资银行(所罗门美邦)、保险(旅行者保险集团)等全方位金融业务的金融控股集团。集团在 6 个大洲 100 多个国家设有分支机构,并同时在纽约、伦敦和香港上市。

花旗股权结构极为分散,没有一家持股比例超过 5%,活性股比例达到 98%,其流动性相当高且股票多数为机构投资者和共同基金持有。

花旗集团董事会共有董事 17 名,其中 4 名为执行董事,1 名为名誉董事(前总统福特),其余的 12 名均为独立董事(非执行董事并满足相应的独立性要求),董事会中的董事绝大多数为独立董事,除执行委员会外,其他四大委员会均由独立董事组成,独立董事可同时出任多个委员会成员。花旗集团董事会中次级委员会的设置状况如图 4-1 所示。

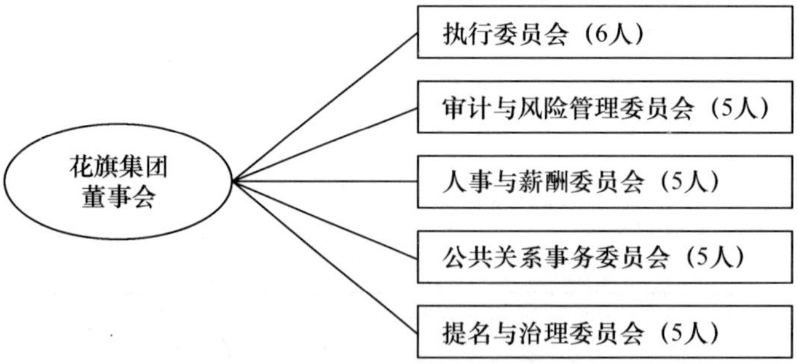

图 4-1 花旗集团董事会机构

资料来源:花旗集团网站,http://www.citigroup.com/citigroup/homepage。

【案例讨论】

花旗集团为什么会采用这样的董事会结构?

二、独立董事的内涵

何谓独立董事？是否满足独立董事定义界定条件的董事就是真正的独立董事？①

（一）独立董事的三种界定方法

对于独立董事的界定，一般有概括式、列举式、概括式与列举式相结合三种界定方法。概括式简洁、稳定性较强，但不太容易操作；列举式方法简便，容易操作，但对各种情况的列举很难穷尽，概括和列举相结合兼有两种方法的优点。②

“独立董事”一词源于美国的“independent directors”，最早是从20世纪三四十年代的非雇员董事(non-employee directors)和无利害关系董事(disinterested directors)发展而来的。关于独立董事的概念，各国均有不同的界定。“独立性”是独立董事制度的基石。界定独立董事的概念之前需要明确一个非常重要的问题，即独立董事的“独立”对象是谁。一般认为，独立董事独立的对象主体应该包括两类：一是股东尤其是大股东；二是经营管理团队。为了判断独立董事是否独立于这两类主体，各国相关的法律法规都提出了独立董事的任职资格。

1. 独立董事的概括式界定

在英国的《凯德伯瑞报告》中，独立董事是指独立于公司经营者，没有实质性影响其行使独立判断的人、商业或其他关系的董事。

美国纽约证券交易所规定，独立董事不得与管理层有任何会影响他们作为委员会成员独立判断的关系，本公司及其附属机构的雇员均无资格担任独立董事。

美国律师公会对独立董事“独立性”的界定非常简明：只有董事不参与经营管理，与公司或经营管理者没有任何重要的业务或专业联系即可以被认为是独立的。

全美券商联合会(NASD)认为，独立董事是指该公司或其分支机构的官员或雇员以及按董事会的观点与公司有着在履行董事职责时将影响独立判断关系的个人之外的人。

根据1990年3月商业圆桌会议(Business Roundtable)公布的《公司治理和美国的竞争力》报告，独立董事是指在公司中不担任管理职责的人。

法国1999年《维也纳特报告》(Vienot Report)指出，独立董事应与该公司或其集团没有任何损害其自由判断的任何关系。

马来西亚的高层金融委员会在《公司治理报告》中提出，独立董事不担任上市公司的高层管理职务，不应和上市公司的管理层具有联系，也不代表大股东和控股家族；独立董事应当代表社会公众股东的利益，因此不应和影响其行使独立判断权的人士有关联。

---

① 李维安：《公司治理学》，高等教育出版社2005年版，第129—135页。

② 朱奕锟、陈一勤：《我国股份公司独立董事制度探索》，载《财贸经济》，2001(7)，第75—79页。

2. 独立董事的列举式界定

美国证券与交易委员会(SEC)同样将独立董事界定为与公司没有"重要关系"的董事。SEC认为,如果一名董事在上市公司召开年度股东大会时,存在以下情形,则被视为与上市公司存在重要关系:(1) 他是上市公司的雇员,或者在此之前两年内曾经是上市公司的雇员;(2) 他是公司业务主管的直系亲属;(3) 他直接或间接地与公司之间存在金额超过20万美元的交易关系;(4) 他与过去两年内曾经担任过上市公司法律顾问的律师事务所具有职业关系。

全美公司董事联合会规定,一位董事如果被视为独立,则必须具备以下5个条件:(1) 从未被该公司或其任何一家子公司雇用;(2) 非公司任何雇员的亲属;(3) 不向公司提供服务;(4) 未受雇于向该公司提供主要服务的任何企业;(5) 除董事劳务费外,不从公司获取任何报酬。

英国《公司法》规定,独立董事应该为整个公司的利益,忠诚而善意地工作,并合理运用授予他们的权力。独立董事不应使自己处于职责与个人利益有冲突的地位,可能的利益冲突发生在:(1) 独立董事直接和公司签订交易合约;(2) 独立董事代表公司和他们在其中享有权益的公司签订交易合约;(3) 与公司建立债权债务关系或担保关系;(4) 如果一个独立董事发现公司在与其他方所签订的合约中,涉及他个人利害关系,无论是直接的还是间接的利害关系,都有责任在董事会议上公开声明,说明其个人利害关系的性质;(5) 独立董事不能参与买卖公司的上市股票或债券的选择性交易。如果独立董事不违反上述各个方面,则认为保持了"独立性",这样的董事才是独立董事。

香港联交所《证券上市规则》第3.11条中关于独立董事的"独立性"有如下判定:(1) 持有公司已发行股本总额不足1%的股权一般不会妨碍其独立性,但如果该董事从关联人士处以馈赠形式或其他财务资助方式得到这些股份,即趋向显示其并非独立;(2) 为显示其独立,该董事一般不应在该公司或其附属公司的业务中拥有任何财产或其他权益(不论过去或现在),但第(1)条所载范围以内的股权或作为董事或专业顾问而收取的利益除外,而且该董事一般不应与公司的关联人士有任何联系(不论过去或现在),但出任专业顾问则除外;(3) 不允许独立董事在集团内担任任何管理职务。

3. 独立董事的概括式与列举式相结合的界定

机构投资者委员会(CII)认为独立董事就是除董事资格外与公司无重大关系的人,并且必须具备以下几个条件:(1) 不曾受雇于该公司或在其分支机构担任执行性职务;(2) 在过去的两年中不是该公司或其分支机构付偿顾问公司雇员或所有者;(3) 不是该公司主要客户或供应商的雇员;(4) 在过去的两年中与公司或其分支机构没有个人服务合同关系;(5) 不是接受该公司或其分支机构重大捐赠的基金会或大学雇员;(6) 不是该公司或其分支机构经营管理者的亲属;(7) 不是互兼董事的组成部分,即该公司的CEO或其他经营管理者不能在雇用该董事的公司的董事会中任职。

英国Hermes养老基金管理公司对独立董事的规定如下:(1) 不是或不曾是公司或集团的雇员;(2) 担任董事的年限在10年以内,年龄不超过70岁;(3) 不代表大股东或者某个利益团体,例如供应商、债权人等;(4) 未从公司获得除独立董事费外的其他收入;(5) 未参与公司股东的期权计划;(6) 无利益冲突或者交叉担任董事;(7) 与公司及其高层管理人员之间不存在其他重大的会妨碍其对股东忠诚的财务关系或者个人关系。

加拿大多伦多证券交易所规定,独立董事应独立于经营者,除了持股关系之外,没有可能被合理地认为会实质性影响其为公司最佳利益行事能力的任何利益或者其他关系。独立董事应该满足的条件是:独立董事不能是向该公司提供法律或者金融咨询服务的律师、金融顾问、前总裁、向该公司提供贷款的公司高层经营者。

中国证监会 2001 年 8 月发布了《关于在上市公司建立独立董事制度的指导意见》,其中规定,上市公司独立董事是指不在上市公司担任除董事外的其他职务,并与其所受聘的上市公司及其主要股东不存在可能妨碍其进行独立客观判断的关系的董事。只有当董事不为下列任何一类人的方可被认定为独立董事:(1) 在上市公司或者其附属企业任职的人员及其直系亲属、主要社会关系(直系亲属是指配偶、父母、子女等;主要社会关系是指兄弟姐妹、岳父母、儿媳女婿、兄弟姐妹的配偶、配偶的兄弟姐妹等);(2) 直接或间接持有上市公司已发行股份 1% 以上或者是上市公司前十名股东中的自然人股东及其直系亲属;(3) 在直接或间接持有上市公司已发行股份 5% 以上的股东单位或者在上市公司前五名股东单位任职的人员及其直系亲属;(4) 最近一年内曾经具有前三项所列举情形的人员;(5) 为上市公司或者其附属企业提供财务、法律、咨询等服务的人员;(6) 公司章程规定的其他人员;(7) 中国证监会认定的其他人员。

第二节　独立董事的任职资格、义务及权利

本节介绍了国内外关于独立董事的任职资格要求,在此基础上,分析了独立董事的义务和权利,并和一般董事进行了比较。

一、独立董事的任职资格

独立董事的任职资格即担任独立董事需要具备的条件。为了使独立董事制度能够切实发挥作用,必须对独立董事候选人进行严格的筛选。毫无疑问,独立性应该是选择独立董事的首要条件。但是除此之外,选择独立董事还要结合行业发展趋势、公司长短期发展战略、董事会内部的平衡等多方面内容。具有扎实的专业知识和丰富的管理经验、确实符合公司需要的独立董事可以为公司作出显著贡献;反之,如果独立董事的经验与能力不足,徒具形式上的独立性但却无力发挥应有的作用,独立董事制度将形同虚设。

按规定的主体不同,独立董事的任职资格包括法定资格和章程规定资格。法定资格指所有独立董事必须满足的条件,这是通过法律规定的独立董事任职条件的底线。除此之外,各个公司还可以根据公司的具体情况在公司章程中拟订相关的独立董事任职标准。公司在拟订这些任职资格时,不得违背法律的强制性规定和立法的精神。

按任职资格的性质不同，可以将独立董事的任职资格分为积极资格和消极资格。积极资格指作为独立董事应当具备的与其行使职权相适合的任职条件，即具备何种条件的人员方可选为独立董事。消极资格指独立董事不得具备的条件，即指法律、法规对不可选为独立董事的限制性条件。

（一）国内外对独立董事任职资格的相关规定和要求

关于独立董事的任职资格，各国立法相差较大，有的国家没有独立董事（包括董事）积极资格方面的规定，而只有消极资格的规定；有的国家对这两方面均有规定，以确保独立董事能真正起到其独立职能，使真正具有经营管理经验和能力的人员入选。表 4-5 列示了不同国家的不同法律法规对独立董事任职资格的规定。

表 4-5　不同国家对独立董事任职资格的规定

法律法规名称	具体规定	类型
英国《公司法》	如果某人是未履行债务的破产人，他便自动失去做独立董事的资格；独立董事违反公司法和其他有关法规的要求，持续地怠于履行法定义务，法院可应申请人的要求，取消其董事资格；若独立董事犯有欺诈等与公司经营有关的罪行，法院可取消该人的董事资格；一个公司陷于破产，在造成公司破产的原因中该独立董事有失职行为，法院可取消其董事资格；大法院认定某当事人不适合做独立董事，可以下令取消其董事资格。	消极资格
美国证券交易委员会	与上市公司有重要关系的人士不得担任该公司独立董事。①	消极资格
纳斯达克证券交易市场	独立董事应该能够阅读和理解公司财务报表。此外，发行人应保证审计委员会中至少有一名成员具有财务会计的专业背景，精通公司财务会计及财务信息披露的有关要求。	积极资格
	在过去三年内曾担任该公司及其附属机构的高级管理人员的近亲，包括配偶、父母、子女、兄弟姐妹、岳父母、儿媳女婿、兄弟姐妹的配偶或者配偶的兄弟姐妹，以及任何其他在一个家庭内共同生活的人，不得担任独立董事。	消极资格
美国密歇根州《公司法》	为保证独立董事有足够能力履行职责，独立董事必须具有 5 年以上的企业、法律或者财务工作经验。	积极资格
马来西亚高级金融委员会	独立董事应该具有较高的素质、信用和必需的专业技能，为公司战略、绩效、重要职位的任命行为标准的制定等提供独立的判断。	积极资格
泰国证券交易所	独立董事不应是本公司及其子公司或关联企业获取固定收益的雇员或者咨询顾问。	消极资格
相关联交所创业板	在过去 5 年未曾承担过公司的任何管理职责。	消极资格

资料来源：廖理：《公司治理与独立董事》，中国计划出版社 2002 年版，第 314—317 页。

---

① 美国证券交易委员会对于“和公司有重要关系”的董事有明确的规定，参见本章第一节“独立董事的内涵”。

（二）担任独立董事需要具备的其他条件

在实践中，公司选择独立董事除了必须符合法律法规的强制性要求以外，还必须考虑其他一些更为细致的因素，从而使独立董事真正发挥其作用。由于不同的公司其自身的发展和面临的挑战各不相同，对独立董事的具体要求也不一样，这里无法全部罗列，而仅讨论其共同的一些考虑因素。①

1. 独立董事应具备的基本管理知识和能力

一般而言，大多数公司都希望独立董事具有企业管理与商业运作的背景，最好还有董事会运作的经验。某些公司出于其自身的特殊需要，可能还会要求独立董事具备某种特殊才能，如财务与会计、法律、风险管理、政府关系或公共关系等。这些要根据公司的具体情况以及董事会中独立董事和非独立董事之间的平衡来考虑。但是，一般而言，独立董事为有效地履行其职责，还应具备如下的基本知识和能力，比如能够阅读、理解与初步分析财务报表；对《公司法》及独立董事的法律责任有充分的理解；具备较强的战略意识和管理能力；等等。

2. 独立董事的创造性思维和交流、沟通能力

公司引入独立董事制度的一个重要目的是希望独立董事能够为董事会带来新的观点与思想。因此，独立董事还应具有创造性思维和批判精神，同时要有直抒己见的勇气和魄力。当然，这种创造性思维、批判精神和直抒己见只有在满足董事会成员团结合作的前提下才能发挥积极作用，这需要独立董事和其他董事的共同努力。另外，独立董事作为公司董事会成员，应具有较强的口头和书面表达能力，善于交流和沟通，能够简洁明了地表达自己的意见和建议，尤其当传播一些新的观点和思想时更应如此。因此，并不是任何人都适合担任独立董事，即使是满足独立性要求的候选人，也未必能成为一名出色的、能够对公司真正有所贡献的独立董事。

3. 独立董事用于公司事务时间的充足性

独立董事时间的充足性与其经验和能力之间可能存在一定的矛盾，因为独立董事本人很可能也是一名其他公司忙碌的管理人员或社会知名的学者，这些人知识和经验非常丰富，但时间却相当有限；而反过来，一个无所事事的公司管理人员或默默无闻的专业人员，其能力可能也非常有限。所以，公司能聘任到经验丰富、能力超群而时间充裕的独立董事的概率是很小的，大多数公司在选择独立董事时会遇到这一对矛盾。在这种情况下，公司在独立董事候选人的经验和能力这一首要条件符合要求之后，还应从候选人的个人品格以及担任独立董事职务的其他公司数量等角度来进行考察。首先，一个严谨认真、高效率的管理人员或专业人员一般总是能够安排出时间来参加重要的活动，如果他

---

① 孙敬水：《独立董事制度：公司治理的创新与革命》，安徽大学出版社 2003 年版，第 188—192 页。

们将担任独立董事看做一件对自身发展非常重要或自己非常感兴趣的事情,他们一定会妥善安排时间来将独立董事的工作做好。其次,若公司独立董事兼任其他多家公司的独立董事,虽说可以通过这一桥梁借鉴其他企业的经验教训,但独立董事用于本公司事务时间的充足性必定会受到影响,对公司的关心程度和理解程度下降,进而会影响到独立董事对公司决策的有效性和及时性。

二、独立董事的义务

作为董事会的一员,独立董事享有其他董事享有的一切权利,同时承担其他董事应承担的一切义务。但是,和一般的董事相比,独立董事还拥有一些特殊的权利,并且在所承担的义务的程度方面也有差别。明确独立董事的权利与义务,对于完善独立董事制度、切实发挥独立董事的作用和改善公司治理结构具有积极的意义。

独立董事的勤勉义务的核心是独立董事作为董事会的成员负有积极的作为义务,独立董事有义务对公司事务付出适当的时间和精力,关注公司的经营,并按照股东和公司的最佳利益谨慎行事。独立董事诚信义务的核心是要求独立董事在决策时其行为必须符合公司的最佳利益,当自己的利益和公司的利益发生冲突的时候,必须把公司的利益放在第一位。独立董事作为董事会成员,当然要承担勤勉义务和诚信义务。

实际上,在独立董事履行诚信义务方面应该和其他董事完全一样,对公司负有完全的诚信义务。比如,独立董事不能同公司从事自我交易、独立董事不能泄露公司机密、独立董事不得同公司进行非法竞争,这些对其他董事要求必须承担的义务独立董事也必须承担。

在勤勉义务方面,独立董事和其他董事还是有所差异。这种差异主要来自于独立董事履行其职责时的一些现实障碍。首先,信息不对称。尽管所有的董事对于公司的实际情况都存在一定程度的信息不对称,但是和执行董事相比,独立董事所面临的信息不对称程度仍然要高一些。因为来自公司的董事尽管地位各不相同,但是他们仍然切身参与到公司的经营中去,切身感受到公司的现状,而这恰恰是独立董事的劣势。他们对公司的了解基本上依靠第二手的信息,这些信息大部分由公司的管理层提供,一方面信息的数量有限;另一方面信息的真实可靠性难以确定。其次,独立董事工作时间的有限性。独立董事本身就是一位事务繁忙的管理者、学者或者金融家,如果让独立董事花费和内部董事一样多的时间了解公司和公司的财务信息在实践上几乎是不可能的。尤其是上市公司的事务较非上市公司更为繁杂,不可能寄希望于独立董事花费较少的时间就能够理清事情的来龙去脉。

基于上述原因,很多学者认为,在一般的情况下,独立董事的勤勉义务应该比执行董事稍轻一点更为合适。但是这绝不意味着对独立董事勤勉义务的规制可以无限地放松,独立董事应该至少能够履行具有同类专业水平或经验的人员应该履行的勤勉程度。

实际操作的过程中,独立董事诚信、勤勉义务如何体现?是否因为“花瓶董事”就可以免责？案例4-2就是关于一个独立董事未尽职尽责后所承受的“苦果”。

【案例4-2】

独立董事的责任:郑百文独董被证监会罚款

据《大河报》报道,郑百文弄虚作假事件披露后,2001年9月27日,证监会作出决定:对郑百文董事长李福乾、副董事长卢一德分别处以30万元和20万元罚款;对陆家豪等10名董事处以10万元罚款。然而,作为独立董事的陆家豪却大呼“冤枉”。

陆家豪1956年毕业于北京外国语大学,大半辈子执教于郑州大学。他与原郑百文董事长李福乾相识于1994年。1995年1月,郑百文董事会换届时,陆家豪成了郑百文的“社会董事”。陆家豪说,他当初曾与李福乾约定自己不参与公司的经营与管理,不在郑百文领取任何报酬。“我独立于公司的管理层,把自己的角色定位于一个顾问性质的荣誉性角色。这与现在的条例和法规对独立董事的界定是完全不同的。”

接到行政处罚决定书后,陆家豪向中国证监会提出了行政复议,要求免除罚款。2002年4月8日,中国证监会作出答复,坚持认为,陆家豪作为董事,应当对董事会决议通过的有关上市申报材料、年度报告的真实性、完整性负责。不能以担任独立董事、不在公司任职、不参加公司日常经营管理、不领取工资报酬或津贴等理由主张减免处罚。

无奈,陆家豪只好把中国证监会推向法庭。据《新快报》2002年6月7日报道,71岁的郑百文原独立董事陆家豪,因不服中国证监会对其作出的处以10万元罚款的行政处罚决定,一纸诉状把中国证监会主席周小川推上了被告席。据悉,北京市第一中级人民法院已于5月13日正式立案。

2002年11月,随着北京市高级人民法院的一纸裁定书,历时半年多的“陆家豪诉中国证监会”一案最终以陆家豪的败诉而画上了句号。北京市高院终审裁定:驳回陆家豪的上诉,一审法院裁定驳回陆家豪的起诉符合法律规定,应予维持。

“花瓶”该不该负责?李福乾邀请陆家豪担任董事,看重的是陆家豪高级知识分子身份给公司形象带来的好处。但这种仅限于把独立董事们当做“花瓶”的做法,不可避免会造成独立董事的莫大悲哀。

独立董事的悲哀还来源于制度和法规的滞后。当时,我国的《公司法》或其他的法律法规对独立董事仍没有具体的要求和规定,企业有权自行选择独立董事的结果,就难免会产生“人情董事”、“花瓶董事”。然而,当问题出来了,责任到底谁来负?“知情董事”们应当受到的处罚,“花瓶董事”们该不该同样承受?业内专家认为,这一我国首例涉及上市公司董事对公司违规行为应承担何种责任的行政诉讼案留给人们太多的思考,同时也再一次给上市公司的董事敲响了警钟。

此案带给上市公司董事的警示是:一是依照《公司法》及相关证券法律法规,公司董事,无论是执行董事还是非执行董事,无论内部董事还是外部董事,都应当遵守公司章程,忠实履行职务,维护公司利益。作为上市公司董事,身在其位,勤勉尽责、忠实履行职责是履行其诚信义务的最起码要求,任何董事都不能例外。

资料来源:注册会计师考试网,http://www.zhucekuaijishikaoshi.cn/financial-info/2007-3-15/ZhengBaiWenDuLiDongShiZhuangGaoZhengJianHui-525o05522.htm;人民网,http://www.people.com.cn/GB/channel3/24/20001030/292544.html。

【案例讨论】

1. 为何"花瓶董事"频现?
2. 如何培养独立董事的义务感?
3. 独立董事在履职的过程中是否可以免责?
4. 通过何种途径免责?

三、独立董事的权利

独立董事除了具有董事的一般权利,还具有特别的权利,可以对重大事项发表独立意见。

(一) 独立董事享有的特别权利

独立董事应该享有董事的一般权利,比如出席董事会会议的权利、表决权、董事会临时会议召集的提议权以及参与行使董事会职权的权利等。除此之外,独立董事还享有其他特有的权利,这个方面各个国家的立法中均有所体现。比如,美国密歇根州《公司法》第450条规定独立董事的特殊权利包括:(1) 由独立董事批准的"自我交易",法院可以从宽审查;(2) 独立董事有权批准公司对执行董事因遭到指控所付出的费用给予补偿;(3) 独立董事有权撤销一项由股东提请的派生诉讼;(4) 如果独立董事不同意董事会大多数董事的决定,他有权直接与股东联系,其费用由公司支付。

2001年,我国证监会正式发布了《关于在上市公司建立独立董事制度的指导意见》(以下称《指导意见》),其中明确规定了独立董事应该享有的六项特别权利。

1. 重大关联交易的提前认可权

我国上市公司的控股股东及其关联公司与上市公司之间存在着大量的关联交易。上市公司控股股东通过对股东大会和董事会的控制,向控股股东进行利益输送。目前在我国上市公司中控股股东利益输送的方式有多种,比如直接占用上市公司的资产、通过上市公司为关联企业提供担保等。这些行为严重损害了上市公司及其中小股东的利益。

《指导意见》指出,"重大关联交易"是指上市公司拟与关联人达成的总额高于300万元或高于上市公司最近经审计净资产值的5%的关联交易。在关联交易中,独立董事在决定关联交易中起着关键的作用。他们要对交易条件是否公平、中小股东的利益是否受到损害发表意见;并在有关资产出售、收购兼并等重大交易中保护中小股东利益。上市公司的重大关联交易首先应由独立董事认可,然后才能提交董事会讨论。

2. 向董事会提议聘用或解聘会计师事务所

在独立董事作出判断以前,可以聘请独立的咨询机构出具咨询报告,独立董事依据专业的咨询报告作出独立的判断。如果独立董事发现关联交易损害公司整体利益,有义务向交易所报告。《指导意见》中赋予了独立董事向董事会提议聘用或解聘会计师事务所的职权。当独立董事就聘任会计师事务所这一问题向董事会提出建议时,应注意其所聘请的事务所和上市公司之间的独立性。此外,只要独立董事或主要由独立董事构成的审计委员会认为有增进公司或所有股东利益的必要时,可以用公司的资金聘请专家,获得有专业知识技能的专家的意见。

3. 向董事会提请召开临时股东大会

《指导意见》中规定:独立董事有权向董事会提请召开临时股东大会,就有可能损害公司或中小股东利益的事项提交临时股东大会讨论。

4. 提议召开董事会

参与行使董事会职权也是独立董事享有重要权利之一。独立董事作为董事会组成人员,可以通过提议召开董事会行使决策权而影响董事会的决定。独立董事认为有维护上市公司及全体股东利益的必要时,可以提议召开临时董事会,就一些突发事项作出决议。

5. 独立聘请外部审计机构和咨询机构

注册会计师是"经济警察",上市公司的年度财务报告在披露之前都应该经过会计师事务所的审计,注册会计师应该就该公司财务信息的真实性和公允性发表独立的意见。如果由控股股东选择会计师事务所,很难保证会计师事务所不屈从于控股股东的意愿。当独立董事遇到特别问题时,会计师事务所无疑是获得专家意见的一个重要渠道。因此,保证会计师事务所的独立性至关重要。《指导意见》赋予了独立董事独立聘请外部审计机构和咨询机构的职权。

6. 在股东大会召开前公开向股东征集投票权

上市的独立董事可向股东征集其在股东大会上的投票权。投票权征集应向被征集人充分披露信息,比如征集投票权的必要性、征集的目的、行动安排、与股东决策相关的信息、公司的利益冲突、独立董事希望在股东大会上提议表决的主要事项;此外,独立董事也有必要披露其身份、背景及其与公司的利益关系等。通过这些信息的披露,独立董事才可以向股东充分传达征集的意图,从而有助于充分发挥股东大会对董事会的制衡作用。

上述这六项特别权利必须取得全体独立董事二分之一以上同意。在行使过程中，如果独立董事的提议未被采纳或上述职权不能正常行使，公司有义务将有关情况向社会公众予以披露。

【案例 4-3】

独立董事叫板股东

关于天津大学与天大天财公司同业竞争的独立董事意见

天津大学：

天大天财公司董事会：

我们作为天大天财股份有限公司的独立董事，近期不断接到许多中小股东的意见，反映天津大学作为天大天财公司的控股股东，在化工填料业务方面存在严重的同业竞争和违反天大天财公司上市《招股说明书》、《承诺书》等文件的情况。经过初步调查，有关情况如下：

1997 年天津大学作为主发起人以天津大学天财信息系统工程中心、天津大学填料塔新技术公司的经营性净资产 6 500 万元与其他股东发起设立天大天财股份有限公司并在深圳证券交易所上市（其中天津大学填料塔新技术公司净资产 2 780 万元，占天大总投入的 42.7%）。

天津大学作为天大天财股份有限公司的控股股东，在天大天财股份有限公司招股说明书中明确表示：

(1)"国家化工填料塔及塔内件技术研究推广中心和国家工业结晶技术研究推广中心设在本公司（天大天财）内。"

(2) 1997 年 6 月 2 日，公司筹委会与天津大学和七〇七所签订一份《承诺函》。天津大学和七〇七所分别承诺并保证不从事与天财公司相同或相近的营业，以避免同公司设立时或未来扩大其营业时构成同业竞争；如违反承诺，则其从事该项营业所得利润归天财公司所有；赔偿由于其投入资产及权益而针对公司的任何现实的或可能的请求权，包括但不限于公司设立前出具的任何担保及持续的或非持续的侵权行为发生的索偿、赔偿及诉讼。该承诺书经签署即不可撤销。

但实际状况是，几年来，天津大学校属企业中仍有北洋公司、工程中心等为数不少的企业在从事填料业务并直接与天大天财和其控股子公司天大天久公司在填料业务上进行同业竞争，造成市场的混乱和天财公司经营上的损失，甚至某些天大下属企业以天津大学的名义对外散布信息，在重要项目竞争中诋毁天财公司或其控股子公司，损害了天大天财公司中小股东的权益；同时在去年天津大学也将"国家化工填料塔及塔内件技术研究推广中心"从天大天财公司拿回学校，违反了在《招股说明书》中的承诺。

有鉴于此，我们认为天津大学作为天大天财的控股股东，已经违反在《招股说明书》和《上市承诺书》中的有关承诺，撤销在天大天财公司设立的国家化工填料塔及塔内件技术研究推广中心，并允许下属多家企业从事填料业务，与天大天财公司及其控股子公司进行同业竞争，直接违反了中国证监会关于控股股东不得损害上市公司利益和禁止控股股东与上市公司同业竞争的有关法规，损害了天大天财公司中小股东的权益，并可能导致国家有关主管部门对天津大学和天财公司的处罚以及中小股东的集体诉讼，这种状况的出现将会给天津大学和天财公司在声誉上、经济上都造成巨大的损失，因此必须尽快予以纠正。

天大天财公司独立董事

梁执礼　张晓峒

2002年5月26日

天大天财独立董事梁执礼和张晓峒在《关于天津大学与天大天财公司同业竞争的独立董事意见》中认为，公司控股股东天津大学存在违反承诺、损害公司利益、与公司进行同业竞争的行为。独立董事叫板股东，这在中国内地证券市场还是第一次。中国证监会的一位官员称已注意到了两位独立董事的意见，并就此事进行了调查。梁执礼指出，天津大学作为天大天财的控股股东，在天大天财的招股说明书中曾明确表示"国家化工填料塔及塔内件技术研究推广中心和国家工业结晶技术研究推广中心设在本公司（天大天财）内"，但实际情况是，几年来天津大学校属企业中仍有北洋公司、工程中心等为数不少的企业在从事填料业务并直接与天大天财及其控股子公司天大天久公司在填料业务上进行同业竞争，造成市场混乱和天大天财公司经营上的损失，损害了天大天财中小股东的利益。此外，天津大学在2001年将国家化工填料塔及塔内件技术研究推广中心从天大天财公司分离出去，归学校管理，违反了其在招股说明书中的承诺。对于发表上述意见的想法，现任南开大学国际经济研究所教授、博士生导师张晓峒表示，是基于维护中小股东的利益，但在谈到发表独立"声音"的过程和意义时，他显然非常谨慎，不愿多说。他强调，有关情况确实到了有必要向监管部门报告的时候，但不想因为此事使天大天财和天津大学成为众人关注的对象。

资料来源：邓菊秋：《独立董事制度研究》，西南财经大学出版社2004年版，第132—133页。

【案例讨论】

1. 我国引入独立董事制度的主要作用是什么？

2. 上市公司大股东侵占小股东利益现象频发的背景下，为什么没有或者较少有独立董事站出来发出不同的声音？

（二）独立董事对重大事项的独立意见

独立董事可以就公司的重大事项向董事会或者股东大会发表独立的意见，这也是其

"独立性"的外在表现形式。比如《指导意见》中规定,独立董事可以就以下重要事项发表意见:提名、任免董事;聘任或解聘高级管理人员;公司董事、高级管理人员的薪酬;与重要关联方的资金往来;独立董事认为可能损害中小股东权益的事项。当然,上市公司根据自身的特点,还可以在公司章程中规定其他应有独立董事发表独立意见的事项。

《指导意见》还特别规定了独立董事发表独立意见的类型,独立董事应基于自己的专业知识和经验,对其应发表独立意见的事项进行审查,独立董事应当就上述事项发表以下几类意见之一:同意;保留意见及其理由;反对意见及其理由;无法发表意见及其障碍。如有关事项属于需要披露的事项,上市公司应当将独立董事的意见予以公告,独立董事出现意见分歧无法达成一致时,董事会应将各独立董事的意见分别披露。

在公司实践中,独立董事为了保持其独立董事的地位往往不愿意过多地发表不同的意见。除非公司出现非常明显的违规和违法行为时,独立董事才会发表不同的见解。所以独立董事的监督作用并未真正地发挥,"花瓶董事"成为独立董事的真实写照。因此,从立法上要求独立董事对特定事件必须发表独立意见,并且规定发表意见的类型及其披露机制,这对独立董事切实发挥监督作用具有积极意义。因为这迫使独立董事去充分了解上市公司的状况、审慎地对重大事项进行思考并发表自己独立的见解。实际上,这在一定程度上也降低了独立董事的责任风险。

通过案例 4-4,我们可以清晰地了解杭州汽轮机股份有限公司的独立董事在 2005 年度的职责履行的具体情况。

【案例 4-4】

杭州汽轮机股份有限公司独立董事述职报告

各位股东及股东代表:

根据中国证监会证监发[2004]118 号《关于加强社会公众股股东权益保护的若干规定》的有关规定,现向股东大会作 2005 年度述职报告。

我们四人(张明光、邹兆学、华小宁、祁国宁)作为杭州汽轮机股份有限公司第三届董事会的独立董事,本着为全体股东负责的精神,严格依照《公司法》、《证券法》、《关于在上市公司建立独立董事制度的指导意见》等法律、法规,切实履行独立董事诚信勤勉职责和义务,努力维护公司整体利益及中小股东的合法权益。

2005 年,是公司大发展的一年,在去年效益翻番的基础上公司董事会携全体员工又创业绩成倍增长的奇迹!同时,去年也是中国证监会出台重大改革和发展政策措施最多的一年,我们在认真学习监管政策的基础上,研究和修订了公司高管人员年薪考核办法,对公司关联交易、对外投资等重大事项上实行事前监管并发表独立意见;在健全和完善上市公司法人治理结构和提高董事会决策水平方面做了一些工作,并能积极地为公司稳健和长远发展建言献策,为上市公司董事会科学决策和依法运作提出意见和建议。

现将一年来的主要工作情况报告如下:

一、掌握上市公司基本情况

我们能主动了解公司的生产经营和运作情况，包括但不限于定期参加董事会，能广泛听取不同层次的职工对公司经营管理的建议和意见。特别是对董事会将要讨论决策的重大事项还要求公司证券办提供背景资料和法规、政策依据。公司董事会下设有四个专业委员会，其中三个委员会是由独立董事任主任委员的。各专业委员会的独立董事对需提交董事会审议或批准的相关议案，如重大投资项目、董事及高管人员提名、高管人员薪酬、重大财务政策调整都能做到预先审议，必要时还发表独立意见。

二、独立董事出席会议情况

2004 年，我们共出席了各种会议二十二次。其中董事会(临时董事会)十次，董事会各专业委员会十一次，股东大会一次。其间，仅一人/次因出国缺席，但严格依法办理了委托手续。具体参加董事会情况详见表 4-6，参加专业委员会情况详见表 4-7。

表 4-6　参加董事会会议情况

独立董事姓名	报告期应出席董事会次数	参加次数	委托出席次数	缺席次数	备注
张明光	8	8	0	0	系第三届董事会独立董事；报告期内参加了董事会全部会议
邹兆学	8	8	0	0	系第三届董事会独立董事；报告期内参加了董事会全部会议
华小宁	8	6	2	0	系第三届董事会独立董事；报告期内参加了六次董事会会议，授权委托出席两次
祁国宁	8	7	1	0	系第三届董事会独立董事；报告期内参加董事会会议七次，授权委托出席一次

表 4-7　参加专业委员会情况

独立董事姓名	报告期应出席专业委员会次数	参加次数	委托出席次数	缺席次数	出席会议名称
张明光	7	7	0	0	公司三届一次战略委员会，三届一次、二次、三次审计委员会；三届二次、三次薪酬与考核委员会；三届二次提名委员会
邹兆学	7	7	0	0	公司三届一次战略委员会，三届一次、二次、三次审计委员会；三届二次、三次薪酬与考核委员会；三届二次提名委员会
华小宁	7	6	1	0	公司三届一次战略委员会，三届二次、三次审计委员会；三届二次、三次薪酬与考核委员会；三届二次提名委员会
祁国宁	1	1	0	0	公司三届一次董事会战略委员会

三、在参与公司决策方面

我们四位独立董事，分别运用各自擅长的经济管理、财会、审计、机械行业自动化管理方面的专业知识，在历次董事会决策中都能对审议的专项议案发表明确意见：同意、否决或提出修正意见。特别是在董事会各专门委员会工作中，我们在会议召集、研讨将要提交公司董事会审议的重大事项中发挥了智囊和参谋作用。具体否决或修正董事会决策事项详见表4-8。

表4-8　独立董事对审议事项或议案提出异议的情况

审议事项	异议或修正	会议名称	提出异议独立董事姓名	异议内容
《公司高管人员薪酬考核办法》(2005年修订稿)	建议修改或增删内容	公司第三届二次、三次董事会薪酬与考核委员会	张明光、邹兆学、华小宁	对考核原则、计算方法和薪酬标准、考核程序等提出改进意见和建议
对公司受让新湖集团所持有杭州商业银行股份的重大投资活动	建议中介机构资产评估	公司第三届三次审计委员会，三届八次董事会	张明光、邹兆学、华小宁	质疑受让股份每股股价，提出建议中介机构对杭商行资产或净值评估
对2005年度会计估计坏账准备金计提方法的变更	提出意见和建议	公司第三届三次审计委员会，三届八次董事会	张明光、邹兆学、华小宁	要求提供作出决策的详细材料，如：公司有关应收款账目的明细账、分类账；要求分比例详细测算

四、依照规定发表独立意见

一年来，我们依照有关规定，客观、真实地对以下事项向董事会、政府证券监管部门或全体股东发表独立意见：

(1) 提名、任免董事及高管人员；

(2) 公司重大关联交易；

(3) 公司董事、高级管理人员的薪酬；

(4) 与公司的股东、实际控制人及其关联企业的资金往来，以及公司是否采取有效的措施回收欠款；

(5) 公司重大投资行为；

(6) 公司年度分配预案；

(7) 公司重大会计估计及会计政策变更。

五、依照有关规定行使以下特别职权

(1) 必要时，提议召开董事会；

(2) 必要时，对公司的重大关联交易、聘用和解聘会计师事务所在提交董事会审议前，进行审查并作出独立判断；

(3) 必要时,对公司发展有重大影响的投资活动在提交董事会审议前提议专业委员会先行研讨。

六、其他说明

2005 年,我们参加了中国证监会浙江证监局和浙江上市公司协会组织的要求独立董事参加的会议;签阅了由公司证券办提供的上级监管机关和深交所下发给上市公司的文件。现四位独立董事成员,全部经过由深圳交易所组织的专门培训,具备独立董事任职资格。除一人兼任其他上市公司独立董事外,其余三人均未在其他上市公司兼职。

独立董事:张明光、邹兆学、华小宁、祁国宁

2006 年 6 月 8 日

资料来源:巨潮资讯网,http://www.cninfo.com.cn/finalpage/2005-05-19/15398381.PDF。

【案例讨论】

通过阅读上述独立董事的述职报告,你认为这些独立董事的履职情况如何?

第三节　中国独立董事制度的发展历程和现状

一、中国公司引入独立董事制度的历程

中国上市公司最主要的委托代理问题是大股东剥削小股东。大股东及其经理人员(大股东的代理人)控制董事会和公司的经营管理,导致公司治理结构严重失衡,缺少监督,损害中小股东利益的现象时有发生。大股东控制还直接导致了我国公司行为短期化以及公司与控股股东之间的不正常关联交易,甚至出现公司成为控股股东的"提款机"的情况。在这种情况下,独立董事的引入被寄予厚望,希望其能够部分解决公司内部制衡缺乏的问题,并弥补部分监事会的监督作用。

独立董事制度在我国股份公司的引入,首先是从赴境外证券交易所上市的公司中开始的。由于纽约证券交易所等境外证券交易市场都要求上市公司必须建立独立董事制度,因此,为达到境外证券交易所的上市标准,境外上市公司根据有关的要求聘请了独立董事。例如,1993 年青岛啤酒发行 H 股,并按照香港联交所的有关规定设立了两名独立董事,从而成为第一家引进独立董事的 H 股公司。此后,随着《上市公司章程指引》、《关于进一步促进境外上市公司规范化运作和深化改革的意见》、《关于在上市公司建立独立董事制度的指导意见》、《上海证券交易所上市公司治理指引》等一系列规章制度的出台,对于我国上市公司独立董事的任职资格、董事会中独立董事的比例等问题进行了明确的

规定。

中国证券监督管理委员会(证监会)于1997年12月16日发布了《上市公司章程指引》,其中第一百一十二条规定:“公司根据需要,可以设独立董事。独立董事不得由下列人员担任:公司股东或股东单位的任职人员;公司的内部人员(如公司的经理或公司雇员);与公司关联人或公司管理层有利益关系的人员。”该条特别注明“此条款为选择性条款”,亦即并非强制性规定,公司可以自由选择。这是我国相关规范性文件中第一次对独立董事制度作出规定,是我国对引进独立董事制度的初步尝试。该指引虽不具有强制性,但却对上市公司与国际接轨起到了明确的指导作用。

原国家经济贸易委员会(经贸委)和中国证监会于1999年3月29日联合发布了《关于进一步促进境外上市公司规范化运作和深化改革的意见》,对境外上市公司明确提出了逐步建立健全外部董事和独立董事制度的要求。该意见第六项规定:“公司应增加外部董事的比重;董事会换届时,外部董事应占董事会人数的1/2以上,并应有2名以上的独立董事;外部董事应有足够的时间和必要的知识能力以履行其职责;外部董事履行职责时,公司必须提供必要的信息资料;独立董事所发表的意见应在董事会决议中列明;公司的关联交易必须由独立董事签字后方能生效;2名以上的独立董事可提议召开临时股东大会;独立董事可直接向股东大会、中国证监会和其他有关部门报告情况。”独立董事的权利在这一规定中得到了进一步的明确,但这一规定仅适用于境外上市公司,对境内的公司没有强制力。

2001年8月16日,中国证监会发布了《关于在上市公司建立独立董事制度的指导意见》,该意见要求境内每个上市公司应当建立独立董事制度,聘任适当人员担任独立董事,其中至少包括1名会计专业人士。在2002年6月30日前,董事会成员中应当至少包括2名独立董事;在2003年6月30日前,上市公司董事会成员中应当至少包括1/3的独立董事。另外,该意见还就独立董事的任职资格、选任程序、薪酬、职权行事等方面作了详细规定。《指导意见》的出台是强化上市公司监督制约机制的重要举措,标志着我国上市公司正式全面执行独立董事制度。

2002年1月7日中国证监会正式发布《上市公司治理准则》,其第三章第五节为独立董事制度,规定“上市公司应按照有关规定建立独立董事制度。独立董事应独立于所受聘的公司及其主要股东”,“独立董事对公司及全体股东负有诚信和勤勉义务,独立董事应按相关法律、法规、公司章程的要求,认真履行职责,维护公司整体利益,尤其要关注中小股东的合法权益不受损害”。该准则将独立董事的适用范围扩大到所有的上市公司。

为了进一步推进独立董事制度的实施,中国证监会又于2003年9月颁布了《关于进一步规范股票首次发行上市有关工作的通知》,规定公司在首次发行上市时,董事会成员至少包括1/3的独立董事,在再融资审核中,独立董事配备情况也成为主要审核内容之一。

2005年10月27日第十届全国人大十八次会议通过的新《公司法》,已经于2006年1月1日起正式实施,成为公司运行的新准则。该法第一百二十三条规定:“上市公司设立独立董事,具体办法由国务院规定。”这样,聘任独立董事就成为上市公司的法定义务。

二、中国独立董事制度的发展现状

根据南开大学中国公司治理研究院近年来发布的公司治理评价报告,我们发现中国独立董事制度的发展现状具有以下几个特点:

第一,独立董事制度已经初步建立。我国所有上市公司均引入了独立董事制度。独立董事人数大多为3—4名,独立董事人数处于该区间的上市公司比例高达83%以上。其中,独立董事比例为1/3以上的样本公司占总数的比例为84.92%,175家上市公司独立董事比例超过1/2,所占比例为14.01%。

第二,独立董事平均年津贴主要集中在2万—5万元的区间,总体呈现升高的趋势。根据上市公司2006年公布的年报,在1 249家上市公司中,独立董事年津贴低于2万元的样本公司有84家,占样本公司的6.73%。独立董事年津贴在2万—5万元之间的样本公司有896家,占样本公司的71.74%。年津贴超过5万元的有269家,占样本公司的21.54%,如表4-9所示。

表4-9 上市公司独立董事的年均报酬

年均报酬	2006年		2005年	
	数量	比例(%)	数量	比例(%)
2万元以下	84	6.73	95	7.41
2万—5万元	896	71.74	971	75.74
5万元以上	269	21.54	216	16.85

资料来源:南开大学中国公司治理研究院数据库。

第三,独立董事的构成上学者与名人唱主角。目前,中国上市公司聘任独董时更多注重的是其名望和社会影响,而把是否为公司经营和运作发挥实际作用放在次要地位。抽样显示:2002年853家上市公司样本中,独董来源于高校及科研机构专家、行业及其他知名人士的分别有681人和405人,比例高达79.84%和47.48%;此外有153家上市公司的独董来源于会计师、律师、证券公司等独立中介机构,比例为46.20%;而聘请企业经营管理人员作为独董的公司比例仅为30.48%,如表4-10所示。其实职业经理人员所具有的管理知识和经验恰恰是独董履行职责所必不可少的。在美国,担任独董的主要是其他上市公司的总裁、退休的公司总裁、成功的个体商人、独立的投资者等。

表4-10 上市公司独立董事的来源

来源	人数	比例(%)
企业经营管理专家	260	30.48
会计师、律师、证券公司等独立中介机构	153	46.20
高校及科研机构	681	79.84
行业及其他知名人士	405	47.48
其他	7	8.21

资料来源:南开大学中国公司治理研究院数据库。

第四,大股东仍控制提名。我国上市公司独董候选人的提名主要由控股股东控制,这样独董更容易代表大股东的利益。由控股股东或其派遣的董事参与提名的上市公司占88.27%,其中提名两名及以上的占69.05%;由非控股股东但合并持有本公司1%以上股权的股东提名的独董只占15.01%;由董事会其他成员提名的独董占24.50%。仅有2.11%的独董由董事会的专门委员会提名,如表4-11所示。

表4-11　上市公司独立董事的提名

提名人	人数	比例(%)
控股股东或其派遣的董事决定	753	88.27
非控股股东但合并持有本公司1%以上股权的股东决定	128	15.01
提名委员会决定	18	2.11
董事会其他成员决定	209	24.50
其他组织、机构或人员决定	29	3.40

资料来源:南开大学中国公司治理研究院数据库。

第五,获取信息依赖董秘。85.67%的上市公司认为独董拥有与其他董事完全一样的信息和知情权,但对独董获取信息主要渠道调查的实际情况却并不乐观:独董从董事会秘书处获得有关信息的比例高达91.28%,其次依赖公司提供书面材料或听取经理层及董事长介绍,比例分别为89.10%和63.24%。自行搜集有关资料在独董获取信息的主要渠道中占据最末位,比例为37.69%,如表4-12所示。

表4-12　独立董事获取信息的主要途径

获取信息途径	数量	比例(%)
听董事长的介绍	204	63.55
听取经理层的汇报	203	63.24
通过董事会秘书获得有关信息	293	91.28
公司定期或不定期地提供书面材料	286	89.10
自行搜索有关材料	121	37.69

资料来源:南开大学中国公司治理研究院数据库。

第六,上市公司独立董事主要工作集中在关联交易、信息披露等方面。认为独立董事的主要工作是对关联交易发表专门意见和对公司重大信息的披露工作进行监督和审核的公司比例分别高于其他的选项,达到89.51%和71.30%,这说明对上市公司关联交易、信息披露等的外部监督是独立董事最主要的职能;90.43%和75.31%的上市公司的独立董事参与制定公司重要决策和以专家身份诊断解决公司发展中遇到的问题,智囊、咨询、战略职能是独立董事起到的主要积极作用,如表4-13所示。

表 4-13 上市公司独立董事的主要工作

主要工作	数量	比例(%)
参与制定公司重要决策	293	90.43
以专家身份诊断解决公司发展中遇到的问题	244	75.31
为公司中高层管理人员提供专业培训	66	20.37
对关联交易发表专门意见	290	89.51
对公司重大信息的披露工作进行监督和审核	231	71.30
其他	9	2.78

资料来源:南开大学中国公司治理研究院数据库。

第七,独立董事对上市公司的影响依然有限。样本中有40.65%的公司认为独董在公司重大决策中充分发挥独立作用,在绝大多数重大问题上有重要的影响。但是有超过半数(54.90%)的上市公司认为独董只是在部分重大问题上有一定影响,并尚有4.45%的上市公司认为独董在公司重大决策中发挥作用有限,甚至没作用。91.90%的公司认为影响独董发挥作用的第一大原因是:独董参与公司事务的时间和精力有限,如表4-14和表4-15所示。

表 4-14 上市公司独立董事在公司重大决策中的功能和作用

功能与作用	数量	比例(%)
充分发挥独立作用,在绝大多数重大问题上有重要的影响	137	40.65
有效发挥作用,在部分重大问题上有一定影响	185	54.90
发挥作用有限,在重大问题上无影响	13	3.86
完全未发挥作用	2	0.59
总计	337	100

资料来源:南开大学中国公司治理研究院数据库。

表 4-15 影响独立董事发挥作用的原因

原因	数量	比例(%)
受制于大股东或实际控制人	46	14.33
参与公司事务的时间和精力有限	295	91.90
待遇偏低,缺乏激励	24	7.48
无法获得公司的全面信息	47	14.64
自身的素质和能力有限	24	7.48

资料来源:南开大学中国公司治理研究院数据库。

数据显示,我国上市公司独董年度平均工作时间仅为8.20个工作日,达到平均水平及以上的上市公司占35.94%。44.48%的独董没有专门的时间参与公司治理事务,其余26.34%的独董工作时间不超过10个工作日。我国对独董投入公司治理工作的时间要求不少于15个工作日,达到这一标准的公司有153家,比例为27.22%,如表4-16所示。

表 4-16　上市公司独立董事平均工作时间

年平均工作时间（工作日）	562 家有效样本（2002 年）	
	频数	频率（%）
0	260	30.48
大于 0 且小于等于 5	394	46.20
大于 5 且小于等于 10	681	79.84
大于 10 且小于等于 50	405	47.48
大于 50	7	8.21

资料来源:南开大学中国公司治理研究院数据库。

第八,独立董事在专业委员会尚未发挥主导作用。从国外经验来看,专业委员会是独立董事发挥作用的重要渠道,但是独立董事在专业委员会尚未发挥主导作用。根据上市公司 2006 年的年报数据,在 1 249 家上市公司中,建立两个及以上董事会专业委员会的上市公司 1 066 家,远远高于 2005 年的 484 家,比例高达 85.3%,建立三个专业委员会的上市公司比 2005 年增加了 165 家,建立四个专业委员会的上市公司则相对较少。

三、监督模式改革与治理的有效性

在公司治理有效性建设的新阶段,治理监督的有效性是其关键环节。在我国公司治理结构中,监督架构的设置是最多的,但实践效果不佳。由此,如何在多年结构和机制建设的基础上,重塑治理的监督模式,探索解决实践中独立董事和监事会间职能不协调甚至相互抵消可能潜伏的治理风险,就成为提升公司治理有效性的关键问题。

从国际上看,治理的监督模式设计主要有单层制下的独立董事制度和双层制下的监事会,其区别在于监督职能主要是放在董事会内部(外部董事、独立董事)还是外部(监事会),核心运作机制是依靠正式规则还是依靠非正式关系。而在中国企业改革初期,由于经济转型背景下经济型治理体系的缺失,为了防范企业改革陷入"一放就乱"的局面,在公司治理改革中特别注重监督机制(如改革中先派监事会)的建设,并借鉴其他国家在监督机制建设方面的经验和做法。具体而言,就是在公司治理改革的进程中,既借鉴了德国和日本的监事会制度,也引进了英美的独立董事制度。这种双重监督模式设计的目的,是进一步强化公司的监督体系,以确保我国公司治理改革的顺利推进和决策科学化目标的实现。

理论上看,独立董事和监事会在监督职能分工上可能出现两种情况:第一,职能重叠,监事会充当第二道防线;第二,职责分工明确,相互协作,共同完成监督目标,即监事会分担部分董事会监督职能。不管哪种情况,要实现双重监督的协作效应,均需具备一些基本的前提条件:职责边界是否清晰,各自履职情况,能否协同运转,与外部治理环境的匹配。只有具备相应条件且能发挥协同效应,才有可能实现 $1+1\geqslant 2$ 的效果。

中国双重监督制度设计的初衷,是试图发挥独立董事和监事会的多重监督及协作效应。这种制度安排对于转型期我国企业改革的顺利推进发挥了重要作用。但在关系型治理发挥重要作用的转型实践中,正式制度设计功效的发挥很大程度上取决于关系型治理机制的重塑。由于与双重监督体系相配套的关系型治理机制的滞后,加上二者职能界定模糊交叉、履职保障和可操作性不强等因素,使得双重监督机制的作用受限甚至相互掣肘,协同效应更难以发挥。中国公司治理指数表明,在职能界定模糊且交叉的情况下,独立董事和监事会本身运行效率不高,甚至存在职能不协调而相互抵消并潜伏治理风险等问题。

此外,在全球化背景下,一批中国企业纷纷赴海外上市,部分企业同时实现多地上市。其中,单纯在境外上市(如 H 股、N 股等)的公司按照当地规则不必设监事会,而境内外同时上市(如 A + H 等)的公司,则既有单层制下的独立董事制度,亦有双层制下的监事会制度。治理评价显示,相对而言,同时上市比仅在内地上市公司治理质量高。这可能与境外监管规则对董事会监管严格、董事会职能明确,而内地上市公司董事会部分监督职能外移到监事会、二者职能边界模糊有关。这表明,只要职能边界清晰,独立董事和监事会的监督职能是可以相互替代的。

在公司治理进入提升有效性的新阶段,治理监督模式改革的关键,就在于切实协调好独立董事和监事会的关系,重塑与双重监督模式相协调的关系型治理机制。第一,对于改革中为强化监督而设立双重监督机制的公司,如已实施独立董事制度且运作良好的上市公司,是否保留监事会可由企业自主决定,公司监督机制建设的重点落在独立董事制度上;第二,对于一些仍有必要维持双重监督机制的公司,改革的关键在于进一步厘清二者的职责边界并增强履职的可操作性,在实现各自独立高效运作的同时发挥协同效应,提升公司治理的有效性;第三,对于未实施独立董事制度的非上市公司,则必须设立监事会,并不断提升其监督有效性。当然,不管采用何种方式,都要进一步完善外部治理环境,培育相应的关系型治理机制,强化监督机构(独立董事或监事会)的履职保障和问责机制,避免多重监督机制间的掣肘,最终提升公司治理的有效性。①

关于我国独立董事制度的建设和完善,可以从以下几个方面着手努力:

(1) 提高独立董事的比例,建设以独立董事为主的专业委员会;

(2) 采取累积投票、委托投票等方法限制大股东的提名权限,建立有利于中小股东的投票机制,提高独立董事选聘机制的独立性;

(3) 进一步明确更严格的独立董事资格标准,以确保独立董事的独立性和胜任能力;

(4) 完善独立董事问免责制度,增强独立董事的自我约束机制;

(5) 为保证独立董事勤勉尽责,保证其在履行独立董事职责时投入必要甚至充分的时间和精力,适当减少独立董事兼任独立董事职务的公司家数;

(6) 加强独立董事法制建设,协调并充分发挥独立董事与监事会不同的监督职能,如独立董事侧重于决策的科学性监督,而监事会则侧重于决策的合法性监督,使两者并驾齐驱,相得益彰;

---

① 李维安:《监督模式改革与治理的有效性》,载《南开管理评论》, 2013 (1), 第 1 页。

(7) 培育经理人市场和独立董事市场,成立独立董事协会或独立董事事务所,促使独立董事职业化,发挥声誉激励的重要长期激励作用;

(8) 建立公司治理信息系统(CGIS),如图 4-2 所示,建立有利于独立董事履行职责时获取相关信息的软件和硬件保障。

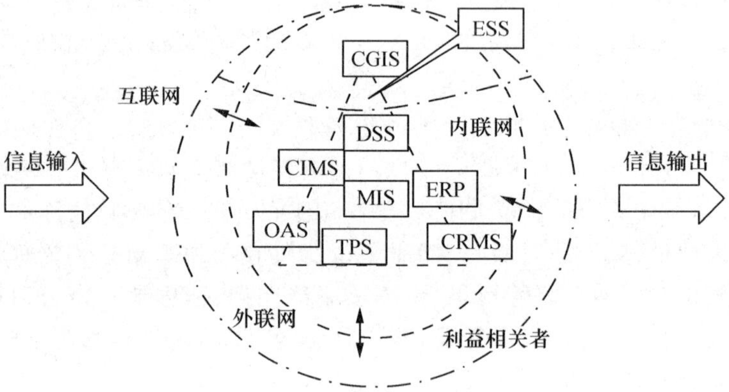

图 4-2　公司治理信息系统

第四节　独立董事的激励约束机制和有效参与条件

引入独立董事制度的主要目的是解决上市公司存在的委托代理问题,实现股东价值最大化。然而,许多人对独立董事是否真正具有"独立性"持怀疑态度,甚至明确提出独立董事是"花瓶"董事。例如,美国安然(Enron)公司有多名独立董事,其中不乏财务专业人士,从董事会结构看,应该能够实现有效的公司治理。然而,公司的财务"丑闻"不仅导致自身破产清算,还使世界上最大的会计师事务所之一的安达信(Arthur & Anderson)倒闭。"德隆系"、"郑百文"等中国证券市场丑闻中也不乏对独立董事的抨击之声。独立董事能否在公司治理体系中发挥作用?发挥多大作用?这些问题都需要作出深入探讨。本节首先分析独立董事的激励和约束机制,然后探讨独立董事有效行使其职权的前提条件,包括当前中国上市公司中制约独立董事发挥作用的因素,最后探讨对独立董事作用的评价。

一、独立董事的薪酬激励与约束机制

尽管独立董事的激励机制存在较大的特殊性,但还是需要激励;而激励的另一个方面就是约束。在激励约束机制的作用下,独立董事才能更好地发挥其作用。

（一）独立董事的薪酬激励机制

为了促使独立董事更好地为上市公司作出贡献，为独立董事设计一些激励机制非常有必要。这些激励机制主要包括独立董事在上市公司中的薪酬和股票期权。更高的报酬往往意味着更大的责任，这也激励独立董事们不再无所事事，只担负象征性的工作，而是必须专注于他们的工作，必须为公司创造价值。

一般而言，独立董事的薪酬是由津贴和车马费构成，即一般以年薪和会议费的形式获得现金报酬。由于独立董事并不负责上市公司的日常经营管理，也不是上市公司的员工，因此他们的薪酬水平往往和公司的业绩没有任何关系。但是，独立董事作为理性的"经济人"，薪酬结构在调动独立董事积极性的过程中扮演着重要的角色。而从实践上看，在独立董事制度较为成熟的英美等国家，公司不仅给予独立董事必要的津贴和会议费，而且很多公司还给予独立董事一定的股票期权。从理论上而言，对独立董事的激励机制应该兼顾短期激励和长期激励。短期激励可以根据独立董事参与董事会会议的次数发放，主要用于补偿独立董事参加董事会的机会成本，激励其每次按时参加董事会会议；而长期激励则一般不会因其参加会议的次数而变更，主要用于激励独立董事切实从公司的长远利益作出决策。

（二）独立董事的约束机制

独立董事的约束机制主要包括外在约束和内在约束两种，前者主要是法律约束、公司章程约束、市场约束和社会约束；内在约束主要是职业道德约束和声誉约束。这些约束机制也将有形或者无形地促使独立董事作出客观和公正的决策。

法律约束是一种强制性的约束，如果独立董事违反了相关的法律法规的规定，毫无疑问应该承担相应的责任，这是对独立董事进行约束的有效手段。我国《公司法》明确规定，如果公司董事会通过的议案给广大中小股东造成巨大损失，任何一位中小股东都可以起诉董事会。如果法院判定董事会要负经济或法律责任，则根据董事会的记录，凡是对该议案没有投反对票的董事，都对此负有连带责任，独立董事也不例外。但是从目前上市公司的实践而言，由于法律法规对实际操作层面界定太少以及案件的性质和受理等诸多方面仍然存在着很多障碍，因此很少发生股东个人诉讼公司董事的事件。这也使得法律对独立董事的约束作用实际上是有限的。公司章程对公司的组织机构和行为以及公司内部各主体的职责、权利和义务等作出了具体规定。尤其是上市公司，必须在公司章程中对独立董事的责权利等各方面作出相应的规定。

独立董事一般会用职业道德准则进行自我约束。独立董事作为一种特殊的职业，其职业性质决定了他所负担的是对公司全体股东，尤其是中小股东和社会公众的责任。人们对其独立性和公正性的要求较高。如果独立董事不能履行其应有的职责，发挥其应有的作用，不能有效保护中小股东的利益，甚至损害他们的利益，则必然会失去中小股东和社会公众的信赖。因此，为了在公众中树立起良好的职业形象，独立董事往往会用职业道德标准进行自我约束。另外一种无形的和内在的约束是声誉机制。担任企业独立董事的一般都是某个领域内的专家学者,因此他们对于成就感和荣誉感比较关注。一旦独立董事在上市公司中表现出应有的独立性和客观性,无形中将极大地保护和提升他们的声誉。

二、独立董事行使职权的前提条件

为了使独立董事顺利和切实地履行其职权,上市公司应该积极地予以配合,从各方面创造条件保证独立董事工作的开展。具体而言,上市公司应该提供的条件包括:

(1) 上市公司应提供独立董事履行职责所必需的办公条件。

(2) 上市公司承担独立董事行使职权的必要费用。除了独立董事的津贴和会议费以外,独立董事在履行其职责时,可能需要进行调查研究,上市公司应该提供必要的交通、通信和住宿的费用。如果独立董事认为需要就某些问题征求有关专业中介机构中专家的建议,公司应提供费用。

(3) 独立董事行使职权时,上市公司有关人员应当积极配合,不得拒绝、阻碍或隐瞒,不得干预其独立行使职权。

(4) 上市公司可以为独立董事主动地建立必要的责任保险制度。由于我们寄希望于独立董事能够客观公正地表达自己的见解,保护中小股东的利益,当独立董事真正地维护整个公司的利益时,可能会违背某个或者某些利益集团的利益,因此他们可能会担心自己的诉讼风险。上市公司可以建立必要的独立董事责任保险制度,以降低独立董事正常履行职责可能引致的风险。

(5) 上市公司应该保证独立董事享有充分的信息,这是独立董事有效行使其职权最重要的前提条件。

如果不考虑其他的外界条件,从独立董事自身来考虑,要作出切实有效的决策需要三方面的保障。第一,独立董事自身的能力和素质。独立董事必须具备相关的经验、特有的知识和技能、良好的沟通能力、财务意识、分析判断和决策能力。第二,独立董事必须有一定的时间保障,尽管独立董事可能是某个领域内的知名专家,如果他不能投入必要的时间用于准备讨论董事会的决策,那么他作为独立董事的作用就不能发挥。第三,信息保障。即使和其他的内部执行董事相比,独立董事已经处于信息劣势的地位,和公司的高管人员相比,独立董事的信息劣势就更为明显。独立董事获得信息的渠道无疑有两种,一种是外部渠道,比如上市公司的主管部门和新闻媒体,但是这些渠道的信息对其决策职能起到辅助的作用;另外一种则是内部渠道,即上市公司应该向独立董事提供必要的信息。上市公司提供的信息越及时、越充分,就越有利于独立董事吸收信息和作出有效决策。独立董事作出决策的依据在相当程度上依赖于公司内部向他所提供的信息。如果上市公司没有及时向独立董事提供信息或在所提供的信息中有所隐瞒,那么独立董事据此作出的判断就是片面的。

我国《关于在上市公司建立独立董事制度的指导意见》规定,上市公司应当保证独立董事享有与其他董事同等的知情权。凡须经董事会决策的事项，上市公司必须按法定的时间提前通知独立董事并同时提供足够的资料，独立董事认为资料不充分的，可以要求补充。当2名或2名以上独立董事认为资料不充分或论证不明确时，可联名书面向董事会提出延期召开董事会会议或延期审议该事项，董事会应予以采纳。

【本章思考题】

1. 独立董事制度是如何产生与发展的？我国引入独立董事制度的现实背景是否与英美国家相同？如果不同，有何区别？

2. 我国独立董事制度发展的现状如何？存在哪些突出的问题？

3. 独立董事有哪些权利与义务？

【综合案例】

"伊利风波"与尴尬的独立董事

伊利股份是在上海证券交易所上市的公司，主要业务为牛奶制品的生产和销售。2004年4月，伊利股份的两位独立董事俞伯伟与王斌对公司国债投资和管理层收购提出异议；其后，他们又与另一位独立董事郭晓川联名于2004年6月15日递交《独立董事声明》，要求公司聘请独立审计机构对伊利股份的国债交易进行全面审计，俞伯伟等的行为引起了伊利的恐慌。伊利股份声称，俞伯伟于2002年6月22日股东大会被选举为公司独立董事。以俞伯伟近亲为法人代表的上海承祥商务有限公司分别于2002年9月4日、2003年3月4日、2003年5月24日与公司签订合同金额分别为130万元、180万元和200万元的咨询项目合同。对于该笔业务，俞伯伟事先没有按照相关规定向伊利股份进行通报并履行相应回避表决程序。这种行为与其对公司应担负之诚信义务相违，与其作为公司独立董事应具备之独立性相冲突。因此，伊利股份于6月16日召开临时董事会宣布俞伯伟已经不适合继续担任公司独立董事职务。

俞伯伟则对临时董事会决议免去其独立董事的程序和理由提出质疑，认为既不合法又缺乏公正。俞伯伟提出，1999年，在他担任亚商咨询副总期间即为伊利股份做咨询业务。2002年之后，他受聘为伊利股份独立董事，便不直接从事与伊利股份相关的业务了。他认为，导致其独立董事资格被罢免的真正原因是他对公司国债投资项目的质疑。但作为独立董事，俞伯伟认为他就国债投资所提出的质疑、声明与报告，是基于独立董事的职责，完全符合公司章程第103条第11项的规定，不存在违规披露问题。他同时强调，独立董事依法履行职责的权利，应该得到尊重和法律保护。他认为6月16日临时董事会决议审议通过的罢免议案违背了法律和公司章程的规定，存在着损害公司和股东权益的风险。公司业已进行的巨额国债投资属于非理性和非正常的投资，直接威胁到股东，特别是中小股东的权益，而且它可能与公司高管层的收购或者挪用公司资金，甚至经济犯罪有关。俞伯伟说，作为独立董事，他"有理由表示质疑和关注"，并再次强调和坚持"应由独立董事聘请专门的审计机构和律师事务所对公司国债投资进行专项审计和合法性调查”。基于审计机构和律师事务所的调查结果,根据章程和指导意见的规定,公司届时应及时召开董事会和临时股东大会,依据审计和律师调查的结果,作出相应的处理决定。

独立董事与公司冲突的焦点是国债投资项目。伊利股份曾经于3月9日发布公告,称根据2002年10月18日召开的公司四届四次董事会关于“公司利用部分闲置资金购买国债事项”的决议及公司内部审批程序,公司在闽发证券北京所属营业部开户,进行国债投资,总额约3亿元。这项投资在公司公开披露的财务报表中以“短期投资”的形式加以反映。

俞伯伟则表示,在伊利股份3月9日的公告之前,公司3名独立董事对国债投资一事完全不知情。在3亿元国债投资被媒体曝光和上交所质疑后,伊利股份才发布公告并卖掉了一部分国债。在5月26日的董事会上,独立董事对此提出质疑,大额国债资金投入,没有经过董事会合理授权,在国债持续走低并出现大额变现损失时,却同时又大量买入国债,明显损害股东利益。独立董事们的质疑并没有得到公司管理层的合理解释。6月16日伊利就紧急召开董事会,但议题却不是国债投资,而是罢免独立董事。按照公司章程第142条规定,董事会召开临时董事会会议的通知方式为:书面全面通知全体董事;通知时限为会议召开10日之前或者获得全体董事同意的任何时间。公司章程第143条规定,董事会会议通知包括以下内容:会议的日期和地点,会议的期限、事由及议题,发出通知的日期。但是2004年6月16日的临时董事会,并没有按照上述章程的规定提前10天通知全体董事。俞伯伟告诉记者,会议没有通知他,存在隐瞒真相、阻挠他参加董事会的嫌疑。因此这次临时会议严重违背公司章程和法律的规定。在6月29日的股东大会上,三个独立董事在发表独立意见时再次要求公司对国债投资、华世商贸的股权等问题,聘请中介机构进行审计,进行更为详细的信息披露;同时要求公司的监事会,对错误的国债投资决策给公司造成的损失提起代为公司诉讼。王斌等认为时至今日,有关方面无动于衷,有关控制人继续我行我素,无视法律和规章严肃性,使中小股东权益面临威胁的同时,也在放大独立董事所承担的风险。

2004年8月3日,伊利的独立董事事件终于有了结果,当日上午伊利股份有限公司在呼和浩特召开2004年第一次临时股东大会,股东及股东代表28人参加,会议以记名投票表决方式提请免去俞伯伟独立董事职务,最后以占出席会议有效表决股份总数85.76%的票数通过罢免。伊利股份次日发布公告称,俞伯伟独立董事被免去职务。与此同时,另外一位独立董事王斌主动提出辞职。离职独立董事王斌在辞职书中称,之所以辞去职务,是感觉到在伊利担任独立董事承担的风险太大,不管怎么都要承担风险,不作为也要承担风险。措辞严厉的批评显示了他对伊利公司的强烈不满。

“独立董事风波”被媒体披露后,伊利股份的系列问题也紧随着被曝光,引起了社会各界的关注。6月22日,中国证监会内蒙古监管局已组成核查小组进入伊利公司,就有关事项对该公司进行专项核查。同时,这一事件也引起很多学者包括当事人本身对公司治理结构和独立董事权力发挥等问题的深层次的思考。在俞伯伟被罢免后接受《第一财经日报》的记者访问时,俞伯伟指出:“经过独立董事事件,人们都重视到了独立董事的作用,但我认为远远不够,像我们做独立董事,权力还是受到限制的。大家都忽视了伊利的监事会。伊利监事会实际上是没有监事的，也就是没起什么正面作用的。伊利下一步在公司治理结构改进上必须重视发挥监事会的作用。”

资料来源：李维安：《公司治理学》，高等教育出版社 2005 年版，第 143 页。

【案例讨论】

1. 独立董事的独立性体现在何处？

2. 独立董事就大股东有可能侵害小股东的行为发表不同意见时，却得不到合理的解释，如何处理，特别是在面对自己可能被大股东解聘的情景时？

3. 需要创造什么样的外部环境（监管部门）和内部条件（公司内部），使独立董事有效履职，进而发挥其作用？

【延伸阅读】

中国独立董事生态调查

在《上海证券报》记者历时近两个月，集中采访近 40 位独董以及 10 多位专家学者之后，中国独立董事的生态环境豁然呈现：这是一个规模已达数千人的精英群体，却似乎仍徘徊在“初生”的困境中。“不廉”、“不勤”、“不独”、“不懂”等头衔十数年来如影随形、挥之不去。

然而，处在舆论漩涡之中的独董们却有着自己的无奈。

“怎么可能没有自己的专业意见？”在记者集中采访的近 40 位独董中，有超过半数者如此激动地回复：“我们也想实事求是地做，但来自市场各方的掣肘、制度细则的缺失、社会人情的考量等因素，个中滋味外人难以体会。”

改变的力量已悄然而至。

2013 年 10 月，中组部下发《关于进一步规范党政领导干部在企业兼职（任职）问题的意见》（中组发［2013］字号），上市公司掀起独董离职潮，汹涌至今，“最贵”独董巴曙松的辞任更是将之推向了高潮。2014 年 7 月初，中组部负责人就此再发“答记者问”，披露“离职”数据及进展，重视程度足见一斑。

频繁更换，交叉任职，近 3 年董事会数万次的表决中仅 47 次反对意见（不含 4 次先反对后弃权）、94 次弃权——这份 A 股上市公司董事会独董统计表，描绘出光鲜与荣耀背后一架架只投赞成票、个性缺失却又享受高薪的表决机器。独董——这一承载着完善公司治理结构使命的制度，仿佛一袭虱子爬行其上的华美袍子。

自 2001 年《关于在上市公司建立独立董事制度的指导意见》发布始，投资者、舆论、学界等各方对制度有效性的非议乃至质疑，不绝于耳：是利益输送平台？还是企业形象摆设？面对“一棒子打死”式的质疑，独董们习惯性地选择了集体失语，淹没独立人格，远离舆论瞩目。想辩解、想挣脱、想作为，独董们经历着难以言说的心灵苦楚与职业困境。

兴利除弊，从何改起？记者集中采访诸位学者官员，他们以多年的独董任职经历和研究成果，认可独董制度改革可从四方面入手——改进提名制度，保障独董的独立性；明确履职边界，合理确定独董责权；提高薪酬水平，完善独董奖惩机制；成立自律协会，构建独董人才库。

一、独董“四不”？

“不廉”、“不勤”、“不独”、“不懂”，这是悬于中国独董头顶最锋利的四把质疑“利刃”，对独董生态的调查也就此展开。

先来看几组数据。据《上海证券报》数据统计，2013 年共有 6 497 位独立董事在上市公司领取薪酬，薪酬总额约 4.25 亿元，独董平均薪酬约 6.54 万元。记者发现，在独董薪酬排行前五十位中，在银行任职的有 27 位，占比超过半数。其中，薪酬最高的是民生银行独董巴曙松，年薪高达 100.5 万元；第二名同为民生银行独董郑海泉，年薪 95 万元；上海家化独董张纯位列第三，年薪 92.1 万元。

对比独董实际的工作时间与工作效果，这是令人艳羡的薪酬数字。

再据《上海证券报》数据统计，在 2011—2013 年 A 股上市公司董事会数万次的投票表决中，独董投出反对票次数总计 47 次（不含 4 次先反对后弃权），弃权票次数 94 次。具体来看，北大荒独董朱小平投出多张弃权或反对票；朗科科技独董钟刚强也是投出弃权或反对票较多的一位。

“有时我半年都不去一次公司，投票也都是委托投票，从不看资料，这很正常，也是公司最希望看到的啊。”南方某民营上市公司的独董对记者的质疑嗤之以鼻。

独董都是哪些人？

从任职独董个人简历来看，记者统计发现，来自高校的学者占了独董名额将近 40%，拥有专业背景的会计师和律师占了 20%。特别值得关注的是，拥有政府或相关协会背景的人物，也占了 20% 的比例。

官员与退休官员，是否适合担任独董、领取高薪酬？

回溯 2004 年中小板开闸，特别是 2009 年创业板推出之后，A 股上市公司数量出现井喷，按照每家上市公司平均 3 位独董（部分公司有 5 位独董）计算，目前 A 股公司提供的独董岗位多达 8 000 个，涉及人数至少 3 000 人，这为许多退休官员提供了“再就业”的绝佳机会。

国企聘请前官员担任独董司空见惯，一些民营企业亦当仁不让。如浙江宁波的上市公司雅戈尔，此前 5 位独董全部为退休官员。

宁波一家上市公司内部人士告诉记者，对民营企业而言，官员独董之所以大规模“上位”，一是为了感谢他们在任期间对公司的照顾；二是希望借助他们的人脉和余威，在今后继续支持公司的业务。

独董对此也心知肚明，对一些老领导来说，到公司参加董事会，基本就是免费度假和联络感情，他们需要做的，仅是在相关文件上签个名而已。

二、“辞职”潮起

2013 年 10 月 19 日，中组部下发《关于进一步规范党政领导干部在企业兼职（任职）

问题的意见》(以下简称《意见》),要求各地限期对党政领导干部违规在企业兼职(任职)进行清理。

2014年7月初,中组部有关负责人就上述政策发布“答记者问”,披露《意见》下发后,全国共清理党政领导干部在企业兼职40 700多人次,其中省部级干部229人次,不少正是独董。

《意见》的威力在2014年快速显现,并于1月、3月和5月逐步达到高潮。据记者统计,自2013年10月19日以来,沪深两市已经有将近300名独董辞职。

最近一例是,7月23日民生银行发布公告称,该行董事会于7月22日收到独立董事巴曙松的辞职报告。

此前的5月27日,就有信邦制药、贵绳股份、山东钢铁、天成控股等上市公司的7名独董辞职,其中最受关注的是A股市值排名第一的中国石油。中国石油有3位独董曾是部级或副部级干部,包括原国家石油和化学工业局局长李勇武、原国家税务总局副局长崔俊慧和原中国证监会主席刘鸿儒。2014年5月,中国石油董事会换届,3位部长级独董全部卸任。

6月也出现了一日五公司独董宣布辞职:天康生物发布公告,称收到公司独立董事易永健提交的书面辞职报告,易永健因个人原因,申请辞去公司独立董事职务。此外,华夏幸福的独董夏斌、申华控股的独董王丽然、龙净环保的独董沈维涛、朱炎生,以及吉视传媒的独董刘国枢在同一天辞职。

查询独董辞职公告,除了龙净环保表示因两位独立董事任职均已满六年辞职外,一部分上市公司独董明确表示是因为《意见》规定,另有几家上市公司则委婉表示属“独董个人原因”。

《意见》可谓史无前例的“严苛”,不光官员独董,在独董中占据极大比例的高校和行业协会领导,也纷纷从独董位置上请辞。如教育部就要求北大、清华等直属高校的校级领导不得在企业中兼职,一些行业协会也参照执行,校长(院长)独董、会长独董由此大量辞职。

“除主动辞职的官董外,不少敏感独董选择在董事会换届时悄然身退。因此,真正离开独董岗位的,远不止上述数字。”某省上市公司协会相关负责人对记者表示。

“官员退休后可不可以去企业任职?”在中欧国际工商学院会计学教授丁远看来,这个问题不是中国特有的,全世界的官员退休后都有去企业任职的情况,只是国外官员卸任后在商界任职并不会像在中国一样受到如此争议。

丁远认为,企业聘退休官员出任独立董事大致有三种可能性:第一,退休官员本身有一技之长,是个专家,或在行业内具备专业能力,从而发挥余热为企业提供咨询,这无可厚非;第二,企业利用退休官员独董尚存的政商关系为其谋利,这方面民企的积极性较高,这难免进入灰色地带;第三,在国企系统内部,返聘前任高官为其安置一个养老的职位,这可能会涉及腐败。

有数据显示,金融业、石油天然气开采业和运输业的官员独董比例较高。丁远分析,越是政府监管繁重、受政策影响较大、国企占比较高的行业,官员独董的现象越发明显。相反,越是充分竞争甚至脱离政府监管、发展完全靠市场行为决定的行业,其聘任官员独董的动机就越小。“即使这些行业出现少量官员独董,也可能是基于上述第一种可能性。”

一个典型的例子是,丁远和某学者(曾在政府重要部门任职)目前共同在拟IPO公司红星美凯龙中任职独董。据丁远介绍,红星美凯龙所处的家居业是一个市场竞争充分的行业,公司之所以聘请该学者,主要是基于其对中国金融及经济发展研究的把握。每次董事会上,公司都会请该学者从经济学专家的角度对公司的经营发展做一个宏观的把握和建议。“我能充分感受到,他从来没有说打一个电话去解决公司和政府部门之间的问题。事实上,公司所处的行业也真的不需要这样的做法。”

丁远表示,正是政府权力过大,对经济的干预程度过强,才造成了如今“中国式官员独董”的现象。

丁远认为,国家真正要根治的不是退休官员担任独董,而是:第一,退休官员通过到企业做独董对企业进行利益输送;第二,企业通过聘请官员独董使权力期权化,为退休官员独董创造福利。

三、“两难”困境

“官员独董的逐步离场,净化了这一群体,并激励后来人真正发挥制度所赋予这一职位的价值。”监管部门人士对记者说。但是,即便没有官员梯队,独董群体要想发挥真实的作用,摆脱“不独不懂”的质疑,仍有很长一段路要走。

2014年年初,有爆料人曝出西藏旅游四名独立董事中有三人严重缺乏独立性,违反相关规定。

该爆料人称,独立董事余梅是上市公司旗下参股公司的董事长,独立董事徐迅是西藏旅游董事长欧阳旭的下属,独立董事何思明任职于公司第五大股东。之后,三人均辞去独董职位,公司就独立董事事项发布了致歉公告。

国资委财务监督与考核评价局副局长廖家生此前曾公开表示:“一些上市公司的治理机制还不健全,其中一个突出问题就是,独立董事不独立,外部董事对公司的情况缺乏了解。一些独立董事的业务素质和职业素质也存在问题,导致一些企业董事会的决策失误,或者决策过程不规范。”

西北政法大学经济法学院副教授、金钼股份独董杨为乔则指出:“独董如果想实现独立,还是要先实现价值,在董事会中得到认可。有些董事长就提出,我并不是不想给予独董一些权力,只是独董们对董事会的贡献与参与的程度参差不齐。有些独董积极参会,那么我们尊重他们,但是有些独董干脆连会都不来参加,那我怎么评价?”

事实上,独董听之任之式地沉默,一旦出事,所承受的风险是巨大的。梅雁吉祥独董唐春保就透露,自己一个同事担任上市公司独董期间,报表里出现了虚增营业额、利润的情况,受到证监会的处分。“他罚得算少的,15万,高的罚了60万,希望大家引以为鉴。”

在唐春保看来,一旦出现原则性问题,独董绝对不能同意,甚至同流合污,尤其是在关联交易、重组并购、资产处置、担保租赁等方面,如果出现损害中小股东利益的情况,要坚决出具反对意见,或者拿出法律武器。

“要做到这一点,独董在决策前就要了解情况,找出问题;遇到情况,要善于沟通,包括与公司董监高、会计师事务所的沟通，敢于讲明利害关系，还要团结其他可以团结的独立董事、监事、高管，做到独立而不孤立。”唐春保说，“独董要保护好自己，不要因为一时的人情把自己搭进去，该管的还是要管，同时相关的会议记录和其他资料也要保存好。”

担任哈尔滨多家上市公司独董的王福胜则认为，作为独董，应当促使公司做到合规合理合法，不能由于过分强调规范，而过分地行使权力，从而制约公司的发展；不能由于过度关注公司中小股东的利益，而给公司的发展设置障碍，增加公司运作的内耗。

从现实环境来看，不愿同流合污的人有很多，但疾恶如仇愿意死磕的人少；用脚投票的人多，愿意用手投票且投出反对票的人少。而从制度上看，独董一般由上市公司的董事长与高管来提名，本身就缺乏中立的根基。而在日常管理中，其责权利并不匹配，对公司日常经营的知情权都得不到保证，更不要谈管理权了。

四、“移植”之弊

A股上市公司的独立董事究竟能否真正独立？尽管愿意追随自己的心灵，不希望动辄依附董事会里的权威人物，但妥协似乎成了不少独董的唯一可选项。但另一方面，忠于职守的独董也不在少数，不少独董因为坚持“独立”与董事会抗衡，甚至被罢免了职务。

最新一起案例发生在*ST新都。7月4日，*ST新都披露了《独立董事关于公司实际控制人及前任董事长损害公司利益行为的内部调查及维权情况的声明》。根据公开披露的信息，新都酒店三位独董刘书锦、陈友春、郭文杰于2014年4月24日知悉公司出现了违规担保事件，一致对公司2013年年报投出弃权票。之后，三名独董成立了以独立董事为主的内部调查及维权工作小组，提议：及时限制实际控制人及大股东对上市公司的影响力，以避免再次发生其利用控制地位损害公司和社会公众股东利益的行为。不过，在公司7月3日下午召开的董事会上，三名独董的议案包括“罢免大股东推举的关联董事”、“修改公司章程”等关键议案，均遭到多名董事的反对并流产。但三名独董并未放弃，在声明中继续向中小股东们征集投票权。

“新都式”独董究竟是如何“炼成”的？

客观冷静分析：一方面，新都酒店的违规事件已经遭到了监管层的调查，公司大股东自顾不暇，独董们或难以独善其身，或不再被他人“影响”。另一方面，该公司董事会并非一家独大，除了大股东方面的三名董事外，还有其他股东推举的两名董事。

由此，核心又回到了制度设计上。

真正意义上的独董制度在国内已有13年的历史，但几无修订、变更。

在沪深交易所成立10多年后，2001年8月16日，中国证监会颁布《关于在上市公司建立独立董事制度的指导意见》，明确提出上市公司应建立独董制度，并提出了建立独董制度的时间表。根据该指导意见的要求，董事会成员中应当至少包括1/3的独董，其中至少包括一名会计专业人士（需高级职称或注册会计师资格）。2006年，修订的《公司法》第一百二十三条规定，上市公司设独董，具体办法由国务院规定。至此，独董制度获得了国家立法的支撑。

独董制度是现代公司治理演进的自然结果，而中国的独董制度则带有强烈的“移植”色彩。

在高度分散的股权结构之下，独董扮演着监督公司"内部人"、保护中小股东利益的角色。但是，中国的上市公司并没有实现股权的高度多元与分散，因此"资本多数决"仍然是我国《公司法》的一个原则。特别是为数众多的国有公司，大股东在公司中拥有绝对的话语权，不像美国，多数上市公司股权高度分散，有时占股10%已经是大股东。于是，在股权结构上，中国的独董就具有依附性，导致在公司治理过程中，独董很难真正参与到决策之中，也就不可避免地被边缘化，独董的功能异化为提供咨询或者人脉关系。

五、亟待变革

独董制度设计需要修改，已成多方共识。但是，推动2014年《公司法》修订的中国人民大学商法研究所所长刘俊海向记者表示，2014年最新的修订草案中，在"独立董事"制度方面，仍然没有变动。

对独董而言，究竟该干什么？履职如何定位才算恰当？这其实并没有程式化、准确的答案。事实明摆着：上市公司的业务规模、治理水平、发展阶段、行业属性等因素千差万别，公司治理的阶段目标、侧重要点、实施抓手也各有千秋，独董定位自然而然具有因企制宜的鲜明特点。

同时，独董们在履职中的法律、声誉等风险潜流，时常困扰着他们。作为公司治理的重要主体之一，应如何从制度设计层面引导"作为"，改善独董的履职环境，促进其作用的更大发挥？

记者多方采访相关学者、官员，汇集了四项改革建议：首先可从改进提名制度做起，以保障独董的独立性。"提名方式上应当多元化，除了大股东提名外，可由持股达到一定比例的中小股东组成提名委员会，具体负责独董的提名；而证券监管部门应有一定名额独董的建议权或指定权，这未尝不是一种可以尝试的方法。"某省上市公司协会相关负责人对记者表示。

其次，应当合理定位独董的责、权、利。第一，在独董任期内，除法定事宜外，董事会不得随意解除独董职务，只有在大股东以外的股东投票同意并取得监管机构的批准后方可实行。第二，独董的责任标准应该有约束性文件，使其职责有章可循，合理确定独董的审查义务标准，建立权责相符的责任机制。

再次，提高薪酬水平，完善独董奖惩机制，强制实施独董责任险。目前独董的津贴比较低，而承担的风险却在大幅度提升，可参照公司内部董事的平均薪酬，确定独董的津贴标准。同时，应当强制上市公司为独董购买责任保险，免除独董的后顾之忧。

最后，成立自律协会，构建独董人才库。可在上市公司协会之下设立独董自律协会，每个上市公司的独董成为协会会员，独董协会加强行业自律，提高独董声望与社会地位，合理保障独董的权利。在此基础上，建立独董人才库，上市公司可从中选聘独董，确保独立董事独立性。

资料来源：郭成林、王莉雯和祁豆豆：《中国独董生态调查》，载《上海证券报》，2014.7.29。

第五章 董事如何实现战略性参与

【篇首语】

董事会的重要角色或者职能包括战略决策、监督管理层以及资源外取等，而战略决策是最重要也是最基本的。快速变化的社会环境以及日益复杂的商业活动需要公司的董事会更具效率，董事会必须能够判断和评估各种各样的有用信息，并对可能影响公司的一系列事件作出权衡和判断。

作为一个有效的董事会，要保证董事会成员将其能力和才智运用到真正需要董事会决策的事件上，并且能够得出正确的决策结论。

【引导案例】

小天鹅董事会的战略参与

小天鹅(000418)主营业务为家用洗衣机、工业洗衣机、干洗机、洗碗机、电脑控制器设计、制造、销售和冰箱的销售。小天鹅的前身为成立于1979年的江苏无锡洗衣机厂。1986年，经无锡市计划委员会批准以无锡洗衣机厂为核心成立无锡小天鹅电器工业公司。1993年11月，经江苏省经济体制改革委员会批准，无锡小天鹅电器工业公司以定向募集的方式改组设立了无锡小天鹅股份有限公司。1996年7月，公司根据1995年年度股东大会审议通过，经江苏省人民政府、深圳市证券管理办公室和国务院证券委员会的批准，公开发行7000万股B股并上市。1997年3月，公司根据1996年12月10日之临时股东大会决议，经中国证券监督管理委员会批准，发行6000万股A股并挂牌上市。

1995年9月，已改组为股份制企业的小天鹅通过转让法人股，主动引入1992万美元的海外资本，使产权结构多元化，更趋完善。在由12人组成的董事会中，出现了三位外方董事，分别代表了三家外国基金。在小天鹅的公司章程中规定：所有重大决策，必须经董事会12名成员中10名以上同意方可施行。

为迅速扩张产业规模，小天鹅曾有意收购国内一家效益相当不错的摩托车集团，当时该集团销售额已达39亿元。当他们把可行性报告交到董事会时，遭到了三名外方董事的一致反对。他们认为，国内摩托车行业已进入高度竞争，而小天鹅并不具备这一领域的核心技术和营销经验，兼并也许能够获得一次机会，但再往前发展则缺乏基础，而没有基础必定没有未来。

1995年以来，由于遭三名外方董事反对而放弃的项目还有多个，比如生物工程、制药、DVD等。科学决策使小天鹅获得了一份难能可贵的清醒，始终以一种理性的姿态专注于在“洗”的领域全力扩张，洗衣机由单一的全自动，发展到全自动、滚筒、搅拌、双缸，应有尽有；品种型号由几种发展到上百种。产品由家用洗衣机延伸到工业洗衣机、干衣机、洗碗机，最大程度地避免了产业风险。

小天鹅集团1989年到2000年成功地进行了第一次创业，尤其在1996—2000年间，由于公司董事会制定的战略明确，公司规模快速扩张，净资产收益率基本呈现历年增加的趋势。

在以洗为主的战略方针指导下，小天鹅取得骄人业绩。小天鹅洗衣机被评为中国名牌产品和国家免检产品，连续十几年市场占有率全国第一，销量、销售收入和利润连续四年全国第一。小天鹅一度成为我国知名的白色家电制造商之一。

资料来源：改编自贾品荣《参与文化：董事会治理核心》一文中小天鹅的案例，载《中国中小企业》，2004(6)。

第一节　董事会与公司战略

董事会的重要角色或者职能包括战略决策、监督管理层以及资源外取等，而战略决策是最重要也是最基本的。快速变化的社会环境以及日益复杂的商业活动需要公司的董事会更具效率，董事会必须能够判断和评估各种各样的有用信息，并对可能影响公司的一系列事件作出权衡和判断。作为一个有效的董事会，要保证董事会成员将其能力和才智运用到真正需要董事会决策的事件上，并且能够得出正确的决策结论。董事会应该将经营事务明确授权给公司的管理层。董事会作出的决策，要能够塑造和决定公司的命运、精神、结构、成就、声誉、福利和法律立场，也可能包括一些法律所规定的事务和职权。① 其他任何与公司具体经营有关的事务都不应该是董事会考虑的范畴，应该交给公司管理层决策。因为董事会负责“指导”(direct)公司，而非“管理”(manage)公司，董事会应该对公司的发展指明方向和作出计划，并且制定出能够提升公司利益和公司价值的核心决策。

董事会角色和管理角色是完全不同的，无论是公司董事还是高级管理人员必须明确区分两者，这是董事会和管理层高效运作的前提。从某种意义上说，现代公司治理的核心是董事会的设置和权力安排，董事会代表着现代公司的权力中心，它决定着公司的重大战略决策，是战略管理的起点和终点。因此，公司治理与战略管理之间存在着紧密的关系，二者的相互影响和互动直接影响企业的战略适应能力，对企业竞争优势的提升起到不可估量的作用。

【案例5-1】

错误的战略会有什么后果？

巴林银行——跟随其他银行涉足股票经纪业务，但对其进入的这个业务和市场却不

① 〔英〕约翰·哈珀：《董事会运作手册》，李维安、李胜楠、牛建波译，中国财政经济出版社2006年版，第14页。

甚了解，之后又流失了股票经纪部门了解市场的人才。具有讽刺意味的是，他们不知道自己并不了解市场，也不知道自己不能有效地经营业务。

Amaranth 咨询顾问公司——是美国一家多战略对冲基金，管理着 90 亿美元的资产。2006 年 9 月，在一周内其天然气期货交易遭受了近 60 亿美元损失后破产，成为继 1998 年长期资本管理公司 LTCM、2004 年 Jemmco 投资公司后破产的最大对冲基金。

家世界集团——因为对于进军零售业有过深思熟虑，所以起初的家世界集团立足天津，不轻易跨区域经营。老总杜厦让家世界集团有了抗击外来零售企业的实力。2004 年，居商务部评出的"年度零售连锁 30 强"中的第 22 位，销售额达到了近 50 亿元人民币。然而，光环背后的危机是无法预计的，2004 年已然成为家世界集团的顶峰。从此，家世界也开始疯狂地扩张，开始将注意力转向全国市场，连续在沈阳、石家庄及郑州开办连锁超市，2005 年，家世界连锁店覆盖了 8 个省区的 16 个城市，到了 2006 年，其门店总数已经超过 80 家，但是家世界虽然门店数量增加了，可是大多数门店并没有盈利。随着门店经营的展开，物流配送系统无法跟上，不能保证货源，也就无法保证降低成本。因为门店经营不善，加之开店速度过快，资金短缺，拖欠供应商巨额货款便成了必然。资金危机导致了家世界的全面管理危机，最终导致了家世界的全面战略失败。

奥克斯集团——2003 年 7 月，奥克斯集团宣布收购沈阳双马汽车公司 95% 的股权，从而急匆匆一脚迈入汽车制造行业。2004 年 2 月，随着两款新车——原动力和瑞途冲上市场，奥克斯又正式公布了其规模宏大的汽车产业计划，宣布 5 年之内投入 80 亿元人民币。但是紧随而来的就是车市的紧缩，这为以奥克斯为首的多家进入汽车市场的家电巨头迎头浇了盆冷水。严峻的局面显示出像奥克斯这样对汽车制造并无经验的企业上马汽车的盲目性。总结奥克斯多元化战略的失败主要有以下原因：一是盲目扩张，对进入的领域并不熟悉，只看到机会，没有看到威胁。二是资源不足，难以支撑其发展。三是因为多元化忽视了主业的发展，导致来自主业的现金流出现问题。相对于进入的新领域来说，主业是根，如果根营养不足，失败是难以避免的。

一、董事会的角色与关键任务

董事会角色和关键任务的辨识是董事会战略参与的基础。在此向大家介绍一下著名的英国董事协会对此的相关界定和研究成果。

（一）董事会的角色

在现代公司制度下，董事会履行的是股东的受托责任。股东将公司委托给董事会管理，为了使这种委托有效，董事会和董事们往往被赋予相当大的权力。从这个意义上而言，董事会就是公司合法的管家，他们要为股东的利益服务，这就需要所有董事勤勉地工作、对公司保持诚信。董事会需要对公司的长远发展、公司的价值提升负有全面的和终极的责任。当然，具体到每一位董事相应要承担法律和公司章程所规定的责任，而董事会作为一个整体要为公司事务承担集体责任。

董事会必须确保公司的存续和发展，确保公司价值的不断提升，这应该成为董事会的终极目标。英国董事会协会对董事会目标的规定为："通过对公司事务的集体指导从而保证公司的繁荣发展，同时满足股东和相关的利益相关者的正当利益。"[①]为了达成这一目标，董事会必须对公司拥有一个长期的前瞻的"愿景"，制定出正确和有效的战略决策。在根据长期愿景制定战略决策的过程中，董事会不仅需要考虑公司内部的现实情形，还需要考虑公司外部环境的变化；不仅需要考虑公司内部的利益主体，还需要考虑公司外部的利益主体，比如顾客、供应商和社区等，甚至还需要考虑到内部利益主体和外部利益主体之间的互动。

董事会对公司负有一种普遍意义上的指导责任，董事会决策的事务关乎公司的发展方向和公司价值。而管理层接受董事会的授权，负责公司的日常经营工作，并且执行董事会作出的决策。简言之，管理层是公司管理活动的领导。在公司实践中，应该避免两者之间彼此承担的角色发生混淆。尤其是公司的董事长和首席执行官两职合一时，更应该清晰地区分这两种角色。在董事会会议上，董事长要确保所讨论的事务是法律所规定的事务和职权或者是关乎公司长远发展的核心事务，而不是公司具体的经营细节和日常的管理事务。

（二）董事会的关键任务

在公司治理的架构中，董事会是至关重要的决策团体。董事会成员必须有足够的时间去思考、判断和权衡各种因素对公司未来发展的影响，因此董事会最重要的任务是作出正确的和有效的决策。为了保持公司的长远发展和价值提升，董事会必须强调几项关键的任务。英国董事协会认为董事会应该承担四个关键任务，其中每个关键任务又包含四个具体任务，如表 5-1 所示。

董事会的四个关键任务显然可以分为两个层次：第一个层次是第一个关键任务，即确定公司愿景、使命和价值观念；第二个层次是其他三个任务。每一个企业都拥有自身独特的文化和价值观，这种文化和价值观对于公司的行为有着非常重要的影响，同时也限制了公司和其他利益团体的交往方式。所以，这些文化和价值观必须得到董事会的批准和认可。如果价值观念需要随着时间改变，董事会应该讨论和认同另外一种清晰的价值观念，并且把它转化成为可以描述的政策。显然，董事会第一个层次的关键任务在一定程度上决定了第二个层次的关键任务。尽管如此，在实践中，优秀的董事会仍然会把大部分时间放在第二个层次的关键任务上。因为一旦公司的目标、文化、价值观以及支撑它们的一些政策得到批准或者认可，就可以在相当长的时间里得以保持。

---

① ［英］托尼·兰顿、约翰·瓦特肯森等：《公司董事指南：职责、责任和法律义务》，李维安、牛建波等译，中国财政经济出版社 2005 年版，第 34 页。

表 5-1 董事会的关键任务(英国董事协会)

关键任务	具体任务
1. 确定公司愿景、使命和价值观念	(1) 确定公司的愿景和使命,从而为公司目前的经营和未来发展提供指导和规划; (2) 确定在全公司发扬的价值观念; (3) 决定并检查公司目标; (4) 确定公司政策。
2. 制定战略和结构	(1) 检查和评价公司目前和将来的来自外部环境的发展机会、威胁和风险,以及与公司有关的现在和将来的优势、不足和风险; (2) 提供可供选择的战略方案,并且确定公司的采纳方案,以及支持这些战略方案的具体措施; (3) 制定商业战略和计划,支持公司的战略; (4) 确保公司的组织结构和实际能力适合执行既定的战略。
3. 向经理层授权	(1) 向经理层授权,并监督、评价公司政策、战略和商业计划的执行情况; (2) 制定监控标准; (3) 确保内部控制的有效性; (4) 与高层管理人员沟通。
4. 履行对股东和有关利益相关者的责任	(1) 确保公司与股东和利益相关者之间双向沟通的有效性; (2) 理解并考虑股东和利益相关者的利益; (3) 通过收集和评估适当的信息,监督公司与股东和利益相关者的关系; (4) 促进股东和利益相关者对公司的友善态度,获得他们对公司的支持。

二、董事的战略参与

关于董事会在公司战略与规划中的作用正受到越来越多的关注。“公众的监督和股东行动主义给公司带来越来越大的压力,这些压力迫使人们重新审视董事会在公司战略决策中的角色。”①一些大的机构持股者联合推动政策,倡议董事会应该更加积极主动地、更大范围地参与公司战略规划,鼓励董事会挑战公司中的事实上的管理者在战略规划中的主导地位。而且一些敌意收购案中董事会在战略决策过程中的防御作用已经得到了肯定,虽然一些证据表明董事会在战略决策过程中的参与程度正在加大,然而更加鲜明的事实是董事会的消极或是不愿意使董事会在公司事务中显得更具竞争性。关于董事会在公司治理中尤其是战略规划中的作用还存在许多理论上的争议。例如,代理理论认为,应该对董事会在公司战略规划中的贡献尤其是关于公司使命的陈述、公司发展战略、战略实施指导方针和战略的有效选择与控制方面进行激励(Zahra and Pearce, 1989);而管家理论则视董事会在战略规划中的作用为公司管家的应有职责和义务;资源基础理论认为,随着董事会规模的扩大和董事会成员构成的多元化,公司与环境之间的联系会加

① Philip Stiles. The Impact of The Board On Strategy: A Empirical Examination. *Journal of Manangement Studies*, 38 (5), July, 2001, pp. 627—650.

强，从而获得关键性的资源（包括公司的声誉和合法性），而这些必然会扩展公司的活动范围，带来新的战略方面的信息（Goodstein et al.，1994；Pearce and Zarhra，1991；Pfeffer and Salancik，1978）；但是管理者霸权理论则认为，董事会只是一种法律存在，它事实上并没有统治整个组织，实际运营控制公司的是管理层，按照这种理论，董事会只是一种法律上的虚构，它是由管理者控制，这样董事会的初衷——降低因为管理层与股东之间的代理关系而产生的代理成本就难以实现了（Kosnik，1987；Mace，1971；Vance，1983）。[①]

在有关董事会的研究中，董事会的战略角色大多忽视了突现战略的性质和董事会在突现或应急战略中的作用。Demb 和 Neubauer 简要地说出了这一问题并且断言，一个组织越是具备应急战略或突现战略发展的特征，董事会在其中的作用越小；决策过程越是易变而且决策信息越是零散，非执行董事参与发表看法的可能性也越小。[②] 而今公司面对的环境变化加剧，尽管信息系统及相应的情报获得手段也越来越先进了，但公司不可能再一劳永逸地决策然后执行，也不可能有足够完整的信息来进行周详的规划设计，公司更多的是要制定突现或应急战略来适应变化，否则公司可能会在激烈的竞争中败北，甚至消亡。因而在今天的公司治理中提高对突现或应急战略的重视，并且讨论董事会如何在这样的情景下介入公司战略将会是非常有价值的。

具体来说，关于董事会在公司战略发展中的作用需要注意以下几个方面：

（1）重视管理层在战略规划中的重要性。制定好的战略规划需要对行业及相关信息的透彻理解、良好的知觉及相机抉择的果断性等多种素质的配合。而作为管理者因为其长期对行业的把握，可能在公司的发展问题上有较深的理解，尤其是关于具体产品与战略影响。所以，必须注意可能会犯的两个错误：一是管理层易犯的错误是陷入日常运行管理过程而无暇顾及研讨及思考战略谋划相关的问题；二是董事会要多注意的则是避免超越自身的能力，勉为其难地提出一厢情愿的企业战略。两者必须充分沟通，通力合作。

（2）合理分工。董事会负责设立企业战略谋划的职责，推动并督导该制度的落实，还应利用董事会成员的优势，识别与确立规划必须重视的关键问题，关注并提示管理层对产业发展与竞争可能出现的重大转折——危机因素的警觉。

管理层在董事会确立的制度框架及大议题约束下，发挥主动性与创造性，完成战略规划的研讨与提案。

董事会对管理层提交的战略规划负责组织审议、质询、论证，并最终决定批准之。

（3）特殊时刻，董事会取代管理层改变战略规划。董事会经常被批评为没有效用和不够积极主动，而事实上董事会掌握着聘用、解雇和奖惩高层管理人员的权力。康柏的董事会在这个方面却是一个比较明显的例外。1990 年年底，康柏公司一个中层经理向董事长罗森反映了计算机市场的变化和康柏内部反对转产的种种情况，引起了罗森的重

① 芮明杰、袁安照：《现代公司理论与运行》，上海财经大学出版社 2005 年版。

② Demb and Neubauer. *The Corporate Board*. New York：Oxford University Press，1992，pp. 73—82.

视。由于转产普及机一事关系到康柏公司的根本方向和关键人事安排,问题又迫在眉睫,罗森采取了一系列极不寻常的做法。在彻底摸清技术、成本和市场方面的情况后,以董事长的身份召开董事会紧急会议,免去了凯宁的首席执行官职务,决定转产低价普及型计算机,由原执行副总裁法弗伊担任总裁并负责实施。1998 年,因为计算机和网络技术再一次发生突变时康柏经营不善,业绩滑坡,出现亏损,1999 年第一季度股息大大低于预期。但是作为总裁的法弗伊只是从外部找原因,拒绝对自己的根本战略作任何检讨。据说虽然罗森在第一次解雇了自己的老朋友罗德·凯宁后心理上受到了很大的创伤,但是为了企业的长远利益仍然不得已而为之。当然罗森之所以能够这么果断和有魄力,除了自己对计算机和市场有独特的见解外,还因为有一个主要由外部董事组成的董事会(除法弗伊外 12 个董事全是外部董事),而最根本的是作为董事长的罗森有非常强的动力去维护公司的长远发展和公司利益。作为康柏的创始人,罗森拥有 550 万股康柏股票,他所负责的 Kevin-Rosen 基金在康柏有几千万的投资;比起那些拿干股的董事长,罗森有巨大的投资利益和个人声誉需要保护;他对计算机行业的技术和市场趋势及康柏的内情又非常清楚,同时又是董事会的董事长,这就给了罗森解决领导不称职问题的必要手段、能力和内在动机。[①] 事实证明,强调对总裁监督的必要性以及关键时刻改换根本策略和最高领导的体制安排是非常必要的。

(4) 年度商务计划与相关预算。虽说原则与分工上应该和战略规划的制定过程相似,但在年度商务计划中管理层应具有更大的自主性。

董事会在对年度计划与预算的审批中,重点不是“卡”住管理层的花钱项目,而是抓住业务目标、重要措施及相关预算之间的逻辑关系,要求管理层说明提出这些目标、措施及预算的理由,年度预算的审议与其说是就支出水平讨价还价的过程,还不如说是董事会对管理层加深了解与形成判断的互动过程。

对管理的考评应是企业增值,使其有降低成本的内在动力;若企业尚不具备制作预算计划的专业能力,只有标准的财务报表,导致董事会对预算计划进行质询的困难,则董事会应首先帮助管理层确立年度商务计划与预算的标准文本。

【案例 5-2】

董事会与管理层战略如何一致?
——由 PSS 世界医疗公司说起

严谨的辩论,不仅可以推动董事会与管理层在战略上保持一致,而且也是检验战略可行性的最佳方式。

2004 年 3 月,PSS 世界医疗公司(医疗设备和医药用品分销商)的管理团队召开了一个董事会扩大会议,向董事及其投资人全面解释公司的战略。试图通过会议的形式,让

① 梁能:《关于公司治理结构的两个故事和一个模型》,参见梁能主编:《公司治理结构:中国的实践与美国的经验》,中国人民大学出版社 2001 年版,第 32—47 页。

高管层与董事会在战略问题上有一个深入而全面的讨论。

当时,PSS 公司正面临行业内诸多资本实力强大的竞争对手的挑战,CEO 大卫·史密斯解释说,公司目前需要制定一个长期的发展方向,而这有赖于董事们的支持。“当你在运营一个企业——处理竞争、法律诉讼、客户、产品召回和劳工关系——时,你需要担心的最后一件事情是,董事是否支持你采取的主动性措施,以及你正在努力达成的目标是什么样的。”

但他的真实目的是董事会深入的支持,“我将董事会视为一个强力的资源,因为这些董事在此之前做过相关的事情。”PSS 公司获得了巨大的收益,“董事们提出了大量的问题,”史密斯解释说,“他们提出了很多我们所没有想到的思路。”例如,几个董事在华盛顿周旋,了解国会的相关立法状态,指出了几个在未来可能会成为问题的地方,要求史密斯敏感地准备候补计划。

类似大卫·史密斯与董事会成功合作的经验实在太少了,幸运的是,也有一些具体的步骤指导 CEO 们与董事会成功地合作。

董事会和高管层因何在战略结合上总是失败?

在多数情况下,董事会和 CEO 们在董事会提出的详尽的专业意见及最后形成的战略上,往往很难达成一致。

举一个真实的例子

2003 年春,吉姆(某公司 CEO)在一次会议上和我沟通,“我最近非常烦恼。”他说。

“什么意思?”我非常惊讶地问他,“我看过了你最近的营收报告,那些都是你努力要做的呀!”

“董事会!”吉姆说,“前段时期,我在与董事会的会议上听到越来越多的质疑,现在我对董事的质询已经不再介意了。事实上,我认为他们质询的工作与我回答这些质询的工作越来越没有实际意义,但有些问题及分析董事非要问个明白。我的精力受到很大的牵制,而同样的问题还在继续。”

“给我一个例子,吉姆?”

“我几次向董事会提出新的战略,他们在董事会的会议室告诉我,他们是支持这个战略的。但一对一的聊天过后,我发现并不是每个人都支持这个战略。”

“因此,我们在上周末实施了战略修正,”吉姆继续说,“我引进了知名的战略咨询公司帮助设计战略并向董事会提出这个战略,30 分钟之内,就有两个董事开始昏昏欲睡。一个董事告诉我们,他并不认为由第三方协助制定的这个战略是合适的。结果很明显,战略修正使我们的目标只实现了非常小的一部分。当我们修正时,每一个人都告诉我‘我支持你!’但他们的形体语言却是另一种态度。”

自从《萨班斯-奥克斯利法案》推出后,我就听到过很多次类似这样的故事:董事们对董事会上的支持态度在后来突然拐弯,尽管他们仍然是在寻求做一些对企业更有意义的事情。

在很多企业的董事会里,不少 CEO 对他们的董事即使花费了大量的精力与时间回答后，董事们仍然在重复问同样的问题而倍感挫折。在董事会与高管层之间存在最为基本的不协调，不可避免会导致董事会失去发挥其价值和作用的机会。

为什么会出现这种战略焦虑症？

大多数董事会讨论战略细节都是通过一系列的会议来进行的，最后在讨论中结束。长时间的会议都在讨论一个主题，最后以提出实现战略的一个方式作为会议的一个完美的结果。接下来，会留下一些时间来讨论实现方式，没有明确的思维发展轨迹，几乎不会有任何终止的可能。这种方式确定的战略往往使董事会与管理层很难协调一致。

最好的战略源于管理层的分析与创新，以及董事会尖锐的质询与探讨。董事会应该看到 CEO 及其高管团队提出战略是他们自己的智慧，然后进行深入探讨、质询，并就此提出自己的观点。与高管层的深入互动可以巩固对战略的认知，并确定其现实性。当战略得以重塑与改善时，管理层和董事会也就对战略达成了一个共识。最后，董事们都会全心支持这个战略。

战略的一致性怎样创造价值？

董事需要理解战略，但他们的工作不是去构建战略。他们可以针对管理层提出的战略发表自己的看法，但他们没有义务提出替代方案。董事会真实的价值在于帮助管理层检测战略的可行性。

有一个问题是董事会不可能注意到的：这个战略怎样赚钱？

同样重要的是，企业拥有资源（包括财务资源和人力资源）去执行这个既定战略吗？能够适当分配这些资源吗？管理层全面考虑了外部因素吗？对一些可能出现的特定因素作出最坏的假定，或是预想了可能会出现哪些因素吗？那些较为稳当的运营都有关键性的前提吗？坚持对客户有价值的建议作出了判断吗？

上述这些问题既加深了董事会对战略的理解，同时也修正了战略本身。当战略变得清晰时，商业机会的边界与领域也同样变得清晰了。一个银行及其董事会需要明白，是否应该进入低层的贷款业务。当一个有吸引力的目标出现时，企业与董事会都知道是应该抓住还是对其一笑置之。

那么，董事会和管理层怎样才能在战略上取得完全的同步呢？PSS 世界医疗公司所使用的战略深入会议可能是最为有效的一种方式。

战略深入会议

要完整地领会战略的细微差别，董事们需要抽出足够的时间去吸收与企业运营、因素等相关的信息与观点，形成他们自己的问题与思路，并与管理层一起工作，深化他们收集到的对管理层提出的战略的理解。设计和推动战略讨论会议的初衷及唯一的目的是让董事会和管理层完全深入地讨论问题，并通过紧密的工作配合得出结论。这个结论可能意味着要提出一个新的战略，或是在一些必须回答的问题上达成一致。

很多董事会的战略会议都明显缺乏高质量的深入讨论，因为他们这些会议的初衷是怎样执行与管理这些战略。一些观点性的东西仅仅是在会议之后作为框架性的内容存在。这些会议更像是一个工作会议,而不是一个战略展示,取消了很多时间(通常是一年举行一次或二次,每次一天或二天),而把很多时间用在预留的公开讨论与信息沟通上。

这一结构忽视了战略本身的细节。

在一个完整的深入讨论中,至少有三个基本要素是不可或缺的:

第一,董事会必须对管理层针对外部因素的观点有一个清晰的理解。这可能包括经济动荡、机会与威胁、发展过程中可预知的关键行情、技术发展、新的竞争对手、行业内的购并或联盟、消费者行为的变化或分销渠道等。

第二,CEO及高管团队提出的对战略内容的最佳想法。CEO作的这一介绍必须极为清晰而明确,思维严密,保证董事能够快速掌握战略的要点。管理层必须坦率地向董事会汇报自己的战略思路,包括能够做到什么。解释清楚战略目标后,要推动一起思考,而不只是向董事会推销战略。

第三,给董事会提供时间与机会进行质询与探讨。如果战略会议的初衷不是鼓励董事们作出反应、思考、提出问题和表达他们的担心,讨论就不会深入,整个会议也会变得极为肤浅而难以达成预期效果。有两个原则需要掌控:非正式与一致性同意。每一个人——包括CEO(战略的直接报告人)、CEO邀请参会的其他管理人员、每一个董事会成员——都必须不受任何控制地对其他人的意见提出质疑及答询。

大卫·史密斯解释非正式因何如此重要时说:“这是一种社交场合,在这种环境下,说‘OK’是会受到挑战的,问题才是‘OK’的,‘OK’不是答案!”正是这种态度帮助了他的企业的战略会议始终获得成功。PSS世界医疗公司的查尔·克拉克·约翰逊描述道:“CEO创造了一个公开的合适的环境,CEO本身希望自己受到攻击。”

然而,最终董事会与管理层必须达成一致意见。如果董事们对战略本身都还存在分歧的话,企业是不会将董事会的专业建议带到战略的形成上来的。主要工具是让董事会与管理层深入而又非正式地讨论问题,但最后也要形成一个清晰的、同一的关注点。

推动

群体会议的推动一直都是非常重要的,但在战略深入会议中,其重要性更为凸显。如果对话没有针对问题进行,一整天时间可能就浪费掉了。需要花费一些技巧来推动每一个董事的积极参与,确保董事们都对他们的问题保持相应的敏感,同时认识到当一致意见出现的时候,就要帮助确定成果及提出下一个步骤。

一些CEO和董事会主席在推动技巧上都非常娴熟,能够为充分的对话创造一个非正式的、鼓励性的环境。有时候,一些董事可能需要激情。如果参与的过程较为新颖,可以考虑引进外部的促进师,有些促进师可以同时激发董事与管理人员,确保对话充分进行的同时,整个过程也变得更为丰富。

非正式与一致性意见通过小组型的头脑风暴得到了进一步提升,这也是新近出现的推动战略深入会议的一个最佳实践。小组型的头脑风暴只是企业战略达成一致的一种推动配合的有效方式,方法是指派董事与管理人员组成一个小型的团队(可以是两个董事与两个管理人员)，一起更为深入地讨论战略并回答事先准备的问题。

小组型头脑风暴的价值在于小群体内的思维迸发。小组群体的思维迸发非常有别于大的群体，小组型群体往往更自由、互动更为随意，而大型群体则往往会更为正式。将董事与管理人员分配到较小型的群体内，降低了董事提出他们的观点与问题的局限。

当小组型的头脑风暴重新组合时，参与者必须达成高度的一致，这样，真正的头脑风暴更容易发生。下一步就是将整个董事会的意见糅合成一致意见的时候了。

从非正式到一致性意见

当整个董事与管理人员的团队重新集合时，每一个头脑风暴的团队都应该提出精彩的对话结果。接下来是在整个群体中讨论这些结果。有时候，一个问题的提出就会引起管理人员重新思考整个计划的某一部分。

在两天时间内，董事们经常在第二天的早餐期间碰面时有所感悟，经过对头一天听到的内容的消化，他们与高管人员坐在一起讨论战略的时候会有一个更高的水准，同时他们也会在一起就战略的一些具体的因素挑毛病。最后，董事们在会议桌上提出最后的一些问题，就战略逐步形成一致意见，并就管理层关心的问题，如未来需要检验的哪些假设、需要特别关注的是什么等提供反馈。

而管理层则可以快速整理和审视头一天的对话结果，收集董事们围绕战略个别细节问题的建议。例如，战略包括邻近业务领域的扩大与发展，管理团队需要作一些小范围的试水来证明其成功的可能性。一个董事就问了一个深入的问题："这个小范围试水将会是什么样的？当企业在这个业务领域全面铺开的时候，这个小范围的试水会怎样影响其市场发展？"

高管人员明确的答复还没有结束，另一个董事就问："小范围的市场试水触及了竞争还是没有触及竞争？"这些观点见地通过讨论，对管理层无疑是非常有帮助的。有些问题不一定是现场回答，但管理层可以承诺返回后提供给董事会。

取得一致意见也就使每一个人都对战略的理解有了大体同样的看法，同时也确保了战略的坚定性。战略有意义吗？需要修正吗？董事们对固守战略的风险与获益往往会有不同的看法。这时候，董事们不同的经历与专业经验就是最好的资源，让他们从不同的角度就战略执行的新变化提出不同的观点。当董事会与管理人员集体讨论这些问题的时候，也较易在一些重要的思路上达成一致意见。会议必须在这些思路上取得完全一致的前提下结束，同时还要针对董事会与管理层的下一个步骤提出具体意见。接下来董事会就可以在随后的会议中进行简短的讨论。

资料来源：拉姆·查兰：《董事会与管理层战略如何一致？》，钟孟光编译，载《管理@人》，2006(12)，第12—14页。

第二节　董事战略参与的要素

董事会的职能是战略决策和监督管理层,董事参与战略决策应该成为董事的本职工作之一。董事们应该关注那些影响企业长远发展的重要事件,应该经常性地深入讨论企业的战略问题,而不应在一些日常策略问题上牵涉过多的精力。董事会成员要能够有效地战略性参与公司事务,需要注意满足以下几个方面的条件:大局观、剖析战略、理解业务环境、考量各种维度的信息、计划和指标。①

一、要有大局观

董事会所作出的决策几乎都是面向未来的,这要求董事们站在一定的高度上思考公司未来以及在未来环境中董事会如何运作这类问题。因此董事会为公司的未来建立一个清晰的愿景至关重要。当然,任何一个公司不可能每隔几年甚至每隔一两年就制定出一个全新的目标;但是在政治、经济、社会和技术领域以及竞争对手所发生的不可预期的变化要求董事会必须对公司的愿景进行重新思考。董事会一系列的决策和行为都应该在这一"大局"下展开。董事会应该经常性地提出并思考如下问题:公司未来的目标是什么?面对复杂动荡的商业环境公司如何保持自己的地位?未来可能发生的变化会为公司带来哪些机遇和挑战?面对这些机遇和挑战,公司需要什么样的资源?这些资源是通过公司内部培育还是通过外部来获取?

董事会应该在一个比较高的层次上作出思考和决策。这一过程当然需要董事会考虑多个渠道和多个方面的信息,但是高效的董事会绝不会试图了解方方面面具体的细节,有些观点甚至认为,让董事会淹没在数字和细节的海洋里无异于将其蜕变为另一个管理阶层。所以,董事会必须聚焦于"大局",他们的脑海中应当有公司战略的清晰框架,熟悉战略内容,并了解组织实现既定战略的能力。董事会成员应该了解的信息包括:

(1) 公司外部环境——外部环境变化、市场调整、技术演进、管制程度、货币汇率等预测。

(2) 竞争策略——合资、行业联盟、产业整合以及产业间的融合。

(3) 公司战略——具体的优势和弱点。

(4) 公司核心人物。

(5) 公司资源状况——包括人、财、物等各项资源。

---

① 本部分内容参考〔美〕拉姆·查然:《顶级董事会运作》,武利中译,中国人民大学出版社 2003 年版,第 77—87 页;〔英〕约翰·哈珀:《董事会运作手册》,李维安、李胜楠、牛建波译,中国财政经济出版社 2006 年版,第 40—49 页。

(6) 关键事项——哪些必须做好才能保持公司的发展? 目前面临哪些问题?

(7) 业务模式特征——怎样才能在这一行中盈利? 该行业的风险和机会有多大?

(8) 顾客满意程度。

(9) 在公司以及市场方面哪些运作得好、哪些运作得不好?

当董事们得到了这些领域的关键信息后,他们就会获得对公司整体健康状况,所面临的最大挑战、机遇以及优势和劣势等情况的总体印象,从而为作出正确的决策做好信息方面的积累。

董事会所作的决策都是针对公司的,但是大局观要求董事会能够从外部来研究公司。董事在作出决策时,需要具有一定高度的视野,在此高度上董事会能够清晰地看到各个维度。如果过于强调一个维度而忽视了其他维度,那么董事会很可能不能够制定出正确的战略。因此,董事会必须仔细审视来自公司内部和公司外部的危险和机会,全面分析公司的优势以及劣势。"大局观"要求董事会必须同时采用向内和向外两种视角,并且将两种视角所观察到的结果进行对比,对各个方面的因素作出综合的平衡从而制定出相应的决策。

二、剖析战略

董事会团队应该能够理解并且构想出在未来不确定的环境中能够给公司带来价值提升的战略。因此,董事会必须做到经验丰富并且具有前瞻性,能够清晰地了解公司的资源、能力以及如何克服公司前进过程中所遇到的障碍。

在很多公司的实践中,并不是由董事会亲自起草并批准公司的相关战略,而是首先由高级管理层负责制定出战略的草稿,然后由董事会讨论是否通过。这种实践认为,由于公司的高级管理层对公司具体情形最为了解,他们理所当然成为提出公司战略的最恰当的人选。因此,董事会的决策就成为充分了解这些战略的前提,要么批准这些战略要么要求管理层对这些战略进行重新检查和再次修订。这种情形下,董事会理解公司战略所包含的思想是十分重要的。很多董事会可能听了无数小时的战略报告,但是却很难深入地分析这些战略。要想发挥董事会的作用,管理层必须向董事们详细阐述战略及其基础以及各种可能性。董事会也需要在决策之前,对所有的备选方案和可能性进行仔细的思考。此种情况下,对战略进行仔细思考和剖析是董事会最为重要的任务。

在战略讨论会议之前,董事会事先应该有充分的时间对战略本身以及与战略相关的信息进行权衡和判断。除此之外,在战略讨论会议上应当能够给予董事会完整的战略视角,即所有的报告最好通过渐进的方式令董事对公司的关键趋势、重大问题、主要挑战有一个逐步的认识。美国联合铁路公司、杜邦公司都设计了一项长达一年的董事会战略审议议程,以便董事会对公司、行业以及竞争情况逐步建立起一个清晰的框架。联合铁路公司的每一次董事会上,都有一个某项业务的最高经理介绍业务基本情况以及相关战略,报告时间严格控制在半个小时以内,报告内容必须是相关的核心问题介绍,剩余时间用于董事会自由讨论。这种做法显然能够使董事会成员充分运用他们的才智和经验，从而对某项战略进行充分的剖析和讨论。

三、理解公司的业务环境

董事会成员必须对公司所处的行业有一个清晰的理解，以便在公司策略方向方面树立信心。与在一个稳定的行业环境中担任某个公司的董事相比，在一个技术变革速度加快和竞争者层出不穷的行业中的董事显然面临更多的挑战。当然，对于公司业务环境尤其是行业信息董事们应该主动关注，但是作为经理人员也应该主动向董事会提供相关信息。有时，专业的资讯公司或者研究中心的分析报告对董事会理解行业情况非常有帮助。管理层应当考虑为董事会收集这方面的报告，并附上自己的评价。在必要的时候，公司甚至可以聘请外部专家分析竞争态势，以及潜在的重组趋势等重要因素。对这些关键因素的了解将有利于董事会作出正确的决策。

四、考量各种信息

每一位董事都应该对那些可能影响公司或者为公司提供新的发展机遇的新生事物或者趋势保持警觉。从理论上而言，公司的董事应该敏锐地关注到每一个外部或者内部领域——政治、经济、社会、技术、竞争者、股东、供应商和组织能力等方面正在发生的变化，并且注重收集这方面的信息。当然，董事们的精力和时间都是有限的，不可能董事会中的所有董事对上述各个方面的信息都有充分的理解。在一些优秀的董事会中，每一位董事都承担特定的责任对上述一两个领域进行深入的了解，并且能够及时通报董事会某个领域内发生的变化或者趋势。这种方法显然有利于董事会从更加广泛的视角对外界所发生的事情始终保持深刻的了解。

优秀董事会承认“软”信息往往比多数董事会所依据的大量“硬”数据更有意义。他们认真地考虑诸如首席执行官对战略的思考深度、能否有效地实施战略、管理团队的活力如何等一系列问题。这些软信息对董事会独立判断公司战略方向、首席执行官的领导能力以及公司的管理能力等具有关键性意义。

优秀的董事会往往能够充分了解组织的人力资源以及财务资源。这种董事会中的董事们会经常性地与公司部门经理们沟通，以获取组织能力延伸程度的感觉。这种感觉能够帮助董事会确定可能存在的战略失误，发现操作层面存在的问题，评价首席执行官的拥护程度并更好地理解公司业务状况。此外，优秀的董事还往往会主动寻找能帮助他们作出有效决策的非常规线索以及途径，比如，董事们与经理人员单独或小范围会谈，一些董事会甚至去拜访外地的客户或工厂以获得有价值的意见，以便更好地理解当地的文化以及业务环境，等等。

五、计划和指标

每一个公司的战略都是基于一定的外部假设,比如市场、竞争者、经济环境、财务资源和组织能力等,董事会应该对这些假设进行深入的研究,以便了解在不同的情况下战略的可行性。当任何一个战略被批准之后,剩下的关键问题就是这个战略的执行情况。如何确保战略被准确无误地贯彻并且能够取得预定的效果?任何一个被董事会批准实施的战略都会产生涉及很多因素在内的计划,这些计划需要具备和董事会所认同的上述假定有关的指标,董事会进而可以通过这些指标的完成情况判断和监督战略的实现。

决定这些指标是什么以及如何监督这些指标的实现情况是非常重要的。如果因为公司的外部因素或者内部因素发生变化从而可能危及战略或者计划的实现,董事会或者管理层应该及早发出警告。约翰·哈珀认为,优秀的董事会应该有充足的时间充分地讨论这些事物,而且在董事会会议上应该关注如下问题:应该监督公司的哪些外部和内部因素?如何执行监督以及如何去监督?每一种因素被监督的频率是多少?当与计划偏离达到何种程度时应向董事会进行报告?报告的形式是什么以及由谁作出这些报告?当然,这些指标可能是具体的数字,也可能是无法用数字表达的软因素,比如顾客对公司的满意度、员工对变革的工作热诚等。

总之,战略确定之后,需要有具体的计划和可以监督的指标以确保战略得以实施。董事会战略参与的精髓不在于董事会制定出相关的战略、批准或者否决管理层提出的战略,最关键的是还要确保这些战略得以顺利实施。

第三节　董事的能力及其平衡

一个真正高效的董事会应该拥有具有多种经验的董事,这些经验来自于不同的背景和专业训练,并且能够使得董事们的个性和知识达到很好的平衡。这样的董事会将有能力同时以不同的方式从几个角度对一个问题进行考察,从而更加全面地分析某个问题得出正确的结论。

一、董事战略参与需要具备的能力

为实现董事战略参与的效率和质量,优秀的董事要具有一些重要的个人或者品质特征,需要具备一些知识和经验方面的积累。同时,优秀董事所应拥有的一般的知识和经验包括经营、管理和董事会实践等方面。

（一）董事的个人特征

由于公司所在的行业和公司的具体业务是不同的，因此每一个公司的董事会组成都是独一无二的。对于一个公司而言，什么样的董事会组合才能够适应公司的发展？由董事会的目标和职责所决定，董事会应该考虑未来公司的前景是怎样的，也应该考虑为了适应公司未来的发展应该如何改变董事会以确保公司存续和发展。所以董事会的战略导向非常重要，董事会必须能够做到从战略远景来计划公司未来，并且制定出保证公司价值不断提升的重要决策。①

对照董事会要完成的四项关键任务，董事会成员尤其是董事长应该思考如下问题：董事会是否有足够的远见为公司设定合适的方向和步调？董事会如何准确评价未来可能面临的不可避免的困境？董事会是否拥有相关的专业知识和能力处理公司的治理问题？公司的价值是否得以提升？

为了使董事会高效运行，董事们必须具备一定的个人特征或者品质。此处，我们引用英国董事协会所倡导的一些品质，因为该协会所倡导的品质侧重于董事们的战略参与能力。这些品质是：决策制定（Decision-making）、沟通（Communication）、与他人的互动（Interaction with others）、信息的分析和使用（Analysis and the use of information）、战略洞察（Strategic perception）和目标实现（Achievement of results），其中每个品质下又有具体的解释，见表5-2。

表5-2　董事的个人特征

个人特征	具体特征及解释	
1. 决策制定	批判的能力	查明事实，质疑假设，辨别各种提议的优势和劣势，提出相反的论据，确保讨论深入。
	判断的能力	考虑合理的假设，通过对论据的仔细斟酌作出明智的决策或者建议。
	决断的能力	已经准备就绪采取决策和采取行动。
2. 沟通	倾听技能	冷静、专注和仔细地倾听，以记住并考虑那些要点；在适当的时候提问。
	坦诚	在沟通的时候要真诚以及坦率。要愿意承认错误以及不足。
	表达技能	表达想法、印象以及命令时要认同并理解听众的处境和感情。
	做出响应	能够欢迎并接受反馈。
	表达流利	要清晰地和大声地发表意见，并且使用正确的措辞。要简练，避免无意义的谈话以及避免刻意讨好听众的需要。
	书面沟通技能	所写的事情易于理解。正确、清晰和简明地表达想法、信息和观点。

① 〔美〕约翰·哈珀：《董事会运作手册》，李维安、李胜楠、牛建波译，中国财政经济出版社2006年版，第101—127页。

（续表）

个人特征	具体特征及解释	
3. 与他人的互动	自信	意识到自己的优、劣势，与人交往时充满自信，在适当的时候能够控制局势。
	协调技能	培育董事之间的合作，实现高效的团队运作。
	灵活性	采用弹性的方式与人互动，充分考虑他们的观点并在适当的时候作出调整。
	正直	要做到诚实和可信赖，不会同时站在两方的立场上，不会在伦理和法律立场上作出妥协。
	学习能力	从多个来源寻求和获得新知识和技能。
	激励	通过确保其他人对需要达成的目标拥有清晰的理解，以及通过对他们的承诺、热情、鼓励和支持，激励他们达成目标。
	说服他人能力	说服其他人认可并作出承诺；在冲突面前运用个人影响达成一致和/或认同。
	体谅	对别人的感觉和需要表示理解，愿意提供个人帮助或者采取一些合适行动。
	细节意识	确保足够详细和可信赖的信息得以考虑，在必要的时候报告这些信息。
4. 信息的分析和使用	折中主义	从各种可能来源系统地搜寻各种可能相关的信息。
	计算能力	准确地吸收数字和统计信息，理解其差异性并且作出合理和可靠的解释。
	问题意识	辨识问题和识别可能或实际的原因。
	变革倾向	对变化的需求保持警觉并作出回应。鼓励新的政策、结构和实践的贯彻。
5. 战略洞察	远见	能够想象出公司在未来环境中可能的状况和特征。
	远景	能够超越当前的问题和处境看到更广泛的问题及其启示。能够把相互独立的现象和事实联系起来，发现它们之间的关联关系。
	创造力	创造并辨识富有想象力的解决方案和创新。
	充分认识战略	能够意识到各种影响公司所面临机会和威胁的各种因素（例如股东、利益相关者、市场、技术、环境和管制等因素）。
	充分认识组织	认识到组织的优势和劣势，并且认识到董事会的决策对它们的影响。
6. 目标实现	商业敏感性	有能力发现提高公司商业竞争优势的机会。
	授权技能	正确地区分其他人应该做的事情和自己应该做的事情。把决策制定或其他任务分配给合适的同事和下属。
	推动力	表现精力、活力和承诺。
	高标准	为自己和他人设定具有挑战性的和可实现的目标和业绩标准。
	顺应力	在面对不幸、挫折、敌对或不公平的情况下，能够保持镇静和高效。
	承担风险	为了获得期望的利益或优势，会采取一些涉及适当风险的行动。
	坚韧	坚定立场或者行动计划，直到达成预期的目标或者作出必要的调整。

（二）董事的知识和经验

董事除了具备上述个人或者品质特征，还需要具备一些知识和经验方面的积累。董事们所拥有的一般的知识和经验主要包括经营、管理和董事会实践方面的经验。当然，由于董事会中董事们的专业背景不同，不可能要求所有的董事们都同等程度地精通这些知识和经验。但是，作为董事会成员最好还是能够熟悉并掌握如下的基本知识和方法：

（1）公司董事以及董事会的角色。公司董事、所有者和管理者之间的显著差异；公司治理问题；董事会的目标、任务、职责、结构以及有效运作的方式。

（2）董事会运作的法律框架。董事们要充分理解其法律责任。

（3）战略性的经营方向。与规划、履行和控制公司和经营战略有关的问题和方法。

（4）一定的财务知识。拥有基本的会计知识、财务语言和概念并且使用相关的财务工具和技术去评价和监督经营是否正常；汇编财务报表和财务报告；公司各种金融资源的相关价值。

（5）人力资源知识。意识到下列事情的重要性，即招聘到拥有适当技能的合适员工，鼓励并逐渐使他们作出承诺、参与进来并作出贡献；将人力资源战略、政策和实践与公司战略结合起来；理解雇员法的含义。

（6）有效的市场战略。成功的市场战略的重要作用在于提升客户价值、改进公司的市场业绩；如何计划、履行和控制市场战略。

（7）领导并指导变革。董事会的领导职责在于成功地完成变革，预期到并克服对变革的阻挠；认识到公司内部变革和变革步骤所承受的外部压力和内部压力。

（8）有效的董事会决策。认识到董事会在决策制定中的职责以及提高决策制定有效性的方法；评估决策的履行情况。

熟悉上述相关知识对于董事会的运作而言非常重要，而经验会加强对这些知识的理解、分析和运用，并且经验的多样性及其深度将强化董事会制定决策的能力。

二、董事能力的平衡

董事的专业背景以及过去工作经验的差异，使得每一位董事都具有独一无二的个人特征和知识、经验储备。在公司的董事会中，不可能所有的董事都拥有同样的个性特征，也不可能所有的董事都拥有同样的专业背景。一个真正高效的董事会应该拥有具有多种经验的董事，这些经验来自于不同的背景和专业训练，并且能够使得董事们的个性和知识达到很好的平衡。这样的董事会将有能力同时以不同的方式从几个角度对一个问题进行考察，从而更加全面地分析某个问题得出正确的结论。

使董事会达到完美精确的平衡是不可能的，但是董事会可以在如下方面进行尝试：

（一）个人特征的平衡

每位董事的处事风格和决策制定、沟通以及战略洞察能力方面都存在巨大的差异。董事会尤其是董事长应该考虑：董事会的整体风格是否过于激进或者保守？董事会中是否存在一些碌碌无为和目光短浅的董事？通过相关的培训能够提升这些董事的能力吗？如果不能提升，需要在董事会中补充什么样特征的董事？新董事的加入是否能够弥补董事会风格的不足？一个高效率的董事会其风格将拥有一定程度的动态平衡，这种动态的平衡使得董事会对相关问题进行更为健全的讨论。通过对上述问题的思考和采取相应的行动，才能构建一个富有才干的顶级董事会团队。

（二）特有知识和经验的平衡

构建平衡董事会的一个重要指导原则就是尽量避免在同一个专业领域出现过多的董事。比如董事会中有大量的董事是来自于财务领域、市场领域，这种情况将限制整个董事会的战略思考，非常容易使董事会的决策变成以某个领域作为导向，从而增加了决策失误的可能性。一位董事可能在一些领域有优势但是在另一些领域有劣势，另外一位董事可能拥有互补的品质。因此，拥有各种各样经验背景和专业训练的董事要达到一个很好的平衡，同时也要考虑到董事会所拥有的经验是否需要增加。

（三）执行董事和非执行董事的比例

公司董事会中存在两类董事：执行董事和非执行董事。所有的董事必须在董事会的战略高度上对董事会事务有所贡献，他们必须能够超越其自身特有的专业训练或者背景，拥有宽阔的视野和想法，这些是帮助董事会制定政策和战略事项所必需的。但是，执行董事和非执行董事之间的最佳比例是多少才会产生最适宜的董事会效率呢？对此有很多不同的观点。但是毫无疑问，执行董事和非执行董事之间适当的平衡可以提高董事会的能力。

非执行董事的加入往往为董事会达到平衡和提升能力提供了不同元素。选择适合的非执行董事，实际上就是在选择有利于董事会能力提升的专业知识和经验积累。因此，要考虑到董事会中其他董事的优势和不足以及未来董事会可能关注的主要事务，考虑到非执行董事加入后董事会整体技能、经验和方法的平衡。只有对这些问题充分考虑后，选择的适当的非执行董事才会为提高董事会的讨论水平以及决策制定水平作出应有的贡献。

第四节　董事和董事会培训

对于董事个人而言，培训会使其在公司中的作用和水平得到相当大的提高，使其能够更好地思索，也让个人拥有思维空间来考虑公司的问题，并有助于形成正确的观念。

新任的董事必须学会新的技能、处事态度及行为方式，这将保证他和别的董事会成员一起为公司提供其需要的领导和战略指导。董事长负责董事会的运作，因此，他也是负责培养董事的人，他应该保证所有董事得到训练并得到培养。董事会要充分发挥职能作用，关键在于团结与凝聚力。作为一个具有凝聚力的集体来运作，每位成员都可以承担起不同的任务，而又能做到分工合作。

通过培训可以培养董事的集体合作意识，帮助他们认清奋斗目标，认识公司业务所面临的问题。董事会的培训应该在公司的整体发展框架中进行。培训是一种工具，或者说是一种方法，一种实现个人转变的手段。

一、董事和董事会培训的必要性

在谈论董事和董事会培训的必要性之前，我们首先来看一个案例。尽管这是一个虚构的案例，但是相信很多新上任的董事甚至很多公司的董事会中都会出现类似的情形。①

【案例 5-3】

保尔·里奇蒙德迫不及待地想回家将这一好消息告知妻子，他刚见过董事长托尼·约翰斯顿，得知要提升他为整体电子公司生产部董事。他当然接受了这一提升，因为保尔的老板和导师布莱思·琼斯三周前患心脏病而过早去世，这个位置就空缺下来。整体电子公司是一家生产电子元件的中型公司。一直以来，该公司发展速度适中，市场地位稳定，原因是顾客认为其产品质优、可靠、价格合理。这家公司还以满足顾客的特殊要求而著称。然而，从根本上讲，它具有传统的特点，但已经感觉到了竞争——尤其是来自中国进口产品的竞争——的冲击。

因为布莱思·琼斯在该公司已经工作了 35 年，经验丰富，加之其直率而具有权威的行为举止以及技术上的专长，他已经担任了整体电子公司生产部董事 9 年，并已成为极有实力的董事会成员。他的去世给董事会留下了空缺。他工作卓有成效，曾是托尼·约翰斯顿的副手和心腹。布莱思一直以工作为伴，每天工作很长时间，在完成艰巨任务方

① 本部分内容参考〔英〕克里斯·皮尔斯：《执行董事》，段佳陆等译，华夏出版社 2004 年版，第 101—115 页；〔英〕费恩特等：《公司董事会》，何昌邑等译，华夏出版社 2004 年版，第 140—168 页；等等。

面堪称大师，同时对小事还体察入微。事实上，他在董事位置上，一直通过其生产部经理保尔·里奇蒙德指导生产。

保尔42岁，已经在整体电子公司供职15年。他是布莱思·琼斯招进公司的，他在该公司工作的整个过程中，琼斯一直是他的导师。保尔从生产部的提升，在很大程度上是因为布莱思相信他能按要求行事。他工作努力，经验丰富，待人友好。生产部具有良好的工作气氛。人人都非常尊敬布莱思，这给保尔的工作带来极大的帮助，同时，保尔和蔼可亲的举止也有助于自己的工作。

保尔当董事的第一天，既感到满意也觉得吃惊。他真的很喜欢新办公室和公司的轿车，并且大家都在祝贺其提升。他感到，多年的辛勤劳动已经得到回报——他终于成功了，他将好好享受上任的大好时光，保尔与托尼·约翰斯顿进行了15分钟的会谈。在会谈中，他被告知，他应按照目前已经做得很好的方式继续工作，并出席董事会，除此之外，保尔从未受过其新职位的任何训练。那天也碰巧举行董事会。董事会其他成员有人事部董事海伦·斯宾克斯、财务部董事马修·史密斯、销售市场部董事扎克·塞顿，以及研究开发部董事约翰·尼德斯。到会的还有两名非执行董事：弗雷德·爱莫瑞，他可临时代理公司董事长；退休商人罗纳德·邦德。

董事长介绍了保尔，接着会议就开始了。保尔非常熟悉董事会其他成员，但是，他还是第一次和他们一起工作。从会议室里出来后，他感到非常沮丧。当他就要离开时，扎克·塞顿把他拉到一旁，给他提了一些友好的建议。他说，董事会是一种必要的该死的事儿，熬过会议最好的办法是低着头，保持鼻腔清洁，提供尽可能少的信息。会后你就可以回去做实在的工作了。

保尔回到自己的办公室并把会议上观察到的情况记录了下来：

(1) 会议完全被托尼·约翰斯顿控制，他作出所有的决定，大多数时候都是他在讲话。

(2) 很明显这些非执行董事的信息不灵，许多时间被罗纳德·邦德浪费了，他不断要求解释并把他的经验介绍给所有人。

(3) 其他董事们就自己领域的问题作了简明"扼要"的汇报。马修·史密斯对公司的财经状况作了诚实的报述，还试图提出许多问题，但被托尼·约翰斯顿"拦住"了。

(4) 在整个会议过程中，除了提出其实施报告外，海伦·斯宾克斯一言不发。扎克·塞顿试图通过谈论即将进行的投产以缓和气氛。

(5) 在扎克·塞顿和约翰·尼德斯之间发生了关于投产日期的激烈争论，而此后他们总是争斗不休。

(6) 董事长很亲切并且成功地通过了议事日程。但他没能有效控制扎克·塞顿(他没法掩饰对弗雷德的恼怒)，也没能保证其他董事对此次会议作出任何贡献。

(7) 人人都敬畏托尼，没有人向他提出质疑。

在整个会议过程中，保尔自己则被搁在一边观察别人。然而，他还是从托尼的话里得知他将做许多事；在托尼任命一位新的生产部经理之前，保尔将会非常忙碌。

6个月以后，保尔·里奇蒙德从整体电子公司辞职了。成为一名公司董事一点都不像他所预想的那样。从一开始他就很热心，他已经做了公司董事应负责任的一些调查研究。他非常清楚董事在法律、财务和信用方面的责任。同时,他也吃惊地获悉,他和公司其他所有的董事都对公司的成绩负有责任。他一直努力像公司的真正董事一样为其作贡献。他特别担心的是,公司并没有采取任何措施对抗廉价的进口货物。当他提出这一问题时,托尼·约翰斯顿把问题踢回去给他,建议说:解决这一问题的最好办法是降低生产成本,这样价格也就降下来了。保尔已经感到自己被压垮了,再没信心提出这一问题。

在董事会,他很少得到同事们的支持或帮助。他从没有真正感到自己是他们中的一员或者被他们接受,他发现自己常与他们有所差别,似乎他仍然只是个经理。当他试图与他们讨论涉及公司的问题时,他们发现很难掩饰他们的失望和冷淡。只要他们负责的工作一切进展顺利,他们就感到幸福。在这样的氛围中,作为一个平等的董事会成员作贡献的压力开始凸显出来。他变得玩世不恭,并对来自任何渠道的批评都加以提防。

为了应对这种不适,保尔全身心投入到自己负责的事务之中,但结果仍不像他所预料的那样。现在他是董事了,人们对待他的方式也不同了。他们不像以前那样开诚布公或者友好了。他发现,若不显得对他人进行不必要的干预而想弄清正在做的事,实在困难。他很清楚,他的新生产部经理受了挫折,试图疏远他。

保尔长时间工作,但他知道,他降低而不是增加了价值,尤其在他的职责范围内。他不知道应该采取什么样的方式工作,而且工作的压力已经开始影响他的家庭生活。他感到没有任何人可以征求意见。他已开始采取像董事会其他成员一样的行为——一切为了安宁的生活。但这使他更加紧张,因为他发现,要漠视日益严重的战略问题太困难了。董事会似乎满足于谈论日常问题,在经济收入持续稳定增长时更是如此。

作为最后一手,保尔试图和托尼·约翰斯顿好好谈谈。托尼对保尔的担忧感到非常困惑不解。他希望保尔像布莱思以前一样工作,并且希望,保尔在职业生涯中那么早就被提升为董事,应对他心怀感激。他把保尔的评论看成是对他个人的批评,因此,会谈很冷淡地结束了;托尼建议,保尔应该集中精力整顿自己负责的部门。次日,托尼接受了保尔的辞呈。

这个案例中保尔并不能顺利地融入到董事会中,当然这和由经理到董事的角色转变有关,也和整个董事会尤其是董事长的行事风格有关。可能每个人都可以从不同的角度提出建议来改善案例中董事会的运作效率。但是,此处我们要强调的是针对董事个人和整个董事会培训的重要性。

对于新任董事而言,从原有职位到董事的角色转换是非常大的,这一过程中新任董事必须经历必要的培训,以便顺利地融入到董事会这个团队当中。即使对于现任董事而言,有针对性地培训也是非常必要的。因为,董事的素质提高对于董事会高效运作甚至是公司成功都至关重要。董事有必要不断地提升自己各方面的能力,从而真正起到董事的作用。提高董事们的技能有多种途径,但是毫无疑问,培训是最有效的方法。通过系统的培训,提高董事们作出正确决策的能力,从而有效地缩小外界快速变化的环境对董事们的要求以及董事们目前所拥有的能力之间的差距。对董事进行培训的目的是使其集中得到相关的知识,增强其才智和学习的能力。

对于董事个人而言，培训会使其在公司中的作用和水平得到相当大的提高，使其能够更好地思索，也让个人拥有思维空间来考虑公司的问题，并有助于形成正确的观念。

（1）通过培训，尤其是有针对性的培训，可以使董事们在集中的时间里系统了解并熟悉董事们应掌握的知识和技能。培训能帮助新董事更快变得称职，因为它提供了一次了解董事所需知识和技能的机会。即使不能马上提高董事们的相应能力，但是通过培训可以使他们发现自己的弱点，在今后工作中可以有意识地增强某些方面的训练。从长期来看，有利于董事们决策水平的提高。

（2）通过培训，可以进一步培养董事们自主处理问题的特点并能增强董事们的信心，而信心又能改进工作。特别是信心的增强意味着董事有能力，而且愿意放手去管理，着手处理战略问题。一方面增强了信心，另一方面帮助董事弄清楚工作过程，所以培训能帮助提高领导才能。此外，信心的增强可能会使董事们有勇气抛弃过去的做事方法，去抗拒来自传统观念上的和文化上的压力，使他们能自由地按照他们自己的方式做事。

（3）通过培训，能帮助董事们认识到作为领导的作用，使他们能够从整合公司集体的经验、知识和能力中获得解决问题之道。

随着董事个人的改变，培训也会促使公司的改变。通过培训，可以帮助董事们弄清楚他们共同的强烈愿望，并为了实现这些目的制订出相应的行动计划。培训总是为公司和受训的董事寻找双赢的出路，董事们相应技能的提高使得公司长远价值的提升成为可能。

二、董事会培训

董事会的培训应该在公司的整体发展框架中进行。培训是一种工具，或者说是一种方法，一种实现个人转变的手段。

（一）团队精神与意识

董事会要充分发挥职能作用，关键在于团结与凝聚力。作为一个具有凝聚力的集体来运作，每位成员都可以担负起不同的任务，而又能做到分工合作。如果董事会不团结合作，那么随着个人追求自己职能部门的利益，公司的总体目标就不可能实现。集体的团结合作是一种协同能力：通过集中、统一个人的工作，来实现集体的更高层次的利益。团队合作要求成员之间的相互信任与帮助，而要做到这一点，需要每一位董事都具备参与意识，需要成员之间加强了解，看到他人对集体的贡献。①

作为董事会的成员，他们能了解自己为公司所作的贡献，也知道自己的力量在集体中的地位，他们一起帮助设计、讨论过公司的发展规划，他们也知道自己为公司的集体利益该做些什么。毫无疑问，他们这种全局观念本身就是一种优势。因为这意味着他们可

① 〔英〕费恩特等：《公司董事会》，何昌邑等译，华夏出版社2004年版，第204—215页。

以把碰到的困难与问题摆到公司的宏观发展中去解决，而不是简单地当做失败或挫折而放弃。他们要清楚自己需要如何做才能实现董事会的团结合作。他们知道个人都有自己的差异，也就不会因为遭遇不同意见而感到委屈。他们也许是在会议上提出良好建议的人，但将其转化为可行方案的或许是别人，而真正贯彻实施该方案的又是另外的人。

一个集体的特色正是体现在成员利益的集中与成员之间的相互理解与互相支持上，也正是这些特色使得一个集体成员之间休戚相关。董事之间的团结有利于董事会在战略上宏观地把握企业发展，这也正是董事会的职责之所在。

通过培训可以培养董事的集体合作意识，帮助他们认清奋斗目标，认识公司业务所面临的问题。培训是个人在公司发展的一条捷径，因为它可以充分挖掘个人及集体的潜力。关于董事团队精神的培训，其独到之处在于，将董事的成长与发展置于公司的发展环境与背景之下，整个公司潜力的发掘就与个人的潜力发展紧密联系。一些优秀董事会的实践是将整个培训活动分为两大部分：对董事会的集体培训与董事会成员的个别培训。因为并非每位董事的情况都一模一样，而个别训练就允许个人以自己的进度来接受培训。个别的培训为每位董事提供了一个学会逐渐适应与其他董事合作的机会。

对每一位董事的培训，对于整个董事会以及各位董事均有利。然而，只有董事们在接受了个别的指导的同时又参与了集体的团队精神训练，才会对整个董事会具有更大的意义。

（二）董事会培训的一般程序

董事会的培训应该在公司的整体发展框架中进行。培训是一种工具，或者说是一种方法，一种实现个人转变的手段。

首先，在培训前董事应该考虑以下问题：董事会成员在一起合作的情况怎么样？董事之间的人际关系如何影响整个董事会的运作？董事会每天的工作是否真正在解决公司的实质问题？对于董事会来讲，哪些事应该停办，而哪些又应该启动？作为一个整体，该董事会还缺乏什么能力？自身的优势及劣势分别何在？通过对这些问题的思考，董事们会达成共识，将需要在培训中解决的问题依次列出。

解决了上述问题，现在可以对董事会成员进行个别培训了，因为董事们和负责培训的人员都清楚该公司的实际问题，也就是说这一对一的个别培训有了根据，培训的目的就是使董事们认识自己，从而更有效地为公司作贡献。

在第一次接受个别培训之前，每位董事均应填写一份“现状分析”调查表，该材料仅供培训辅导员参考。在这份材料里，该董事要提出他本人希望在培训中解决的问题。个别培训和董事会集体培训的差别就在于，集体培训的时候，每位董事均应就其同事的工作方式及做法向培训辅导员提供一份反馈材料。这份材料将运用于整个培训过程，有助于培训辅导员认识受训者之间有什么需要解决的问题。这样做其实是让他们更加了解自己。

在培训开始阶段，每两周举行一次会议，以后随着董事逐渐增强了信心与动力，过渡为每月一次。每一次会议开始都先回顾自上次会议以来的进步，以及所遇到的问题，然后讨论当前的情况以及随后的发展规划。因为有了培训之前的准备工作,例如前面提到的董事们先要考虑的问题,以及“现状分析”调查,所以到了这一阶段,负责培训的人员已经清楚,在发展公司利益这一大前提下,有哪些意见是一致的,又有哪些是有分歧的。所以培训辅导员就可以让各位董事妥善解决他们不利于公司发展的任何细节。

当单独培训进行到一半的时候,召集一次所有董事出席的会议。这样做是想让大家总结一下,自第一次的情况分析到现在都有些什么变化,同时也商讨下一步要解决的问题。同时,培训辅导员也可以利用这次会议给各位董事指出一些已经出现但尚未得到重视或解决的问题,并在后续的单独培训中进一步强调。

培训项目是依据董事会和董事的具体情况量身定做的,而不是强加给他们的成套公式,这样才可以促使董事从自己身上找到解决问题的途径。因此,随着个人思想观念的转变,公司内部也更容易发生实质变化。这就是公司变革和持续发展的基础。

【本章思考题】

1. 试分析董事会与公司战略之间的关系。
2. 影响董事战略性参与的因素有哪些?
3. 称职董事应具备哪些个性特征及知识、能力?
4. 试分析董事培训的意义和价值。
5. 董事长如何保持所在董事会运作的效率和效果?
6. 试分析如何开展董事会培训。

【综合案例】

NYNEX 公司:让董事会成为行家里手

一、公开信息交流奠定了 NYNEX 公司与大西洋贝尔突破性合并的基础

当伊凡·塞登伯格在 1995 年就任 NYNEX 公司的主席兼首席执行官的时候,他的脑子里连与大西洋贝尔合并的影子都没有,但他已经感到了强烈的震撼。技术进步和行业门槛的降低正在重塑通信产业,娱乐行业、有线网络、软件公司、本地以及长途电话公司之间几乎每周都在上演莫名其妙的联盟大戏,各种收购建议以及失败的方案[像大西洋贝尔与 TCI、美国西部(US West)与时代华纳]搅得市场沸沸扬扬,没有人知道两年以后的产业格局状况。

面对技术、管制、立法以及全球竞争格局的巨大不确定性,塞登伯格必须为公司建立一个业务转型的机制,但他需要董事会在这方面的帮助。这就意味着董事会必须理解这一极端复杂的行业核心。董事们在讨论公司战略方案时已经了解了很多外部知识,但这还不够。塞登伯格与他的高级管理团队必须在将董事会淹没在细节的海洋和将董事会与公司的现实环境隔离这两个极端之间努力寻求一种平衡。简单地说,塞登伯格必须让董事会有“产业文化”。

直到此时,公司管理层与董事会之间的信息状态是不均衡的。董事会已经为接受更多的信息做好了准备。在塞登伯格的领导下,董事会检讨了过去的做法并制定了一份类似通用汽车公司治理纲要的报告。NYNEX公司这份于1995年年末发表的报告清晰地阐明了董事会对信息以及人员公开交流渠道的需要。这样,即使塞登伯格想打退堂鼓也已经没有退路。

对于任何一位执行官而言,打通隔离董事会与管理信息之间的那道墙是对个人信心的一种考验。塞登伯格的理智告诉他董事会应当充分了解情况,但他也意识到其中蕴涵的个人风险。他解释说:"就我而言,转变董事会过程中最困难的事情就是作出让信息更快、更自由流动的决断。但是,当信息的阀门打开时,谁知道将会发生什么呢?"

塞登伯格并不知道他所面临的困扰将使NYNEX创造公司史上的新篇章。通过率先在董事会议的结构和内容、会前和会议之间的沟通以及最重要的一点——消除产业的神秘性——等方面进行变革,使得塞登伯格能够发掘他所拥有的这一杰出董事会的经验以及智慧。这个董事会最终帮助他创造了NYNEX历史上最大的一次战略飞跃——1997年与大西洋贝尔合并——启动了一场巨额并购的浪潮。

二、体验式会议

在塞登伯格领导下的NYNEX公司董事会,产业文化的取得是一个逐渐延伸的长期过程,绝非仅仅出现在一年一度会议上的噱头。尽管很多董事会当时已经开始采用举行年度度假会议的形式讨论公司战略问题,NYNEX公司却并不跟随潮流。公司把战略的学习以及制定当做一个持续进行的董事会讨论过程,而将董事会度假会议这种形式作为学习过程中的一个飞跃形态。正如塞登伯格所说的:"我不喜欢那种一年一度的联谊会、策略研讨会而其他时间都进行管理决策的想法,我们努力使每一次会议都成为一个体验。"

为了留出足够的战略讨论时间,NYNEX公司将每年11次董事会议缩减至8次,但每次会议时间从一个多小时延长至半天。董事会议也涉及例行的事项——委员会报告、派息以及类似的事情——但都相应地调整到会议开始或结束阶段,或者通过电话会议。董事会的季度会议首先处理业务事项——派息、季报,而在季度会议之间的会议上,例行的业务事项一般被排到会议后期处理。会议顺序经常人为地调整,以避免会议形式化。

每次董事会议至少留出一个小时的时间讨论公司战略中的某个问题或者它的驱动因素。有时,首席执行官在会议期间就最新事件或产业趋势对公司策略的影响阐述他的见解。通过每年大约8—10次对公司战略及其制定依据反复研讨的会议,每一个人都建立了基于技术进步以及竞争发展最新状况的产业基础知识。

每年年初,塞登伯格提出当年讨论的战略主题计划,确保公司的每一项业务都获得一次战略评价。塞登伯格同时也鼓励其他董事们提出战略主题的讨论建议。比如,一次会议集中讨论长途电话服务业务;一次重点讨论黄页业务;另一次专项讨论网络。而在此之前,亚洲的业务以及国际联盟事宜已经作了专门的讨论,董事提出应该将无线通信业务以及公司在英国的有线电视和电话的合资企业问题列为重要议题。

董事会讨论不必与具体决定挂钩。塞登伯格说道:"我们并不总是以策项决定结束会议的讨论。董事们喜欢不受约束的战略讨论,他们能够在会后考虑这个问题并让他们的想法通过一系列会议来完善。”

NYNEX公司董事会议中的报告质量优于其他公司的一个原因是公司管理层具备确定适当的细节并将这些细节纳入整体内容的能力。塞登伯格说道:“董事们并不知道光纤是怎样铺设的,但他们必须知道这些光纤铺设对公司业务的财务影响。”

一般有2—3个公司高层经理参加董事会的战略讨论会议,他们的准备工作非常严格,正如塞登伯格所强调的:如果你将某件事摆到会议桌上,董事们将会对它作出反应。可能某人在会上不经意地提到公司因废料问题要承担一些环境方面的责任等,董事会就会惊呼:“哇!别管时间了,让我们好好说说它。”参会的经理们同时也必须准备好独立回答董事会的提问,这样就能激发董事会成员的个人参与以及互动。

几个步骤能确保经理们做好准备。报告人在这项议程确定时就提前与塞登伯格见面,获得会议的整体印象以及对报告的初步要求,然后他们再次会面具体讨论报告的内容,会议前一个星期他们进行一次彩排——不是为了让报告天衣无缝,而是为了确保报告内容紧扣会议主题。

由于变化的速度及其内涵的复杂性,塞登伯格从未在董事会成员能够自行跟上产业变化的步伐这一假设的基础上准备董事会议。他充分利用准备期间的时间破解、简化并梳理出其中的格局以及线索。例如,当管理层向董事会大谈公司成为一个核心网络的批发业务营运商以及零售服务提供商的目标时,塞登伯格就会谈到经历了类似演变的其他产业的情况以便大家理解目前的变化。他会说:“看一下航空业,过去大家习惯于直接向航空公司预订的方式购买机票,然后变为向旅行社预订,旅行社就成了你的零售界面并成为航空公司的批发销售商,但如果你愿意,你仍然可以向航空公司预订机票。这就是批发与零售的关系演变。”

三、会前以及会议之间

董事们进入会议室并做好了讨论与辩论的准备很大程度上是由于会前以及会议之间存在良好的交流。NYNEX公司一直保持着每次董事会议前向董事发送资料活页夹的传统,变化的只是文件内容。公司管理层后来开始向董事们发送更多、更具可读性、更激发人的兴趣的资料。

NYNEX公司董事会议的召开时间是在星期四。在每次会议的前一个星期四,管理层向董事们发出核心战略讨论事项的详细材料汇编,并附上一套剪报以帮助董事们了解业内的最新情况。公司首席执行官总是在这套文件中附上一份会议日程说明,便于董事们了解本次会议中将要讨论的特定主题。这样,董事们就能保持注意力集中并有效地使用他们的准备时间。

为避免信息泛滥,公司向董事们发送一份报告内容摘要,董事们可以重点阅读而无需看一大堆资料。“大公司在开董事会时通常都用一大堆图表,”塞登伯格解释道,“我们将这些图表先发送出去,我们规定了一项董事会规则要求董事必须阅读这些图表。会议期间我们使用的唯一图表是数据图或地图。多数情况下,我们采用圆桌会议形式,经理们发言时就坐在桌边的位置上——而不是站在前面的屏幕前。”

公司管理层努力做到让董事们能够轻松地进入会议主题,不受大量细节信息的拖累。以派息为例,管理层先将完整的报告送交董事会财务委员会,同时将副本送交董事会全体。这样,有兴趣的董事可以深入研究这份报告并做好会上提问的准备。而当公司的健康护理业务成本控制计划列入董事会议程时,会前的材料则提供了所有的相关统计数据。报告是由公司人力资源副总裁作的,他解释了对未来发展趋势以及政策演变的看法,董事们在讨论中显得十分活跃,因为他们已经做足了相关准备。

在董事会会议之间,公司管理层与董事会的交流仍在持续。塞登伯格说道:"我从我的前任比尔·福格森身上学到的经验之一就是每月同1—2个董事交谈。交谈的话题——薪酬或财务问题等——总是随时存在的,结果我发现更多的意见和问题。董事们相互之间也经常交谈,董事与经理的交流同样很多,有时在月度董事会议上我得知两位董事与公司首席顾问或一个员工进行了联系,询问了很多问题,这是一种健康氛围的标志。"

另一种需要交流的情形是发生坏消息时。"我并不对报上的所有消息都做出反应,"塞登伯格说道,"但如果是重大事件,我会联络董事们并做出解释。如果拖延至下一次董事会议,就会出现诚信危机了。"

四、坦诚与权威并行

塞登伯格原来担心可能会降低他的决策权威的做法实际上反过来增加了他的权威。"我告诉董事会的越多,他们对于我的信任增加得越快。信息隔离时,公司面临的问题远远多于现在,董事们都感到他们有仔细盘问管理层的必要了。我们越吞吞吐吐,他们就越这么认为。"对公司主席和首席执行官的年度评价会议(单独举行)就成为董事们发泄这些忧虑的正式出口。

基于"产业文化"的董事会讨论有助于塞登伯格将公司作为通信行业的一支劲旅来重新定位。"随着这一定位的雏形逐步出现,"塞登伯格说道,"董事会协助我们作出重大转型的决策。经理们一般都不愿意承认他们缺乏全局观念,事实却是如此。但是,能够给我们提供这方面思想的人确实存在,董事会帮助我们理解了从全局出发思考的必要性,这种大局观远远超过了我们原先所具有的。"

"董事会对产业了解得越多,他们就会推动我们更多。这种推动是通过提出诸如'你们怎样才能在竞争中胜出并在未来5年中达到年增长率10%的目标?公司的发展速度能否跟上?'的疑问来实现的。董事会是公司与大西洋贝尔合并决策的主要幕后推动力。"

塞登伯格认为,董事会的知识状态给予了它决策的信心。"作为一名董事,除非你有充分的信心相信这么做是正确的,否则,你不会作出如此巨大的一项交易决策。这一点可以通过我们的一系列会议看出来,在15个月的时间里,每一位董事都对合并方案的方方面面作了详细的思考。"

董事会的价值甚至超越了合并决策本身。在NYNEX公司进入合并程序后,董事们贡献了无法估量的指导意见。由于几乎每一位董事都经历了不同规模的购并,因此董事会所聚合的知识十分巨大。"看一下与大西洋贝尔那项交易的结构,"塞登伯格说道,"你就能够发现,单靠我们(经理层)是无法想到其中的一些东西的。"

塞登伯格最后总结道："这里并没有什么高深玄妙的东西，只要通过持之以恒地探讨战略问题及其驱动机制建育起一个知识基础，就能使你随时做好准备充分把握机会。"

资料来源：〔美〕拉姆·查然：《顶级董事会运作》，武利中译，中国人民大学出版社 2003 年版，第 92—97 页。

【案例讨论】

1. 面对技术、管制、立法以及全球竞争格局的巨大不确定性，塞登伯格扮演了什么样的角色？

2. 塞登伯格是如何让董事真正地参与到公司的重大决策的？

3. 结合开篇所提到的小天鹅和 NYNEX 公司的两个案例，说明在提高和改善董事参与决策的效率和效果的过程中应注意哪些问题？

第六章 高级管理人员的激励与约束

【篇首语】

公司高层管理人员作为公司的关键成员，其行为激励的重要性日益突出。强化公司高层管理者的激励与约束机制是公司治理中的重要环节，激励方式正从传统的以支付薪酬为主向更多地参与剩余分享的模式转变。尤其是近年来，随着我国新《公司法》的颁布，一批关于上市公司及国有控股上市公司实施股权激励等激励机制的政策法规纷纷出台，公司管理层激励的制度环境和企业条件发生了剧烈的变化，薪酬激励与产权激励相混合的公司管理层激励计划的设计日趋复杂和精致。因此，学习管理层激励的基本原理和操作要领，认识当前我国企业实施管理层激励的客观环境与企业现实条件，越来越具有现实意义。

【引导案例】

万科欲吃螃蟹:4.85 亿激励高管

2006 年 3 月 21 日，G 万科(000002)公布了首期高管激励计划，这是股改之后，第一家正式出台对管理层激励具体方案的上市公司。

万科此次限制性股票激励的基本操作模式是：以当年净利润净增加额的一定比例提取一定的激励基金，通过信托管理的方式，委托信托公司在特定期间购入本公司上市流通 A 股股票，经过储备期和等待期，在公司 A 股股价符合指定股价的条件下，将购入的股票奖励给激励对象。

一、4.85 亿激励高管

“我们测算了一下，三年合计，万科用于高管激励的总基金额约为 4.85 亿元，如果按 45% 缴税，实际奖励基金额为 2.67 亿元。”国泰君安地产行业分析师张宇对万科激励模式中的比例进行了模拟测算。

按照首期激励计划中不超过 8% 的高管激励面，约有不超过 160 名高管将在三年内分享这笔巨额奖金。而公司董事长王石和总经理郁亮也将获益，二人的分配额度分别为每期拟分配信托资产的 10% 和 8%。

张宇认为，根据万科 3 月 21 日发布的年报，2005 年利润预测为 13.5 亿元，相对于 2004 年净利润 8.78 亿元，增长了 53.75%，而如果 2006—2008 年以每年增长 30% 计，将可能为股东创造财富 70.02 亿元，在这个基础上按比例提取的奖励金，将占总净利润的 6.9%（税后占 3.8%）。

按照万科公布的初步计划，在上市公司年净利润(NP)增长率超过 15%、全面摊薄的年净资产收益率(ROE)超过 12% 的硬指标条件达成之下，净利润增长在 15%—30% 之间，则同比从净利润增长额中提取奖励金；净利润增长率在 30% 以上按照 30% 进行提取，但累计提取的奖励金不超过净利润的 10%；然后在税后委托信托公司，通过二级市场购买万科股票，奖励高层管理人员，分配三年后股票可以进行上市交易，首轮计划为2006—2008年。

二、限制性股票，还是股票期权？

对于万科而言，采取限制性股票而不是股票期权作为激励方式，也是一项灵活措施。

“选择限制性股票而不是规范股票期权，表明公司还是对股价的信心方面有所顾忌，因为，如果选择股票期权，股价不上涨，高管分文得不到；而限制性股票的好处就是，如果股价下跌，高管也有收益，只不过比公司支付的购股成本打折而已。”荣正咨询的郑培敏认为。

“相对于限制性股票而言，股票期权对高管的利益捆绑更紧密，激励约束功效也更强，”隆瑞投资顾问有限公司执行董事尹中余认为，“但最近万科股票一路飙升，行权空间已经不大了，股票期权对于高管的风险更大。”

但也有机构投资者认为，万科采用股权激励方案优于期权方案。“采用期权方案，可能导致上市公司高管对公司股价变动极为敏感，因为股价变动直接关系到其收益，高管容易萌生操纵股价的念头。”一位基金投资人士表示，在此之前，万科总经理郁亮等高管已与机构投资者交换过对首期股权激励方案的看法，经反复斟酌才得以形成目前的方案。

三、对于激励方案，最终谁说了算？

万科的高管激励方案，还只是停留在公告阶段。尽管方案已经由董事会发出公告，但是不确定因素依然存在，方案能否实施，还需要得到监管部门的批准以及股东大会的讨论通过。

监管部门中，首要的便是证监会，按照证监会2006年1月颁布的《上市公司股权激励暂行办法》的规定，在递交股东大会之前，需要获得证监会的批复。

有关人士认为，按照之前万科进行的股改流程，在上报证监会和股东大会之前，需要由国务院国资委对大股东华润支付对价方案进行审批，那么，此次股权激励，也同样需要国务院国资委对华润集团进行审批。

也有不同意见认为，华润虽是万科第一大股东，但只持有11%的股份，并非控股股东（市场的理解是持股30%以上才算控股股东）。

万科公司证券业务代表告诉记者，此次激励计划，并不需要国资委批准，因为国有股股东华润集团，持股数量并未达到控股比例，因此，只需要股东大会的批准即可。公司方面已经准备将相关资料报送证监会，如果获批，将是证监会上市公司股权激励办法发布之后首个实行高管股权激励的上市公司。

资料来源：《21世纪经济报道》，2006.3.24。

【案例讨论】

1. 作为国内股改后第一家正式出台对管理层激励具体方案的上市公司，万科的股权激励计划具有多大的普遍意义？

2. 作为股权激励的两种主要形式,限制性股票和股票期权的区别何在?

3. 公司高管激励方案的实施紧密关系到股东利益,应该设置怎样的决策与审批程序?

4. 如何看待《上市公司股权激励暂行办法》颁布以来,企业实践探索中遇到的现实问题?

高管激励是公司治理的动力机制,是公司治理制度的核心内容之一。我们从狭义方面理解的公司治理,是指所有者,主要是股东,对高层管理者的一种监督与制衡机制,即通过一种制度安排,来合理地配置所有者与高层管理者之间的权利与责任关系。由此看出,公司高层管理人员作为公司的关键成员,其行为激励的重要性日益突出。强化公司高层管理者的激励与约束机制是公司治理中的重要环节,激励方式正从传统的支付薪酬为主向更多参与剩余分享的模式转变。尤其是近年来,随着我国新《公司法》的颁布,一批关于上市公司及国有控股上市公司实施股权激励等激励机制的政策法规纷纷出台,公司管理层激励的制度环境和企业条件发生了剧烈的变化,薪酬激励与产权激励相混合的公司管理层激励计划的设计日趋复杂和精致。因此,学习管理层激励的基本原理和操作要领,认识当前我国企业实施管理层激励的客观环境与企业现实条件,越来越具有现实意义。

高层管理者的分类有不同的标准,广义的高管层激励对象,指包括董事、监事、高级管理人员在内的所有高层管理人员。狭义的高管层激励对象,指直接对企业经营收益负责的高级管理人员(高级经理人、经营者)。本章所探讨的激励对象是狭义的高管层激励对象,简称高级管理层(也称为经营者、经理人员、高级管理层、高级执行人员等),主要是指公司副总经理以上(含副总经理)的、直接对企业经营收益负责的高级管理人员。

第一节　公司治理中激励问题的产生

亚当·斯密提出的那只“看不见的手”就是在描述一种奇妙的激励机制,通过这种机制的作用,人们在对自身利益的追求的同时实现了对社会利益的贡献,这是不需要人工设计的激励机制。然而,通过市场来组织交易时,由于存在交易成本和各种导致市场失灵的问题,需要用人工设计的“看得见的手”来代替“看不见的手”,从而就产生了对人工设计的激励机制的需要。

公司高层管理者的激励与一般成员的激励问题有所不同,它更多地涉及制度激励层面。委托代理制度的设计构成管理层激励的重要内容。

一、制度激励问题

在现代市场经济中，企业是由股东、银行、员工、客户及供应商等利益相关者组成的一种社会经济组织。企业管理过程中许多激励问题都是制度性的。

（一）制度激励问题

制度激励问题是指因为制度安排方面的原因，作为组织成员的工作得不到相应的回报，或者个人不需承担其行为的后果。公司是一种典型的人造组织，公司管理所考虑的核心问题之一就是激励问题。组织成员和组织本身都需要激励，人工设计的激励机制变成公司制度建设的一项重要任务。

（二）激励相容

组织制度设置的目的是要达到一定的目标，但在许多场合，构想出一些可行的过程相对而言是比较容易的，如果所有的参加者都遵守规则而且有行动能力，那么过程就能达到目标。但是，一旦一种可行的机制被初步构建，剩下的主要问题就变成“这样一种机制是否具备信息要求的可接受性和各参加者的自然刺激是否能和谐共存”，这就是赫维茨 1972 年提出的“激励相容”的概念。简单说来，激励相容就是每个组织成员的自利行为结果与既定的组织目标相一致。

二、委托代理理论

委托代理理论框架下的激励理论是经济学领域中影响最大的激励理论。激励和代理是互补的，一方的存在才使另一方有意义。委托代理理论实质上已经演变成一种激励机制设计理论。在这一框架下，人们在各种假设条件下，建立了各种激励问题的模型。

委托代理理论是研究在给定信息结构下委托人和代理人的最优契约安排，或由于信息不对称以及所有权与经营权分离而产生的代理问题的企业理论。现代公司的一个重要特征是两权分离，企业的经营由没有股权的经营者指挥和控制，所有者并不直接参与公司的经营与管理，但由于经营者与所有者（在委托代理理论中，所有者被称为委托人，经营者被称为代理人）具有不同的目标函数，经营者在实践中可能按照自己的利益行事，并且由此会损害所有者的利益，两者之间就产生了利益冲突。

亚当·斯密早在 1776 年就已经告诉我们：无论如何，由于这些公司的董事（经营者）们是他人钱财而非自己钱财的管理者，因此很难设想他们会像私人合伙者照看自己钱财一样的警觉。所以，在这类公司事务的管理中，疏忽和浪费总是或多或少存在的。詹森和梅克林(Jensen and Meckling)认为，只要经营者拥有的股权少于企业的全部普通股数量，就会产生代理问题，在资产所有者和经理之间存在着冲突，因为后者仅仅得到了企业利润的一部分，却承担了用自身努力加强企业盈利能力的所有成本，如果经营者具有不同的目标函数但没有私人信息，则所有者可以提供一个完全契约控制其行为并使双方的目标函数完全一致，那么代理问题就不成其为问题，经营者的道德风险也就不复存在或无法存在了。但事实上经营者拥有相当的私人信息(如生产条件、生产成本、市场状况以及行动等)，而且所有者无法完全监控经营者的行为，这就使得经营者的行为难以控制，所有者的利益难以得到维护。为使经营者的行为符合所有者的利益，所有者必须给经营者以激励，委托代理理论的实质就是分析非对称信息下的激励问题。

因此，制度激励问题产生的根本原因来自两个方面：一是委托代理问题，现代公司所有权与经营权的分离、企业家职能的分解以及由此产生的委托代理问题是激励问题产生的基础；二是信息不对称问题，委托代理问题的存在并不是激励问题产生的充分必要条件，信息不对称、道德风险和外部环境的影响也是重要的原因(见图6-1)。

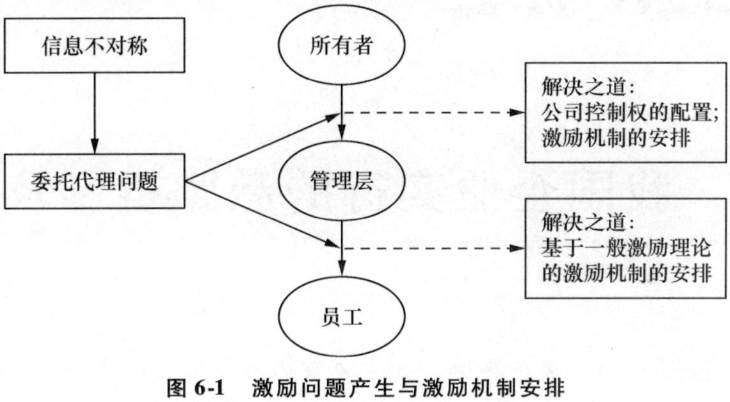

图6-1 激励问题产生与激励机制安排

【情景链接】

猎人、猎狗与兔子的故事：绩效评价、激励形式与激励效果

一条猎狗将兔子赶出了窝，一直追赶它，追了很久仍没有抓到。猎人看到此种情景，讥笑地对猎狗说："你们两个之间小的反而跑得快很多。"猎狗回答说："你不知道我们两个的奔跑是完全不同的！我仅仅为了一顿饭而跑，而它却是为了性命而跑呀。"

猎人想，猎狗说得对。我要想得到更多的猎物，就得想个好办法。于是，猎人又买来几条猎狗，凡是能够在打猎中抓到兔子的，就可以得到几根骨头。抓不到兔子的就没有饭吃。这一着果然奏效，猎狗们纷纷努力去追兔子。过了一段时间，问题又出现了，大兔子非常难抓，而小兔子好抓，抓到大兔子得到的奖赏和抓到小兔子得到的差不多，猎狗中善于观察的发现了这个窍门，于是专门去抓小兔子，慢慢地，大家都发现了这个窍门。猎人对猎狗们说："最近你们抓的兔子越来越小了，为什么？"猎狗们回答："反正不会有太大区别，为什么要去抓大的呢？"

猎人经过思考后，决定不再简单地将分得骨头的数量与是否抓到兔子挂钩，而采用每过一段时间，就统计一次猎狗抓到兔子的总重量，按照重量来评价猎狗，决定一段时间内的待遇。于是猎狗们抓到兔子的数量和重量都增加了，猎人很开心。但是，过了一段时间，猎人发现猎狗们抓到的兔子的数量又下降了，而且越有经验的猎狗，抓的兔子的数量下降得越厉害。于是猎人又去问猎狗。猎狗说："我们把最好的时间都奉献给了你，主人，但是我们随着时间的推移会老，当我们抓不到兔子的时候，你还会给我们骨头吃吗？"

猎人经过再三思考后决定，论功行赏，分析与汇总了所有猎狗抓到的兔子的数量与重量，规定如果抓到的兔子超过了一定的数量，即使抓不到兔子，每顿饭都可以得到一定数量的骨头。猎狗们都很高兴，大家都努力达到猎人规定的数量。终于，一些猎狗达到了猎人规定的数量。这其中，有一只聪明的猎狗对猎狗们说："我们这么努力，只是得到了几根骨头，而我们抓的猎物却远远超过了这几根骨头，我们为什么不能给自己抓兔子呢？"于是，有些猎狗离开了猎人，自己抓兔子去了。

第二节 我国企业实行的激励机制及其存在的问题

在我国公司对高层管理者的激励方式主要有物质激励和精神激励。传统的精神激励更注重提升公司高层管理者的社会地位，使他们在得到社会尊重的基础上，解除后顾之忧，全身心投入工作，提高业务技能和管理水平，更好地贡献自己的才智。传统的物质激励是指高层管理者所得的工资和奖金，这种结构已不能完全适应现代公司的经营机制。

经过30年持续的企业改革，在激励机制方面，突出体现为激励作用不足，激励机制不健全。公司高管层激励的制度环境和企业条件剧变，但高管层激励机制还不够健全。薪酬结构中还缺乏股票期权等长期激励计划的运行，经营者风险收入部分比例偏小，股权激励作用不足。少数进行股权激励实践探索的企业，授予高管人员的股票或期权普遍还没有到行权期，种种尝试的激励形式还需要经过时间的检验。

一、我国企业薪酬激励机制及其存在的问题

对高层管理者的薪酬激励一般由固定薪金、股票与股票期权、退休金计划等构成。其中，固定薪金的优点在于稳定可靠无风险，能作基本保障，但缺乏灵活性和刺激性。奖

金和股票与其经营业绩紧密相关，对经营者来讲有一定风险，也有较强的激励作用，但易引发经理人员的短期行为。退休金计划则有助于激励高层管理者的长期行为。

我国企业的薪酬激励机制主要包括年薪制和股权激励制度，主要存在两方面的问题：一是薪酬结构中缺乏股票期权等长期激励项目，经营者持股数量和比例不足，风险收入部分比例太小，股权激励作用不足；二是薪酬数量无论是绝对数，还是相对数都太少，难以调动其积极性。

二、我国企业控制权激励机制及其存在的问题

按照产权理论的分析框架，企业的契约性控制权可以分为经营控制权和剩余控制权，经营控制权是指那种能在事前通过契约加以明确确定的控制权权利，即在契约中明确规定的契约方在什么情况下具体如何使用的权利。在创业企业中，特定控制权通过契约授权给了创业企业家，这种特定控制权就是高层管理人员的经营控制权，包括日常的生产、销售、雇佣等权利。经营控制权对高层管理者通常会产生激励作用，使其拥有职位特权，享受职位消费，给高层管理者带来正规报酬激励以外的物质利益满足。因为高层管理者的效用除货币物品外，还有非货币物品，如豪华办公室、合意雇员和公务观光风景胜地等。

剩余控制权则是指那种事前未在契约中明确界定如何使用的权利，是决定资产在最终契约所限定的特殊用途以外如何被使用的权利。剩余控制权一般由所有者的代表董事会拥有，如任命和解雇总经理、重大投资、合并和拍卖等战略性的决策权。剩余控制权决定了经营控制权的授予。

三、我国企业声誉激励机制及其存在的问题

公司高层管理者一向格外重视自身长期职业生涯的声誉。良好的职业声誉之所以可作为激励高层管理者努力工作的重要因素，一是因为使高层管理者获得社会赞誉及地位，能满足其成就感；二是声誉、荣誉会带来明天的货币收入，高层管理者预期货币收入和声誉之间有着替代关系。

尽管许多国有企业高层管理者对激励现状很无奈，但强烈的事业成就欲以及由事业成功而得到的良好的职业声誉、社会荣誉及地位依然是激励他们努力工作的重要原因。各级政府和行业主管部门以往都比较强调精神鼓励，也常常授予经营有方的厂长、经理"优秀企业家"、"五一劳动奖章"等荣誉称号。但这些称号过于空泛，评选的标准不一，难以真正体现高层管理者的能力与业绩。应由国有资产管理部门出面制定全国范围内有较大影响力的国有企业高层管理者评级体系，对国有企业高层管理者能力、素质和业绩进行评定，分别授予不同级别企业家的称号。高层管理者级数的评定并非固定不变，可每两年调整一次。如果高层管理者经营的公司出现亏损，级数自动下调，反之亦然。这样高层管理者自然会努力争取更高级别的荣誉称号，声誉激励机制作用也得以体现，

同时为公司选拔高层管理者提供了依据。

四、我国企业改革中的激励对象与激励形式演进路径的影响分析

（1）我国企业改革中的经理人激励问题。国有企业经营者激励问题是我国企业的典型问题。国有企业激励机制的演进，实际上是兼企业改制与激励机制完善为一体，国有企业希望借助实行激励机制来完成改制和产权结构的调整。在我国当前国企经营者报酬难以市场化、走向成熟的民营企业的职业经理人需求日益增加，而我国职业经理人市场不发达等情况下，有效的经营激励与约束机制的探索对于各类企业来说都变得更加迫切。需要通过理论研究和管理实践总结出激励原则，并在此基础上提出行之有效的激励报酬设计方法。

（2）企业改革中的激励对象与激励形式演进。逐步探索报酬与个人、群体或组织的业绩挂钩的机制，先后走过从平均的群体激励到侧重经理层激励、从单一的奖励到包含股权在内的多元化激励的历程，经营者的有效激励日益成为所有代理制企业共同面临的问题。我国公司管理层股权激励也从无到有经历了曲折的发展过程（见表6-1）。

表6-1　我国公司的股权激励制度发展历程

1999年	我国网络科技股赴美上市，股权激励制度引入证券市场。
1999年	中国证监会首席顾问梁定邦建议中国内地股市把股票期权作为一项重要的完善公司治理的大事来抓，股权激励由此在理论上被广泛认知。
2000年	有关股权激励的法规草案制定出来，并提交给证监会、国资委和财政部等部门领导审阅。
2002年	美国安然等一批公司丑闻曝光，间接影响到国内对股权激励制度的运用进程，相关法规的制定步伐也随之放缓。
2005年	10月27日，新修订的《公司法》规定公司可以"将股份奖励给本公司职工"，将公司回购股份合法化，提供了激励股票的一个重要来源。
2006年	1月5日，中国证监会发布《上市公司股权激励管理办法（试行）》，将管理层股权激励的操作具体化。当年，沪深两市共有43家上市公司公布了股权激励方案，其中22家获证监会备案无异议批复。
2006年	9月30日，考虑到我国国有控股上市公司股权激励的特殊性和复杂性，国资委和财政部联合发布了《国有控股上市公司（境内）实施股权激励试行办法》。
2008年	10月21日，国资委、财政部发布《关于规范国有控股上市公司实施股权激励制度有关问题的通知》。
2009年	8月24日，国家税务总局发布《关于股权激励有关个人所得税问题的通知》。
2012年	5月23日，国家税务总局发布《关于我国居民企业实行股权激励计划有关企业所得税处理问题的公告》。
2012年	2月15日，国家外汇管理局发布《关于境内个人参与境外上市公司股权激励计划外汇管理有关问题的通知》。
2013年	3月16日，中国证券监督管理委员会发布《关于就〈证券公司股权激励约束机制管理规定（征求意见稿）〉公开征求意见的通知》。

(3) 国有企业高管层激励问题具有一定的特殊性。随着国有企业整体机制转化和经济全球化的挑战,新型国有企业经营者激励制度研究具有了新的特点和更加广泛的意义,对于其他国有企业制度演进具有较好的前瞻和示范作用。国有企业剩余所有权和控制权由政府向企业经营者适当让渡的过程,在新型国有企业中表现得尤为典型。已完成现代企业制度构建的新型国企,其前期的绩优表现也激发了企业经营者对产权激励形式的主动追求,一批优势国企在国际化进程中遇到新问题的背后也是企业经营者激励瓶颈。国有企业制度化激励滞后和约束规则缺失,导致一批国有企业经营者行为的扭曲,致使治理风险长期累积和集中释放。因此,根据新的法律法规,科学设计高管层激励制度,对于激发经营管理者的积极行为具有重要意义。

【案例 6-1】

新 59 岁现象:国有企业老总改制情结与心病

改制是国有企业老总最渴望的事,越是临近退休,改制的愿望越强烈。无论是谢幕的长虹董事长倪润峰,还是退休的三九集团总经理赵新先,都有一个难舍的情结——渴望改制。这种现象可称为"新 59 岁现象"。有案例表明,一些国有企业老总把改制当成"最后的晚餐",既能以最少成本捞到可观的股权,又能保住自己的位置。

"急"是"新 59 岁现象"的最大特征。经过十多年的探索,国有企业改革已真正触及公司制度问题,人们对改制——产权制度改革的认识及改制的环境、气候、政策等条件已逐渐成熟,而一些为公司奋斗多年甚至奉献终生的国有企业老总们却又临近退休,这个情形有点像一位站在已驶入终点列车上的人,急于跳上另一列刚刚启动的列车。

一位已经完成改制的原国有企业老总这样解释"新 59 岁现象":改制前,公司高层管理者的任免完全由上级决定,不管你能力有多强,精力有多旺盛,只要到点必须退休。而改制后,只要不是国有控股,公司高层管理者的任免就由出资人与董事会决定,而且任免规则是市场化的,只要高层管理者有能力和精力,就不会受 60 岁退休的规定所限。

希望改制没有错,但操之过急就会出问题。"新 59 岁现象"的成因是那些即将退位的国有企业老总希望通过改制持股甚至持大股,而高层管理者持股的最大难题是如何筹措资金。长期低收入的高层管理者如果急于持大股,只有几种可能:要么做小蛋糕(做亏、低价评估),要么隐匿资产,要么转移利润,要么"空手套白狼",要么资金来路不明,显然,这些做法都是违规甚至违法的。所以,在国有企业老总激励机制尚未健全的今天,高层管理者持股应是长期行为。

一些睿智的 59 岁左右的国有企业老总在推动改制时,不选择"一口吃成胖子"的办法,而是选择一条易于操作的现实之路,如保留部分国有股,吸引部分外来投资者,融进部分职工股。只有当他具有足够的能力左右局势时,他才会坚定地选择 MBO 或 ESOP,其目的很明确——在所剩无几的时间内完成改制。

由此看来,仅几年的工夫,高层管理者的心态已发生了很大的变化,由褚时健引发的

“59岁现象”已发生变异——如果褚时健所代表的“59岁现象”是“恋钱症”的话,那现今流行的“新59岁现象”则是“恋岗症”。

在“59岁现象”刚浮出水面时,经济学家周其仁的“我们拥有世界上最昂贵的公司制度和最便宜的企业家”这句话广为流传,人们认为造成“59岁现象”的主要原因就是国有企业老总的激励和约束机制不足。于是,年薪制、期权、期股等办法相继出台,就连国资委也概莫能外,从2004年起对中央公司老总实行了年薪制。“新59岁现象”的出现证明,“钱”和“岗”不是一回事,靠激励和约束不能全部解除国有企业老总的心病。

“新59岁现象”的出现有一定积极意义。改制后,出资人到位,公司必将建立起一套完善的治理结构,公司高层管理者选择、投资决策等重大事项都将由治理结构(董事会、股东大会)决定,这样中国的国有企业才能真正脱胎为规范的、市场化的公司。

改制的核心不在于股权,而在于把高层管理者与公司的联系从一纸“红头文件”变成产权联系,这样就必将摒弃过去那种“人选择人”的做法,建立起一种按市场化规则选择和决策的制度。

资料来源:李维安:《公司治理学》,高等教育出版社2009年版,第177—178页。

【案例讨论】

1. 巨额期权赠与到底说明了什么问题?为什么不合理?

2. 在这种方式中,在报酬和业绩之间有何关联?这能显示出董事会是代表“选举”了他们的股东吗?

第三节　激励机制设计的依据与原则

一、报酬激励依据的理论

在所有的组织制度安排中,最根本、核心的是产权制度。制度激励实质上是指在产权制度层面的战略性激励。除了前面已经阐述的委托代理理论、信息非对称理论以外,现代公司进行经理层报酬激励设计所依据的理论还包括团队生产、契约的不完全性以及人力资本特征等原理。正是通过分析现代公司这几方面的特征,才能为建立现代公司的激励机制提供指导。

(一)团队生产理论

团队生产理论主要是从监督成本上解释企业内部结构的激励问题。阿尔钦和德姆塞茨(Alchian and Demsetz)认为,企业的产权结构就是为了克服企业内部各种要素所有者之间在团队生产过程中的偷懒和“搭便车”动机而建立起来的制度安排。团队生产理论认为,企业从某种意义上讲是一种团队生产方式,即一种产品是由团队内若干个成员协作生产出来的,而且任何一个成员的行为都将影响其他成员的劳动效率。由于最终产出物(产品)是团队共同努力的结果,因此每个成员的贡献不可能得到精确的计算,这就可能导致一个偷懒问题,即团队内的成员因缺乏努力工作的积极性而产生“搭便车”的行为。为了减少和规避这种行为,就必须让部分成员专门从事监督其他成员的工作,而且还必须给监督者一定的激励,以提高其监督的积极性,才能最终使企业具有效率。所以说,团队生产的有效性和团队生产中监督的必要性之间的矛盾,使得激励问题成为现代公司制度中的一个核心问题。

(二) 契约不完全性以及人力资本特征理论

该理论认为,组织实质上是一种由人力资本与非人力资本组成的“不完全和约”。人力资源不同于其他非人力资源的根本特征就是,它依附于活的人体而存在,与每个人须臾不可分离。其他任何人或组织要使用人力资源,都要经由个人的“积极主动”配合才能实现。人力资本产权在组织安排中具有一种特殊决定性的地位和作用,非人力资本产权权能和权益必须通过人力资本的直接参与和使用而间接发挥作用并实现。

因此,在经营者激励过程中,不仅要讲物质资本的权益,而且更重要的是要讲人力资本的权益。一个组织持续竞争力的产生和强化,首先依赖于人力资本价值的实现。人力资本及其所有权在组织契约中具有越来越大的竞争优势,并在与非人力资本进行竞争与合作的博弈过程中,不断演化出多样化的所有权安排及组织治理模式。因此,我们必须着眼于人力资本的制度激励,从组织所有权安排和组织治理结构的高度确立人力资本的产权地位,保证其主体权能和权益的实现。

在人力资本与非人力资本完成初始缔约之后,企业剩余权力的安排还会出现变化。引起企业剩余权力初始安排调整的原因是多方面的,包括社会信用制度的发展、产品需求结构和企业生产方式的变化。

总之,现实的企业制度中关于企业权力剩余分配的初始缔约,只有随着人力资本和非人力资本双方承担剩余风险情况的实际变化而调整,才能保证产权安排的有效性。

二、设计高级管理人员绩效的综合评价体系应遵循的原则

经营者绩效的综合评价不仅仅是对于结果的评价,有效的经营者绩效评价体系应该是对于经营者承担职责的素质、履行职责的过程、完成职责的成果等方面的全面评价。

(一) 基于职责进行评价

公司的领导过程是一种共同的活动,经营者个人与经营层团队的职责既需要相互区

分又需要相互结合，相应的经营层团队的评价与经营者个人的评价相互补充。个人的工作不可能脱离整个团队的支持，而整个团队的绩效提升也应是个人工作努力的重要目标，团队绩效的优劣直接受到成员个人行为的影响。

（二）过程与结果相结合的评价

针对“能力-行为-成果”的内在联系进行科学评价，注重对企业高层管理者的胜任能力、履职行为和工作业绩进行综合考核。其中理解被考核者的胜任能力、履职行为与工作业绩之间的相互关系是关键。

（三）评价结果与激励体系的适用性

评价结果应及时应用到企业高层管理者的奖惩与任用工作中。有效的企业高层管理者绩效评价体系，是一套具有前瞻性的、战略性的思想，对于被考核者具有良好的导向性，以及完善的指标结构的体系。促进从以控制为导向的、主要与经营者薪酬和任用相联系的单纯的绩效评价，向以发展为导向的、与企业战略实现和经营者绩效改进密切关联的全面绩效管理转变。

三、基于平衡记分卡的考核

（一）总经理的绩效衡量

总经理的任务来源于他和董事会一同制订和通过的战略计划。这个计划包括接下来一年要完成的任务。每个任务都必须以一个特定的标准来执行，包括特定的质量、特定的日期和规定的成本。

董事会也许会有更高的要求，总经理将与董事会讨论这些计划和目标，并最终取得一致。在下一年度，他将向董事会报告进度。在年末，他成功达成其目标、完成其任务，任务的完成应直接与其报酬挂钩。

如图 6-2 所示，这些小格子代表总经理的记分卡上不同类型的任务。例如，浅阴影任务可能是 IT 系统开发。高级管理人员 1 可能是负责 IT 的执行董事——很多个浅阴影的小格子。高级管理人员 2 可能负责公司金融业务，高级管理人员 3 负责中小企业和企业银行业务。每个人都对系统的发展负有特定的责任，因此也有浅阴影的小格子。深阴影、方格和斜线，可能是人力资源类的任务，每个经理有着不同的职责。

高级管理人员会进一步将任务分派给他们的下属。组织中的每个人，都能看到他们的工作是如何直接对总经理的目标作出贡献的。

团队合作是十分重要的，如果一个人没有完成他的目标，除非其他人作出补偿，否则整个团队都有危险。

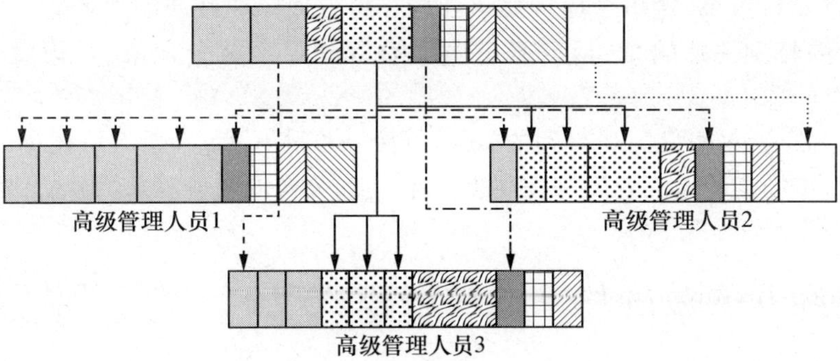

图 6-2　总经理的平衡记分卡

(二) 总经理的评价标准:财务和非财务指标间的权衡

应用平衡记分卡的思路对总经理的绩效进行评价,有利于我们兼顾和平衡总经理所承担的多种职能。图 6-3 提供了一个示例,以说明如何利用平衡记分卡评价总经理的工作绩效。

图 6-3　总经理评价标准:财务和非财务指标间的权衡

根据这个总经理评价标准,除达到董事会为 CEO 设定的评价指标外,还要考虑在指标设定时未被考虑的有关公司福利方面的内容。

和设定的业绩指标一样,员工的士气和公司的形象——指他们对机会或威胁作出迅速反应的灵活性和敏捷性——以及顾客的满意度,也反映了一个公司的经营是否成功。当然,设定的这些指标中应包含如何衡量成功或失败的方法。客户满意度调查、员工调查等都将有助于这项工作的开展。

至于公司的灵活性和敏捷性,只有在事情发生时才能证明,所以当认为公司应该对外部冲击作出反应时,董事会需要密切关注、特别注意观察公司是如何反应的。

大部分财务指标可以包括在 CEO 的考察目标之中。战略的执行,包括研发、创新和新产品开发都非常重要,董事会应当要求公司在这方面倾注必要的力量。

当然,需要特别注意的是,请务必正确地设置和定义所公认的、可衡量的非财务性指标。

令人遗憾的是,一些我们观察到的CEO就像一位骑马师,只想逗留在自己的“舒适地带”。实际上,市场上的投资者迟早会注意到这一点,公司的股价也必然会受到消极影响。

四、构建经理层激励体系的综合模式

在现代企业中,经营者作为董事会的指定代理人,其实际权力往往比法律上规定的权力更大。因此,需要我们从激励机制的含义、激励主体、激励对象、激励手段、激励因素等多方面进行分析,在此基础上提出现代公司激励机制的一个综合分析模式。现代企业多采用多种激励措施的有机组合来激发和约束经营者的行为。

(一)建立所有者与经营者的长期合作关系

一般来说,经营者都有追求个人在社会上的地位和声望的欲望。经营者要达到上述目的,一种途径是通过流动进入地位更高的企业,另一种途径是提高所在企业在社会上的地位。企业要努力培养与高级经理之间的长期合作关系,鼓励经营者通过提高企业的社会地位来提高自己的地位。

(二)设计合理的报酬结构

经营者的报酬大体可以采取以下几种形式:工资、奖金、在职消费、股票和股票期权。每一种报酬形式都具有一定的激励作用。工资和在职消费为经营者提供可靠的收入和消费保障,起到满足生理需要和安全需要的作用,但在激发经营者的积极性方面的作用并不大。但是,在中国,由于整体工资水平不高,以及经营者与普通员工在收入方面的差距不大,在职消费对经营者的激励作用还是明显的,奖金如果与企业当年的经营状态挂钩,就会具有刺激作用,但是容易引发经营者的短期行为,也难以全面反映经营者的真实业绩。从长期来看,股票与股票期权最能反映经营者的真实业绩,也最具有刺激作用,但是也具有较大风险。最优的报酬设计应是所有不同形式报酬的有机结合。并且,董事会可以根据企业发展目标的不同(如侧重经济效益,或市场占有率,或社会公益等),调整报酬结构。

(三)引入竞争机制

在成熟的市场经济中,三种市场对经营者都有激励作用。这三种市场是经理市场、商品市场和资本市场。来自经理市场的竞争具有关键的意义,它给经营者以晋升的可能，同时又有被取代的压力。来自商品市场的约束是基础性的，若企业的商品在市场上不具竞争性，商品经营的失败也意味着经营者在经营上的失败。来自资本市场的约束，一方面表现在股票的涨落大体上能反映出企业的经营状况；另一方面如果经营者经营不善，其他企业就有可能用低价购买足够的股份，进而接管该企业，替换原任经营者，这将对原经营者形成致命的打击。因此三种市场对经营者发挥着不同的激励作用。

（四）具体激励模式

1993 年以来，国务院有关部委先后发布了对国有企业经营者工资收入进行改革的文件，试行“经营者年薪制”，也就是以年度为单位，根据经营者的生产经营成果及其承担的责任、风险确定其薪酬收入的工资分配制度。此后许多地方结合本地区情况出台了年薪制的具体实施办法，归纳起来有如下方案。

模式 A　准公务员型

报酬结构：基薪 + 津贴 + 养老计划

报酬数量：一般基薪应该为职工平均工资的 2—4 倍，正常退休后的养老金水平应该为平均养老金水平的 4 倍以上。

考核指标：政策目标是否实现、当年任务是否完成。

适用对象：达到一定级别的高层管理人员，包括董事长、总经理、党委书记等，尤其是长期担任国有企业领导、能够完成企业的目标、临近退休年龄的高层管理人员。

适用企业：承担政策目标的大型、特大型国有企业。

激励作用：这种报酬方案的职位升迁机会、较高的社会地位和稳定体面的生活保证是主要的激励，而退休后更高生活水准的保证起到约束其短期化行为的作用。

模式 B　一揽子型

报酬结构：单一固定数量年薪

报酬数量：相对较高，和年度经营目标挂钩。

考核指标：十分明确，如减亏额、实现利润、销售收入等。

适用对象：具体针对经营者一人，指总经理或兼职董事长。至于领导班子其他成员工资可用系数折算，但系数不超过 1。

适用企业：面临特殊问题亟待解决的企业，如亏损国有企业，为了扭亏为盈可采取这种招标式的办法激励经营者。

激励作用：具有招标承包式的激励作用，激励作用很大，但易引发短期行为。其激励作用的有效发挥在很大程度上取决于考核指标的科学选择、准确真实。

模式 C　非持股多元化型

报酬结构：基薪 + 津贴 + 风险收入（效益收入和奖金）+ 养老金计划

考核指标：确定基薪时要依据企业的资产规模、销售收入、职工人数等指标；确定风险收入时，要考虑净资产增长率、实现利润增长率、销售收入增长率、上缴税利增长率、职工工资增长率等指标，还要参考行业平均效益水平来考核评价经营者的业绩。

适用对象：一般意义上的国有企业的经营者，指总经理或兼职董事长。

适用企业:追求企业效益最大化的非股份制企业。

激励作用:这种多元化结构的报酬方案更具有激励作用。但该方案缺少激励经营者长期行为的项目,有可能影响企业的长期发展。

模式 D　持股多元化型

报酬结构:基薪 + 津贴 + 含股权、股票期权等形式的风险收入 + 养老金计划

报酬数量:基薪取决于企业经营难度和责任,含股权、股票期权等形式的风险收入取决于其经营业绩、企业的市场价值。一般基薪应该为职工平均工资的 2—4 倍。

考核指标:确定基薪时要依据企业的资产规模、销售收入、职工人数等指标;确定风险收入时,要考虑净资产增长率、实现利润增长率、销售收入增长率、上缴税利增长率、职工工资增长率等指标,还要参考行业平均效益水平来考核评价经营者的业绩。

适用对象:一般意义上的国有企业的经营者,指总经理或兼职董事长,其他领导班子成员的报酬按照一定系数进行折算,折算系数小于 1。

适用企业:股份制企业,尤其是上市公司。

激励作用:是一种有效的报酬激励方案,多种形式的报酬组合保证了经营者行为的规范化、长期化。但该方案的操作相对复杂,对企业具备的条件要求相对苛刻。

五、董事激励

(一) 一般董事人员激励

作为高层管理者群体的董事、监事,以及高级管理人员,在激励机制的设计和激励方式的选择过程中有所不同。而在公司实际运行中,除独立董事以外,其余董事和监事成员又与高级管理人员具有较高的重合度。因此,在高管层激励制度设计中,单独的董事激励的研究较少(尽管国外有的企业在实施董事所有权计划),主要涉及的是高级经理人员激励体系的设计,以及独立董事激励体系的设计。

(二) 独立董事人员激励

国内外对独立董事的激励主要包括三类:报酬激励、声誉激励、法律激励。

目前我国证券市场还没有形成独立董事的人才选择机制和信誉评价体系,因此难以依靠独立董事对其自身声望和信誉的维护而对公司治理起到监督作用。所以,股权激励的方式虽然对董事会的独立性有所削弱,但在激励独立董事行使职责,加大其监督动力,发挥决策、评估、制衡作用,对公司绩效产生"效率效应"等方面可能会起到积极的作用。

第四节　激励机制的结构与类型

企业经理人员的活动比普通员工的活动更难以监督，经理人员的努力比普通员工的努力对企业绩效的影响更大，因此经理人员激励机制的结构和类型比普通员工的更加复杂。企业经理人员的效用函数是一个企业经理人员追求的多种效用变量构成的多元函数，这些效用变量不仅有薪酬、在职消费、奖金、股票期权等满足经理人员生存发展需要的物质利益变量，而且还包括权力、声誉、成就感、自我价值实现要求等满足经理人员精神追求的主观效用变量。而且，由于经理人员自身条件和所处的外部环境不同，不同的企业经理人员以及同一经理人员在不同时期所形成的效用结构也会有所不同。

在市场经济条件下，国有企业激励机制产生许多新的形式，其中年薪制、员工持股制以及股票期股期权制就是这些形式的代表。在目前现状下，年薪制、员工持股制和股票期股期权制在实际操作中具有各自的特点及适用条件，需要在此基础上对其实施的有效性进行探讨和分析。

一、年薪制

一般来说，薪酬的数量在很大程度上是由企业的经营业绩来决定的，而经营业绩一般是阶段性产生（如一年、半年等）而不是连续性产生，因此企业经营者和员工的收入也应该以经营周期为单位来确定，这就是年薪制实施的初衷。所以，年薪制就是以年度为单位决定工资薪金的制度。经营者年薪制就是指企业以年度为单位根据经营者的生产经营成果和所承担的责任、风险确定其工资收入的工资分配制度。

（一）不同国家企业经营者实施年薪制情况比较

年薪制是世界各国较为普遍采用的一种经理报酬制度，但各国的具体实践有较大差别。

（1）英美模式的经理报酬。主要由基本年薪、年度奖金、长期激励、养老金计划和津贴组成，其中长期激励项目（股票、股权等收入）在经理人员总薪酬中所占比重较大，如表6-2所示。另外报酬总额与普通职工收入差距悬殊。

表 6-2　美国高层经理典型薪酬构成及特点分析

薪酬构成	时间特点	风险特点
基本薪水	基本薪水是永久薪酬,并定期支付,通常每月支付一次或两次(要么一月支付两次或一周支付两次)。	基本薪水是最安全的薪酬形式,只涉及就业风险。津贴的风险程度也非常低。
年度奖金或短期激励薪酬	年度奖金或短期薪酬激励计划通常每年支付一次,尽管有些计划每季度或每半年测量绩效一次并支付绩效薪酬。通常,新绩效标准始于每个财务年度。	年度奖金计划涉及未来就业风险与公司的未来绩效低于目标水平的风险。
中长期激励薪酬,包括:股票期权、股票增值权、受限制的股票、虚拟股票、绩效单元/股份/现金	中长期薪酬激励计划的时间跨度从3年至10年不等。一个公司很少会同时使用多个时间跨度不等的中期激励计划与长期激励计划。一些公司按年支付,其他公司定期支付,但不是每年支付;一些公司对某种形式的长期激励计划按年支付,而另一种计划则每年支付两次。	中长期薪酬激励计划涉及未来就业风险与未来公司绩效/股票风险。
法定福利与公司内部福利,包括:养老金计划、医疗计划与牙医服务、储蓄计划、寿险计划、伤残计划	福利计划覆盖范围是在职、退休、残障、死亡的高层经理,以及因公司合并、重组或其他原因导致就业终止的高层经理。	法定福利的风险通常比补充计划小。
补充福利计划,包括:延期支付薪酬计划、高层经理的补充退休金计划、超额退休金计划、补充医疗与残障计划、补充寿险计划	延期支付薪酬计划的计时各不相同,通常是长期计划。	补充福利计划涉及未来就业风险与公司的未来绩效风险。多数(不是全部)补充计划与延期支付计划是没有保障的。近来的趋势是:设计补充福利计划,使公司绩效与福利之间的关联度更大。
津贴,包括:俱乐部会员、理财规划/顾问、享用公司汽车与飞机、航空俱乐部会员、司机	只要高层经理在职,津贴通常是永久性的。	

资料来源:国研网研究报告《美国公司高层经理薪酬管理及启示》,2003.4.14。

(2) 德日模式的经理报酬。长期激励项目比重很小。德国企业经理报酬结构中几乎不设长期激励项目,日本企业经理虽然持有本企业一定的股票,但其收入和损失都非常小。德日公司经理的报酬与普通员工收入的差距相对较小。

(3) 我国年薪制实践。年薪制从试点到推广的效果与问题不同层面分析(不同企业类型、经理人员产生方式、报酬结构等)。1992 年 6 月,上海市政府选择上海英雄金笔厂、上海油墨厂和上海纸箱厂三家企业作为经营者年薪制试点单位,到 1993 年已扩大到 16 家。1994 年,原劳动部制定了《企业经营者年薪制试行办法》。随后四川、江苏、北京、河南、辽宁等省市也开始进行年薪制的试点。1997 年 3 月,原劳动部在印发的《关于"九五"时期企业工资工作的主要目标和政策措施》中,明确提出要在具备条件的国有企业中积极稳妥地推行年薪制。随后年薪制逐渐推广开来,直到后来又开展其他激励制度探索。

(二) 我国年薪制实施中存在的一些争议

我国各地企业在实施年薪制过程中,还遇到许多尚未澄清的问题,在一定程度上影响了年薪制的有效性。主要包括:

(1) 年薪制的实施对象究竟应当包括哪些?主要表现在国有企业实施年薪制中经营者范围的界定上的分歧。目前主要有三种意见,即经营者应仅限于企业的法人代表;经营者指企业中的董事长、总经理和党委书记;经营者扩大到企业的经营集团的全体成员。

(2) 经营者的年薪收入应当包括哪些内容?目前各地实施中经营者年薪收入基本上由基薪工资和效益工资或风险工资组成,基薪按月发放,效益工资年终结算后再行兑现,同时考虑行业特点和行业差异。

(3) 经营者的年薪应当由谁来确定?在西方市场经济国家,董事长的年薪由股东大会决定,总经理的薪酬由董事会决定。但在我国目前有三种观点,一是由政府部门确定,二是由政府授权的国有资产经营公司来确定,三是由企业家市场来确定。

(4) 经营者的年薪收入与职工收入应当保持多大差距?在实际操作中,如果差距过大可能造成经营者与职工之间的矛盾,差距过小可能对经营者激励不足。如何在经营者与职工之间寻找利益关系的平衡点是至关重要的。

(5) 怎样考评经营者的业绩?年薪制的有效性在很大程度上取决于评价和考核经营者业绩指标的可行性和准确性。

二、经理人员持股

【案例 6-2】

海药高层详述股权激励致亏内情

由于实施股权激励,海南海药股份有限公司(000566. SZ,以下简称“海药”)2007 年净利润预亏约 5 000 万元。

2008 年 3 月 14 日,海药如期宣布,以 2007 年 11 月 6 日为授予日,先期向激励对象授权 1 500 万股期权。海药高层表示,海药股权激励的高成本主要受高价股市推动,而考虑到资产的公允价值难以估算等因素,海药采用一次性摊销的做法。面对资本市场“合法却不合理”的质疑,海药高层建议有条件的上市公司都来做。

2008 年 3 月 6 日,海药发布了预亏公告,2007 年预计净利润亏损约 5 000 万元。而 2006 年度海药实现净利润 2 455 万元,每股收益 0. 12 元,2007 年前三季度海药尚有 482 万元的净利润,基本每股收益 0. 02 元。

海药方面表示，造成账面亏损的原因是公司实施了股权激励，而公司沿用了新的会计准则，在2007年度一次性摊销激励成本7220万元；剔除股票期权会计处理本身对利润的影响数后，公司2007年度报告中净利润无重大波动。

海药此次共授予激励对象2000万份股票期权，每份期权拥有在授权日起8年内的可行权日。海药此次授权对象分为4级。其中，8名高层期权885万股，占总股本的4.4%；30名销售人员390万股，占总股本的1.9%；22名中干及技术骨干期权225万股，占总股本的1.1%；同时预留500万股对公司发展有突出贡献的公司员工期权，占总股本的2.5%。

资本市场对海药股权激励的质疑集中在：其一，海药股权激励门槛过低，且数量过多，占公司总股本的9.88%，接近规定的最高限额10%；其二，对原有股东摊薄过快，损害了投资者收益。投资者们认为，尽管海药激励方案获得了证监会通过，但存在过度激励的嫌疑。

海药一位参与股权激励的高层表示，海药出现亏损是由于激励成本较高，而成本较高主要是因为其股权激励方案制订早而实施晚，公司未能预计到在这一年多的时间里，证券市场的超高走势引起行权差价较高。

海药是较早制订股权激励方案的上市公司之一，当证监会表示公司可以开展股权激励的时候海药即已开始。按照海药2007年1月5日股东大会通过的决议，当时规定的行权日是2007年1月8日以后，行权价格参考的是股权激励方案公布前一个交易日的收盘价格，即2006年9月25日收盘价3.63元。

“但一年多来证券市场发生很大变化。”这位参与者表示，2007年1月4日，深交所大盘指数收盘价6705点，到2007年11月6日，大盘上涨到18000多点。“还好我们公司股票的波动没有那么大，要不然成本会更高。”

2007年证监会出台了新的股权激励方法，对原有的股权激励方法进行修改，海药的股权激励时间也被延后，原定的2007年1月8日改为2007年11月6日。

“股权激励是一个新生事物，大家都有自己的想法，都是在符合证监会法规内，根据公司的实际情况做出激励方案。”海药股权激励参与者表示，海药股权激励的目的已达到，从高层在会议上的积极表现可以看出激励提高了他们对公司的忠诚度，有利于公司未来发展。“股权激励是好事，建议有条件的公司都来做，而且对于职业经理人市场的培养都很有好处。”

资料来源：吴丽娟、贺文：《海药高层详述股权激励致亏内情》，载《经济观察报》，2008.3.23。

【案例讨论】

1. 公司因为施行股权激励计划导致亏损，已经与激励的本意相违背。在此情形下，后续的股权激励计划是否应继续实行？

2. 考虑到股权激励的公平性，应如何对上市公司股权激励进行评估？

3. 为了保护股东的利益，应该如何在股东大会审议股权激励计划程序方面进行改进？

经理人员持股是指公司中层以上管理人员和核心技术人员通过适当的制度安排和机制设计,持有一定比例的股权,参与企业部分剩余分享,以改善其收入结构,从而激励其采取有利于公司长期经营业绩的行为。

(一) 股票期权

股票期权即在既定的公司治理结构框架下,公司最高权力机关对经理人员或特殊员工授予股权,以期获得长期激励效应的“一揽子”激励制度安排。其中,股权安排形式,主要包括限定性股权赠予、绩效股赠送、优惠售股、虚拟股票等;期权安排形式,主要是指公司给予员工在未来时期内以预先约定的价格购买一定数量本公司普通股票的权利,它通常是针对公司管理层而言的,但近年有从经理层面向关键雇员扩散的趋势。

股票期权要真正发挥对公司经理层的激励作用,其依据的逻辑前提是:经理层努力工作,切实影响公司产出增加;公司产出增加,切实影响公司股价上涨;公司股价上涨,使得经理层所持有的股票期权价值提高,经理层的努力得到补偿,由此形成良性循环(见图 6-4)。

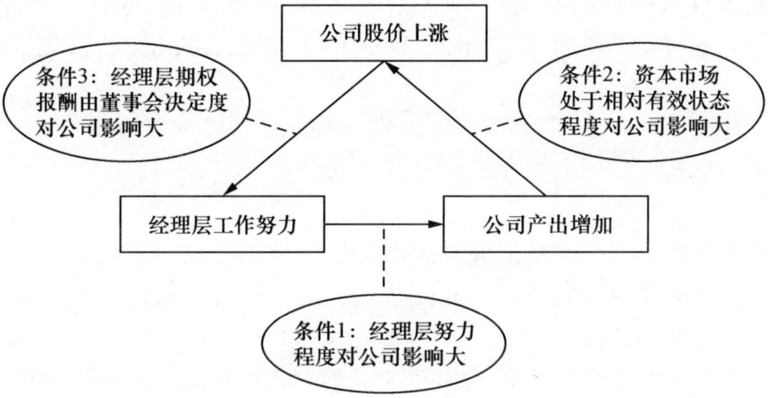

图 6-4 股票期权对公司经理层发挥激励作用的前提条件

在对经理人员的长期激励实践中,期权逐步成为最重要的工具,但期权受会计制度的影响很大。2001 年的安然事件等公司丑闻,促使美国会计制度改革,FASB 规定从 2005 年开始,公司所授予的期权都将费用化会计处理,2005 年 1 月将在上市公司中生效。此举引发了新的一轮对长期激励方式的创新和尝试,其中最引人注目的是对限制性股票的青睐。

一般来说,期股和股票期权具有以下区别:

期股 在股份有限公司和有限责任公司中,期股激励是指经营者在一定期限内,有条件地以约定价格取得或获奖所得适当比例的企业股份的一种激励方式,在独资企业中,期股激励是指借用期股形式,对经营者获得年薪以外的特别奖励实行延期兑现的激励方式。

股票期权 是指根据特定的契约条件,赋予企业经营者在一定时间内按照某个约定价格购买一定数量公司股票的权利,这种激励制度兼有“报酬激励”(经营者通过取得该股权的代价与资本市场上该股权的价格差获取报酬)和“所有权激励”(作为公司股东,享有获得公司分红的权利和相应的股东影响力)。该项制度是企业经营者薪酬构成中的重要组成部分,一般而言,实施该项激励制度的企业大多数是上市公司。股票期权作为激励工具有其自身的不足之处。一方面,只有股票价格上升时期权才有价值,当股东赚钱时,期权持有人才能赚钱;另一方面,股票期权持有人在股票价格上升时受益而在价格下降时不会受到实际损失。这可能激励管理层采取更野心勃勃的行动:提高公司资产负债比例,涉及风险性很大的活动如购并,并由此采取更为冒险的会计行为。这些行动的短期内回报是极吸引人的,而长期来看,则可能会损害股东利益。

股票期权制有效性的发挥需要相应的前提条件:一是只有在与业绩挂钩的变动薪酬占经营者总薪酬相当比重时才可能达到激励效果;二是企业价值的增加主要来源于经营者的努力,企业绩效、企业价值的增加、经营者的努力都可以通过证券市场进行观察,并以股价的高低作为评价的标准;三是经营者薪酬机制建立在一整套关键业绩指标考核基础之上,而且薪酬机制要与公司整体的战略目标一致,以保证薪酬激励效果最大化。这些条件在中国目前的现实中还存在着某种缺陷或不足,可以说股票期权制实施的理论条件和现实条件有一定的冲突。所以,把股票期权制作为一种有效的激励制度,并引入公司治理结构中,需要因地制宜,否则会产生很大的投机性,从而影响企业长远发展。

(二) 限制性股票

限制性股票是指上市公司按照股权激励计划约定的条件,授予公司员工一定数量本公司的股票。激励对象只有在工作年限或业绩目标符合股权激励计划规定条件的,才可出售限制性股票并从中获益。

限制性股票方案的设计从国外的实践来看,限制主要体现在两个方面:一是获得条件;二是出售条件。但一般来看重点指向性很明确,是在第二个方面,并且方案都是依照各个公司实际情况来设计的,具有一定的灵活性。

从获得条件来看,国外大多数公司是将一定的股份数量无偿或者收取象征性费用后授予激励对象,而在中国《上市公司股权激励管理办法(试行)》中,明确规定了限制性股票要规定激励对象获授股票的业绩条件,这就意味着在设计方案时对获得条件的设计只能是局限于该上市公司的相关财务数据及指标。

从禁售条件来看,国外的方案依拟实施激励公司的不同要求和不同背景,设定可售出股票市价条件、年限条件、业绩条件等,很少有独特的条款。而我国明确规定了限制性股票应当设置禁售期限(规定很具体的禁售年限,但应该可以根据上市公司要求设定其他的复合出售条件)。

（三）经理层收购

经理层收购（MBO）即由公司经理层借助金融杠杆购买本公司股份，实现资产重组，改变公司所有权结构，从而达到经理层持股控制企业所有权的目的。从理论上讲，作为专用性人力资本投入者的高层管理者通过 MBO 又同时具有了出资者（非人力资本所有者）的身份。通过 MBO 带来的私有产权能产生更为有效地利用资源的激励，MBO 将人及附加在人身上的管理要素、技术要素与企业分配的问题制度化。管理者的职能化毕竟是现代公司发展的大趋势，MBO 方式本身并不代表一种高效率的产权结构，而很大程度上是一种实现产权结构高效率的中间手段。为了提高产权效率，通过 MBO 获得所有者地位的管理者在日益繁杂的双重身份操劳中也会逐渐选择出一种主要身份，例如自己作为所有者，而另外聘用专职管理者，从而才在真正意义上完成了从管理者到所有者的身份置换。

【本章思考题】

1. 公司高层管理者的激励机制有哪些特殊性？
2. 如何在保证管理层激励的同时完善约束机制？
3. 如何区分不同类型的管理层股权激励方式？

【综合案例】

苏宁电器的股权激励

苏宁云商集团股份有限公司（原苏宁电器股份有限公司）是一家 2004 年上市的民营企业，上市不到 10 年的时间内 3 次推出股权激励方案；查阅其股权激励方案草案，发现相对于苏宁在方案前的业绩情况，激励方案中的条件设置未免门槛过低；观测其公布方案后的市场反应，发现股价出现异常波动。那么，为什么会出现这些现象呢？隐藏在现象背后的因素和机理是什么？

一、三次提出股票期权激励计划

2007 年 1 月，苏宁曾计划发放 2 200 万份期权，共 34 人获股权激励，但未获监管机构通过。

2008 年 7 月，苏宁电器通过股权激励计划，拟授予激励对象 4 376 万份股票期权。方案出台仅 5 个月的时间，股权激励计划就走向流产。苏宁电器在 2008 年 12 月 29 日宣布："目前，由于国内外经济形势、证券市场发生了重大变化，若继续执行原方案将难以真正起到应有的激励效果。为维护广大股东和上市公司的长远利益，真正发挥股权激励计划的应有作用，公司决定终止《苏宁电器股份有限公司 2008 年股票期权激励计划（草案）》。"当日该公司股价收于 18 元/股。

2010年8月24日，苏宁发布晚间公告称，正在筹划2010年股票期权激励计划事宜。此次股权激励方案拟授予的股票期权为8 469万股，占激励计划公告日公司股本总额的1.21%，行权价格为14.5元。激励对象包括公司董事、总裁、副总裁、财务负责人、总部各管理中心副总监级以上中高层管理人员、部分副经理级以上核心业务骨干等。其中苏宁副董事长孙为民、总裁金明等高管人士获授期权数量为1 210万股，占此次期权授予总量的14.29%。

二、股票期权激励行使条件

表6-3至表6-6分别是苏宁电器在2008年和2010年度的股权激励绩效考核体系。从两个年度对比中，我们不难看出两次股权激励条件设置差异很大。

表6-3　苏宁2008年股权激励行权期限

行权期	行权期限	可行权额度上限占获授期权数量比例
第一个行权期	自首个授权日起12个月后的首个交易日起至授权日起30个月内的最后一个交易日当日止	30%
第二个行权期	自首个授权日起30个月后的首个交易日起至授权日起45个月内的最后一个交易日当日止	30%
第三个行权期	自首个授权日起45个月后的首个交易日起至授权日起60个月内的最后一个交易日当日止	40%

表6-4　苏宁2008年股权激励行权条件

行权期	行权条件
第一个行权期	苏宁电器2008年度归属于上市公司股东的净利润较2007年度的增长率达到或超过60%，且2008年度的每股收益不低于1.60元
第二个行权期	苏宁电器2009年度归属于上市公司股东的净利润较2008年度的增长率达到或超过40%，且2009年度的每股收益不低于2.20元
第三个行权期	苏宁电器2010年度归属于上市公司股东的净利润较2009年度的增长率达到或超过30%，且2010年度的每股收益不低于2.85元

表6-5　苏宁2010年股权激励行权期限

行权期	行权期限	可行权额度上限占获授期权数量比例
第一个行权期	自首个授权日起12个月后的首个交易日起至授权日起24个月内的最后一个交易日当日止	25%
第二个行权期	自首个授权日起24个月后的首个交易日起至授权日起36个月内的最后一个交易日当日止	25%
第三个行权期	自首个授权日起36个月后的首个交易日起至授权日起48个月内的最后一个交易日当日止	25%
第四个行权期	自首个授权日起48个月后的首个交易日起至授权日起60个月内的最后一个交易日当日止	25%

表 6-6　苏宁 2010 年股权激励行权条件

行权期	行权条件
第一个行权期	苏宁电器 2010 年度销售收入较 2009 年增长率不低于 20%，且归属于上市公司股东的净利润较 2009 年度增长率不低于 25%
第二个行权期	苏宁电器 2011 年度销售收入较 2009 年复合增长率不低于 20%，且归属于上市公司股东的净利润较 2009 年度复合增长率不低于 25%
第三个行权期	苏宁电器 2012 年度销售收入较 2009 年复合增长率不低于 20%，且归属于上市公司股东的净利润较 2009 年度复合增长率不低于 25%
第四个行权期	苏宁电器 2013 年度销售收入较 2009 年复合增长率不低于 20%，且归属于上市公司股东的净利润较 2009 年度复合增长率不低于 25%

三、股票期权是激励还是福利

苏宁 2007—2009 年度的销售收入增长率与归属于上市公司股东的净利润增长率如表 6-7 所示。

表 6-7　苏宁 2007—2009 年度销售收入增长率和净利润增长率

	2009 年	2008 年	2007 年	2007—2009 年度均值	2006 年
销售增长率(%)	16.84	24.27	61.08	34.06	56.41
归属于上市公司股东的净利润(元)	2 889 956	2 170 189	1 465 426		757 636
归属于上市公司股东的净利润增长率(%)	38.82	48.09	93.42	70.76	

从表 6-6 中可以看出，在行权条件设置一项中，苏宁利用了销售收入和净利润两个指标，这两个指标都属于会计盈利指标。指标性质分类中，苏宁电器在该年度股权激励中规定“苏宁电器 2010 年度销售收入较 2009 年增长率不低于 20%，且归属于上市公司股东的净利润较 2009 年度增长率不低于 25%”，这是一个纵向比较的指标。由表 6-7 可以看出，苏宁电器 2007—2009 年度的销售增长率和归属于上市公司股东的净利润增长率的平均值分别为 34.06% 和 70.76%，而其 2010 年度股权激励方案中规定的分别是前者不低于 20%，后者不低于 25%，显然远远低于其三年年度均值。由此我们得出结论，苏宁电器股份有限公司在 2010 年度的股权激励属于福利型股权激励方案。

四、方案推出前股价大跌

以苏宁云商发出股权激励草案公告为基点，向后观测至授权日前，我们发现苏宁股价在这段时间内呈现大跌趋势。苏宁云商于 2008 年 7 月 29 日发布《2008 年股票期权激励计划(草案)》，发布后的股价走势如图 6-5 所示(以月为单位)。从图中我们可以看出从其 7 月份发布激励方案草案至其 12 月份中止激励计划这段时间内，公司的股价一直呈下跌走势。我们再来观测其 2010 年的情况，如图 6-6 所示(以周为单位)。苏宁云商于

2010 年 8 月 26 日发布了《2010 年股票期权激励计划(草案)》,授予日为 2010 年 11 月 26 日,我们观测其草案公布后的 3 个月股价可以看出,股价在草案公布后的一段时间内是上涨的,但是从距行权日前一个月的时候开始下跌。

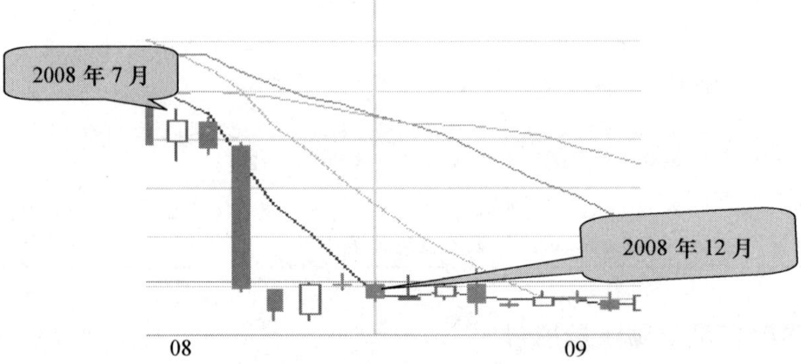

图 6-5　苏宁 2008 年推出股权激励草案后股价走势

图 6-6　苏宁 2010 年推出股权激励草案后股价走势

如果资本市场是有效的,公司的股价应该反映经理人的努力和业绩。但是,值得深思的是,公司股价的上升并非完全由经理人的努力所决定。由于经理人掌握公司控制权,股价的上升可能是经理人努力的结果,也可能是经理人盈余管理行为的结果(不考虑其他市场因素的影响)。证监会为股权激励的行权条件进行了限定,即不低于授予日当日公司股票收盘价和前一个月平均收盘价较高者。苏宁云商的股权激励采用的模式是股票期权,需要高级管理人员在可行权日期间在市场上进行购买,所以高管有动机来压低行权价格。那么高管是如何来打压授予日前一个月的股价的呢?由于市场会对公司发布的公告产生反应,因此高管可能在授予日前一段时间内公布利空消息,或者是将利好消息延后至授予日后再进行公布,当市场接收到公司发出的利空消息时,公司股价会下跌。观察苏宁云商在 2010 年 10 月 26 日至 11 月 26 日期间发布的公告,其中有一项是 2010 年第三季度报告,而查看该季度报告会发现,苏宁云商在该季度的业绩并不出彩,这对于市场而言其实是一个利空消息,而苏宁高管是完全可以将该报告发布时间提前到 10

月 26 日之前的，但是他们可能选择了将该利空消息放置到授予日前一个月这个区间内发布。

资料来源：根据公开资料整理。

【案例讨论】

1. 哪些因素会影响我国上市公司实施股权激励？
2. 你认为苏宁股份 2010 年度股权激励是激励型的还是福利型的？
3. 为什么在苏宁股份两次推出股权激励计划前其股价都大跌且基年业绩下滑？

第七章 企业集团与跨国公司治理

【篇首语】

企业集团在当今世界经济运行中发挥着重要的作用。企业集团中错综复杂的企业间关联使得企业运营行为已经超越了企业的“法人边界”，这样，以法人治理结构为基础的治理机制已经难以与这种行为相匹配，从而导致了企业间的利益协调及其他利益相关者的利益保护问题，于是产生了集团治理问题。改制的中国企业纷纷赴海外上市，要接受国际公司治理标准的检验，中国企业面临着公司治理国际化挑战。我们分析了跨国公司在华子公司或合资企业的治理经验，以供我国的跨国公司借鉴。

【引导案例】

德意志银行：适应银行战略的治理调整

一、引言

亚洲金融危机对于金融业尤其是银行系统的巨大冲击，引发了理论界对于商业银行稳健经营之外一系列问题的进一步思考，而当前席卷全球的金融危机也是由银行业开始的，这引发了人们对于银行风险来源的商业银行公司治理问题的关注。

作为一种典型的共同治理模式，德国的银行强调银行经营的首要目标是履行其社会责任，之后才是服务于股东。其治理结构最突出的特点就是双层制的董事会治理。这种治理结构的原因在于德国历史传统以及证券市场不发达等影响。但是随着全球经济形势的变化，银行不得不随之改变自己的经营战略，而为了适应这种经营战略，作为一种规定了整个公司运行机制的银行公司治理也会相应的发生改变。

德意志银行(Deutsche Bank)作为德国最大也是全球顶级的银行机构，除了受到本国传统影响之外，为了增强自身在全球市场中的竞争力，也在不断地调整自己的经营战略，在此过程中根据战略的变化银行适时地调整了治理结构，以更好地完成战略的转变。

二、德意志银行的公司治理状况

(一) 德意志银行概况

德意志银行的法人名称是 Deutsche Bank Akiengesellschaft，1870 年在柏林成立时是一家服务于外贸融资的股份合作制银行。成立之后，为了弥补其国内业务的空白，德意志银行开始吸收存款并同大公司(尤其是电力能源公司和钢铁企业)密切协作。几经拆分与合并，德意志银行成长为如今的综合性股份制商业银行。2001 年开始，德意志银行加快了其全球化的步伐，并购外国金融机构资产的同时出售旗下竞争力较弱的资产项目，加强集团的核心竞争力。根据德意志银行的年报显示，截至 2008 年 12 月 31 日，德意志银行的资产总额达 22 020 亿欧元，其中股东权益 307 亿欧元，全职员工总数为 80 456 人，1 981 家营业网点遍布全球各地。

(二) 德意志银行的战略转变

德意志银行的战略变化基本上是一种全球化的战略。早在成立的最初几年,德意志银行就分别在上海(1872 年)、横滨(1872 年)和伦敦(1873 年)设立了分支机构。到第一次世界大战时德意志银行已差不多完成了初步的全球化。第二次世界大战后德意志银行的全球化则呈现明显的渐进式特征:20 世纪 50 年代至 70 年代,巩固德国本土市场;70 年代至 90 年代中期,拓展欧洲业务;90 年代中期以后,实行泛大西洋发展战略(李石凯,2005)。尤其是 1999 年收购美国信孚银行以及 2000 年在纽约证交所上市,标志着德意志银行进入了全球化战略的新阶段,在此过程中,德意志银行的公司治理结构和机制也发生了深刻的变化。

(三) 德意志银行的股权结构

不同于将前十大股东持股比例一一列出,再加总计算股权分布和股权集中度的股权结构描述方式,德意志银行在公司年报中列出了股东成分和股权的地区分布。从表 7-1 可以发现德意志银行的股权结构存在三个基本特征:一是机构投资者为主要股东,个人股东持股比例很小。机构(包括银行)持有德意志银行 80% 以上的股份,而私人投资者仅持有平均约 18% 的股份,并且 1999—2007 年间机构持股的比例呈上升趋势,而且股东人数也呈现下降的趋势,这一方面是受到德国传统治理模式的影响,另一方面也是由于全球化战略的实施使得德意志银行逐步融入了全球资本市场,而当前资本市场的特点就是机构投资者持股的增多。二是股权集中分布于欧洲大陆,最小为 2007 年的 85%,最大为 2002 年的 91%,其中德国国内的投资者持股最多,平均约占一半的比例,但近年来这一比例有所下降,而美国的投资者持股比例稳中有升,从 8% 上升到 13%,这种现象的出现主要是因为德意志银行的全球化战略特别是泛大西洋战略实施时间较短,股东主要还是来自欧洲大陆,但随着战略的推进,外部特别是美国股东的持股比例可能会有较大幅度的提高。

表 7-1　德意志银行股权结构

结构数据		1999	2000	2001	2002	2003	2004	2005	2006	2007
股东人数(万人)		—	—	52.3	51.3	50.3	46.8	41.2	34.8	36.1
股东成分(%)	机构(包括银行)	77	81	81	82	81	82	84	86	86
	个人	23	19	19	18	19	18	16	14	14
地区分布(%)	德国	51	48	47	54	47	49	52	54	45
	欧盟(除德国)	30	33	33	27	28	28	30	30	31
	瑞士	7	9	9	10	13	11	6	5	9
	美国	9	9	8	8	11	10	11	10	13
	其他	3	1	3	1	1	2	1	1	2

资料来源:德意志银行年报。

可以预见,随着德意志银行全球化战略的推进,其股权结构可能会呈现机构持股的集中以及德国以外投资者持股增加的特点,但总体而言股权结构还是较为集中。

（四）德意志银行的治理结构

根据德意志年报可绘制出如图7-1所示的治理结构树。德意志银行是典型的双层董事会制度，其特点是有一个地位较高的监督董事会（supervisory board，以下简称"监事会"）监督一个代表利益相关者的执行董事会（executive board）。一般而言，监事会成员由股东大会和雇员委员会各半选举产生，同时还规定总经理、副总经理等执行董事会的成员不得参加监事会，因而形成了监事会中资产方代表和雇员代表各占一半的局面，并且主席要由股东代表担任。德意志银行监事会共有20名成员，其中10人由股东代表选举产生，其余的10名来自银行的员工。

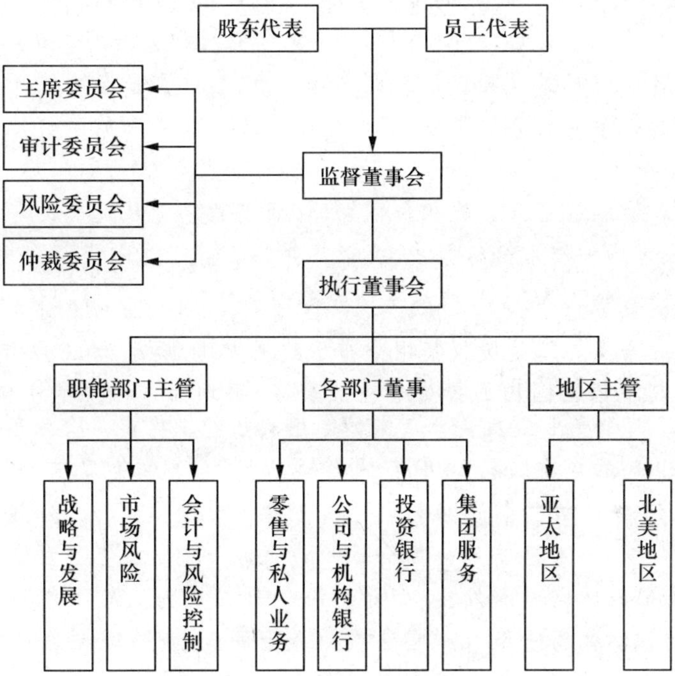

图7-1　德意志银行的治理结构

德意志银行集团的日常业务则由执行董事会直接领导。执行董事会的成员由监事会任命，并且必须全部由执行董事组成，主席一般由CEO担任。执行董事会有责任就集团战略方针的制定和贯彻执行等业务活动直接向监事会报告，并执行股东代表大会的决议。

为科学地履行监事会各项职责，加强专业分工，德意志银行监事会下设了四个专业委员会；但与更广泛应用的设置董事会专业委员会的方式不同的是，德意志银行董事会下设有主席、审计、风险、仲裁四个专业委员会，其中主席委员会和仲裁委员会在一般的公司组织结构中并不常见。①

---

① 卫新江（2006）所研究的鄞州银行，董事会下设有提名、风险、审计、战略委员会；曹廷求、潘林（2006）分析了日本理索纳银行的治理结构，董事会下设提名、薪酬、审计委员会。

这种监事会和执行董事会相分离、职工代表直接参与公司决策管理的制度，是德国股份公司所特有的。这种制度限制了监事会与执行董事会成员间交叉兼任的情况，在一定程度上遏制了关联方对公司治理机制的不良影响，同时雇员代表加入监事会，一方面可以使监督的工作流程透明化，在银行内部建立良好的信息披露和传导机制，降低市场信息收集成本，为银行树立良好的声誉，增强投资者和储户的信心，另一方面可以使员工树立以银行为家的主人翁意识，增强员工的责任感，从而可以激发工作的积极性。

主席委员会由监事会主席主持，位于四个专业委员会之首，负责咨询管理层的经营活动、讨论监事会的各项决议和对高管人员的处理意见、修改或结束高管人员任期和养老金计划。审计委员会独立于其他部门组织，负责审阅相关报表，审查年度财务报告和合并后的财务报告。为了保证其审计工作的独立性，审计委员会主席不能兼任监事会主席或高管层成员。在年度财务报告中，审计委员会应给出相关的审计陈述作为其工作报告；还需监事会备制年报审阅意见书。风险委员会，全称为信用和市场风险委员会，负责管理集团的市场风险和信用方面的相关事宜，包括接受高管层提交的与特定风险和义务相关的信用组合、市场和技术分析报告，决策其他公司对德意志银行的短期股权要求（前提是该公司持股尚未超过3%）。仲裁委员会是根据德国《劳资协同经营法案》的规定而设立的。在高层管理人员的任命和召回没有达到投票必要的三分之二多数时，仲裁委员会向监事会提交人事任免议案。

表 7-2 提供了四个专业委员会 9 年来的会议次数。主席委员会年度间的会议次数比较稳定，除了 1999 年的 6 次以及 2000 年的 2 次之外，其余每年都在 5 次左右，这可能是由于德意志银行 1999 年的并购战略需要经过主席委员会审议通过导致，而随后的 2000 年则无重大的事件发生；审计委员会的会议次数逐年上升，这是因为随着德意志银行全球战略的展开，兼并或收购时有发生，审计力度的加强成为必然。风险委员会每年都会举行 6 次会议，这说明德意志银行一贯注重对风险的控制，也表明在此期间银行并没有发生重大的风险事故；仲裁委员会没有召开会议，说明 3 年中没有触发会议召开的事件发生。四个专业委员会接受监事会的统一领导，相互配合，为银行的各项决议提供了稳定的智力支持。

表 7-2　专业委员会会议次数

委员会	1999	2000	2001	2002	2003	2004	2005	2006	2007
主席委员会	6	2	4	5	4	5	4	5	4
审计委员会	2	2	2	3	5	5	5	5	7
风险委员会	6	6	6	6	6	6	6	6	6
仲裁委员会	0	0	0	0	0	0	0	0	0

注：1999 年主席委员会（chairmen committee）被称为主持委员会（presiding committee）。

（五）治理结构的调整

新世纪以来，德意志逐步实施全球化战略，其中较为重大的是 1999 年收购美国信孚银行、2000 年在纽约证交所上市以及 2004 年收购美国著名投资银行斯柯特投资银行。为了适应这种战略的转变，德意志银行对其治理结构进行了多次调整，如表 7-3 所示。

表 7-3　德意志银行 2000 年治理结构

集团董事会	
公司中心	
公司业务与投资银行	个人业务与资产管理
服务部门	
公司投资	

资料来源：德意志银行 2000 年年报。

完成了对美国信孚银行的收购以及在纽约上市之后，德意志银行急需完成对业务的整合，因此从 2000 年 2 月开始，德意志银行将原来的零售和私人银行、公司和房地产、全球公司和组织、资产管理以及全球技术和服务五种主要业务整合为公司业务与投资银行、个人业务与资产管理两大业务部门。这次调整的目的是：(1) 整合存款、借贷、资本市场、投资以及咨询业务资源；(2) 使公司业务与投行业务、组合投资与个人业务的结合更加紧密，方便客户；(3) 从整体上压缩集团开支，增加收入。这种以客户为基础的职能划分可以提供市场针对性强的产品和服务，在增加销售机会的同时提高内部效率，这种调整也有利于快速完成对收购银行的整合，最终实现对信孚银行业务的完全吸收。

尽管德意志银行调整了其治理结构，实现了对并购银行业务的快速整合，但该结构形式上过于简单，对业务也没有进行细分，不利于董事会决议的执行和实施，也不符合当前的发展趋势，因此为了适应美国证券交易所以及泛大西洋战略的要求，2001 年德意志银行重新调整了管理结构（见表 7-4），将集团董事会的职能定位在战略管理、资源配置、风险管理与控制三个方面；与此同时，集团执行委员会①正式成立并在管理范围和功能上有所扩大，集团执行委员会由集团董事和业务主管组成，这一委员会的成立有利于协调决策者和管理层之间的利益冲突，也有利于更好地完成对银行战略的制定和执行；将集团业务整合成公司业务与投资银行、公司投资、个人业务与资产管理三大部分，成立三个专门的部门委员会并由一名集团执行委员会成员领导。通过本次调整，可以实现战略任务的功能定位与日常业务的紧密联系，更好地协调管理结构并使其符合集团公司的有效管理模式，从而有利于银行战略的开展。

① 执行委员会的职责在于评价集团业务发展状况、参与发展战略制定的讨论并对董事会提出相应建议。集团执行委员会由董事会成员和三大业务部门董事组成，董事会主席担任执行委员会主席。

表 7-4　德意志银行 2001 年治理结构

<table>
<tr><td colspan="6">集团董事会</td></tr>
<tr><td colspan="6">职能委员会</td></tr>
<tr><td>理财</td><td rowspan="2">风险</td><td>选择性资产</td><td rowspan="2" colspan="2">IT 与运作</td><td>人力资源</td></tr>
<tr><td>投资</td><td>资产与负债</td><td>社会责任</td></tr>
<tr><td colspan="6">集团执行委员会
（集团董事、全球业务主管）</td></tr>
<tr><td colspan="6">部门委员会</td></tr>
<tr><td colspan="2">公司业务与投资银行</td><td colspan="2">公司投资</td><td colspan="2">个人业务与资产管理</td></tr>
</table>

资料来源：德意志银行 2001 年年报。

随着 2004 年完成对斯柯特投资银行的收购，德意志银行的战略得以进一步实现，但是银行规模的扩大也带来了协调困难的加大，尤其是各个地区之间的冲突加大，不利于全球战略的开展，为此 2004 年德意志银行对管理结构进行了微调，主要涉及两方面（见表 7-5）：一是将集团董事会的职能委员会进行了调整，将各个职能委员会的具体职能进行了细分；二是扩大了集团执行委员会的管理范围，将地区主管吸收入集团的执行委员会。通过将各地区主管吸收到执行委员会，不仅可以实现各个地区之间的协调发展，而且更重要的是可以让各个地区的主管根据自身地区的实际情况，具体问题具体分析，制定适合自身的战略，因为只有各个地区的主管才真正了解当地业务的开展需要什么样的战略，这也有利于银行全球战略的制定和实施。

表 7-5　德意志银行 2004 年治理结构

<table>
<tr><td colspan="4">集团董事会</td></tr>
<tr><td colspan="4">职能委员会</td></tr>
<tr><td>选择性资产</td><td>资产与负债</td><td>社会责任</td><td>理财</td></tr>
<tr><td>人力资源</td><td>投资</td><td>IT 与运作</td><td>风险</td></tr>
<tr><td colspan="4">集团执行委员会
（集团董事、业务主管、地区主管）</td></tr>
<tr><td colspan="4">部门委员会</td></tr>
<tr><td colspan="2">公司业务与投资银行</td><td>公司投资</td><td>个人业务与资产管理</td></tr>
</table>

资料来源：德意志银行 2004 年年报。

德意志银行根据自身战略的变化连续几次对集团组织结构的调整，很好地适应了国际形势的变化，在此过程中德意志银行不断增强自身的全球竞争力，在扩张资产规模的同时也对风险实施了有效的控制，在全球的银行排位不断上升。

（六）德意志银行的高管人员激励机制

为了降低管理者—所有者之间的代理成本，高管人员薪酬及其结构的设定成为一种重要的公司治理机制(Shleifer and Vishny, 1997;曹廷求,2004)。表7-6给出了德意志银行6年间执行董事会的薪酬统计,可以发现薪酬结构所体现的激励效果是十分明显的:固定报酬仅占总收入的1/7,年度奖金和中长期激励收益则占总收入的5/7还要多,说明德意志银行的高管人员收入主要是依赖奖金以及中长期激励;随着时间的变化,年度奖金以及中长期激励收益呈上升趋势。

表7-6　德意志银行执行董事会薪酬结构①

项目	2002	2003	2004	2005	2006	2007
年薪(欧元)	4 083 334	3 550 000	3 550 000	355 000	4 081 111	3 883 333
年度奖金、中长期激励收益	22 449 960	23 693 460	20 901 900	24 560 000	28 294 058	28 832 085
其他收入	672 651	761 999	649 714	606 909	526 369	466 977
总收入	27 205 945	28 005 459	25 101 614	28 718 909	32 901 538	33 182 395

注:表中数据根据历年年报整理,2002年之前德意志银行并没有公布其薪酬结构。

以上这些变化可能与德意志银行2001年开始实施的全球股权激励战略(global equity plan)有关。这种战略主要是通过给予员工以及高管人员以一定比例的股权或期权,使得他们的私人利益与银行的长期利益保持一致,降低银行的代理成本从而产生有效的激励。这种激励方式源于美国,德意志银行全球战略的实施需要吸收成熟资本市场的有效工具,股权以及期权激励比例的增加正是反映出为了有效地实施其全球战略,德意志银行调整了其高管人员的薪酬结构,这不仅可以将管理层收益与公司发展和股市紧密结合起来,从而激发管理人员进行经营管理的能动性,而且有利于在完成对美国投资银行收购之后稳定高管层。

资料来源:李维安:《公司治理》(第二版),高等教育出版社2009年版。

【案例讨论】

1. 德意志银行的公司治理有哪些特点?
2. 德意志银行如何应战略变化而对集团的治理进行动态调整?

第一节　企业集团治理

企业集团在当今世界经济运行中发挥着重要的作用。企业集团中错综复杂的企业间关联使得企业运营行为已经超越了企业的“法人边界”,这样,以法人治理结构为基础的治理机制已经难以与这种行为相匹配,从而导致了企业间的利益协调及其他利益相关

① 自2006年起,德意志银行将薪酬结构分为与绩效联系、与绩效无关以及长期激励三部分,其中与绩效无关部分分为年薪和其他收入两部分,表中2006年、2007年两年的年薪和其他收入分别为与绩效无关的两部分。

者的利益保护问题，于是产生了集团治理问题。①

一、企业集团治理概述

（一）企业集团的界定

企业集团是作为独立法人的市场交易主体在长期交易中为了克服市场失灵与组织失灵、更有效率地实现交易，通过产权或战略性契约的连接而形成的中间型组织。这个概念具备三层含义：一是企业集团是企业集合体，企业集团是由多个企业通过有机的经济连接（产权和战略性契约）形成的企业（法人）集合；二是企业集团是相对稳定的组织形式，企业集团是基于各成员企业长期的交易关系而形成了共同的目标和规范的集团框架；三是企业集团具备多样的企业间形态，企业集团有机地实现了市场与组织的结合，在不同的交易条件下形成了不同的企业间形态。

（二）集团治理与企业治理的区别

集团治理的特征来源于“有组织的市场”、“有市场的组织”这种复杂的企业间关系产生的复杂的交易形式，是在单个企业治理基础之上形成的，旨在协调企业间关系、更好地实现企业间交易的制度安排。因此，集团治理的边界已经超越了法人边界，母公司的意志不仅可以在子公司的行为中得到体现，同时还可以对关联公司施以影响，是在不同治理主体之间的权利、责任的配置。因此，在集团治理中的主体、客体都是“法人”，承担的是一种“法人”间的“说明责任”，而非一般的企业治理中的自然人意义上的主体与客体。这也是“揭开法人面纱”的立法基础。

二、集团治理的内容与方法

我们可以将企业集团公司治理机制概括为三个方面：第一，母公司对子公司的控制机制；第二，关联公司间的协作机制；第三，利益相关者的保护机制。

（一）母公司对子公司的控制

子公司的界定有许多不同的标准，综合来说，界定子公司应遵循三个原则：一是主动原则，即要有支配公司的意思；二是控制原则，即对公司主要的经营活动实施控制，通常表现为对公司的重大经营决策施加影响和控制，以贯彻母公司的经营战略；三是持续原

---

① 李维安：《公司治理》（第二版），高等教育出版社 2009 年版。

则，对公司的控制是永久和强力的，即有计划而持续，并非偶然而暂时的。基于上述三原则，我们给出一个关于子公司的描述性定义：当公司 A 绝对控股公司 B，或没有处于绝对控股状态但却控制其董事会，使得公司 A 的意志能够在公司 B 的决策中得到充分的体现时，则称公司 B 为公司 A 的子公司（见图 7-2）。

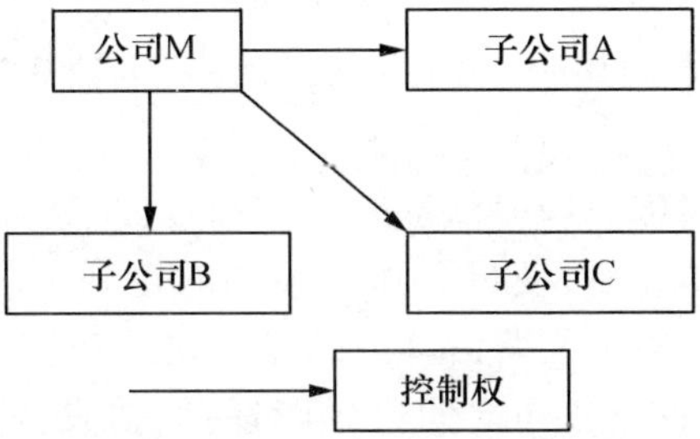

图 7-2　母公司与子公司

对子公司权力的配置，一个极端是子公司可能仅仅为管理上的需要或基于一种长期发展的考虑，其董事会在治理上没有任何实权；另一个极端是子公司可能有很大的自主决策权，其董事会可以依据公司条例负责公司指挥、经营管理、监督和说明责任，母公司实际上像一个距离遥远的外部股东。在这两个极端之间存在着广泛的选择范围，概括一下，我们可以把母公司对子公司的控制行为归纳为三种：间接控制、直接控制、混合控制。至于采取哪一种行为有效率，取决于母公司的治理目的和子公司的资源禀赋及战略地位。

1. 间接控制

间接控制是指母公司只是通过子公司的董事会对子公司的经营活动进行控制，母公司的控制力仅在董事会这一层次体现出来。在这种模式中，母公司与子公司的联系是董事会，母公司通过取得董事会的人数优势或表决优势继而取得控制权，在子公司重大经营活动及总经理和重要管理层人员的聘用上通过董事会起控制作用，在子公司的董事会中，来自母公司的董事均为非执行董事。其优势在于：(1) 由于母子公司之间完全以资本为纽带，使母公司的退出或融资机制非常有效，子公司发展得好，母公司可以通过上市、重组等方式使子公司增设股东、增加资本，推动子公司发展，子公司发展得不好，母公司也可以通过资本市场将子公司出售以减少损失；(2) 母公司是子公司的资本所有者，而产品经营权完全下放在子公司，这使得母公司可以完全专注于资本经营和宏观控制，有利于母公司的长远发展，减少管理成本，同时也减少母子公司之间矛盾；(3) 由于子公司股东是多元化的，这使母公司可以选择一些与子公司业务方向有关的企业共同投资入股子公司，加强对子公司的经营支持和帮助。

在直接控制中，必须对子公司的财务进行监控，由于代表母公司的董事均为非执行董事，因此，加强对子公司财物的外部监控就显得尤为重要。同时，建立快速信息反馈渠道，母公司应通过派人进驻子公司，经常听取子公司的汇报，要求子公司定期书面报告等形式，增加子公司的信息来源渠道，并建立快速的反应机制，及时解决相应的问题。

2. 直接控制

母公司对子公司实施直接控制，就是指子公司的董事会成员均为来自母公司的执行董事，且由母公司董事会直接提名子公司的高管层，母公司的职能部门对子公司的相关职能部门实施控制和管理。母公司对子公司的财务、人事、经营活动进行全面的控制。子公司的主要产品和经营方向由母公司指定，子公司的决策由母公司决定。其优点在于：(1) 控制距离较短。实施母公司对子公司的直接控制，使母公司的经营决策在子公司能够得到最迅速有效的实施。(2) 信息完全，控制反馈及时。母公司的职能部门与子公司相应的职能部门的控制关系，使母公司能够及时得到子公司的经营活动信息，并及时进行反馈控制。(3) 子公司的经营活动得到母公司的直接支持，母公司能够最有效地调配各子公司的资源，协调各子公司之间的经营活动，对发挥母公司与子公司的整体经营能力，有良好的组织结构基础。

运用直接控制机制时应处理好母子公司集权与分权的关系，母公司应着重于宏观决策，研究制定公司的总目标、总方针、总政策，将业务经营权下放到子公司，同时要完善对子公司管理层的激励机制，使子公司管理层能够与母公司保持目标一致，调动他们的积极性。

3. 混合控制

混合控制是指母公司让子公司的管理层人员参股子公司成为子公司的股东，子公司的管理层人员进入子公司的股东会及董事会等决策机构，这样，母公司与子公司的管理层人员在经营决策及子公司的经营总目标制定方面共同进行研究决策。子公司的董事会为母公司与子公司管理层相互协商、共同决策提供了有效的机制，公司的重大经营决策在董事会上作出决定，由子公司的管理层人员负责实施，子公司的信息可以及时反馈到董事会。其优点在于：(1) 子公司的管理层人员参股子公司，成为子公司资产的所有者，母公司与子公司管理层人员的目标完全一致，子公司管理层人员通过股份分红取得相应的收益，使子公司管理层人员有强大的动力全力投入子公司的经营；(2) 子公司管理层人员同时也是子公司的资产所有者，使子公司的盈亏与之切身相关，有效地避免了“内部人控制”的现象；(3) 子公司管理层人员参股子公司，促使他们专注于子公司的长远目标和发展潜力，而非追求短期利益，这对于子公司的长远发展有积极的意义。

运用混合控制应特别注重培育子公司董事会和谐的气氛，协调子公司管理层人员与母公司董事人员目标的一致性，防止子公司各自为政，对母公司整体利益漠不关心，同时，应注意协调子公司之间的关系，使子公司之间能互相协作，共同关注母公司发展，发挥整体优势。

4. 比较及使用范围

上述三种母公司对子公司的控制，各有其优缺点，特点也各自不同，所以，我们有必要将三种控制机制详细地加以比较，如表 7-7 所示。

表 7-7　控制的项目比较

比较项目＼机制	间接控制	直接控制	混合控制
管理层次	中等	最多	中等
管理跨度	中等	最大	中等
风险承担	子公司	母公司	母公司/子公司
组织复杂性	中等	最复杂	中等
组织正规化	低	高	低
组织集权化	子公司	母公司	母公司/子公司
适用规模	大	较大	中等
命令链强度	弱	强	中等
信息对称性	小	大	中等
子公司激励	中等	弱	强
决策过程	分权	集权	相对分权
目标制定	子公司	母公司	母公司/子公司
环境适应性	强	弱	较强
如何解决冲突	股东会	行政命令	股东会/董事会
利润中心	子公司	母公司	子公司
主要适用范围	综合性集团多元化经营	产业性集团集中化经营	高技术集团对子公司能动性技术性较为依赖

资料来源：葛晨、徐金发：《母子公司的管理与控制模式》，载《改革》，1999(6)。

从表 7-7 我们可以看出，不同的控制机制必须要结合不同的组织结构、组织规模及经营战略。间接机制更适用于实施多元化战略的综合性企业集团；直接控制机制比较适用于产业型集团或实行集中化经营的集团；混合控制机制常常适用于高科技企业集团，因为在高科技企业集团中，子公司的学习能力对母公司来说是至关重要的。

（二）关联公司间的合作

关联公司的界定一直没有统一的标准。基于不同机构对关联公司的认识，我们对关联公司作出如下定义：公司 A 以少数股权参股公司 B，且公司 A 在公司 B 的董事会中只有发言权，其意志在公司 B 的体现程度取决于公司 B 董事会成员间讨价还价的结果，这样，我们称公司 B 为公司 A 的关联公司；或者公司 A 和公司 B 同为一公司的子公司，则二者为关联公司（见图 7-3）。

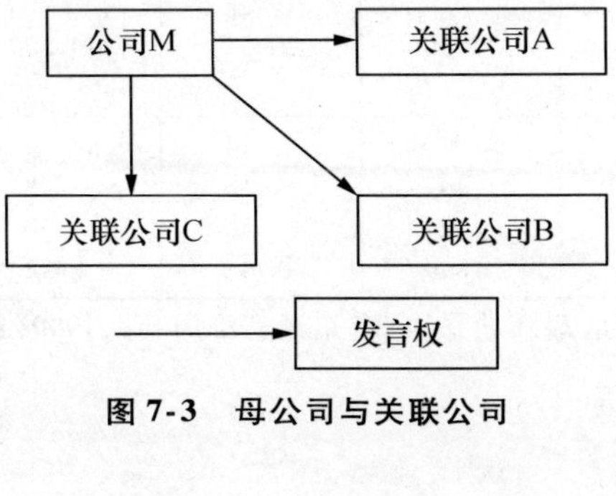

图 7-3　母公司与关联公司

1. 信息交流

在关联公司之间,可以通过董事长会议进行信息的交流与沟通。董事长会议就是各关联公司的董事长、总经理组成的协调彼此关系的委员会(在日本又被称为社长会)。该委员会定期举行会议,交流科技、经济、政治情报。通过董事长会议使分布在不同产业部门或不同国度的高级管理者掌握的信息互通有无,并将分别掌握的经营经验、管理技巧等软资源彼此交流。董事长会议还可协商高级管理者的人事任免调整,以及针对其他竞争者在战略上采取协调行动。

如表 7-8 所示,在日本的六大企业集团的社长会中,成员数 1997 年平均达到 32 家/会,第一劝业的银行社长会——三金会,其成员数达 48 家;成员数最少的是住友集团的白水会,成员数也达 20 家。各会股份相互持有平均比率都在 10% 以上,三菱集团的金曜会股份持有比率高达 27.31%。各个社长会的议题主要是交换信息、协调相互间的关系。

表 7-8　六大企业集团社长会概况表

集团		三井	三菱	住友	芙蓉	三和	一劝
名称		二木会	金曜会	白水会	芙蓉会	三水会	三金会
成员数(家)		25	28	20	28	43	48
设立时间		1961 年 10 月	1954 年左右	1951 年 4 月	1966 年 1 月	1967 年 2 月	1978 年 1 月
代表者		(常任干事) 樱花银行 三井物产 三井不动产	(代理人) 三菱重工董事长	干事轮流制 (1 个月)	(干事) 富士银行	(召集人) 三和银行	(第一召集人) 第一劝业银行 (第二召集人) 伊藤忠商事
出席者		社长	会长·社长	社长	社长	会长·社长	会长·社长
会议情况	时间	每月 1 次 第 1 个星期四	每月 1 次 第 2 个星期五	每月 1 次 第 4 个星期三	每月 1 次 第 4 个星期一	每月 1 次 第 3 个星期三	每年 1、4、7、10 月 第 3 个星期五
	场所	"関"大厦	三菱大厦	东京·住友会馆 大阪·住友大厦	富士银行总部	东京·三和东京大厦 大阪·三和银行总部	第一劝业银行总部
	议题	情报交换 相互间关系协调	商谈交易案件 专家学者讲演	情报交换	意见、情报交换	情报交换 专家学者讲演	研讨会
凝聚力	股份相互持有平均比率(%)	15.11	27.31	22.23	15.52	15.79	11.29
	金融机构融资平均比率(%)	19.82	19.30	20.33	14.35	16.30	14.26
规模实力	员工(万人)	27	23	14	28	36	42
	总资产(兆日元)	104	147	115	98	115	115
	销售额(兆日元)	33	27	20	30	35	52
	销售收入(亿日元)	5 822	4 449	3 732	1 492	2 708	6 914

资料来源:《六大企业集团的最新动态》,载《东洋经济周刊》,1999(12)。

2. 高级管理者互派

在企业集团内部，高级管理人才的横向调动是分配关联公司间拥有的经营管理人才资源、促进成员公司稳定的关联关系的重要手段之一。关于高级管理人员的派遣，是指同一企业集团的高级管理者或骨干职工被派遣成为其他关联公司的高级管理者。这里所说的高级管理是指董事长、总经理、董事、监事等一切要职人员。在关联公司中，除派遣高级管理者之外，各成员公司的高级管理者还可以通过彼此兼职，以直接施加影响力，来巩固彼此间的关联关系，促进协作的长期发展。在美德等国，企业高级官员兼任的现象亦很普遍，但它不是在相互持股型企业间关联关系的基础上的兼任，而是个人之间的关系，或暂时的融资关系的兼任。在欧美诸国，特定的兼职高级管理者一旦死亡或者退休，那么企业之间高级管理者的兼职关系就随之而消失。而在相互持股型关联公司中，首先是因企业之间关联关系的长期存在，而人的关系的相互结合是为这种企业之间长期存在的战略关系服务的，是通过人员纽带来加深彼此间的了解与沟通，以减少摩擦成本，促进协作效率的提高的。

根据日本公正交易委员会调查，在日本，1987 年向集团内其他关联公司派遣高级管理者的企业比率，平均高达 67.69%。其中财阀系的三大集团这一比率为 64.13%，而银行系的三大集团则为 71.25%。在企业集团全部企业的高级管理者的总数中，从集团内其他关联公司派遣高级管理者数的比率为 7.13%。1997 年，在六大企业集团内相互派遣的人员达 6 000 余人（见表 7-9）。

表 7-9　六大企业集团向集团内上市公司派出人员表

	三井系	三菱系	住友系	芙蓉系	三和系	一劝系
董事长、副董事长	23	19	32	31	29	27
总经理、总裁	77	57	55	85	89	119
副总经理、副总裁	29	20	31	26	23	39
专务董事	67	53	64	64	77	104
常务董事	160	135	128	194	174	223
董事	281	311	206	359	379	481
顾问董事	4	5	8	4	2	9
专职监事	80	104	66	112	92	123
监事	172	147	136	192	221	301
合计	893	851	726	1 067	1 086	1 436

资料来源：《六大企业集团的最新动态》，载《东洋经济周刊》，1999(12)。

3. 关联交易

关联交易是指母公司或其子公司与在该公司直接或间接拥有权益、存在利害关系的关联公司之间所进行的交易。在国外，关联交易是在跨国公司、母子公司制及总分公司制得到广泛运用时出现的。关联交易所具有的降低交易成本、优化资源配置、实现公司利润最大化等优越性，使上市公司在扩张和资本运营过程中普遍采用这一形式。

由于关联公司间的交易较外部的市场交易更具有稳定性、长期性、持续性，因此，它又进一步巩固了成员公司间的关联关系，成为关联公司间重要的协作机制。随着信息化、计算机化的发展，更有让这种交易关系固定化的趋向，随着企业网络的建成及完善，在关联公司间会形成对物流、现金流的统一管理，更为简单的计算机结算，这一切会更大幅度降低交易成本，带来效率的提高。

在西方发达国家，关联交易常常用于节约交易成本和合理避税。在亚洲的一些家族企业和官营企业中，关联交易则被用做在母公司与子公司之间转移利润或掩盖亏损。在我国关联交易常常发生在上市公司及其母公司、关联公司间，由于我国正处在经济体制转轨过程中，上市公司关联交易较其他市场经济国家更复杂，更频繁。

（三）子公司的利益相关者保护

在强调公司社会责任的今天，其他利益相关者保护的问题越来越受到人们的重视。保护中小股东立法的呼声日益高涨，但是，也有学者指出不能因为保护中小股东的利益而损害大股东正常治理公司的利益，这实际上是一个如何在保证效率的前提下实现公平的问题。有限责任制度作为推动生产力发展的法律杠杆，随着经济活动的日趋复杂，也受到人们的质疑。本节将就其他利益相关者中中小股东及债权人保护的问题进行探讨，以期引起我们的思考。

1. 中小股东保护：效率与公平

在股份公司中遵循“资本多数决”的原则，作为大股东的母公司事实上独占着对子公司董事会的控制权，拥有对子公司的人员录用解雇指挥命令的权限、公司资产购入处置的权限、资金调配方法选择的权限等。拥有着这些权限的母公司在支配子公司从事对自己有利的交易时，存在着榨取中小股东利益的事实上的可能性。很多学者从法学的角度提出采取必要措施来保护中小股东，实现公平。然而，也有些学者认为这一公平的实现是以牺牲效率为代价的。

所谓效率，就是指社会资源的配置符合“帕雷托最优”的效率标准，当经济社会中每个个体在不损害别人现有利益的原则下都达到了他的最大效用，那么这个经济就达到了帕雷托最优。公平又分为事前公平（机会平等）与事后公平（结果平等），这里的事前事后是指签订契约的前后，在探讨中小股东保护方面是中小股东在取得公司股份前后出现的问题。

（1）事前激励原则。多数的经济学者认为“如果能够确保事前公平，也就不会产生事后是否公平的问题”[①]，也就是说如果给予的机会是平等的，结果是否一样并不重要。机会平等实际上是对行为人提供的事前激励。而现实中法律意义上的公平往往指的是

① 宍戸善一、常木淳：《法と経済学—企業関連法のミクロ経済学的考察》，有斐閣 2004 年版，第 165 页。

结果的平等，仅从法律意义上的公平出发，就难以对行为人产生激励并阻碍效率的提高。事前激励原则告诉我们保护中小股东不能简单地追求结果的平等（就像在体育竞赛中，第一名和第十名的奖金是一样的），否则就会扭曲对大股东专用性投资的激励。

（2）不完备契约与中小股东保护。近年来随着母公司榨取中小股东行为的增加，为了维护公平，强调保护中小股东立法的重要性的呼声日益高涨。[①] 对于一般的投资者而言，如果不能确知将来会从大股东那里得到什么待遇的话，会影响他们投资股份的积极性。因此，大股东就要作出不榨取中小股东、保证其投资收益的承诺。问题在于大股东和小股东之间作为一种契约关系，因无法预见将来发生的所有情况，也就不可能把与这些事项一一对应的针对中小股东的特定条款写到契约里去。这样，大股东要取得小股东的信任就变得困难，因为契约难以形成对大股东行为的约束。因此，作为大股东行为约束的替代，保护中小股东的立法就有其存在的价值。在现实当中也存在着许多强制性的法规，例如，在公司章程中制定一些保护中小股东的规定，且不能随意变更，会发挥对大股东的约束作用。

（3）中小股东保护的基本原则。为了实现社会资源的有效配置，防止母公司滥用权力，保护中小股东利益是必要的，但也不能因为中小股东而损害大股东的正常利益，企业价值创造的主要源泉毕竟来自大股东，母公司是子公司资产风险的最大承担者。因此，如何在一致的规则框架下来寻求对中小股东的保护，应该是解决问题的逻辑起点，这也是值得我们思考的一个问题。为了探求在满足效率的前提下实现公平的规则，来保护中小股东，遵循以下基本原则是必要的：① 尊重当事人事前的选择，尽量控制使用强制性的规则；② 应避免制定扭曲承担企业主要经营任务的大股东激励、以结果平等为指向的规则；③ 为了不扭曲对中小股东投资的激励，应制定使未来事项更加明确化的规则；④ 由于契约的不完备性，审慎地制定不损害效率的法律规则（主要是针对大股东的恶意行为），来维护一定的事后公平是必要的。[②]

2. 债权人保护：法人资格否定

债权人作为外源资金的提供者，是子公司重要的利益相关者。在正常经营的情况下，子公司在贷款契约的约束下对债权人负有还本付息的责任，母公司的行为不会对子公司的债权人产生负的外部效应。当子公司面临破产时，由于母公司对子公司的资产只承担有限责任，即使破产财产不能抵补贷款本息，债权人也不能向母公司追索，母公司的权利受到法律的保护。问题在于如果母公司利用有限责任制度，通过关联公司间的交易，恶意转移子公司的资产，通过破产来侵害子公司债权人的利益，此时，就产生了保护债权人利益的问题。

（1）对有限责任的反思。有限与无限是以《民法》主体是否以其全部的财产承担相关债务作为标准的。有限责任就是指股东仅以其出资额为限对公司债务负责，从而使公司以股东出资形成的公司法人财产独立承担责任。有限责任制度保障了企业的投资者

① 神戸伸輔：《株主間利害対立》，《会社法の経済学》，東京大学出版会 1998 年版，第 318 页。

② Rafael La Porta, et al. Legal Determinants of External Finance. *Journal of Finance*, 1997, 52: 1131.

在其资本投入之外不再承担企业的债务责任。有限责任制度同样适用于企业集团,即母公司对子公司的债权人承担有限责任。有限责任制度保证了公司法人人格的独立,将股东的责任限制于其投资范围之内,使股东与公司债务隔离,使得现代公司制度在社会价值创造上发挥着重要作用。

从有限责任存在的环境来考察,有限责任赖以存在的前提条件是公司应具有独立的法人人格。何谓独立的法人人格?这里至少要具备两大要素:一是独立的意志;二是独立的财产。然而,在企业集团情形下,由于控制因素的存在,子公司虽然在法律形式上仍然保持着“独立存在”,但是事实上,子公司的独立性是受母公司的意志左右的。

首先,出于对企业集团整体利益的需要,母公司能够掌握子公司的决策权,使母公司直接或间接参与其子公司的治理或经营管理成为可能。事实上,在企业集团中,子公司很大程度要以母公司或集团整体的利益为自己的利益,以母公司或集团整体的意志为自己的意志(如果母公司需要它这样做的话)。其次,企业集团中,子公司的财产也存在失去真正意义独立的可能。在大多数情形下,母公司具备这样的能力,处理子公司的财产就像处理自己的财产一样,子公司的独立人格自然也就丧失了物质上的保障。所以,在企业集团中当母公司精心策划去损害子公司债权人的利益时,有限责任制度对债权人保护不足的弱点就暴露无遗。

尽管有限责任制度在保护债权人利益方面存在不足,但这不是制度本身的问题,它的产生是为了分散投资风险、降低投资交易成本,正因这一功能,有限责任制度促进了经济的自由竞争和飞速发展。法律的发展在于进一步完善有限责任制度,因此,公司法人人格否认制度的产生不是偶然的,它与公司有限责任是辩证统一不可分离的两个方面,保证了有限责任制度不会走向自我否定的反面。

(2) 法人人格的否认。日益复杂的社会经济活动,使得将每个公司都看做独立法人的传统观点与企业集团构筑起来的商业王国的现实之间存在着矛盾。因此,“揭开公司的面纱”理论在有限责任原则和企业集团这种大型经济组织现实之间找到一种相对的平衡,为在立法和司法实践中限制母子公司间的有限责任、解决母公司滥用权力行为所产生的问题提供了新的思路。

在英美法系国家,“揭开法人的面纱”理论是法院用来处理企业集团中母公司对子公司承担责任的重要方法,指当母公司滥用子公司的独立法人人格、损害公司债权人和社会公共利益的时候,法院将抛开子公司的独立法人人格,将子公司的行为视为隐蔽在子公司背后、具有实际支配能力的母公司行为,母公司将对子公司债权人承担相应的债务责任,并不仅以投资额为限。有人对它的作用作了一个形象的比喻,即在分离实体论(separate entity)的观点支配下,“揭开公司的面纱”理论相当于一个安全阀,随时可以使法院在认为必要的情况下,动用这种例外,截去隔在母子公司之间的法人面纱,对母公司施加债务责任。

【案例 7-1】

双星内战：名人实业 PK 西南双星

“双星内战”正式爆发

2008 年 2 月 23 日，双星集团正式发布《关于解除授权的通知》，宣布即日起，双星集团终止对成都双星的授权，成都双星不再享有使用和经营双星集团商标、产品的权利。

双星集团同时声明：已经将双星鞋和服装产品的生产经营权利授权给名人实业，成都双星在被终止授权后，应当配合名人实业做好市场交接工作；否则，将被追究法律责任。

双星集团情况

双星集团是一个跨国界、跨行业、跨所有制的国有独资特大型企业集团。前身是国营第九橡胶厂，始建于 1921 年，是中国最早的制鞋企业。

从 1983 年 7 月 5 日，“双星”商标注册成功，标志着双星集团正式成立。

目前双星集团成为以鞋业、轮胎、服装、机械、热电五大支柱产业和包括印刷、绣品、三配套在内的八大行业并举的综合性特大型企业集团。拥有 5 万名员工，140 余家成员单位，资产总额 60 亿元，年销售收入 100 亿元，出口创汇 2 亿美元。

双星专业运动鞋、双星旅游鞋、双星皮鞋和双星轮胎荣获“中国名牌”，双星品牌价值 492.92 亿元。

名人实业情况

2002 年 9 月，青岛双星名人实业股份有限公司正式注册成立。名人实业的股权结构如图 7-4 所示。

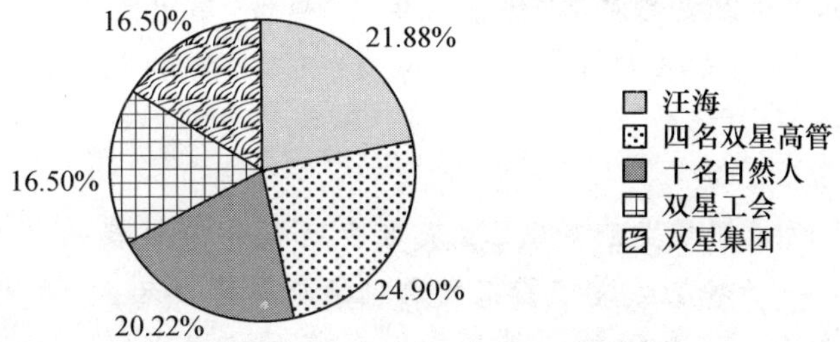

图 7-4　名人实业股权结构示意图

2007 年，青岛双星正式启动对名人实业的“鞋业资产剥离”程序，名人实业从国有的双星集团和青岛双星手中全盘接过了鞋类业务的同时，还获得了“双星”的品牌使用权——青岛市国资委允许名人实业以每年 0.9% 的商标使用费，使用由双星集团持有的全部商标。

西南双星情况

1996 年，受双星集团总裁汪海的委派，时任双星集团副总裁的刘树利前往成都开拓西南市场。

1998 年开始，在汪海的主导下，一场以“私人买断、国有资本退出”为特征的双星各地方分公司的改制拉开大幕。2004 年，在各地分公司基本完成改制后，双星西南各公司也改制成刘树利等个人股东共同拥有的私营企业——成都科技投资发展有限公司。

2004 年 6 月，经青岛市国资委的最终核准，双星集团成都科技投资发展有限公司以分期向双星集团支付约 4972 万元（包括 2300 万元亏损）的方式买断西南双星的全部国有资产。

在刘树利的带领下，成都双星逐步走出困境，扭亏为盈。到 2007 年年底，成都双星不但按时还清了所欠双星集团的全部债务，而且其总资产接近 3 亿元，净资产 1.5 亿元，年销售额达到 7.5 亿元，在整个西南地区拥有双星专卖店近 2000 家（双星在全国的专卖店总计 4000 家左右）。

西南双星的控股权之争

2007 年 6 月以来，双星集团以“形成合力”、“把双星做大做强”为由，先后多次与成都双星董事局主席刘树利和 CEO 韩俊芝谈话，要求由名人实业对成都双星控股 51%，并对成都双星进行资产评估。

2008 年 1 月，双星集团派出徐平、阎志伟、王苏刚三位高管赶赴成都，再次就“落实 51%”和资产评估问题对成都双星的骨干团队进行情况说明。

2008 年 2 月 15 日，身兼双星集团总裁和名人实业大股东之职的双星掌门人汪海同成都双星董事局主席刘树利和 CEO 韩俊芝面谈，要求成都双星就控股 51% 和资产评估问题尽快给予明确答复，未果。

2 月 17 日，双星集团再次派出王苏刚赶赴成都，对其发出“最后通牒”：“要求成都公司和刘树利在两日内给予明确答复。”

成都双星和刘树利不愿意妥协。

2 月 23 日，双星集团以成都双星“仿冒产品”，“模仿”集团商标，“侵犯”集团商标权益为由，宣布解除对成都双星的授权并对其实施断货，双方矛盾由此全面激化。

断货风波

济南专卖店断货，成都专卖店断货，重庆专卖断货……随着一家家双星专卖店即将面临的“无米”危机，一场双星渠道控股权之争也渐渐暴露出来。

这场断货风波缘起双星集团的一纸通知。春节刚过，2 月 23 日，双星集团成都科技投资发展有限公司（以下简称“西南双星”）收到双星集团《关于解除授权的通知》。通知称：自 2008 年 2 月 23 日起，西南双星不再享有使用和经营双星集团商标、产品的权利；双星集团已将鞋和服装产品的生产经营权利，授权给青岛双星名人实业股份有限公司（以下简称“双星名人”）。

紧接着，双星集团停止了对西南双星的供货。由于西南双星控制着重庆、云南、四川和贵州的四家公司，故双星集团此举影响了这三省一市的货源供给。而随后济南双星也出现了断货危机。

双星集团为何突然终止对西南双星的授权？在2月23日下发的通知中，双星集团对此的解释是：西南双星侵犯了该集团的商标权益。

据双星集团党委副书记王增胜介绍，成都公司在经营双星品牌的同时，背着集团抢注了和集团DBSD名称相同、图案相似的dbsd商标，生产经营自己的品牌；包括济南公司在刚刚改制不久，济南公司负责人韩俊芝就以个人名义于2004年7月23日，在第25类鞋、服装等商品上，背着集团申请注册了自己的"安邦捷德"商标，申请号为4183582，并背着集团私自生产经营了超出集团商标许可范围的鞋油、牙膏、牙刷等生活日化用品。

而成都双星负责人刘树利认为取消经营权和断货的真正原因是，汪海欲以其担任大股东的双星名人实业公司对西南四省市前"双星系"的6家企业（以下称"西南双星"）按51%的比例进行控股。一场围绕控股与反控股引发的纷争，最终以争夺双星品牌使用权为诉求，进入了白热化状态。

为了3 000家代理商的渠道控制权，一直牢牢掌控双星集团70%左右的鞋类、服装销售渠道的刘树利、韩俊芝夫妇，与双星集团总裁汪海之间，已经水火不容。据悉，刘氏夫妇是与汪海在双星一起创业的元老级人物，刘树利现为西南双星董事局主席，其夫人韩俊芝任首席执行官，同时还兼任济南双星董事长。

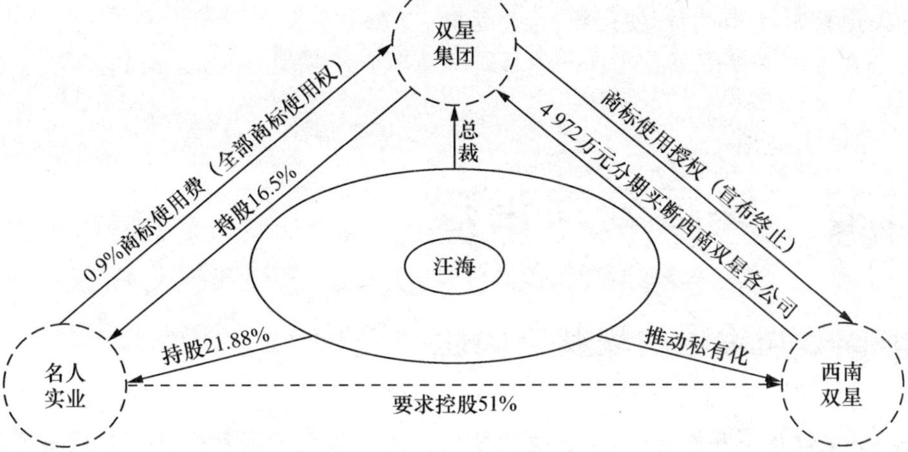

图7-5　事件三方当事人关系

双星对控股51%的解释

"不是抢权，而是为了集团发展。"

原因一："有的代理商各自为政，在经营上互相残杀，搞乱了市场秩序，损害了品牌形象"；

原因二："一些代理商利用双星的资源经营自己的品牌"，如成都公司在经营双星的同时，抢注和（双星）集团DBSD名称相同、图案相似的dbsd商标等。

后续进展

2008年4月11日，双星集团宣称，双星名人公司在成都、济南等地重新组建新的经营公司，双星名人公司控股51%。

2008年4月18日，西南双星首次以特星公司的名义在泉城济南的山东大厦召开新品发布会，推出自创的“特星”品牌。

2009年5月8日，青岛产权交易所公告称，由双星集团有限责任公司（以下称双星集团）持有的青岛双星名人实业股份有限公司16.59%股权，将于5月15日下午2点公开拍卖。如果这项拍卖得以顺利进行，那么国有股权将彻底退出双星名人的股东行列。

5月18日自然人吴康以5111万元最终将双星名人16.59%的国有股股权揽入怀中，也标志着双星名人的改制之路在整整两年之后，终于画上了句号，双星名人成了彻底的民营企业。

资料来源：路敦海：《“双星内战”真相调查》，载《中华工商时报》，2008.4.16；李红兵：《争夺51%的控股权　双星总部与地方开战》，载《南方周末》，2008.4.10。

【案例讨论】

1. 双星集团、名人实业、西南双星三者是何种关系？
2. 双星集团将运营非常好的鞋类业务转给名人实业，是否合规？
3. 名人实业争夺控股权，意欲何为？
4. 渠道控制权PK商标使用权，谁将是胜者？

第二节　跨国公司治理

一、跨国公司治理的现状与问题

在经济全球化不断深化的今天，跨国公司已经成为全球国际生产体系最重要的组织者和最主要的推动力量。跨国公司的全球战略使得各国市场不可避免地成为跨国公司全球市场的组成部分。国内市场的国际化和国内竞争的国际化已成为现代企业生存和发展的基本环境。随着中国加入WTO，中国企业将不可避免地融入国际化的浪潮之中。因此，除了需要学习跨国公司的先进技术和管理经验以外，也要重视跨国公司的公司治理和控制方式，特别是跨国公司处理不同文化对接的经验。

每个央企都是集团，都应该拥有集团治理的视角，而集团治理十分复杂，当集团治理走出去、走进来，成为跨国公司治理时，就变得更加复杂。集团治理最难的问题在于关联交易。原来是在一个国家里，掏空的集团都在国内。如果跨国公司在全世界上百个国家进行关联交易，就更难治理。因此我们说，和跨国公司打交道，以及建立中国的跨国公司，首先面临治理问题，而这是一个世界难题。

跨国公司治理从根本上超越了一般国内企业的治理框架。在跨国公司的治理体系中，并不存在一般国内企业的内部治理结构，同时，由于国际市场的不完全性，经理市场、证券市场和公司控制市场在国家之间存在重大差异，难以形成对跨国公司有约束力的外部监督机制。这在一定程度上使跨国公司处于超然的地位，从而迫切要求在国际层面建立对跨国公司的监督与约束机制。

跨国公司在20世纪四五十年代出现后，最早的时候人人喊打，担心其成为国中之国，经济殖民的工具。现在跨国公司受到各国欢迎，随着跨国公司的发展，也产生了一些理论问题。

原先我们讲，全世界无产者联合起来。马克思认为，资本有国界，无产者无国界。现在的情况是资本无国界，劳动者有国界。各国欢迎投资移民，而外出打工则难以办理签证。最早跨国公司实行集权化，后来实行分权化，20世纪90年代末开始，随着信息化进程加快，跨国公司服从全球统一战略。比如和跨国公司合作，出现让出控股权以前亏损，一旦让出控股权就开始盈利的现象。这实际上是服从跨国公司的全球统一战略。

在这种情况下，跨国公司治理比一般集团治理更加复杂。一般企业的利益相关者治理已经很复杂了，而到了跨国治理，母国、东道国、外派劳工、战略联盟、合资企业、重组等问题错综复杂，如图7-6所示。比如广东粤海集团重组，十几个国家的法律都不同，哪个环节弄不好都不行，这就形成了多元利益相关者，使得每个环节都十分重要。

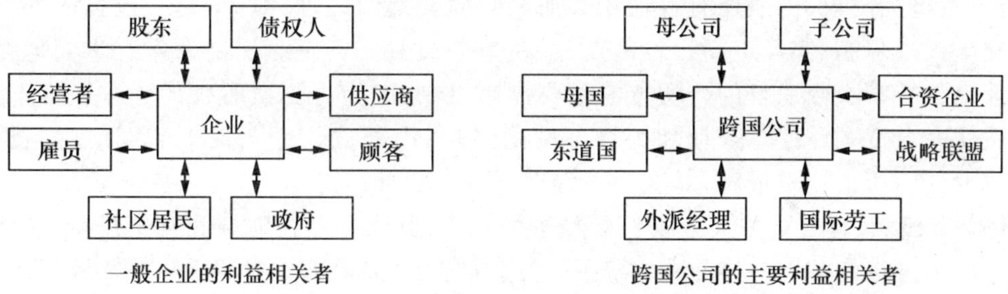

图7-6　一般企业和跨国公司利益相关者的比较

二、跨国公司在华合资企业公司治理

通过与海外投资者打交道，我们学习了许多模式，而与国有企业关系最密切的是国内的合资企业和外资企业。它们根据中国的具体环境进行了转型，它们的成功经验和失败教训值得学习。我们几年前在天津开发区作了一项调查，调查对象为跨国公司在天津开发区的投资额在1 000万美元以上的三资企业，包括日本、韩国、美国等国的众多企业；调查问卷有23道选择题，发至200家公司的总经理或副总经理处，收回问卷90份；直接走访20家，采访公司总经理或副总经理。

我们通过调查发现了一些规律：

(1) 跨国公司在华企业在股权安排上强调控股权，并通过关键资源的投入形成对企业的非股权控制。

合资企业中，外方投资额占投资总额的65.8%，说明外方母公司在总体上处于控股地位；在多股东型结构中，即使中外双方各持50%的股份，但由于中方投资者并非一家，董事会中的中方董事来自多个中方投资母体，削弱了中方实际控制能力，结果仍是外方实际控股；合资企业在成立几年后，外方投资者单方面增资行为极为普遍，撤资和向第三方转让并不明显；合资企业中外方不仅重视股权安排，而且非常重视通过资金、核心技术、关键管理技能和营销网络等要素投入形成对合资企业的非股权控制。

（2）在华三资企业公司治理是一种母公司主导型的治理模式，公司控制力主要来自母公司，内部治理处于次要地位。

三资企业91.6%属于有限责任公司，没有股份有限公司；合资企业董事会实际上以双轨制的方式产生，即董事会人员由中外双方协商产生，比例取决于公司的股权结构；独资企业董事会遵循母公司单轨制方式产生，即董事会由母公司的代表及独资企业的高层主管组成；90%的企业没有聘任外部董事，大多数企业未设监事会；绝大部分企业总经理和董事长是分任的，常见的情形是外方人员出任总经理；母公司拥有极大的董事及总经理的任免权，本属于董事会的权力被母公司代为行使。

（3）跨国公司控制在华企业的主要手段是直接任命总经理、进行财务监控和直接任命关键部门经理。

合资企业总经理的任命权是一个非常重要的控制机制，因为总经理负责企业日常经营，执行董事会决议，有些还有权任命其他关键职能部门经理；财务监控，包括内部审计、费用支出授权限制、实行定期报告制度等，在母公司对三资企业控制中占有重要地位；内部审计也是持有少数股权的合资方的重要控制机制，因为占少数股权的一方通常不大可能有权任命合资企业的总经理和关键部门的经理；由外方任命负责人的部门中，技术部门和财务部门所占比例最高，其次为销售部门和行政部门。

图7-7显示，母公司最关注委任总经理的权力，其次是监控财务和直接任命关键部门经理。而中方控制的部门则是人事部门、公关部门和销售部门等，图7-8显示了跨国母公司与中方合资方在控制手段上的明显区别。

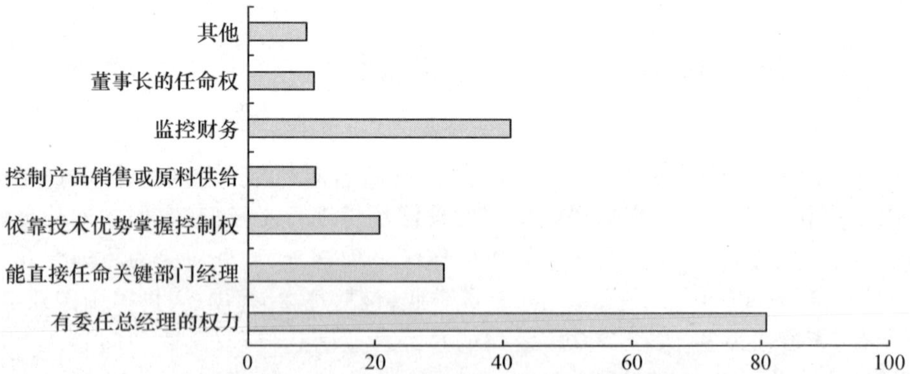

图7-7　母公司认为重要的监控机制

（4）中方与外方高层管理人员年薪差别大，不利于中方高层管理人员积极性的调动。

如图7-9所示，在三资企业，对经理人员的激励以基本薪金为主，三资企业收益分配

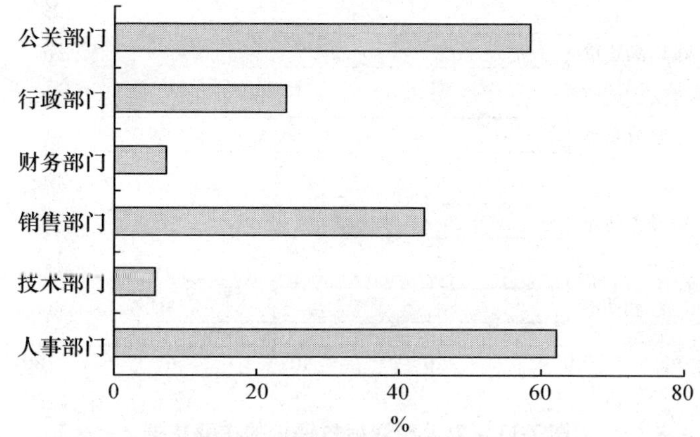

图 7-8　由中方控制的部门

机制比较充分,如图 7-10 所示,从总经理到一般的员工都有具体规定;总经理待遇由母公司确定,享有比较可观的在职消费;中方副总经理的年薪需进行二次分配,与外方的副总经理形成了较大的差距;合资企业的激励机制建立在对经理人员业绩评价制度的基础上,90% 以上的企业建立了董事及经理人员考核制度,其中以来自母公司的考核为主。对总经理绩效的评价主要依据企业成长性、利润率、员工满意度和市场占有率等方面,重要性依次降低,如图 7-11 所示。

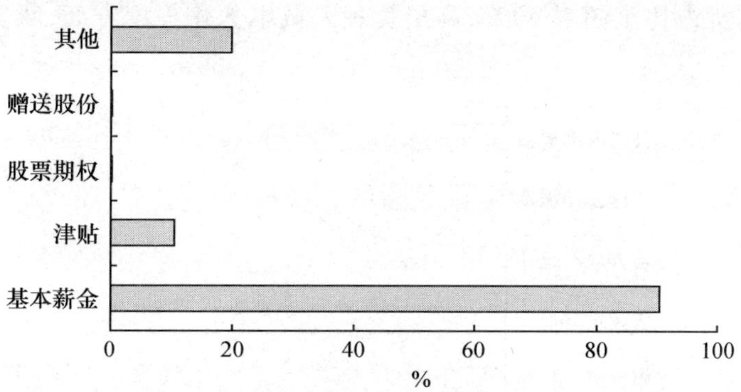

图 7-9　高层经理人员的报酬激励形式

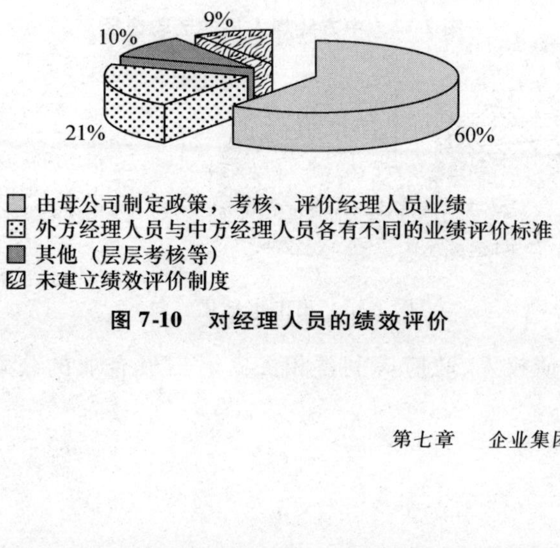

图 7-10　对经理人员的绩效评价

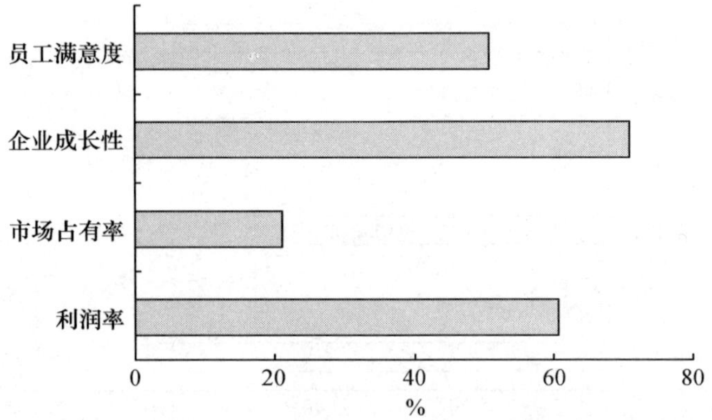

图 7-11　对总经理绩效评价的主要依据

（5）在华三资企业本地化倾向明显，大部分经理人员来自当地人才市场，中国人担任高级管理职务的比重迅速增加。

关于中方管理人员的选聘途径，图 7-12 列出了几种主要方式，除从人才市场聘用外，从公司内部提拔和母公司派遣也是重要途径。母公司与合资公司经营管理权的配置取决于母公司的产业性质及其全球化的战略目标；建立初期，部门经理多由外籍人员担任，随着事业的发展，越来越多的企业推行本地化战略，部门经理大多改由中方人员担任。如图 7-13 所示，90% 以上的企业人员出现本地化趋势或本地化程度较高，六成以上企业高级管理层中方所占比重超过 40%；高层管理人员本地化程度方面，欧美企业强于日韩企业。

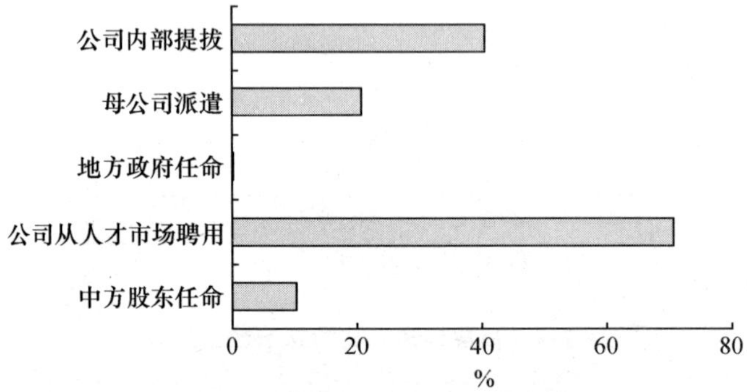

图 7-12　中方经理人员的选聘途径

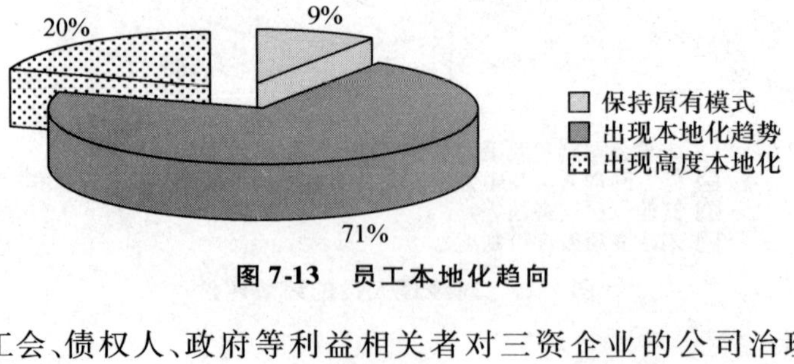

图 7-13　员工本地化趋向

（6）雇员、工会、债权人、政府等利益相关者对三资企业的公司治理没有发挥明显作用。

三资企业都是非上市公司，雇员不持股，因而不能通过股东大会对公司进行有效的治理；企业文化是将母公司的经营理念和行为方式传导给合资企业员工的重要途径；三资企业工会、党支部的治理作用较小，并且由于不干预公司的重大决策的制定、人事任免、经营管理等，几乎没有对董事会及总经理形成制约，图7-14列出了工会作用的发挥情况；如图7-15所示，债权人对公司治理影响度较低，基本上不对公司形成制约；如图7-16所示，该企业主要通过间接融资获得资金，没有直接融资，因此受中国资本市场的影响很小。

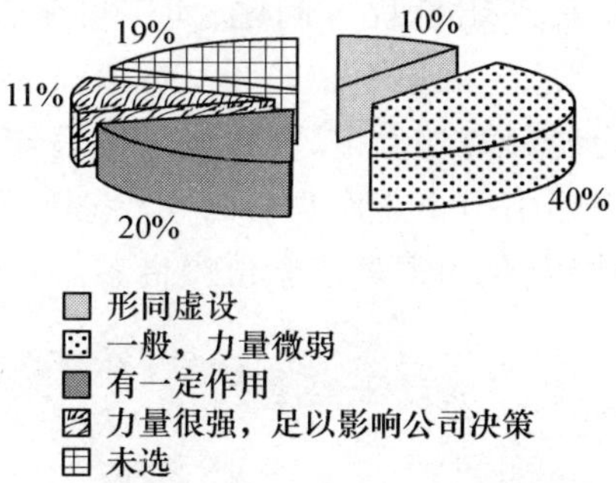

图7-14　工会的作用

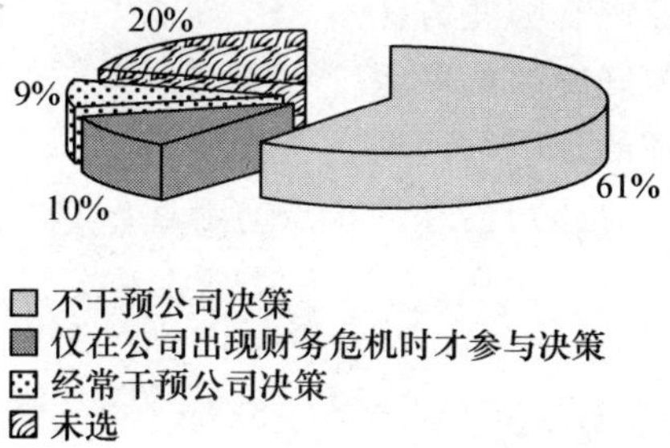

图7-15　债权人对公司决策的影响程度

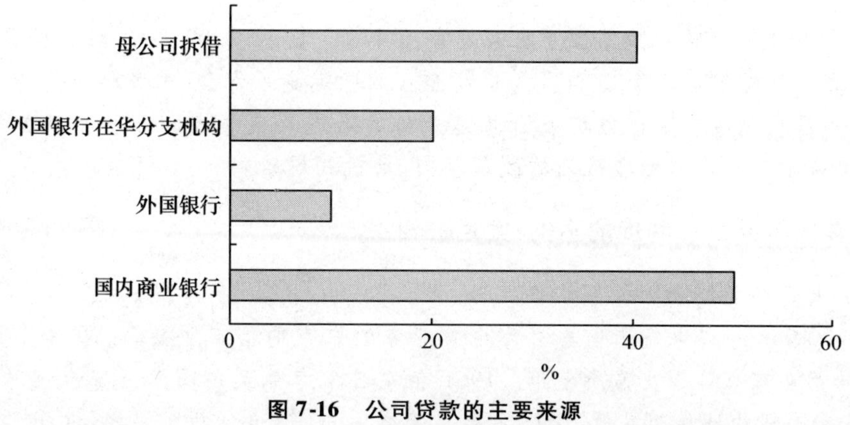

图7-16　公司贷款的主要来源

总体来说,跨国公司在华合资方式向控股或独资的转化,预示着历时二十余年的中外合资局面正发生巨大变革,更高级形式的外国证券投资登上中国舞台的条件也将成熟;外商投资形式的升级,必然伴随着外资企业的公司治理结构进一步的规范化和复杂化,也必然对我国法律法规的完善和监管体制的规范提出更高的要求。

国内公司与国外公司的区别在于,国内企业治理曲线比较平缓,外资企业比较陡峭。国外公司办企业先投资治理成本。中国企业为了节省治理成本,例如到外面开公司,妻子当会计、儿子当警卫,导致两本账、监守自盗。这种问题不是必然的,但是会导致治理质量下降,使出问题的概率增加。我们加入 WTO 最大的问题在于反倾销。反倾销应诉不力,是由于担心调查取证中反映出偷税等问题,而宁可放弃市场。还有一些白条工资等问题,外方不认可。不怕做假账,就怕不记账和乱记账。

总之,改制的中国企业纷纷赴海外上市,要接受国际公司治理标准的检验,而一些赴海外上市公司的治理事件,表明中国企业面临着公司治理国际化挑战。在我国企业国际化的过程之中跨国公司和合资企业的很多经验值得借鉴。

【本章思考题】

1. 请谈谈集团治理的产生。
2. 集团治理与企业治理的区别是什么?
3. 母公司对子公司的控制有哪些方法?
4. 请谈谈集团治理与关联交易的联系。
5. 请谈谈跨国公司治理的现状与问题。
6. 跨国公司在华合资企业公司治理的特点有哪些?

【综合案例】

日本跨国公司的治理改革

据瑞士洛桑管理学院发表的《国家竞争力年鉴》显示,1989 年日本雄居各国之首。然而,2002 年日本退居到第 30 位。为提高企业的国际竞争力,日本各公司纷纷采取强化公司内部治理机制的改革措施。下面通过分析日本最具代表性的三种类型公司的改革内容,了解日本公司内部治理机制的改革动向、动机和思路。

一、美国型委员会制度的案例:索尼公司

(一) 索尼公司概况

最早于 1946 年以电气通信器材为主营业务的东京通信工业公司,1958 年更名为索尼公司,同年在东京证券交易所上市。1961 年在日本率先到美国发行寄存证券(ADR),1970 年在美国纽约证券交易所上市,主要从事各种电子、电气机械业务,也涉猎游戏、电影和金融领域的业务,是全球最大的综合娱乐公司之一。在《财富》杂志 2005 年世界 500

强中索尼公司名列第47位。2006年索尼拥有998家子公司(其中有35家子公司设立在美国)、73家关联公司,国外机构投资者持股比例高达52.81%,雇用员工16.3万人,纯资产额达11.71兆日元(索尼公司有价证券报告书,2007)。2007年索尼公司的销售收入按照地域划分,日本占23.2%,美国占25.1%,欧洲占26.2%(索尼公司事业报告书,2008)。可见,索尼公司是受美国影响较大的国际化经营的大型跨国公司。

(二) 引入美国型委员会制度

1970年,索尼公司在美国纽约证券交易所成功上市,同年索尼公司在日本率先仿照美国公司,设置了2名独立董事,此举在日本其他公司看来无异于是在“第一个吃螃蟹”。看起来索尼公司似乎已与美国公司治理机制无异。但是,从董事会规模和董事会成员选聘方式来看,其却仍保留着日本公司的董事会规模过大和以内部晋升者为主的传统特点。如1996年索尼公司董事会成员为38人,这个数字高于日本传统型治理机制的松下电气公司(32人)和夏普公司(33人)。在38人中,除2名独立董事和1名外国人董事外,所有董事会成员均为公司的内部晋升者。

在国外机构投资者的压力和倡议下,为了提高企业价值,提高经营效率,更迅速地进行经营决策,索尼公司继续不断仿照美国公司的内部治理机制模式,进行了一系列在日本可称为是“拓荒者”的改革。如1997年在日本率先引入了执行经理制度,1998年引入了提名和薪酬委员会制度,2003年增加了监察委员会,至此索尼公司成为日本首家设置美国型委员会制度的公司。此外,索尼公司还进一步缩小了董事会规模,增加了独立董事所占的比例。2006年董事会成员由改组前(1996年)的38人削减到14人,其中的独立董事由2人增加至11人。

执行经理制度是将监督、决策和经营职能中的经营职能从董事会中分离出来的一种制度,即由董事会执行监督机能和经营决策机能,由执行经理专门执行业务,这样将董事会从过去业务经营的重负中解脱出来。设置委员会制度后,将过去仅由董事会执行的监督机能,改为由董事会及其选聘的3个委员会共同执行监督机能。其中,董事会主要负责制定基本经营方针和经营决策,监督业务的执行情况,选聘和解聘提名,薪酬和监察3个委员会的成员和执行经理。提名委员会负责向股东大会提交选聘、解聘董事的议案。薪酬委员会决定董事、执行经理的报酬。监察委员会负责监察董事行使监督的情况,监察执行经理业务经营的执行情况,选聘、解聘会计监察人,监督和评价会计监察人的工作。总之,委员会制度的设置旨在增强董事会的监督机能。

(三) 接受美国标准披露会计信息

信息披露影响股东对公司经营管理的认知程度,从而影响股东对公司的监督及参与程度,有效的公司治理需要完善的信息披露机制。美国安然、世通公司会计造假丑闻曝光后,为加强证券市场监管,恢复投资者信心,美国国会参众两院通过了《萨班斯-奥克斯利法案》(2002)。索尼公司为在美国证券交易委员会(SEC)注册成功,不得不接受该法案的适用条款,即索尼公司要履行向SEC提交财务报表、信息披露手续以及内部控制材料的义务。

(四) 索尼公司改革的特点与评价

从整体上看,索尼公司内部治理机制改革呈现如下特点:

(1) 仿照美国形成“一元制”的公司内部治理机制，即股东大会—董事会—3个委员会—执行经理制度；

(2) 引入执行经理制度，通过董事会和3个委员会监督执行经理的业务执行情况，实现了监督机能、经营决策和执行业务机能的分离；

(3) 削减了董事会规模，减少了内部晋升者比例，增加了独立董事比例；

(4) 接受美国法律和会计制度标准，加强了信息披露机制；

(5) 在履行监督机能的队伍中增加了提名、薪酬和监察3个委员会，增强了董事会的监督机能。

索尼公司引入美国型委员会制度后，公司价值明显增加，改革获得了初步成效。截至2008年8月，有109家公司像索尼公司一样引入了美国型委员会制度(日本监察协会，2009)。

二、日本型监事会制度的案例：丰田公司

(一) 丰田公司概况

丰田公司最早于1933年在丰田自动织布机制造所内从事汽车的研究工作，1937年独立出来，创设了丰田汽车工业公司，1949年在东京、名古屋和大阪等各证券交易所上市，此后相继在福冈、札幌、纽约、伦敦等各证券交易所上市，2006年拥有522家子公司(不少子公司是并购欧洲公司后成立的)，222家关联公司，以汽车产业为中心，兼营金融及其他业务，国外机构投资者持股比例为27.15%，仅及索尼公司的一半，雇用员工29.9万人，拥有11.8兆日元的净资产额。

可见，丰田公司与索尼公司同样是国际化经营的大型跨国公司，然而，丰田公司却走上了与索尼公司截然不同的改革道路。

(二) 日本传统型监事会制度改革

丰田公司内部治理监督机制：其由30名董事组成董事会，董事会并未仿照美国设置独立董事制度，也未引入美国型的执行经理和委员会制度，而是继续保持着日本的传统特点。监事会由7名成员组成，其中4人为独立监事，独立监事制度是日本1993年仿照美国独立董事制度而首创的。监事会负责监察董事会，董事会负责监督常务人员执行业务。

在日本很多公司纷纷仿效索尼公司引入美国型的执行经理和委员会制度时，同是与索尼公司分庭抗礼的大型国际企业——丰田公司却依然保持着日本传统型公司治理机制的特点，其中的主要原因在于：(1) 丰田公司所面临的国外机构投资者的压力较小；(2) 不少子公司并非建立在美国本土上，而是建立在欧洲的土地上；(3) 丰田公司的经营者对美国公司内部治理机制的有效性持怀疑态度，认为完全仿照美国的做法尚存在很大的风险；(4) 丰田公司董事会内部的监督机能、经营决策与执行业务机能早已明确分开，即由会长、副会长、社长共同完成监督机能和经营决策，由部门经营者完成执行业务机能，因而没有必要再引入执行经理制度。

尽管丰田公司保持着日本传统型的监事会制度，但是公司治理改革的浪潮还是波及了这家公司。丰田公司进行的改革主要是将监督机能与经营决策机能彻底分开。2003

年6月后，丰田公司开始改革董事会，即将监督机能与经营决策机能彻底分开，由会长、副会长、社长和副社长共同履行监督机能，由专务人员作为制定经营决策的负责人，而原来的常务人员和普通董事一律作为常务人员专门负责执行业务，不再属于董事会成员。此外，董事会规模由58人削减到了30人。

（三）信息披露会计制度改革

以美国为标准丰田公司虽然在内部监督机制方面保持着日本的传统特点，但在信息披露会计制度方面，却表现出与美国标准的趋同。具体表现在其积极地进行信息披露，提高了企业透明度。如发放公司简介、决算资料等印刷品，很早就利用互联网创办公司主页，对证券分析师和机构投资者现场召开公司发布会，尤其难能可贵的是丰田公司的会长和社长亲自出席公司的发布会。另外，丰田公司还积极向社会披露子公司和关联公司的信息，1997年率先公布了连结决算信息，2000年起，按美国标准公开了中间连结决算报告，2003年以后进一步发布了季报的连结决算信息。

（四）丰田公司改革的特点与评价

总结丰田公司的内部治理机制具有如下特点：(1) 保持了日本传统型的“二元制”公司内部治理机制，即股东大会下设董事会和监事会，董事会监督经营者执行业务，监事会监察董事会；(2) 并未引入执行经理制度，但通过改组董事会，仍做到了监督机能、经营决策机能和执行业务机能的分离；(3) 保持了日本独创的独立监事制度，并未仿照美国引入独立董事制度；(4) 履行监督机能的队伍中增加了副社长，精简了董事会成员，增强了董事会的治理效率；(5) 按照美国标准提高了信息披露水平。

在保持日本传统型监事会制度基础上进行改革的丰田公司，1999年在纽约和伦敦证券交易所顺利上市，国外机构投资者持股比例由2001年的16.45%增加至2006年的27.14%，这些足以反映出丰田公司已获得了很高的国际评价，其公司治理改革无疑是成功的。

三、日美折中型治理机制的案例：帝人公司

（一）帝人公司概况

帝人公司的前身是帝国人造绢丝股份公司，最早成立于1919年，1949年在东京、大阪和名古屋3家证券交易所上市，1962年更名为帝人股份公司。

2006年帝人已经形成由帝人母公司、126家子公司和36家关联公司组成的企业集团，主要经营合成纤维、化纤产品、医药医疗和流通等领域的制造、加工和销售业务，纯资产额达0.4兆日元，国外机构投资者持股比例为27.58%，与丰田公司接近，雇用员工1.9万人。

2007年帝人公司的国内销售额占总销售额的57.3%。可见，相比索尼和丰田公司，帝人公司是以日本国内市场为主的中等企业。

（二）日美折中型内部治理机制

所谓日美折中型内部治理机制是指在保持日本型监事会制度基础上，引入美国型的独立董事制度，并且设置薪酬委员会或提名委员会中的任意一个委员会。2002年在1422家上市公司中，占49.1%的公司既保留了日本型监事会制度，又引入了独立董事

(末永、藤川,2004),帝人公司就是众多日美折中型公司中的一员。

帝人公司从1999年开始着手进行改革,改革主要包括5个方面:(1) 削减董事会人数,董事会成员由24人削减到10人,其中包括新设立的2名独立董事,2003年独立董事增加至3人。(2) 引入执行经理制度。2007年共有8名执行经理。(3) 强化监察机能。2003年独立监事增至3人。(4) 设置CEO决策审议会。由CEO、副社长和监事等组成的CEO决策审议会每月召开2次,主要讨论和决策董事会委托的帝人公司重要事项,如帝人集团及其运营机能、中短期计划及个别重要事项等。(5) 设置经营咨询委员会,由5名外部经营顾问(3名日本人、2名外国人)和会长、社长(CEO)构成的经营咨询委员会每年定期召开2次会议。1999年经营咨询委员会担负着提名和薪酬委员会的机能,2003年经营咨询委员会正式设置了提名和薪酬委员会,主要负责更换社长、推荐候选人,审议会长的选聘,审议帝人集团经营者薪酬制度,评价社长和董事的业绩等。

在保持日本型监事会制度基础上,引入美国型的独立董事制度,并且设置薪酬委员会或提名委员会中的任意一个委员会。

(三) 帝人公司改革的特点与评价

相比索尼和丰田公司而言,帝人公司的内部治理机制改革更多地具有自主创新和东西合璧的特点,具体表现为如下5个特点:(1) 保留了日本传统型监事会制度,为加强监事会的监察机能,增加了独立监事的人数;(2) 引入了美国型委员会制度,委员会制度设置在经营咨询委员会内部,主要是提名和薪酬委员会;(3) 引入美国型的独立董事制度;(4) 引入了执行经理制度,加强了业务执行机能;(5) 自主创新了CEO决策审议会,加强了经营决策机能。据笔者对帝人公司2001—2006年公司绩效的统计计算,以企业溢价水平为衡量指标,托宾 q 分别为1.01、0.95、1.04、1.23、1.28。以会计利润率为衡量指标,净资产收益率ROE(当期纯利润/纯资产额)分别为-7.53、2.87、3.15、7.33、8.36,总资产收益率ROA(当期纯利润/总资产额)分别为-2.02、0.92、1.07、2.63、3.41。由此可见,帝人公司日美折中型公司内部治理机制改革提高了公司绩效,改革成绩斐然。

四、结论与启示

综上所述,早在2002年日本商法规定各公司可以自主选择公司治理机制之前,索尼、丰田和帝人3家公司就已开始了公司内部治理机制的改革,这表明日本公司治理机制改革属于与时俱进的"需求拉动"型改革,而并非是"政策推动"型改革。改革表现出如下3个共同特点:(1) 呈现美国型、日本型和日美折中型等多元化改革的特点;(2) 削减了董事会规模,增加了独立董事(独立监事)人数,分离了原来混为一谈的监督机能、经营决策和执行业务机能,提高了公司绩效;(3) 接受美国标准,完善了公司的信息披露机制。

资料来源:李彬:《日本公司治理的多元化改革》,载《经济与管理》,2009(4)。

【案例讨论】

1. 应该如何看待日本跨国公司的治理动机?
2. 跨国公司进行治理变革的依据是什么?
3. 如何评价不同治理模式的有效性?

第八章 如何评价公司的治理状况

【篇首语】

公司治理质量的优劣是公司潜在价值高低的重要标志，也是证券市场乃至国家经济发展状况的重要标志。公司治理评价，对于投资者的信息不对称程度的缓解、证券监管部门的有效监管、资本市场的完善以及上市公司竞争能力的提高等均起着重要的作用。

【引导案例】

ISS 评级 Google 治理最差，引发股价下跌

搜索引擎 Google 成立不到 10 年时间，已成为最受美国人欢迎的搜索引擎。它是由美国斯坦福大学博士生 Larry Page 与 Sergey Brin 于 1998 年 9 月开发的，1999 年创立公司，2000 年 7 月，Google 替代 Inktomi 成为雅虎公司的搜索引擎，同年 9 月，Google 成为网易公司的搜索引擎。1998 年至今，Google 已经获得 40 多项业界大奖，并且已将其网上搜索技术许可证颁发给 30 多个国家和地区的 130 多家公司。

2004 年 4 月，Google 正式向美国证券及交易委员会提出上市申请。在经历一番坎坷后，全球搜索引擎业巨头 Google 终于在美国东部时间 8 月 19 日于纳斯达克正式挂牌上市。尽管当日纳斯达克总体下挫，但出乎众多分析家的预测，上市后的 Google 股票不但没有大跌，反而逆市上扬。当日股价在纳斯达克市场收于 100.34 美元，较下调后的每股 85 美元发行价上涨 18%。股票交易更是活跃，首日成交 2 200 万股，远远超过 1 960 万股的股票发行总数。虽然这样的涨幅与活跃的交易在一定程度上可以归因于原定的发行价在临近上市前被下调，不过 Google 通过上市还是募集到 16 亿美元的资金，成为网络业近两年以来最大规模的首次公开募股案例。

在搜索引擎市场上，雅虎、微软等公司都把搜索引擎看做是互联网的制高点，对 Google 取得的成功觊觎已久，如何增强自身竞争力关系到各竞争者未来的前途。微软推出了新的搜索引擎，它能够同时搜索网页以及用户的电脑硬盘，其矛头便直接对准了 Google。Google 目前正在不断扩大自身的业务范围，比如它已经推出了 Gmail 电子邮件业务和 Orkut 社群网业务，还收购了开发 Blogger 程序的 Pyra Labs，这一程序可以帮助用户创建自己的网志。2005 年 6 月，Google 又收购了著名的中文网络搜索引擎公司百度的部分股权。在其 IPO 文件中，Google 同时还表示将扩大其国际业务的范围。Google 成为全球最大的搜寻引擎公司。

Google 公司上市一周后，美国一家颇具影响的代理投票权顾问机构——机构投资者服务公司(Institutional Shareholder Services, ISS)就表示，互联网搜索公司 Google 的公司治理是标准普尔 500 指数成分股中最差的。ISS 就如何行使投票权为投资机构提供建议时，在总分为 100 的“公司治理系数”中，对 Google 的评分为 0.2，几乎为零，低于标准普尔 500 指数中的所有其他公司。ISS 在 Google 的公司治理措施中发现了 21 个缺陷，这些

缺陷包括:外部董事太少,其资本结构造成内部人掌握了对公司的有效控制权等。

评分偏低的原因众多,包括使投资人无法接受的薪酬计划,该计划规定,如果股价下跌,公司将对股票期权重新定价。另外,Google 缺少针对公司高管和独立董事的股票持有指引。市场人士表示,尽管 Google 公司试图通过拍卖出售的形式使其首次公开发行(IPO)的过程更为民主化,但该公司的治理结构无法令人满意。Google 公司在董事会运作、双层股权结构以及收购防御上均表现不佳。Google 公司需要绝大多数的赞成票才能通过公司合并以及业务整合计划。Google 采取了其他高科技公司很少采用的一种公司治理结构——双重股权结构。虽然 Google 的创始人 Page 认为,双重股权结构可以让 Google 拥有一家高技术企业所必要的稳定性和独立性。但在这种股权结构下,管理层拥有比董事会更大的权力,Google 必须从现在起就做好防止管理层滥用职权的制度设计。双重股权结构还会使公司的相关信息缺乏透明,影响到市场投资者对公司前景的信心,采用双重股权结构的公司,一般都会给予内部人士优先投票权,而股市对这类公司的定价通常要比同类公司有所折让。此外,ISS 认为,Google 公司的独立董事不到董事会总人数的三分之二,而且该公司提名委员会中包括一名关联外部人士,这都影响了该公司的评级。

ISS 评级结果披露次日 Google 股价跌 4.671%,报 104.29 美元。美国教师保险及养老基金(TIAA-CREF)是美国最大的机构投资者之一,该基金表示,任何买入报价都将打上折扣,以反映投资者对 Google 双重股权结构和其他公司治理问题的担心。

资料来源:南开大学中国公司治理研究院案例库。

引导案例解释了公司治理评级可以直接影响投资者对上市公司的态度,较差的治理评级会给上市公司造成损失,表明公司治理评价对企业的重要价值。

第一节　为什么需要公司治理评价

评价是一个系统的概念,公司日常的经营管理中存在着各种类型的评价,为了更加深刻地了解进行公司治理评价的必要性和价值意义,首先需要明晰公司治理评价的实质。

一、什么是公司治理评价

所谓评价是人们对某个特定客体的判断,是主观对于客观的认识活动。这种主观认识活动,有利于人们对客观事物及其规律的认识与把握,从而采取有效措施,改进组织,提高效率。评价是一个系统的概念,其实公司日常的经营管理中存在着各式各样的评价。比如,统计核算就是一种对企业生产与公司经营状况的评价,评价的标准是是否完成了生产计划,或是是否完成了应承担的经济增加值任务,而财务核算是一种对公司现金流、成本绩效等财务状况的评价,评价的标准和目的是有维持运营的足够资金、有抵得过成本的足够盈利。如果没有了这些基本的统计财务核算体系,企业与公司的运营变成了“黑箱”,经营者因无法得知成果与效率而焦虑。

类似地,公司治理评价实质是一种企业制度及运作的评价,随着公司的发展,完善了现代公司制度,股东会、董事会及经营团队依据相关法律与公司章程建立并运作,这种制度结构与运作状况的反映就要通过公司治理评价完成。公司需要通过内部的治理评价搞清楚是否通过适度的治理成本达到了公司治理效度——科学决策与风险规避。作为上市公司的公众公司,更多地需要通过外部的、第三方的、监管部门的评价使公司治理达到一定的标准,并得到投资者和顾客的认同,甚至取得溢价。

按现代企业制度运行的公司中如果没有公司治理评价,制度运行成为一种“黑箱”,制度主体则无法得知制度运作的成果与效率,无法确认经营层的目标与公司目标一致,无法预测与防范风险发生,于是通过外部第三方或监管部门对公司治理的评价以得到认同,以及在公司内部引入制度化的公司治理评价体系都会逐渐成为一种趋势。

公司治理评价就是对公司治理结构与治理机制的状况进行的评判。具体地说,就是根据公司治理的环境,设置公司治理评价指标体系与评价标准,并采用科学的方法,对公司治理状况作出的客观、准确的评价。公司治理评价指数是运用统计学及运筹学原理,根据一定的指标体系,对照一定的标准,按照科学的程序,通过定量与定性分析,以指数形式对公司治理状况作出的系统、客观和准确的评价。

二、为什么要进行公司治理评价

现代公司中的两权分离以及由此而产生的委托代理关系,是公司治理规制及其评价产生的根本原因,而世界各国大公司的财务丑闻和信用危机,成为公司治理评价重要的实践推动力量。对于公司自身而言,公司治理评价既包括内部自我需求与评价行动,也包含外部评价及结果感知。

(一) 公司治理评价的根源:两权分离

评价的思想源远流长,可以说自从人类有了生产活动便产生了评价的意识。据美国理查德·布朗(Richard Brown)的考证,早在《圣经》中就提出了在现代人看来是内部控制问题的理论,即雇员若有机会,可能会盗窃和滥用其主人的钱财,为了防止雇员盗用主人钱财的行为,主人需要采取突击的审查,这种行为就是一种评价。从近代经济发展的历史来看,真正意义上的评价是19世纪中后期现代公司制度出现以后,公司的所有者为了强化对其资本所有权的控制而提出来的。现代公司中的所有权与经营权的分离以及由此而产生的委托代理关系,是公司治理评价产生的根本原因。

根据委托代理理论,现代公司由两部分行为人组成:一是作为委托人的股东;二是作为代理人的董事与经理人员。在二元制模式下监事会也受股东的委托,履行着监督董事会与经营者的职责。当然,董事会处于一个特殊的位置,他既是股东的代理人,又以委托人的身份聘请与激励、约束经营者。股东一方面因为缺乏有关的知识和经验,以至于没有能力来监控经理人员;或者因为其主要从事的工作太繁忙,以至于没有时间、精力来监控经理人员。因此,作为其代理人的董事(监事)便履行着监督经理人(董事)、保障股东利益最大化的责任。亚当·斯密早在1776年就指出,董事只是管理他人的金钱,当然不像合伙人管理自己的金钱一样勤奋。因此,在"公司"模式中,董事的疏忽与浪费是意料中的事。作为公司的股东,必然要关心其投入资本的价值以及公司的绩效。由于公司治理对公司绩效的决定性作用,越来越多的投资者不仅关注上市公司的业绩评价,而且更加关注作为公司价值源泉的公司治理结构与治理机制的质量。因此,对公司治理的质量进行评价便成为股东的客观要求,正是基于委托人-投资者的客观需求而产生了公司治理评价。

(二)公司治理评价的实践推动:财务丑闻与信用风险

通过公司治理评价对公司治理结构与治理机制状况进行测评,有利于各方利益相关者认识与把握公司治理状况及其规律,从而有针对性地实施有效措施,改善公司治理质量,改进组织效率。美国、欧洲等世界级大公司爆发的财务丑闻和引发的信用危机与风险,成为公司治理评价辐射全球的重要推动力。

20世纪80年代以来的公司治理实践推动了公司治理研究的发展。20世纪80年代,日德治理模式下的公司产生了较好的公司绩效,引起了人们对银行和集团控股与企业交叉持股方式的日德治理模式的关注;但进入90年代,美国经济呈现出较日德模式更加强劲的走势,促使人们转而关注英美治理模式,出现了大量有关治理模式效率比较的研究文献,其目的在于探索高效率的公司治理模式,更好地指导公司治理的实践活动。在英美治理模式成为主流的同时,随之而来的是英美等国大量公司并购案的发生和公司中经理人报酬的大幅提升。但经理人报酬的增加并未产生良好的公司绩效,公司利益相关者的利益仍然受到严重损害。因此,为了保护中小投资者的利益,美国上市公司建立了独立董事制度,进一步强化董事会的制衡机制,试图通过独立董事的事前把关和事中监督,对公司财务会计、董事职务行为的合法性和妥当性进行适时监督,并且借助独立董事的专业知识及其独立的判断,为公司发展提供建设性的意见,从而提高公司决策水平。但是,近年来董事会中独立董事占据多数的美国安然、世通等大公司也同样爆发了财务丑闻。这些事件引发了学者们对公司治理运行状况和质量评价的关注,如董事会治理状况的诊断与评价、董事会治理效果的评价、上市公司治理状况的评价等。

(三)公司治理评价的内外测评:公司自身需求和外部感知

对于公司自身而言,公司治理评价的实质意义不仅包括内部自我需求与评价行动,也包含外部评价及结果感知。作为公司的所有者和经营者,不仅需要意识到公司治理及其评价在投资决策中扮演的重要角色,更要认识到公司治理实践相对于国际标准和竞争对手的水平。以外部第三方和监管部门为操作主体的公司治理评价至少可以帮助公司回答以下几方面的重要问题:一是公司治理的实践状况是否达到了公司所处环境要求达到的标准及程度,如国际化经营公司是否符合国际标准,治理水平是否达到了最佳标准。二是与竞争对手相比公司的治理状况如何,如在所在行业或主要经营地域公司治理的相对水平。三是采取哪些措施帮助公司改善自身的治理状况。内部的公司治理治理评价行动则帮助公司了解当前的公司治理结构与机制是否达到了合理制衡和科学决策,是否取得了应有的治理绩效,并有效地控制和优化了治理成本。

三、公司治理评价的演进:研究历程

国内外对公司治理评价与指数的研究经历了一个从公司治理的基础理论研究、公司治理原则与应用研究到公司治理评价系统与治理指数研究的过程。公司治理评价源于人们对公司价值的关注,并在投资者、政府以及公司三方的需求中产生,这使得对公司治理质量的测评成为公司治理研究的趋势。

(一)公司治理评价的研究基础:理论与实证

国外学者在公司治理理论研究方面进行了开创性的研究,1937 年科斯(Coase)等研究了企业的性质,从 60 年代开始,伯利和米恩斯(Berle and Means)、卡宾和利奇(Cubbin and Leech)、哈特(Hart)等对所有权与控制理论进行了系统研究;70 年代以后,詹森(Jensen)、梅克林(Meckling)、法玛(Fama)等对代理成本进行了研究;90 年代初期,威廉姆森(Williamson)等开始从交易成本的角度对公司治理进行研究;这以后,钱颖一等对转轨经济中的公司治理及围绕投资者、经理、员工三个主要利益相关群体和制度的制衡来展开研究。国内学者对公司治理问题的研究始于 20 世纪 90 年代初,吴敬琏、张维迎、李维安等分别从内部权力机构制衡、企业所有权、公司治理边界及系统理论等不同视角展开理论探讨,有效地推动了国有企业改革的深化。近年来又出现了融合管理学、经济学、社会学等学科开展公司治理实务研究的趋势。

在对公司治理基础理论进行研究的基础上,学者们对公司治理的操作层面进行了系统的研究。从 70 年代开始,国外学者阿尔奇安和德姆塞茨(Alchian and Demsetz)、法玛、詹森和墨菲(Jensen and Murphy)、詹姆斯和弗雷德里克(James and Frederick)、卡特尔(Carter)、庞德(Pound)等分别从公司结构与内部治理、董事会内部结构及运作、战略管理与公司治理、机构投资者与市场在公司治理中的作用、资本市场对公司的监控等方面对公司治理进行了应用研究。国内学者李维安、席酉民等对跨国公司治理、网络治理以及企业集团治理进行了系统研究。90 年代以后,国内的专门研究机构开始对公司治理进行深入的专题研究,如南开大学中国公司治理研究院制定了第一个中国公司治理原则。

学者们对公司治理研究的第三个方面是探索公司治理结构以及公司治理机制与公司绩效之间的关系的实证研究。实证研究从20世纪70年代开始,90年代最为集中。詹森和梅克林、德姆塞茨、凯瑟琳和丹顿(Catherine and Dalton)、墨菲、斯莱佛(Shleifer)、威斯尼(Vishny)、贝森(Benson)、希特伦(Citron)等国外学者,对股权结构与公司业绩,治理机制与绩效,董事、经理人员及独立董事激励对公司绩效的影响,治理结构与信息披露关系等方面进行了实证研究。国内学者也从公司治理结构与公司绩效、董事会行为与经营绩效、管理层持股数、董事会治理与企业信用、公司领导权结构等方面作了实证分析。这些实证研究的结论,为完善上市公司的治理结构与治理机制、提升公司价值以及公司绩效提供了积极的指导作用。

(二) 公司治理评价的研究关注:公司价值

公司治理评价研究因人们对公司价值的关注而产生。20世纪80年代以来,各国公司治理理论与实务的发展,使得客观上无论是投资者、政府监管部门还是上市公司自身都产生了对公司治理状况进行评价的客观要求。对于投资者来讲,他们十分关注拟投资对象的潜在价值,而公司治理是公司潜在价值的源泉。公司治理对于公司业绩犹如水对于人类的生命,只有拥有良好、健康的治理结构与治理机制,企业才会有长久的竞争力,才有可能创造更高的价值。投资者愿意为治理质量良好的公司支付更高的价格,其原因就在于公司治理对于一个公司价值所起的决定性作用。

公司价值的高低取决于公司是否拥有一套科学的决策制定机制与实施机制,而科学的决策制定机制取决于公司治理机制的有效性。从实证研究的角度来看,目前虽然尚未有一个公认的模型揭示公司治理质量与公司价值之间的关系,但20世纪90年代后,国外已有学者从不同的角度探索了公司治理状况与公司价值的关系。如史密斯(Smith, 1990)、赫曼林和韦斯巴赫(Hermalin and Weisbach, 1991)等对经理人激励与公司价值关系的研究,利奇和莱希(Leech and Leahy, 1991)等对股权结构与公司价值的研究,唐纳森和戴维斯(Donaldson and Davis, 1991)等对公司领导权结构与公司价值的研究,布莱克(Black, 1999)对公司治理行为与公司市场价值关系的研究,以及詹森(1993)、耶麦克(Yermack, 1996)、尼古斯(Nikos, 1999)等对董事会治理行为与公司价值的关系、独立董事参与治理与公司绩效的关系的研究等,均显示了公司治理质量与公司价值间具有一定的正相关性。何浚(1998)、孙永祥和黄祖辉(1999)等对股权结构与公司价值的关系的研究也显示了公司治理质量对公司价值的高低起着重要作用。

进入21世纪以来,学者们的研究更加支持了公司治理质量对公司价值具有决定性作用的观点。再如亚洲里昂证券(CLSA, 2000)的研究报告证实公司治理状况的好坏与公司股本回报率有着密切的关系。全部公司过去5年的平均股本收益率为388%,而公司治理评价得分最高的前1/4家公司的平均股本收益率则达到930%。克兰坡和拉沃尔(Klapper and Lover, 2002)的研究发现公司治理与公司市场价值之间呈现正相关的关系。纽威尔和威尔森(Newell and Wilson, 2002)通过研究六个新兴市场发现,公司治理状况从最差到最好会引起公司价值10%—12%的提升;德俄沃和金(Dernev and Kim, 2003)利用 CLSA 公司治理质量评分,发现治理较好的公司拥有更高的价值。如果一个公司的治理得分有 10 个点的增长,公司价值会有 13% 的增加;如果在公司透明度上有一个相似的改善,公司价值会增加 16% 。南开大学中国公司治理研究院的中国上市公司治理评价研究报告显示,良好的公司治理使中国上市公司在未来具有较高的财务安全性,有利于公司盈利能力的提高,中国公司治理的关键在于降低治理风险,关注治理成本。当前中国上市公司治理状况有很大改进,但总体水平偏低,可能导致治理风险,而中国企业改革已经进入到公司治理改革的新阶段——合规阶段。

第二节　世界主要公司治理评价系统的设计与应用

公司治理评价系统与指数是运用统计学及运筹学原理,根据一定的指标体系,对照一定的标准,按照科学的程序,通过定量分析与定性分析,以指数形式对上市公司治理状况作出的系统、客观和准确的评价。

一、国际公司治理评价系统的研究实践

近年来,国内外随着公司治理理论研究与公司治理实务的发展,都相继出现了较为系统的公司治理评价系统,通过国际公司治理评价系统的介绍与比较,可以借鉴公司治理评价的国际标度。中外学者对公司治理评价的关注是基于满足公司治理实务发展的需要,尤其是机构投资者的需要而进行的。公司治理评价萌芽于 1950 年杰克逊·马丁德尔提出的董事会绩效分析,随后一些商业性的组织也推出了公司治理状况的评价系统。最早的、规范的公司治理评价研究是由美国机构投资者协会在 1952 年设计的第一个正式评价董事会的程序,随后出现了公司治理诊断与评价的系列研究成果,例如 Walter J. Salmon(1993)提出的诊断董事会的 22 个问题,创立于 1998 年的标准普尔的公司治理服务系统,1999 年欧洲戴米诺推出的戴米诺公司治理评价系统,2000 年亚洲里昂证券推出的里昂公司治理评价系统等。美国机构投资者服务组织(Institutional Shareholder Services)还建立了全球性的上市公司治理状况数据库,为其会员投资者提供监督上市公司治理情况的服务;另外还有布朗斯威克(Brunswick Warburg)、ICLCG(Institute of Corporate Law and Corporate Governance)、ICRA(Information and Credit Rating Agency)、世界银行公司评价系统、泰国公司治理评价系统、韩国公司治理评价系统、日本公司治理评价系统、中国台湾和香港各大学公司治理与评等系统等。表 8-1 概括了目前已有的国内外主要公司治理评价系统。

表 8-1　国内外主要公司治理评价系统

评级机构或个人	适用范围
杰克逊・马丁德尔	公司评分
标准普尔(S&P)	公司评分与国家评分
戴米诺(Deminor)	公司评分与国家评分
里昂证券(CLSA)	公司评分与国家评分
中国公司治理指数——南开治理指数($CCGI^{NK}$)	公司评分
美国机构投资者服务组织(ISS)	公司评分
戴维斯和海德里克(DVFA)	公司评分
布朗斯威克(Brunswick Warburg)	公司评分
公司法与公司治理机构(ICLCG)	公司评分
信息和信用评级代理机构(ICRA)	公司评分
泰国公司治理评价系统	公司评分
韩国公司治理评价系统	公司评分
中国台湾公司治理与评等系统	宏观评分与公司评分

资料来源:南开大学中国公司治理研究院。

二、代表性公司治理评价系统的国际比较

我们通过表 8-2 列示的国际上具有代表性的治理评价系统的评价内容,可以观察到不同体系的设计维度。通过比较分析,虽然各国的评价系统各有特点,各个治理评级系统具有以下四个共同特征:第一,评级系统均是由一系列详细指标组成,且各个评级系统均包括了三个因素:股东权利、董事会结构及信息披露。第二,在所有的评级系统中,评分方法是相同的,只有两个例外。总体而言,较低的得分意味着较差的治理水平;反之,意味着较好的治理状况。一个例外是 ICRA 评价系统,它使用相反的评分方法,公司治理评级(CGR1)意味着最好的治理状况,公司治理评级(CGR6)意味着最低的治理水平;另一个例外是布朗斯威克的治理风险分析,它以惩罚得分的形式来计算,得分越高,公司的治理风险越大。第三,绝大多数评级系统都使用权重评级方法,根据治理各要素重要程度不同赋予不同的权重。第四,获取所需评级信息的方法是一致的,均来自公开可获得信息,其他信息通过与公司关键员工的访谈而获得。

不同评价系统的主要区别主要表现在两个方面。一方面,一些评价系统是用来评价某一个别国家公司的治理状况(例如 DVFA、布朗斯威克等),另一些评价则涉及多个国家的公司治理评价,如标准普尔、戴米诺和里昂证券包含了国家层次的分析。这些评价中使用的标准都很相似。标准普尔提供了一个基于四个因素的关于法律、管制和信息基础的有效程度的评估;戴米诺评级服务包括一个由法律分析和特定国家范围内的公司治理实务组成的国家分析报告,其服务范围涵盖了 17 个欧洲国家;里昂证券主要利用与管制

表 8-2 世界代表性的公司治理评价系统设计内容

世界代表性的评价系统	评价内容
标准普尔(S&P)	国家评分:法律基础、监管、信息披露制度、市场基础 公司评分:所有权结构、金融利益相关者的权利和相互关系、财务透明度和信息披露、董事会的结构与运作
戴米诺(Deminor)	国家评分:指与公司治理有关的法律分析 公司评分:股东权利与义务、接管防御的范围、信息披露透明度、董事会结构
里昂证券(CLSA)	国家评分:公司透明度、综合性规则和监管条例、相关法规的实施、影响公司治理和公司价值最大化能力的政治和规制环境、国际公认会计准则的采用、公司治理文化的制度性机制 公司评分:管理层的约束、透明度、小股东保护、董事会的独立性与问责性、核心业务、债务控制、股东现金回报以及公司的社会责任
中国公司治理评价系统——南开治理指数($CCGI^{NK}$)	股东权益、董事会、经理层、信息披露、监事会、利益相关者六个维度,以保护利益相关者利益为目标,强调董事会在公司治理中的核心地位,注重信息披露对公司监控的影响,独立测评经理层治理,具有国家特色的股东会和监事会治理评价
美国机构投资者服务组织(ISS)	董事会及其主要委员会的结构和组成、公司章程和制度、公司所属州的法律、管理层和董事会成员的薪酬、相关财务业绩、"超前的"治理实践、高管人员持股比例、董事的受教育状况
布朗斯威克(Brunswick Warburg)	透明度、股权分散程度、转移资产/转移价格、兼并/重组、破产、所有权与投标限制、对外部人员的管理态度、注册性质
信息和信用评级代理机构(ICRA)	所有权结构、管理层结构(含各董事委员会的结构)、财务报告和其他披露的质量、金融股东利益的满足程度
泰国公司治理评价系统	股东权利、董事品质、公司内部控制的有效性
韩国公司治理评价系统	股东权利、董事会和委员会结构、董事会和委员会程序、向投资者的披露和所有权的平等性
中国台湾公司治理与评等系统	宏观评分:清楚完整的法规与管制、法规与管制的有效执行、政治环境、会计准则、推广公司治理文化的认知的制度层面因素 公司评分:董(监)事会组成、股权结构、参与管理与次大股东、超额关系人交易、大股东介入股市的程度
GMI(Governance Metrics International)治理评价系统	透明度与披露(含内部监控)、董事会责任、社会责任、股权结构与集中度、股东权利、管理人员薪酬、企业行为

资料来源:南开大学中国公司治理研究院。

和制度环境有关的六个宏观公司治理决定因素来对各个市场进行评级,涉及 20—25 个新兴市场;世界银行的研究也基于与公司治理有关的六个综合指标进行了国家层次上的比较;戴维斯和海德里克(Davis and Heidrick, 2002)也比较了公司治理的国别差异,但采用了不同的方法,他们主要考虑了基于公司治理实务和单个公司治理状况的国家平均水平。

另一方面，各评价系统关注的重点、采用的标准以及评价指标体系的构成也呈现出较大差别。如标准普尔以《OECD 公司治理准则》、美国加州退休人员基金（CalPERS）等提出的公司治理原则以及国际上公认的对公司治理要求较高的指引、规则等制定评价指标体系，把公司治理评价分为国家（政府）评分与公司评分两部分。前者从法律基础、监管、信息披露制度以及市场基础四个方面予以考核；后者包括所有权结构及其影响、财务利益相关者关系、财务透明度与信息披露、董事会的结构与运作四个维度的评价内容，关注的是宏观层面的外部力量以及公司内部治理结构与运作对于公司治理质量的影响。戴米诺则以《OECD 公司治理准则》以及世界银行的公司治理指引为依据制定指标体系，从股东权利与义务、接管防御范围、公司治理信息披露透明度以及董事会结构与功能三个维度衡量公司治理状况，重视公司治理环境对公司治理质量的影响，特别强调接管防御措施对公司治理的影响。里昂证券评价系统则从公司透明度、管理层约束、董事会的独立性与问责性、小股东保护、核心业务、债务控制、股东的现金回报以及公司的社会责任等八个方面评价公司治理的状况，注重公司透明度、董事会的独立性以及对小股东的保护，强调公司的社会责任。

三、国外主要公司治理评价系统：特点与应用

为了了解世界各国主要公司治理评价系统所关注的重点、采用的标准以及评价指标体系的构成上呈现的差别，可以通过标准普尔、戴米诺、里昂证券、美国机构投资者服务组织、韩国公司治理评价系统等国际上具有代表性的公司治理评价系统的评价内容或评价过程介绍不同体系的设计维度和特点应用。

（一）标准普尔评级系统

著名的标准普尔（S&P）公司治理服务系统关注的是宏观层面的外部力量以及公司内部治理结构与运作对于公司治理质量的影响。该系统以《OECD 公司治理准则》、美国 CalPERS 等提出的公司治理原则以及国际上公认的对公司治理要求较高的指引、规则为标准制定评价指标体系。标准普尔（S&P）分析公司治理运作的四大环节：一是股权结构及外部因素的影响，分别从股权的透明度和股权的集中度及相关影响加以反映；二是公司透明度、信息披露及账目审计，包括公开披露的质量和内容、披露的适时性和可及性、账目审计过程三个方面；三是股东权利及公司与财务权益人的关系，即股东大会及投票程序、股东权益及反收购机制、公司与其他利益相关者的关系等；四是董事会结构与运作效益，分别包括董事会的结构及独立性、董事会的角色及运作效益、董事及高级行政人员的薪酬机制等。

【案例 8-1】

标准普尔对中化国际的公司治理评级

标准普尔公司于2004年对中化国际进行公司治理评级，这是国际独立评级机构首次对A股上市公司进行公司治理评级。根据标准普尔公司出具的评级报告，中化国际的总体公司治理水平属于“中等偏上”。中化国际在101个公司治理重点环节上，共获得了58个正面评价，21个负面评价，22个中性和不确定评价。评级结果总体反映出“公司在治理方面所采取的积极措施”，“表明公司正在朝着健康的方向发展”，但同时也显示出公司在“监督和制衡控股股东权力”、“薪酬制度”等方面尚存在不足。

案例中中化国际公司治理的评级，虽然是一个个案，但从一个侧面反映出国际评级机构对整个中国公司治理的评价。这个评价不仅包括对公司治理的现状评价，也包括对公司治理的法律环境的综合评价。通过国际评级机构的介入，以国际标准来检验、衡量中国上市公司的治理水平，有利于公司找出与国际标准的差距，持续改进治理水平，进而推动国际化业务的开展，为公司与更多著名跨国公司缔结战略联盟创造条件。但应当指出的是，公司治理成为世界性的课题，国内对公司治理问题的研究逐渐深入，而国际评级机构对中国公司治理整体环境及法规的理解仍存在一定局限，国际化的评价标准如何适应中国实际的问题仍不可忽视。

（二）戴米诺评价

戴米诺公司（Deminor）从1999年开始建立公司治理评价体系，在欧洲开展对上市公司的公司治理评价研究，并在欧洲机构投资者中得到较广泛的认同。戴米诺的公司治理评级是从机构投资者的利益角度出发的，从股东的权利和义务、接管防御策略的范围、关于公司治理的披露、董事会结构及作用等方面设置评价指标。戴米诺评价服务包括一个由法律分析和特定国家范围内的公司治理实务组成的国家分析报告。戴米诺公司治理评价体系从董事会的结构和功能对董事会进行评价，包括独立董事和董事会主席与CEO关系、董事会的选举、董事酬金、董事会委员会的运作与权利等。

【案例 8-2】

戴米诺评分公司社会责任、治理警报成为股东反对票依据

2004年年初，欧洲实力强大的基金公司——福迪斯投资公司使用戴米诺公司治理评价系统来迫使欧洲的上市公司重视公司的社会责任。公司的治理评分低于预定的社会

责任标准界限时，治理评级机构戴米诺公司将给福迪斯发出警报。福迪斯投资公司会仔细分析公司治理评级机构戴米诺公司发出的警报，然后决定是否在股东大会上对公司的报告投反对票。

（三）亚洲里昂证券公司治理评价系统

亚洲里昂证券推出的里昂公司治理评价系统是里昂证券与亚洲公司治理协会于2000年推出的针对新兴市场进行的国家评级系统。里昂证券主要从公司透明度、综合性规则和监管条例、相关法规的实施、影响公司治理和公司价值最大化能力的政治与规制环境、国际公认会计准则的采用、公司治理文化的制度性机制六个方面，针对20—25个新兴市场从宏观公司治理决定因素视角进行评级。而对公司的评分，则考虑了管理层的约束、透明度、小股东保护、董事会的独立性与问责性、核心业务、债务控制、股东现金回报以及公司的社会责任等多方面的系统因素（见图8-1）。

公司治理宏观评级

- 研究公司治理与资本供给利益
- 公司透明度
- 综合性规则和监管条例
- 相关法规的实施
- 影响公司治理和公司价值最大化能力的政治与规制环境
- 国际公认会计准则的采用
- 公司治理文化的制度性机制

公司评分

- 管理层约束
- 透明度
- 小股东保护
- 董事会的独立性与问责性
- 核心业务
- 债务控制
- 股东现金回报
- 公司社会责任

图8-1　亚洲里昂证券公司治理评价系统

2004年9月，里昂证券与亚洲公司治理协会发表第五份亚洲公司治理报告，对除日本外的亚洲十个主要市场的评价结果显示，新加坡、中国香港特别行政区及印度列居前三位，中国台湾地区取得第六名，而中国内地则排在倒数第二。该份有关公司治理的调查报告，涉及亚洲地区450家上市公司的治理表现。中国香港的渣打银行、汇丰控股、利丰、港灯及德昌电机，跻身亚洲30家企业管理水准的最佳上市公司。里昂证券的评价报告分析认为，公司治理水准可用来解释股份的Beta（量度个别股份相对整体市场的表现）。当大盘上升时，投资人承受风险的意愿较高，公司治理水准较低的市场和股价表现普遍优于大市；当大盘下跌时，投资人承受风险的意愿较低，公司治理水准较佳的市场和股价的表现则普遍跑赢大市。

【案例 8-3】

CLSA 评分显示治理问题逼退投资者，基金不投资公司治理差的证券市场

由券商里昂证券亚洲分部（CLSA）和亚洲公司治理协会（Asian Corporate Governance Association）进行的一份亚洲新兴市场2005年度公司治理调查显示，公司丑闻导致新加坡公司治理得分领先中国香港特别行政区的程度大大缩小。新加坡在法规方面的得分高于中国香港，但在政治与监管环境上则低于香港这个金融中心竞争对手。中国国有航空燃料进口商中航油（China Aviation Oil）的一宗衍生品交易丑闻，以及多家规模较小的新加坡上市公司涉嫌的会计欺诈，损害了这个城市国家的得分，令它与香港处于同一水平。同时，新加坡监管当局在公平对待所有公司和个人上存在疑问，同时"监管行动的披露相当有限"。CLSA 评价报告还显示了俄罗斯公司曾因治理问题逼退美国投资者，俄罗斯实行的一项重组计划会削弱小股东地位而对公司内部人士有利，许多美国投资者退出了俄罗斯证券市场。该报告还显示美国基金不投资公司治理差的东南亚证券市场，除了新加坡和中国香港，大多数东南亚国家和地区的证券市场因为缺乏良好的公司治理而被美国的基金经理们排除在投资范围以外。

资料来源：里昂证券亚洲分部（CLSA）和亚洲公司治理协会：亚洲新兴市场2005年度公司治理调查报告。

（四）GMI 公司治理评价系统

国际管理评级机构 GMI（Governance Metrics International）的公司管治评级报告首先发布在2002年12月2日的《华尔街日报》上，是主要针对跨国公司进行的国家整体水平评价，公开披露的衡量标准包括董事会问责制、财务披露、国家监管控制措施和公司环境行为等方面。GMI 治理评级系统对标准普尔500家企业的评价报告中，是从董事会可信度（可计量度）、财务披露和内部控制、股东权利、高管层补偿方式、可控市场、所有者基础和潜在的稀释、名誉性及社会责任性投资问题（Reputational and SRI）七个分类归纳了企业的整体治理状况。

GMI 治理评级系统对标准普尔500家企业有关公司治理的评级报告显示，Johnson Controls Inc.、MBIA Inc.、Pfizer Inc.、SLM Corp. 和 Sunoco Inc. 五家公司在评级中获得了最高分，而戴尔计算机公司、Fannie Mae、Freddie Mac、高盛公司、耐克公司、Sears Roebuck & Co.、迪士尼公司、Tyco 国际有限公司、沃玛特公司和道·琼斯公司等一些声誉甚好的公司却获得了低于一般水平的分数。

GMI 公司在2004年的另一项针对2 500多家跨国公司的调查表明，美国公司已首次

超过英国和加拿大，升至全球公司治理标准排行榜的首位。这主要归功于爆发公司丑闻后，美国实施了《萨班斯-奥克斯利法案》和其他改革措施，成功改善了大型美国公司的表现，改善幅度超过了10%。加拿大、澳大利亚、美国和英国等总体表现最好，但调查所包括的356家日本公司表现最差，得分比美国同行低一半以上，部分原因是财务披露措施较差。法国和中国香港上市企业表现也不佳。得分最高的26家公司，表现都超过标准普尔500指数10%，这些取得最高分的26家公司中，有20家在美国上市，其中包括3M、可口可乐、伊斯曼柯达公司、通用汽车、吉列、陶氏化学和Target。

GMI在2005年对全球23个国家和地区的调查中，英国公司在治理方面位居首位，加拿大紧跟其后，美国居第三，之后是澳大利亚和爱尔兰，日本与希腊则排在最后两位。美国因为中小企业参与评级而导致排名下降。另外，3 220个被调查的公司中有34个获得10分的高分。这些公司包括27家美国公司、3家加拿大公司、3家英国公司和1家澳大利亚公司，这些公司的得分比标准普尔500家公司的平均分高出11.1%。过去3年其业绩超过市场水平10%。

（五）韩国公司治理评价系统

韩国公司治理评价系统是包括韩国证券交易所在内的6家机构合作的韩国KCGS（Korea Corporate Governance Service）在2001年推出的公司治理指数，对公司的评级样本是2001年全部600家上市公司，2002推出了“十佳公司”。2004年参加评级的韩国上市公司缩减为400家，其余公司则不肯披露资料并参加评分。KCGS主要从股东权利、董事会和委员会结构、董事会和委员会程序、向投资者的披露和所有权的平等性等方面对公司治理状况作出评价。

依据KCGS的评级，韩国证券交易所（KSE）上市的公司在公司治理方面相比上年度稍有提高，但KSE上市公司平均得分为39.33分（满分100分），依然较低。KCGS评价结果显示，大企业和小企业之间、不同行业之间的公司治理的质量依然存在较大差异，如得分最高的产业都是外商投资比例大的产业，如银行（平均得分67.6）、电信（62.3）和金融服务（51.5）。KCGS报告显示，“治理的改进主要体现在股东保护和利润分配方面，这表明商家清楚保障股东权利并将利润分配给股东的必要性。”

（六）美国机构投资者服务组织评价系统

ISS建立了全球性的上市公司治理状况数据库，为其会员投资者提供监督上市公司治理情况的服务。公开披露的衡量基准包括300项公司治理标准，涉及股东权利与责任、公司治理披露、董事会结构与机能三个主要范畴。其全球评给标准涉及8个方面包括55项指标。

第三节　中国公司治理评价系统

一、中国公司治理评价系统与指数的功能定位

(一) 中国公司治理评价系统的提出

公司治理的环境决定了公司治理的结构与治理机制,公司治理评价的内容与标准因治理环境的不同而有很大的不同,因而在不同的治理模式下公司治理评价系统的差异较大。不同的评价系统有不同的适应条件,中国上市公司的治理环境及其发展状况与国外有很大的差别(如典型的"一股独大",与英、美模式不同的监事会等),因而直接将国外评价系统移植到国内必将产生水土不服现象。只有借鉴国际经验,结合中国上市公司所处的法律环境、制度环境、市场条件以及上市公司本身的发展状况,设置具有中国特色的上市公司评价指标体系,并采用科学的方法对上市公司治理状况作出准确、客观的评价,才能正确反映中国上市公司治理的状况。因此,中国应建立一套适应中国上市公司治理环境的公司治理评价系统。

南开大学中国公司治理研究院长期致力于公司治理理论与公司治理应用相结合的研究,将提升我国公司治理的质量作为团队学术研究的终极目标,团队对公司治理的研究由基础理论的研究逐步转向对公司治理应用的研究。1999 年开始探讨关于公司治理质量的评价研究。首先从公司治理理论研究深入到公司治理原则与应用的研究,而后从公司治理原则研究进一步渗透到公司治理评价指数的研究。公司治理研究领域先后由公司治理结构研究深入到公司治理机制研究,由公司治理理论研究深入到公司治理实践研究,由国内公司治理研究扩展到跨国公司治理研究,从传统形态的公司治理研究深入到网络公司治理研究,由现代公司的治理研究扩展到民营企业的治理研究,由对被治理者治理问题的研究深入到对治理者的治理问题研究,等等。在理论研究方面,构筑了以公司治理边界为核心范畴的理论架构,把公司治理的研究领域从单个法人拓展到企业集团、跨国公司以及网络组织,从被治理者治理到治理者治理等。南开大学中国公司治理研究院作为第三方的研究机构继 2000 年 4 月份在国内首次推出了公司治理应用与评价的阶段性成果——《中国公司治理原则》之后,于 2003 年 4 月推出了中国公司治理应用与评价的第二个阶段性成果——"中国公司治理评价指标体系",在公司治理评价研究方面实现了与国际接轨。并在此基础上,采用科学的方法与评价标准,推出了中国公司治理指数,简称南开治理指数($CCGI^{NK}$),对中国上市公司治理状况进行了全面的评价。2004 年年底,上海证券交易所和深圳证券交易所同时将上市公司治理评价列为两大交易所 2005 年度的重点工作,国内各大与公司治理相关的研究机构、咨询公司、证券公司也纷纷推出了各自的小样本评价成果和个案评价结

果。中国公司治理评价开始步入从理论研究到实务测评、从整体评价到个案诊断的新阶段。

(二) 中国公司治理评价指数的功能定位

从近代经济学与管理学发展史上来看,公司治理评价与公司治理指数是伴随着现代公司制度的产生,公司所有权与经营权以及公司所有权与控制权相分离,资本所有者基于强化公司控制权以及投资者为了正确投资而提出来的。公司治理评价指数是公司治理评价的深化,我们可以从南开治理指数 $CCGI^{NK}$归纳出中国公司治理评价系统的如下功能定位:

(1) 加强监管,促进资本市场发展与完善。通过公司治理指数的编制及其定期公布,上市公司监管部门得以及时掌握其监管对象的公司治理结构与治理机制的运行状况,因而从信息反馈方面确保其监管能够有的放矢;有利于证券监管部门及时掌握中国上市公司治理状况以及有关的准则、制度等的执行情况。利用该系统,证券监管部门可以及时了解其监管对象在控股股东行为、董事的选聘程序、董事的义务、董事会的构成、董事会的职责、董事会专门委员会、监事会的职责、信息披露、绩效评价与激励约束机制等方面的建立与完善程度,有利于有效发挥监管部门对于上市公司的监管作用。

(2) 为投资者投资提供鉴别工具的评价标准并指导投资。及时量化的上市公司治理指数,使投资者能够对不同公司的治理水平进行比较,掌握拟投资对象在公司治理方面可能存在的风险。同时根据公司治理指数动态数列,可以判断上市公司治理状况的走势及其潜在投资价值,进而提高其科学决策的水平。国外公司治理评价的兴起多数是源自于投资者对公司治理质量的关注,目的在于降低投资者在股票市场的信息不对称程度,提高科学决策水平。

当前证券投资步入价值投资时代,投资者更加注重拟投资对象的潜在投资价值。而良好的公司治理质量是上市公司取得高市场价值的关键。美国上市公司治理与股价关系的研究结果表明,公司治理水平的高低与其价值高低密切相关。建立并定期公布上市公司治理指数,将促进信息的公开,减少信息的不对称性。投资者借助公司治理的信号显示,将表现出更加理性的认识,由投机型转向投资型。公司治理评价对于投资者来讲,最关键的是它能够提供上市公司治理质量的全面信息,对于潜在的投资者来讲,利用公司治理评价的信息,可以了解其投资对象的潜在投资价值,为其科学决策提供信息资源。麦肯锡公司在 2000 年 6 月的投资者意向调查显示,3/4 的投资者认为,当他们在作出投资决策时,董事会行为至少与财务表现同样重要;拉美地区的投资者甚至认为董事会行为的重要性超过了财务指标,80% 以上的投资者认为他们愿意为公司治理良好的公司股票支付更高的价格。成立于 1992 年的 LENS 投资管理公司的投资选择原则是从财务评价和公司治理评价两个角度找出价值被低估和可以通过公司治理提高价值的公司。

(3) 有利于上市公司科学决策机制的完善与诊断控制。公司治理评价系统的运行,使上市公司可以及时掌握公司治理的总体运行状况以及上市公司在控股股东行为、董事会、监事会、经理层以及信息披露等各个方面公司治理的状况，并及时对有可能出现的问题进行诊断，有针对性地采取措施，完善薄弱环节，确保科学的公司决策机制的建立与完善，确保上市公司治理结构与治理机制处于良好的控制状态中，进而提高公司竞争力。

(4) 有利于对上市公司形成强有力的声誉制约，并促进证券市场质量的提高。基于融资以及公司永续发展的考虑，上市公司必须注重其在证券市场以及投资者中的形象。公司治理评价系统的建立，可以对上市公司治理的状况进行全面、系统、及时的跟踪，定期将评价的结果公布，弥补了我国企业外部环境约束较弱的缺陷。由于公司治理评价状况的及时公布而产生的信誉约束，将促使上市公司不断改善公司治理状况，最大限度地降低公司治理风险，因而有利于证券市场质量的提高，强化信用。对不同时期的公司治理指数的动态比较，反映了上市公司治理质量的变动状况，因而形成动态声誉制约。

(5) 建立公司治理实证研究的平台，提高公司治理研究水平。中国公司治理评价系统的建立，为公司治理的研究由规范研究向实证研究转化搭建了平台，使公司治理的研究由理论层面的研究具体到量化研究和实务研究，进而准确衡量公司治理的质量。同时评价过程中的一系列调查研究的成果是顺利开展对我国上市公司绩效进行实证研究的重要数据资源。这一平台的建立，将使公司治理理论研究与公司治理实践得以有机结合，从而进一步提高公司治理理论研究对公司治理实践的指导作用。

二、中国公司治理指数：设计与应用

(一) 中国公司治理评价指标体系

中国上市公司治理评价指标体系的设置，必须考虑我国上市公司所处的制度环境。公司制度具有“路径依赖”性，一国的历史文化、政治制度、法律以及企业的实践等在公司制度的确立与演进中起着重要的影响。我国上市公司是在受着悠久的儒家文化传统以及长期计划经济制度遗产影响的环境下成长起来的。其成长环境的特殊性，决定了我国上市公司无论是在股权结构安排上还是在上市公司的人事安排以及关联交易上均表现出强烈的“路径依赖”性。中国上市公司的股权结构经历了由传统“股权双轨制”和国有股“一股独大”向股权分置和多元化的改革；长期的儒家伦理观念与关系网络的影响，使得上市公司出现显著的连锁董事与关联交易等现象。转轨时期法律的空缺以及市场纠错功能的限制，使得中国上市公司的治理模式表现为既不同于英美的一元制模式，又不同于日德的二元制模式。中国上市公司治理评价指标体系设置基于中国上市公司面临的治理环境特点而设计。

现代的公司不仅仅是股东的公司，而是一个利益共同体，公司的治理机制也不仅限于以治理结构为基础的内部治理，而是利益相关者通过一系列的内部、外部机制来实施共同治理。治理的目标不仅是股东利益的最大化，还要保证公司决策的科学性，从而保证公司各方面的利益相关者的利益最大化。因此，公司治理的评价要素必须考虑利益相关者参与治理的状况。同时因委托代理而产生的公司治理的实质在于股东等治理主体对公司经营者的监督与制衡，以解决因信息的不对称而产生的逆向选择和道德风险问题。因此公司治理的对象有二：一是经营者，对其治理来自董事会，目标在于公司经营管理是否恰当，判断标准是公司的经营业绩；二是董事会，对其治理来自股东及其他利益相关者，目标在于公司的重大战略决策是否恰当，判断标准是股东及其他利益相关者投资的回报率。因此对董事会以及经理层的评价是公司治理质量评价的主要内容。我国上市公司中监事会是专司监督的机构，对董事会以及经理层等起着重要的监督制衡作用。因此公司治理的评价体系中应包括对监事会的评价。公司治理评价的目的有很多，如满足监管部门的证券监管、提升上市公司治理质量以及上市公司信用等，但最重要的一点在于满足投资者的需要，通过公司治理指数的信号显示机制，降低投资者信息的不对称性程度。因此从投资者权益保护的角度设置评价内容便是重要的一个方面，如我们评价系统中的信息披露以及控股股东行为等，尤其信息披露是公司治理中的重要约束机制，准确、及时、系统的信息披露是约束公司高管人员行为、确保利益相关者价值最大化的重要手段。

基于以上分析，本系统对公司治理从六个维度进行评价，分别是股东权益与控股股东行为、董事会、监事会、经理层、信息披露以及利益相关者。

1. 股东权益与控股股东行为

（1）股东权益。从广义上讲股东的权利指股东向公司得以行使的各种权利；从狭义来看股东权利指股东基于其股东资格而享有的从公司获取经济利益并参与公司治理的权利。股东权利的划分以其行使目的为准，分为自益权与共益权。此种分类方法为日本及我国学术界通常所采用。自益权与共益权是股东权最为重要的一种分类。但是两者间的界限并不是绝对的，这是由于某些共益权是作为自益权的手段而行使，从而使此种权利兼具共益权和自益权的特点，例如会计文件查阅权、会计账簿查阅权和新股发行停止请求权等即属此类。

（2）控股股东行为。从控股股东代理的角度来讲，当前中国上市公司的所有权结构产生了两大公司治理问题。第一，控股股东的代理成本问题，它与所有权的集中度相关；第二，政府在实现股东价值最大化方面软弱无力的问题，它与所有者的身份有关。最近采取的绝大多数措施都是试图抑制第一个问题。相对来看，直接关注第二个问题的措施即使有也是很少的。然而，由于政府在绝大多数上市公司是直接或间接的控股股东，这两个问题实际上是交织在一起的。因此，旨在解决控股股东问题的措施也间接地影响到政府代理机构在实施它们作为所有者的酌情处置权时的能力。

（3）股东大会。股东大会是公司的最高权力机构。然而，中国的法律法规并没有明确规定股东的权利。虽然选举与罢免董事的权利是股东能够影响公司行为的间接方式之一，但是中国的小股东在确保董事会中有代表他们利益的董事方面的能力却很有限。新出台的独立董事制度规定独立董事应该特别关注中小股东的权利。然而，提名独立董事最少需要持有10%的股份的规定意味着小股东不可能有提名独立董事的权利,更不用说任命独立董事了。不给小股东提名独立董事的权利,却规定希望独立董事对小股东承担特别的忠诚义务是不可能的。在目前的所有权结构下,如果没有增加小股东选举董事机会的办法(比如,通过累积投票权的方式)作为补充,提名独立董事的权利几乎是毫无价值的。

基于上述分析,根据《中国公司治理原则》以及《上市公司治理准则》对股东权利、股东大会的规范、控股股东行为规范等的规定,我们认为评价股东权益与控股股东行为应包括股东大会、上市公司独立性、中小股东权益保护以及关联交易等四个方面。

2. 董事与董事会

随着美国安然、世通等大公司财务丑闻的爆发,公司治理已成为全球性问题,其中作为公司治理核心机制的董事会治理更成为人们关注的焦点。在公司治理结构中,存在着股东大会和董事会、董事会与经理层两个层次的委托代理关系。其中董事会具有双重身份,既是代理人又是委托人,是公司治理结构中的重要组成部分,并在"公司治理链"中处于枢纽位置。如果董事会能有效进行决策并监督管理层的经营行为,公司的价值将充分放大,股东利益也会得到有效保护。法玛(1980)将董事会描述成公司的最高控制系统,并认为拥有良好董事会的公司将比董事会质量较差的公司持续创造出更好的业绩。

董事会的治理水平主要体现在董事行为的合法性和董事会运作的效率性上。从法律赋予董事会的职责来看,由于董事会是由股东选举的数量不同的董事组成的,因此董事成员及由其组成的董事会必须通过诚信尽责和有效率的工作实现股东的利益最大化。但是在现实中,董事职务归根结底要由有行为能力的自然人来担任,任何担任董事职务的自然人都会存在私人目标和职务目标之间的矛盾,如果对董事行为约束不足、监督不力,董事行为很容易放任自流,出现董事谋私和董事渎职的行为。因此对董事会行为的治理就成为公司治理的一项核心内容,而提高董事会治理效率的关键就是对董事行为的合法性和董事会的运作质量进行有效的和经常性的评价。全美公司董事联合会蓝带委员会甚至认为,只要存在一个恰当的董事会评估程序就可以提高公司业绩。因此对董事会治理水平的系统评价成为公司治理的重要内容。

董事会治理质量的评价应密切结合中国上市公司的治理环境,充分考虑法律赋予董事会的职责以及董事会的特征,从保障公司科学决策的目标出发,注重董事行为的合法性和董事会运作的有效性。基于上述考虑我们从董事权利与义务、董事会运作效率、董事会构成、董事薪酬和独立董事五个维度,设置评价董事会治理质量的指标体系。

3. 监事与监事会

公司内部监督机制的完善是提高公司治理质量,降低治理风险的关键。实践中,不同的市场经济国家,由于各自的经济发展道路、社会文化传统和政治法律制度的不同,内部监督的实现形式存在着显著国别差异。与国外相比我国上市公司监事会在公司治理结构中具有一定的特殊性。目前国际上公认的两大治理模式中,英美公司治理模式中没有设置监事会，而是建立了完善的独立董事制度；德日模式的监督机关最为典型，但德日的监事会与我国的监事会含义是不同的。在德国模式中，监事会由非执行董事组成，行使监督职能；董事会由执行董事组成，行使执行职能。监事会在公司治理体系中处于关键地位。日本模式中，监事会和董事会都是由股东大会选取产生，监事会作为独立的机构对董事会行为进行评价。监事会所提供的事前的董事问责制度将有效地提高公司内部的监督质量。

我国上市公司的监事会作为公司内部的专职监督机构的基本职能是以董事会和总经理为主要监督对象，监督公司的一切经营活动以及财务状况。在监督过程中，随时要求董事会和经理人员纠正违反公司章程的越权行为。对监事会参与治理的评价应该以"有效监督"为目标，注重监事的能力和监事会运行的有效性。其中监事能力的保证包括监事会成员的独立性、监督的积极性等；监事会运行的有效性包括规模上的有效性、结构上的有效性、监督权力的有效性等。

4. 经理层

公司的社会责任使得公司经理层不仅仅要为股东的利益服务，而且要为更广泛的利益相关者服务。为了促使经理层能够有效地行使其职责，一个最基本的前提条件是要选拔优秀的经理人员。在此基础上，给予经理人员充分的权力以及有效的激励与约束都是提升其效率的关键。在中国转轨时期，经理人市场的作用极为有限，市场的选拔机制以及激励机制的作用程度很低，对经理人的选拔以及激励约束主要应通过内部治理机制实现。目前中国上市公司经理层治理实质上要解决两方面的问题：一要使经理层有能力并积极地通过自身利益的实现来最大化利益相关者的利益，从而解决管理无力和管理腐败的问题，这可以通过良好的激励与约束机制实现；二是要尽可能使有能力的经理层作出有利于公司长远发展的科学决策，这可以通过恰当的任免机制和执行保障机制实现。

因此经理层的评价内容主要包括经理层人员的选拔、执行保障以及激励与约束三个方面。科学的任免制度，对于优秀经理人员的选拔和公司的持续健康发展至关重要。这方面的内容有总经理的选聘方式评价、其他高管人员的选聘方式以及高管人员的行政度等。执行保障状况对经理层有效履行其职责至关重要，其评价内容包括对公司领导结构、经理层对日常经营的控制程序、经理层内部控制程度，以及高层经理人员在股东单位或股东单位的关联单位兼职情况等。经理层的激励决定了经理人员的努力程度，薪酬水平与结构以及经理层持股是考核经理层激励的关键要素。

5. 信息披露

信息披露对于约束公司高管人员的行为，增强投资者的信息，提升公司治理的质量起着重要的作用。从国际上看，很多机构都对信息披露给予充分的重视。如美国财务会计准则委员会（FASB）于 1978 年对财务报告的目标规定：财务报告应该提供对决策有用的信息。该委员会在 1980 年财务会计概念公告的第 2 号《会计信息的质量特征》中又提出相关性（及时性、预测价值和反馈价值）与可靠性（如实反映、可核实和中立）两个衡量信息质量的标准;国际会计准则委员会《关于编制和提供财务报表的框架》(1989)提出了可理解性、相关性(具有重要性)、可靠性(真实反映、实质重于形式、中立性、谨慎性、完整性)、可比性等四项表明财务信息质量的特征;巴塞尔银行监管委员会(Basle Committee Banking Supervision)1998 年 9 月发布《增强银行透明度》研究报告指出,信息披露要做到透过现象看本质,必须提供及时、准确、相关和充分的定性与定量信息披露,而且这些披露必须建立在完善的计量原则之上;《OECD 公司治理原则》(1999)明确指出,信息透明度(information transparency)成为公司治理机制的重点之一;我国《企业会计准则》(1993)提出了信息质量的七项特征:真实性、相关性、可比性、一致性、及时性、明晰性以及重要性。可见国际组织以及我国有关部门十分重视信息披露及其评价的质量。资本市场的发展使信息披露评价的内容由传统的财务信息披露评价扩展为非财务信息评价。其中公司治理结构的状况是信息披露的重要组成部分。这主要是为了满足机构投资者的需要。

我国上市公司的治理环境与国外有很大不同,对信息披露的评价也不同于国外的系统。上市公司信息披露评价主要包括四项内容:一是财务信息,包括使用的会计准则、公司的财务状况、关联交易等;二是审计信息,包括注册会计师的审计报告、内部控制评估等,审计信息披露评价当前比较注重审计关系本身的合规性、独立性;三是披露的公司治理信息是否符合相关规定,目前虽具有较高的定性标准,但缺乏具体的量化标准;四是信息披露的及时性等。其中信息透明度是核心,具体从完整性、真实性以及及时性三个方面衡量信息披露的质量。其中信息披露的真实性是信息的生命,要求公司所公开的信息能够正确反映客观事实或经济活动的发展趋势,而且能够按照一定标准予以检验;信息披露的及时性要求公司应在信息失去影响决策的功能之前提供给决策者。主要是由于投资者、监管机构和社会公众与公司内部管理人员在掌握信息的时间上存在差异,为解决获取信息的时间不对称性可能产生的弊端,上市公司应在规定的时期内依法披露信息,以增强公司透明度,降低监管难度;信息披露的完整性要求上市公司必须提供公司完整的信息,不得忽略、隐瞒重要信息,使信息使用者能够全面了解公司治理结构、财务状况、经营成果、现金流量、经营风险及风险程度等。公开所有法定项目的信息,使投资者足以了解公司全貌、事项的实质和结果,披露的完整性包括形式上的完整和内容的完整。

【案例 8-4】

中国国航公司提高信息披露质量,公司透明度提升获投资者首肯

中国国航公司是中国唯一的载国旗航空公司,是国内最具领先地位的航空客运、航空货运及航空相关业务的运营商,拥有广泛的航线网络,为主要中国城市及国际目的地服务。公司于 2004 年 12 月 15 日发行 H 股,并在香港和伦敦两地同时上市。被世界品牌实验室评为中国 500 名最具价值品牌的第 35 名,位列国内航空公司第一名,是国内 29

个具有世界影响力的品牌中唯一的运输服务企业。

公司还是2008年北京奥运会唯一航空客运合作伙伴，这将进一步提升公司的品牌价值，将是2008年北京奥运会最为直接的受益者。中国国航拥有国内最为完善的航线网络和最大的国际航线网络，预计届时公司盈利水平将大幅度提高。2008年奥运会的召开将为国内航空公司带来客流量的激增。据中信建投测算，2008年受奥运会推动，行业需求增速高于运力扩张5.89个百分点，行业客座率和综合载运率将获得明显提升。而国航在国际业务和北京基地的优势地位决定了其将在航空公司中受益最多。2006年国航北京地区市场客运占有率为43.8%，货运占有率为51.8%，完成国际旅客运输669.6万人次，占中国国际旅客吞吐量的40.8%。此外，作为奥运会合作伙伴，国航也正在积极利用奥运会这一契机大力推广其品牌。国航在2006年年报中公布，2006年是奥运营销工作的重要一年，公司制定了奥运工作三年规划，包括机上营销、海外营销、渠道销售和员工激励等13类共54项活动，推出创新服务产品，宣传国航奥运品牌形象，强化客户和公众对国航的认知度。

上市两年来，国航一直致力于提高透明度的追求。公司严格按照《公司法》、《证券法》、《上市公司治理准则》和其他相关的法律、法规及条例的要求，规范运作，不断完善现代企业制度建设，提升公司治理水平，加强信息披露，强化投资者关系管理。建立了股东大会、董事会和监事会议事制度。公司治理结构完善。控股股东与公司完全分开，董事长、总经理分设，公司管理层无交叉任职；公司董事会人数和构成符合治理准则要求，报告期内增补一名独立董事，更换一名非执行董事并设立了航空安全委员会；公司董事认真履行诚信义务，切实履行相应责任；公司按时召开监事会会议，全体监事列席董事会会议，并通过日常和专项检查，对公司财务以及董事、高级管理人员行使职权的合规性和规范性进行监督，依法履行职责；公司管理层勤勉尽责，专业尽职，公司管理与内控水平不断提高。公司治理结构完全符合境内外三地上市规则的监管要求。

公司董事会按《公司法》、《证券法》、《公司章程》和政府各有关监管机构颁发的有关规定赋予的职责和程序对公司经营活动中的重大决策问题进行审议并作出决定；并对公司内控制度的建立健全、有效实施及其检查监督负责，董事会负责内部控制相关信息披露内容的真实、准确、完整；还根据要求做好定期信息披露及重大事项的公告，并及时对管理层提交的资产损失估计和核销建议作出决议。公司监事会切实履行监督职能，对公司董事会的各项决议提出专门意见。

国航公司始终遵循股东利益与公司利益至上的原则。公司能够确保所有股东享有平等地位和充分行使权力，并通过各种方式保持与股东的有效沟通；公司能够按照法定要求真实、准确、完整地披露信息，并在公司网站投资者关系网页按月持续披露有关生产经营数据，提高公司透明度，确保所有股东平等、及时获取信息；公司关联交易坚持市场化原则，定价公平合理，操作公正公开，程序依法合规，符合股东利益；公司无控股股东违规占用上市公司资金和增加对外担保情形；公司募集资金严格按照披露的用途使用，无募集资金用途变更情况；公司具有独立完整的业务及自主经营能力，主营业务突出，品牌价值卓越。

上市之初即颁布了《中国国际航空股份有限公司信息披露指引》，并建立了信息联络员报告制度。先后发布了2004年、2005年公司年度报告和半年度报告，从2006年第三季度起根据境内上市规则开始披露季度报告。国航不仅注意定期报告披露，而且注重临时报告披露，仅A股上市至今就已披露临时报告14份；不仅注意强制性披露，而且注重自愿性披露，在公司网站按月披露公司生产经营数据；不仅注意境外市场披露，而且注重境内市场披露，国内和国际会计准则下财务信息境内外同时披露，其他信息平等对待；不仅注意一次性信息披露，而且注重持续性披露，公司A股发行、"星辰项目"实施和中航兴业私有化推进均按规范化要求作了持续披露。2006年12月1日，获得上证2006年"中国上市公司最佳信息披露奖"，国航董事会秘书郑保安同时也获得了上证2006年"中国上市公司最佳董事会秘书奖"。上证2006年"中国上市公司最佳信息披露奖"的获得，标志着国航上市两年公司透明度显著提升，公司投资者利益得到有效保护和公司投资价值受到市场广泛认可，公司市场价值被进一步发现，公司良好诚信形象得以确立。

资料来源：中国国际航空股份有限公司网站。

公司坚持将投资者利益放在首位，注重信息披露的真实、准确和完整，保证公开、公平和公正，终获投资者首肯，公司价值随治理质量得到提升。

6. 利益相关者

在国外，在公司治理中考虑利益相关者的权益，鼓励利益相关者参与治理已经成为广为接受的观点。20世纪80年代初，以弗里曼(Freeman,1983)为代表的一些经济学家和管理学家从公司战略管理、企业伦理等角度，对企业治理结构的主体作了较详细的分析，并研究了利益相关者现象。布莱尔(Blair,1995)认为，公司应是一个社会责任的组织，公司的存在是为社会创造财富。公司治理改革的要点在于：不应把更多的权利和控制权交给股东，"公司管理层应从股东的压力中分离出来，将更多的权利交给其他的利益相关者"。同时，英国的《汉普尔报告》(1998)、经济合作与发展组织(OECD)于1999年6月推出的《OECD公司治理原则》、《美国商业圆桌会议公司治理声明》等重要的公司治理原则都把利益相关者放在相当重要的位置；在德国、荷兰、瑞士等欧洲国家，典型的利益相关者如员工等参与公司治理是相当普遍的。国内也有研究认为，企业的"第三种资本"——环境资本(environmental capital)日益重要，它是由企业的利益相关者诸如供应商、客户、债权人、员工、政府、社区等构成企业生存和发展的环境要素所提供的。2002年年初中国证监会和国家经贸委制定的《上市公司治理准则》对利益相关者的范围，利益相关者在公司治理中的地位、作用和权利等方面作了框架性的规范，并指出利益相关者拥有求偿权、知情权和参与权等，他们在公司治理中起作用的主要方式是公司与主要债权人的信息沟通，职工与董事会、监事会与经理人员的直接沟通与交流等。由此可见，利益相关者的相关问题已成为现行公司治理框架中不可或缺的一部分，为了客观、全面地评价公司治理的状况，公司治理评价指标体系包括利益相关者。

利益相关者部分的评价指标是目前国内外其他公司治理评价体系所不具备的，原因在于利益相关者在整个公司治理结构中的作用还停留在理论层面，至于利益相关者如何在公司治理中发挥作用及其效果的业绩评价很难界定。但是,一个完善的公司治理评价体系必须关注利益相关者,这是公司治理实务发展的趋势;同时,《上市公司治理准则》在这方面也作出规定,因而有必要在公司治理评价体系中考虑利益相关者评价指标。我们根据利益相关者在公司治理中的地位与作用,并且考虑到评价指标的科学性与可行性,主要从利益相关者参与公司治理和利益相关者关系的和谐角度设置反映利益相关者的评价指标。利益相关者参与方面主要评价其参与公司治理的程度,较高的利益相关者参与程度意味着公司对利益相关者权益保护程度和科学决策的可能性的提高;利益相关者和谐方面主要考察公司与由各利益相关者构成的企业生存和成长环境的关系协调程度。包括公司员工参与程度、公司社会责任履行状况、公司投资者关系管理、公司和监督管理部门的关系、公司诉讼与仲裁事项等评价内容。

(二) 中国上市公司治理评价标准

评价标准是评价系统的三大要素之一,是编制治理指数的基准,明确的评价标准对于获得合理的评价结论起着决定性的作用。我国目前没有一套有关公司治理的国家标准或者行业标准,甚至世界范围内目前尚未有有关公司治理的明确的标准,比如股权结构的标准、独立董事比率的标准等。实际上依据公司治理的权变理论,在全球范围内由于各个国家的治理环境差异较大,亦不可能存在统一的标准。良好的公司治理标准应基于各国的法律、制度、文化以及市场条件等,采用权变的标准。合理的评价标准应综合国内外实证研究与规范研究的成果,以国际公认的公司治理原则、准则为基础,结合中国上市公司所处的特殊历史阶段,参考《中国公司治理原则》与《上市公司治理准则》以及《公司法》、《证券法》、《上市公司治理指引》、《上市公司独立董事制度指导意见》等的规定予以确定。各项评价指标的具体标准见表 8-3。

表 8-3　中国上市公司治理评价指标体系与评价标准

一级指标	二级指标	三级指标
股东权益与控股股东行为	关联交易	同业竞争 定价依据 资金占用 贷款担保
	上市公司独立性	人员独立性 业务独立性 财务独立性 资产独立性
	股东大会	股东大会的参与性 股东大会的规范性
	中小股东权益	临时股东大会提案

（续表）

一级指标	二级指标	三级指标
董事与董事会	董事权利与义务	董事遴选 董事的能力考核 董事培训
	董事会运作效率	董事会规模 董事人员构成 董事会会议质量
	董事会组织结构	董事会的领导结构 专业委员会的设置 专业委员会运行状态
	董事薪酬	董事薪酬水平 董事薪酬形式 董事绩效评价
	独立董事制度	独立董事比例 独立董事激励 独立董事独立性
监事与监事会	监事能力保证性	非职工代表监事候选人提名 监事会人员专职程度 外部监事在本公司工作时间保证 外部监事薪酬水平
	监事会运行有效性	近三年来召集临时股东大会的情况 监事会的结构与规模有效性 监事会会议的有效性 监事会行使监督权的有效性 监事会监管记录的完备性
经理层	任免制度	总经理选聘方式 其他高管人员的选聘方式 高管层的行政度 总经理与董事长两权设置
	执行保障	决策支持 经营控制 双重任职 内部人控制 CEO 设置
	激励机制	薪酬水平 薪酬结构 薪酬动态激励 持股比重 股权流通性 持股方式 决策报告制度 职务消费制度

（续表）

一级指标	二级指标	三级指标
信息披露	完整性披露	股东大会的会议决议披露状况 董事会的会议决议披露状况 监事会的会议决议披露状况 财务信息披露:近三年定期报告披露状况 专题及重大事项披露(委托理财披露等)
	真实性披露	年度财务报告被出具非标准无保留意见或被公开批评谴责 近三年来会计政策或会计估计变更状况 近三年更换会计师事务所状况 被更换的会计师事务所提出异议或做过申诉状况 年报审计会计师事务所近三年提供其他业务状况 监事会曾发现并纠正公司财务报告不实之处状况
	及时性披露	年报、中报、季报披露及时性 股东大会的会议决议是否及时披露 董事会的会议决议是否及时披露 委托理财应按要求及时披露
利益相关者	公司员工参与程度	职工监事比例 职工持股比例
	公司社会责任履行状况	公司公益性捐赠支出 公司环境保护措施
	公司投资者关系管理	公司网站的建立与更新 公司是否设立投资者关系管理制度
	公司和监督管理部门的关系	罚款支出和收入
	公司诉讼与仲裁事项	公司有无诉讼、仲裁事项

资料来源:南开大学中国公司治理研究院。

(三) 公司治理综合评价模型及治理指数等级划分

在建立评价指标体系、确定评价标准以及评价指标重要性系数的基础上,采用综合指数法对公司治理质量进行综合评价。其基本模型为:

$$CCGI^{NK} = \alpha_1 CCGI^{NK}_{BDS} + \alpha_2 CCGI^{NK}_{BOD} + \alpha_3 CCGI^{NK}_{BOM} + \alpha_4 CCGI^{NK}_{TOM} + \alpha_5 CCGI^{NK}_{ID} + \alpha_6 CCGI^{NK}_{SH}$$

式中,$CCGI^{NK}$代表南开治理指数;$\alpha_i(i=1,2,3,\cdots,6)$表示各评价要素的重要性系数;$CCGI^{NK}_{BDS}$表示股东大会与上市公司独立性评价指数;$CCGI^{NK}_{BOD}$表示董事会治理评价指数;$CCGI^{NK}_{BOM}$表示监事会治理评价指数;$CCGI^{NK}_{TOM}$表示经理层治理评价指数;$CCGI^{NK}_{ID}$表示信息披露评价指数;$CCGI^{NK}_{SH}$表示利益相关者治理评价指数。

按照上述过程编制的上市公司治理指数采用百分制形式,最高值为100,最低值为0。具体评价的等级为:

$CCGI^{NK}$ Ⅰ:治理指数90—100

$CCGI^{NK}$ Ⅱ:治理指数 80—90

$CCGI^{NK}$ Ⅲ:治理指数 70—80

$CCGI^{NK}$ Ⅳ:治理指数 60—70

$CCGI^{NK}$ Ⅴ:治理指数 50—60

$CCGI^{NK}$ Ⅵ:治理指数 <50

第四节　中国上市公司治理总体治理状况评价

一、中国上市公司治理评价样本情况

(一) 样本来源及选取

本次编制中国上市公司治理指数的样本来源于截止到2013年4月30日公布的公开信息(公司网站、巨潮资讯网、中国证监会、沪深证券交易所网站等)以及色诺芬CCER数据库、国泰安CSMAR数据库,根据信息齐全以及不含异常数据两项样本筛选的基本原则,我们最终确定有效样本为2 470家,其中主板1 414家,含金融机构39家;主板非金融机构1 375家;中小企业板701家,含金融机构3家;创业板355家。样本公司的行业、控股股东性质及省份构成见表8-4至表8-6。需要说明的是,考虑到金融机构、中小企业板和创业板公司治理的特殊性,我们进行了单独分析,主板和中小企业板中的金融机构单独组成一个板块,这样总体评价样本为2 470家,主板1 375家,中小企业板698家,创业板355家,金融、保险行业板块42家,各块详细分析见后面有关章节。

(二) 样本行业分布情况

从样本行业分布情况来看,最近几年评价中各行业中样本所占比例保持了较稳定的趋势,而且制造业样本的比例最高,占60.28%,与2012年的60.00%相比略有上升;其他各行业样本公司数量与2012年相比也均有一定水平的增加,如表8-4所示。

表8-4　样本公司的行业构成

行业	公司数	比例(%)
农、林、牧、渔业	45	1.82
采掘业	62	2.51
制造业(合计)	1 489	60.28
食品、饮料	95	3.85
纺织、服装、皮毛	75	3.04

（续表）

行业	公司数	比例(%)
木材、家具	12	0.49
造纸、印刷	45	1.82
石油、化学、塑胶	262	10.61
电子	152	6.15
金属、非金属	198	8.02
机械、设备、仪表	477	19.31
医药、生物制品	148	5.99
其他制造业	25	1.01
电力、煤气及水的生产和供应业	75	3.04
建筑业	52	2.11
交通运输仓储业	78	3.16
信息技术业	201	8.14
批发和零售贸易业	127	5.14
金融、保险业	42	1.70
房地产业	129	5.22
社会服务业	81	3.28
传播与文化产业	38	1.54
综合类	51	2.06
合计	2470	100

资料来源：南开大学中国公司治理研究院数据库。

（三）样本控股股东分布情况

按控股股东性质分组样本中，国有控股和民营控股公司仍然占据较大的比例，合计占比97.36%，与2012年的97.30%相比提高0.06%，变化不大，如表8-5所示。

表8-5　样本公司的控股股东构成

控股股东性质	公司数	比例(%)
国有控股	1038	42.02
集体控股	25	1.01
民营控股	1367	55.34
社会团体控股	1	0.04
外资控股	25	1.01
职工持股会控股	7	0.28
其他类型	7	0.28
合计	2470	100.00

资料来源：南开大学中国公司治理研究院数据库。

就国有控股和民营控股公司所占比例的变化趋势来看，2013年度国有控股公司比例与2012年相比略有下降，而民营控股公司比例延续持续上升的态势。

（四）样本地区分布情况

近年来上市公司的地区分布比例没有太大变化，从不同地区占样本数量、比例看，经济发达地区的广东（365家，占样本公司的14.78%）、江苏（234家，占样本公司的9.47%）、浙江（234家，占样本公司的9.47%）、北京（208家，占样本公司的8.42%）、上海（192家，占样本公司的7.77%）、山东（149家，占样本公司的6.03%）占有数量最多，而西部欠发达地区的甘肃、贵州、宁夏、青海和西藏占样本量较少，其中青海和西藏最少，仅为10家，反映出经济发展水平与上市公司数量存在一定的关系。

（五）样本市场板块分布情况

2004年6月我国中小企业板揭幕，中小企业板是深圳证券交易所为了鼓励自主创新而专门设置的中小型公司聚集板块。2009年10月我国创业板正式启动，创业板是主板之外的专为暂时无法上市的中小企业和新兴公司提供融资途径和成长空间的证券交易市场，是对主板市场的有效补给，在资本市场中占据着重要的位置。2013年的评价中对样本公司按照市场板块类型进行了详细划分，其中55.67%的样本公司来自于主板，共1 375家。中小企业板698家，占28.26%；创业板355家，占14.37%；另有42家金融、保险业公司，占1.70%，如表8-6所示。

表8-6　样本公司的市场板块构成

市场板块类型	公司数	比例(%)
主板	1 375	55.67
中小企业板	698	28.26
创业板	355	14.37
金融、保险业	42	1.70
合计	2 470	100.00

资料来源：南开大学中国公司治理研究院数据库。

二、中国上市公司治理总体分析

（一）中国上市公司治理总体描述

在2013年评价样本中，上市公司治理指数平均值为60.76，较2012年的60.60提高0.16，如表8-7所示。

表 8-7　公司治理指数描述性统计

统计指标	公司治理指数
平均值	60.76
中位数	60.97
标准差	3.67
方差	13.50
偏度	-0.20
峰度	-0.20
极差	22.28
最小值	48.07
最大值	70.35

资料来源：南开大学中国公司治理研究院数据库。

如表 8-7 所示，2013 年公司治理指数最大值为 70.35，较 2012 年的 71.82 和 2011 年的 73.61 有所下降；最小值为 48.07，高于 2011 年的 46.57、2010 年的 45.40，低于 2012 年的 48.09；样本的标准差为 3.67，与 2012 年的 3.95 相比有所下降。

在 2470 家样本公司中，没有 1 家达到 $CCGI^{NK}$ Ⅰ 和 $CCGI^{NK}$ Ⅱ，达到 $CCGI^{NK}$ Ⅲ 水平的有 2 家（2012 年有 3 家公司达到了 $CCGI^{NK}$ Ⅲ 水平）；达到 $CCGI^{NK}$ Ⅳ 的有 1475 家，占样本的 59.72%，与 2012 年的 56.87% 相比有显著的提高；处于 $CCGI^{NK}$ Ⅴ 的公司有 989 家，占样本的 40.04%，与 2012 年的 42.78% 相比有显著下降的趋势；上市公司的治理指数在 50 以下的有 4 家，占样本的 0.16%，与 2012 年的 0.21% 相比有所下降（2011 年为 0.67%，2010 年为 3.33%），如表 8-8 所示。

表 8-8　公司治理指数等级分布

公司治理指数等级		公司治理指数等级分布	
		公司数	比例（%）
$CCGI^{NK}$ Ⅰ	90—100	—	—
$CCGI^{NK}$ Ⅱ	80—90	—	—
$CCGI^{NK}$ Ⅲ	70—80	2	0.08
$CCGI^{NK}$ Ⅳ	60—70	1475	59.72
$CCGI^{NK}$ Ⅴ	50—60	989	40.04
$CCGI^{NK}$ Ⅵ	50 以下	4	0.16
合计		2470	100.00

资料来源：南开大学中国公司治理研究院数据库。

（二）中国上市公司治理分行业分析

以平均值而言，2013 年评价中信息技术业的公司治理指数位居第一，达到 62.02。

其次为金融、保险业,建筑业,制造业和社会服务业等。公司治理指数平均值最低的是综合类,平均值为 58.87;其次是房地产业,平均值为 59.40;传播与文化产业公司治理指数也较低,平均值为 59.51。总体描述说明就公司治理总体状况而言,行业间存在一定的差异;相比之前几年的评价,2013 年评价中各行业的公司治理指数排名发生了一定的变化,如表 8-9 所示。

表 8-9　按行业分组的样本公司治理指数描述性统计

行业	公司数	比例(%)	平均值	中位数	标准差	极差	最小值	最大值
农、林、牧、渔业	45	1.82	60.30	60.00	3.47	17.47	51.39	68.85
采掘业	62	2.51	60.32	60.48	3.08	12.87	53.88	66.75
制造业(合计)	1 489	60.28	60.92	61.21	3.66	21.02	49.33	70.35
食品、饮料	95	3.85	60.54	60.58	3.88	19.66	49.33	68.99
纺织、服装、皮毛	75	3.04	59.31	59.01	3.54	16.30	51.27	67.57
木材、家具	12	0.49	61.12	61.18	2.87	11.10	55.50	66.60
造纸、印刷	45	1.82	61.10	61.56	3.80	18.18	52.17	70.35
石油、化学、塑胶、塑料	262	10.61	60.70	61.08	4.13	19.17	50.58	69.76
电子	152	6.15	61.69	62.06	3.48	16.77	53.22	69.99
金属、非金属	198	8.02	60.99	61.28	3.56	17.25	51.77	69.02
机械、设备、仪表	477	19.31	61.04	61.31	3.38	17.86	52.30	70.16
医药、生物制品	148	5.99	61.04	61.43	3.71	19.49	49.61	69.10
其他制造业	25	1.01	60.86	60.83	3.49	12.62	55.28	67.90
电力、煤气及水的生产和供应业	75	3.04	60.21	60.26	3.82	17.83	50.70	68.54
建筑业	52	2.11	61.71	61.44	3.23	13.18	54.24	67.43
交通运输仓储业	78	3.16	60.39	60.62	3.18	17.91	49.46	67.36
信息技术业	201	8.14	62.02	62.34	3.59	18.67	51.12	69.79
批发和零售贸易业	127	5.14	59.67	59.36	3.17	16.32	50.71	67.03
金融、保险业	42	1.70	61.81	62.20	3.46	17.76	50.95	68.71
房地产业	129	5.22	59.40	59.16	3.90	19.19	48.07	67.26
社会服务业	81	3.28	60.72	60.92	3.78	16.50	53.10	69.61
传播与文化产业	38	1.54	59.51	60.42	3.63	11.93	53.08	65.01
综合类	51	2.06	58.87	58.98	4.06	16.31	51.38	67.69
合计	2 470	100.00	60.76	60.97	3.67	22.28	48.07	70.35

资料来源:南开大学中国公司治理研究院数据库。

(三) 中国上市公司治理分控股股东性质分析

表 8-10 的描述性统计显示,样本中数量较少的是"社会团体控股"、"职工持股会控股"、"集体控股"、"外资控股"几类,分别有 1 家、7 家、25 家和 25 家公司;"国有控股"和

"民营控股"样本量较多,分别有 1 038 家和 1 367 家公司。

表 8-10 按控股股东性质分组的样本公司治理指数描述性统计

最终控制人性质	公司数	比例(%)	平均值	中位数	标准差	极差	最小值	最大值
国有控股	1 038	42.02	58.49	60.11	9.66	63.05	29.20	92.25
集体控股	25	1.01	59.99	60.04	9.20	33.35	42.24	75.59
民营控股	1 367	55.34	63.75	61.29	10.53	60.95	29.65	90.60
社会团体控股	1	0.04	60.59	59.81	0.00	0.00	60.59	60.59
外资控股	25	1.01	63.96	61.09	9.53	34.11	45.84	79.95
职工持股会控股	7	0.28	55.27	60.93	6.52	21.35	44.95	66.30
其他类型	7	0.28	58.92	57.62	11.45	35.25	36.39	71.65
合计	2 470	100.00	60.76	60.97	3.67	22.28	48.07	70.35

资料来源:南开大学中国公司治理研究院数据库。

就样本平均值而言,外资控股的治理指数平均值最高,为 63.96,其次为民营控股和社会团体控股,分别为 63.75 和 60.59。集体控股指数平均值为 59.99,国有控股指数平均值为 58.49。职工持股会控股的指数平均值最低,为 55.27。民营控股上市公司治理指数平均值大于国有控股上市公司。

(四) 中国上市公司治理分地区分析

与往年情况类似,经济发达地区广东、江苏、浙江、北京和上海占有的样本数量最多,其中广东最多,有 365 家,江苏有 234 家,浙江有 234 家,北京和上海分别有 208 家和 192 家;而西部欠发达地区的青海、西藏、宁夏占样本量少,其中西藏和青海最少,仅有 10 家,反映出经济活跃水平与上市公司数量的关系。各省份公司治理指数分析结果详见表 8-11。

表 8-11 样本公司治理指数按地区分组的描述性统计

省份	公司数	比例(%)	平均值	中位数	标准差	极差	最小值	最大值
北京	208	8.42	61.96	62.20	3.34	16.50	53.29	69.79
天津	36	1.46	60.34	61.08	3.84	15.64	49.46	65.09
河北	49	1.98	60.07	60.27	4.06	18.25	50.70	68.96
山西	31	1.26	59.10	57.86	3.46	15.19	54.57	69.76
内蒙古	26	1.05	59.03	59.93	3.33	11.77	52.35	64.12
辽宁	71	2.87	59.87	59.88	3.87	17.66	51.32	68.98
吉林	41	1.66	58.79	59.46	3.20	13.28	51.90	65.18
黑龙江	34	1.38	58.34	59.08	4.24	18.38	50.71	69.09
上海	192	7.77	60.12	60.79	4.08	19.49	50.67	70.16
江苏	234	9.47	61.31	61.60	3.51	16.75	52.48	69.22

（续表）

省份	公司数	比例（%）	平均值	中位数	标准差	极差	最小值	最大值
浙江	234	9.47	61.55	61.41	3.02	16.75	51.89	68.64
安徽	76	3.08	60.67	60.91	3.36	16.92	50.62	67.54
福建	93	3.77	61.02	61.57	3.17	16.26	54.09	70.35
江西	34	1.38	60.64	60.18	3.35	13.88	55.29	69.17
山东	149	6.03	60.68	60.79	3.84	18.22	51.39	69.61
河南	66	2.67	61.42	61.93	3.85	20.39	48.07	68.46
湖北	82	3.32	59.52	59.40	3.31	15.59	51.49	67.08
湖南	73	2.96	60.61	60.69	3.45	16.07	51.42	67.49
广东	365	14.78	61.70	62.07	3.49	18.86	51.12	69.99
广西	30	1.21	59.34	59.01	4.15	16.80	49.61	66.41
海南	28	1.13	58.06	58.07	3.77	16.31	51.38	67.69
重庆	37	1.50	60.19	60.55	4.35	16.59	52.51	69.10
四川	97	3.93	60.52	60.99	3.82	16.35	51.77	68.12
贵州	21	0.85	60.73	59.86	3.56	12.38	55.58	67.95
云南	29	1.17	60.51	60.90	3.23	13.67	53.38	67.05
西藏	10	0.40	58.42	58.40	2.56	8.28	53.95	62.23
陕西	38	1.54	59.80	60.51	3.83	13.96	52.60	66.56
甘肃	25	1.01	59.11	58.66	3.08	11.17	54.12	65.29
青海	10	0.40	58.16	58.16	4.40	13.71	53.04	66.75
宁夏	12	0.49	57.67	57.88	3.52	12.83	49.33	62.16
新疆	39	1.58	60.58	60.09	3.35	17.07	52.17	69.25
合计	2 470	100.00	60.76	60.97	3.67	22.28	48.07	70.35

资料来源：南开大学中国公司治理研究院数据库。

在表 8-11 中的第三列数据（上市公司数量占总体比例）与第四列数据（上市公司治理指数平均值）之间存在较高的正相关性，说明经济发达地区的上市公司治理状况要好于经济欠发达地区的情况。北京、广东、浙江、河南、江苏、福建的公司治理指数平均值均超过总样本平均值 60.76，依次为 61.96、61.70、61.55、61.42、61.31、61.02，而吉林、西藏、黑龙江、青海、海南和宁夏的治理指数均在 59 以下，分别为58.79、58.42、58.34、58.16、58.06 和 57.67。

（五）中国上市公司治理分市场板块分析

在 2013 年评价中，按照市场板块对样本公司进行划分，其中创业板治理指数位居首位，均值达 62.93；中小企业板为 62.22；金融、保险业为 61.81；而同 2012 年一样，主板上市公司的治理指数仍然最低，为 59.34，如表 8-12 所示。

表 8-12　按市场板块分组的样本公司治理指数描述性统计

板块类型	公司数	比例(%)	平均值	中位数	标准差	极差	最小值	最大值
主板	1 375	55.67	59.43	59.51	3.54	22.09	48.07	70.16
中小企业板	698	28.26	62.22	62.32	3.22	18.93	51.42	70.35
创业板	355	14.37	62.93	63.13	2.80	15.04	54.74	69.79
金融、保险业	42	1.70	61.81	62.20	3.46	17.76	50.95	68.71
合计	2 470	100.00	60.76	60.97	3.67	22.28	48.07	70.35

资料来源:南开大学中国公司治理研究院数据库。

(六)中国上市公司治理年度比较分析

2013 年度公司治理指数平均值为 60.76。2008 年、2009 年、2010 年、2011 年、2012 年和 2013 年治理指数平均值分别为 57.68、57.62、59.09、60.28、60.60 和 60.76。对比连续几年来的中国上市公司的总体治理状况,总体治理水平呈现逐年升高的趋势,但 2009 年出现了拐点,指数平均值低于 2008 年但高于以前各年度,从 2010 年起,公司治理指数平均值超过了 2008 年的 57.68,呈现逐年上升的趋势。各年公司治理评价各级指数的比较见表 8-13。

表 8-13　公司治理指数历年比较

治理指数	2008 年	2009 年	2010 年	2011 年	2012 年	2013 年
公司治理指数	57.68	57.62	59.09	60.28	60.60	60.76
股东治理指数	58.06	59.23	59.81	64.56	61.20	62.89
董事会治理指数	57.43	57.88	60.33	60.81	61.21	61.74
监事会治理指数	54.84	55.97	56.17	57.17	57.35	57.38
经理层治理指数	57.40	55.53	57.21	57.81	57.27	57.21
信息披露指数	62.36	61.85	63.43	63.02	63.14	63.18
利益相关者治理指数	53.43	52.94	54.83	56.47	63.22	61.46

资料来源:南开大学中国公司治理研究院数据库。

在几个分指数当中,股东治理指数 2013 年的数值为 62.89,相对于 2012 年的 61.20 提高了 1.69;董事会治理指数呈现显著的逐年上升趋势,作为公司治理核心的董事会建设得到加强,继 2010 年首次突破 60 之后,2013 年继续增长至 61.74;新公司法加强了监事会的职权,监事会治理状况明显提高,平均值从 2008 年的 54.84 提高到 2009 年的 55.97,从 2010 年的 56.17 到 2011 年的 57.17,再到 2012 年的 57.35,2013 年监事会指数平均值进一步提高到 57.38;经理层治理状况呈现出较稳定的趋势,从 2008 年到 2013 年的经理层治理指数平均值依次为 57.40、55.53、57.21、57.81、57.27 和 57.21;信息披露状况经历 2010 年的拐点后,呈现增长趋势,2013 年平均值达到 63.18,为六个分指数中均值最高的一个;利益相关者问题逐步引起上市公司的关注,一直保持着稳步提高的趋势，尤其是从2010年起指数均值明显提高，但2013年的指数均值较2012年略有下降。

三、中国上市公司治理100佳

（一）中国上市公司治理100佳描述统计

下面将2013年评价样本中公司治理指数排名前100位的公司（简称“100佳”）与其他样本进行比较，分析100佳的行业、地区和第一大控股类型分布，以及100佳公司的相对绩效表现。如表8-14的描述性统计显示，100佳上市公司平均治理指数为68.09，较2012年的68.46有所下降，100佳上市公司中最高治理指数为70.35，最低为67.03，极差为3.32。与表8-7的对比显示，100佳上市公司的各级治理指数的平均值都明显高于总样本。

表8-14　公司治理100佳治理指数描述性统计

统计指标	公司治理指数	股东治理指数	董事会治理指数	监事会治理指数	经理层治理指数	信息披露指数	利益相关者治理指数
平均值	68.09	73.21	63.12	60.16	64.27	74.70	74.03
中位数	67.93	73.66	63.11	58.29	64.84	75.08	74.70
标准差	0.82	6.02	1.85	6.49	4.19	4.84	8.28
极差	3.32	32.44	10.07	25.82	23.94	22.91	40.06
最小值	67.03	51.84	58.04	49.85	52.57	59.07	52.19
最大值	70.35	84.28	68.11	75.67	76.51	81.98	92.25

资料来源：南开大学中国公司治理研究院数据库。

（二）中国上市公司治理100佳行业分布

表8-15的公司治理100佳行业分布表明，从绝对数量看，制造业所占数量最多，达62家；其次是信息技术业，有15家；电力、煤气及水的生产和供应业，有6家；社会服务业，有5家；农、林、牧、渔业和房地产业各有3家；金融、保险业，有2家；建筑业、交通运输仓储业、批发和零售贸易业以及综合类各有1家公司进入100佳；传播与文化产业和采掘业没有公司进入100佳。从100佳占行业样本数量比例来看，电力、煤气及水的生产和供应业的比例最高，为8.00%；其次为信息技术业，为7.46%；而批发和零售贸易业的100佳所占比例比较低。

表 8-15　公司治理 100 佳行业分布

行业	100 佳个数	样本个数	比例(%)
农、林、牧、渔业	3	45	6.67
采掘业	—	62	—
制造业	62	1 489	4.16
电力、煤气及水的生产和供应业	6	75	8.00
建筑业	1	52	1.92
交通运输仓储业	1	78	1.28
信息技术业	15	201	7.46
批发和零售贸易业	1	127	0.79
金融、保险业	2	42	4.76
房地产业	3	129	2.33
社会服务业	5	81	6.17
传播与文化产业	—	38	—
综合类	1	51	1.96
合计	100	2 470	4.05

资料来源:南开大学中国公司治理研究院数据库。

(三) 中国上市公司治理 100 佳控股股东性质分布

从绝对数量看,公司治理 100 佳集中分布在民营控股上市公司中,如表 8-16 所示。100 佳上市公司中,最终控制人性质为民营控股的有 74 家,较 2012 年减少了 9 家;其次为国有控股上市公司,有 24 家,为 2012 年的 2 倍;外资控股为 2 家;而集体控股、社会团体控股、职工持股会控股的公司今年没有 1 家进入 100 佳。从相对比例来看,外资控股样本中的 100 佳比例最高,其次是民营控股。

表 8-16　公司治理 100 佳控股股东性质分布

控股股东性质	100 佳个数	样本个数	比例(%)
国有控股	24	1 038	2.31
集体控股	—	25	—
民营控股	74	1 367	5.41
社会团体控股	—	1	—
外资控股	2	25	8.00
职工持股会控股	—	7	—
其他类型	—	7	—
合计	100	2 470	4.05

资料来源:南开大学中国公司治理研究院数据库。

（四）中国上市公司治理 100 佳地区分布

表 8-17 的省份分布数量显示，在 100 佳的上市公司中，广东有 21 家，江苏有 12 家，北京有 12 家。其中，广东在 2012 年和 2011 年评价中入选 100 佳的公司数目也是最多的。

表 8-17　公司治理 100 佳地区分布

省份	100 佳个数	样本个数	比例（%）
北京	12	208	5.77
天津	—	36	—
河北	3	49	6.12
山西	1	31	3.23
内蒙古	—	26	—
辽宁	2	71	2.82
吉林	—	41	—
黑龙江	1	34	2.94
上海	7	192	3.65
江苏	12	234	5.13
浙江	7	234	2.99
安徽	2	76	2.63
福建	3	93	3.23
江西	1	34	2.94
山东	10	149	6.71
河南	5	66	7.58
湖北	1	82	1.22
湖南	1	73	1.37
广东	21	365	5.75
广西	—	30	—
海南	1	28	3.57
重庆	3	37	8.11
四川	3	97	3.09
贵州	2	21	9.52
云南	1	29	3.45
西藏	—	10	—
陕西	—	38	—
甘肃	—	25	—
青海	—	10	—
宁夏	—	12	—
新疆	1	39	2.56
合计	100	2 470	4.05

资料来源：南开大学中国公司治理研究院数据库。

天津、内蒙古、吉林、广西、西藏、陕西、甘肃、青海、宁夏均没有入选100佳的上市公司。这些地区当中,西藏、青海和宁夏等在以往的评价中入选100佳的上市公司数量也较少。

从相对数来看,贵州比例最高,为9.52%,重庆为8.11%,河南为7.58%,山东为6.71%,河北为6.12%;而浙江、黑龙江、江西、辽宁、安徽、湖北、新疆、湖南均在3%以下。

四、主要结论

(1)从时间序列比较分析来看,我国上市公司总体治理水平在2004—2013年间多年连续提高的情况下,并历经2009年拐点之后,2011年和2012年总体治理水平得到回升,2013年在2012年的基础上继续上升,并达到历史最高水平。

(2)从行业比较分析来看,2013年评价排名中,信息技术业的公司治理指数位居第一;紧随其后的是金融、保险业,建筑业,制造业,社会服务业等,这些行业治理状况相对较好;而传播与文化产业、综合类和房地产业上市公司治理水平总体仍然偏低。

(3)从控股股东性质比较分析来看,继2011年和2012年之后,2013年民营控股上市公司治理指数再次超过国有控股上市公司。

(4)从地区比较分析来看,北京、广东、浙江、河南、江苏、福建治理指数平均值最高;而吉林、西藏、黑龙江、青海、海南和宁夏治理指数排名比较靠后。

(5)从市场板块比较分析来看,2013年评价中创业板公司治理指数均值最高,为62.93;其次为中小企业板,其治理指数均值为62.22,金融、保险公司为61.81;而主板上市公司的治理指数平均值最低,为59.43。

(6)从样本分组比较分析来看,公司治理100佳的上市公司治理状况显著好于总体样本公司的治理状况(68.09-60.76),通过对两组样本的财务指标的比较发现,无论是收益能力,还是市场表现,100佳均好于非100佳。

【本章思考题】

1. 公司自身关注并实行公司治理评价的意义何在?
2. 哪种类型的公司治理评价对公司现行发展起到实质性作用?
3. 国际著名评级机构对公司治理是如何评价的?
4. 公司最核心的治理因素是什么,如何进行内部治理评价制度建设?

【综合案例】

万科的公司治理溢价

万科在2005年一年间,成功地化解了地产业宏观调控、股权分置改革等政策风险或不确定性，被评为2005年最佳公司治理。万科非流通股股东的持股比例，能拿得出手的送股比例仅仅是10送0.3，而在现有的市场环境下，选择权证的结果可谓是皆大欢喜。从这一个侧面，就可以看出万科管理层在公司治理上的功力。因此，不难理解为什么机构投资者、券商研究机构以及普通投资者对万科公司治理有如此赞同。

一、公司治理决定企业成败

公司治理结构的健康完善，是一个公司长期发展的前提，事关企业成败。一个好的治理结构，需要解决两个问题：一是如何保证投资者（股东）的投资回报，即协调股东与企业的利益关系。二是企业内各利益集团的关系协调。这包括对经理层与其他员工的激励，以及对高层管理者的制约。

公司治理结构包含企业组织方式、控制机制和利益分配的所有法律、机构、制度和文化的安排等各个方面，很多上市公司如科龙、三九、蓝田等，都因为公司治理出现问题，不仅给公司运营带来重大影响，也直接导致了投资者的“用脚投票”。而好的公司治理，则往往可以给投资者带来丰厚的回报。

在这些方面，万科走在了前面。万科的公司治理，不仅体现在透明的管理制度上，不仅体现在万科住户满意度上，也不仅体现在万科持续的增长速度上，而仅从万科前台工作人员真心的微笑和细致入微的服务这种细节上就可见一斑。

二、100倍价值增长的信用底线

针对这次股权分置改革的“双赢”结果，万科公司认为，万科文化的核心是尊重人，其中至关重要的一点就是尊重投资者。万科的做事原则是规范、透明，同时还要公平，这是对理解万科对待投资者态度的一个非常重要的注解。投资者的认可不仅是对过去业绩的肯定，更重要的是它代表了对万科未来投资价值的信心。

资本市场与上市公司发展是一个互动的、长期的过程，对于万科这样立志于成为百年老店的企业而言，投资者的长期信任是决胜未来的依托。万科用了十多年的时间，在公司内部建立起一种以信用为底线的公司治理制度。时间证明，这种规范化的运作远比机会主义和权谋文化更有生命力。

万科公司治理的首要目标是守护好投资者的财产，让资本持续获得丰富的回报。因此，万科非常注重公司的成长能力，从1989年到2004年，万科的利润增长了77倍，股票价值增长超过100倍。出于对资本价值的尊重，在整个股改过程中，万科管理层投入了相当的努力来平衡股东之间的利益诉求，最终使股改在双赢的局面下得以顺利推进。

三、管理结构的平衡

万科有一支非常成熟的职业经理人队伍来当股东的管家。万科对股东的承诺，是依靠这个团队来进行的。这种成熟体现于管理结构的平衡之中。在这个团队中，大决策和细执行之间的分工非常明确。团队成员在价值观趋同的基础上也保留了较为多样化的风格，兼备了稳健和开拓的特质。与此同时，万科具有一个成熟、理性的股东群体。股东尤其是大股东给予万科管理层相当大的支持和信任，这对保持万科稳定性、使管理层能够专注于万科的经营、最大化发挥其能力有着不可估量的作用。

职业经理人的素质，是万科股东文化能够得到延续的重要条件。除了用万科价值观作为影响之外，万科也考虑建立一种制度，将管理团队的激励和投资者利益联系起来，让万科公司治理能够得到持续的改进。

2006年3月，万科公司第一次公布了股权激励计划，该计划一经推出就在国内资本市场引起了广泛的讨论并获得了众多投资者的赞许和认可。万科的股权激励计划之所以受到众多投资者的赞许，表面原因是其激励计划的设计规范科学，而本质原因则是股权激励计划会提升公司市值，增加投资者的价值和回报。万科股价从公告股权激励之日起的5.71元，在短短的9个月时间内大涨到19.42元，涨幅为240%。科学规范的股权激励制度的建立正是公司治理工作的一个极为重要的环节，像万科这样建立了科学规范的股权激励制度的上市公司股价将会有相应的上涨，这就是所谓的“公司治理溢价”。

资料来源：摘自《新财经》，2006(1)；万科公司2006年年报。

【案例讨论】

1. 一个好的公司治理，需要解决哪两个问题？
2. 万科是如何做的？你对此有什么看法？

第九章　外部治理机制

【篇首语】

外部治理机制是指来自企业外部市场和主体(如政府、中介机构等)的监督与约束机制。广义的公司外部治理是一整套激励约束机制,包括市场竞争性治理机制、银行相机治理机制和政府监管等。本章在对几种主要的公司外部治理机制进行分析阐释的基础上,剖析了中国环境下公司外部治理机制的特征、作用现状及改进方向,以期对外部治理的主要形式及其运作机制有一个系统深入的了解。

【引导案例】

杠杆收购的兴起与 KKR 公司的实践

1976 年,Henry Kravis、George Roberts 和 Jerome Kohlberg 离开了投资银行贝尔斯登(Bear Stearns),共同建立了他们自己的合伙企业,并以三人姓氏的首字母将公司命名为 KKR。KKR 的成立恰逢美国第三次和第四次并购浪潮的过渡期。正是基于以小搏大的并购策略,KKR 公司迅速成长为大企业融资史上权力最集中的场所之一。KKR 的影响可以通过以下指标看出(截至 2006 年)。

历年投资的年平均回报率:27%

收购公司的数量:146 家

私人股本收购交易额的世界纪录:314 亿美元

历年股本总投资金额:250 亿美元

历年投资创造的价值:660 亿美元

历年的总融资金额:2 000 亿美元

1989 年,由 KKR 主导的烟草与食品巨头 RJR Nabisco 公司管理层收购,是杠杆收购模式的经典案例,并在 2007 年 2 月前一直保持着杠杆收购金额的世界纪录。KKR 通过与管理层合作,以有限的自有资金并购那些经营不善的企业,对其公司治理和管理层进行重组,再转手出售,从而赚取丰厚的利润。近年,KKR 参与了一些影响巨大的并购案,如表 9-1 所示。

表 9-1　KKR 参与的部分并购活动

时间	并购价值(亿美元)	并购案例	备注
1989	250	RJR Nabisco	KKR
2005.11.30	153	TDC A/S	KKR
2005.3.28	114	Sungard Data Systems Inc.	KKR
2006.3.8	106	VNU NV	KKR
2005.3.17	66	Toys "R" Us Inc.	KKR

资料来源:汪涵:《投资联盟开创大场面 KKR 瞄上了韩国三星人寿》,载《证券市场周刊》,2005.6.6。

【案例讨论】

1. KKR 生存的基础是什么？
2. 什么样的公司容易成为 KKR 并购的目标？
3. 为什么并购能够获取高额的回报？
4. 并购影响公司治理的机理是什么？

第一节 市场竞争性治理机制

市场竞争性治理机制是公司外部治理机制的重要组成部分，其涵盖面较广，主要指公司控制权市场、产品市场和经理市场等竞争性市场机制对企业利益相关者的权力和利益的作用与影响，例如兼并、收购和接管等市场机制对高级管理人员的治理功能。在具备充分竞争的资本市场、产品和生产要素市场、经理人市场的条件下，所有者可以借助于市场上的经营业绩指标对经营者实施监督、评价与奖惩。市场竞争性治理机制有助于减少企业经营中的信息不对称，降低代理成本，从而最大限度地实现所有者与经营者之间的激励相容。

一、控制权争夺与接管机制

在公司外部治理机制中，一个很重要的方面就是公司外部主体对公司控制权的争夺。当外部主体认为公司潜在价值并未得到充分挖掘时，就会通过证券市场的并购等方式争夺公司的控制权，并进一步重整公司的治理安排，由此实现公司潜在价值的最大化。可见，控制权争夺作为一种外部潜在的威胁，会极大地督促公司管理层积极工作。

（一）控制权与控制权市场

公司控制权问题是现代公司治理的一个核心问题。自 Berle and Means(1932)指出所谓的“经理革命”现象以来，公司控制权理论受到了广泛的关注并得到了长足的发展，对公司治理中存在的所有权和控制权分离现象的解释则直接形成了控制权市场理论。

1. 控制权的含义

公司控制权就是对公司发展和利益分配等重大事项的决策权，而其中决定公司的董事人选，进而决定公司的高层经理人员的权力最为重要。在企业管理理论中，“控制权”

一词主要有两个来源：一是出自 Berle and Means 合著的《现代企业与私有财产》(*The Modern Corporation and Private Property*)一书，他们把控制权定义为选举董事会或多数董事的权利，并且认为，随着所有权与控制权的分离，公司的控制权实际上已经为经营者所掌握。二是出自 Grossman 和 Hart(1986)、Hart 和 Moore(1990)等的经典性论文发展起来的"不完全契约理论"(Incomplete Contract Theory，GHM)中的剩余控制权概念。按照这一理论分析框架，企业的契约控制权分为特定控制权和剩余控制权。特定控制权是指事前可通过契约加以明确界定的控制权；剩余控制权是指事前没有或无法在契约中明确界定应如何使用的权力，是决定资产在最终契约所限定的特殊用途以外如何被使用的权力。该理论从企业的契约性和契约的不完全性出发来理解所有权关系，并认为企业所有权的核心是剩余权。

控制权和控股权既有联系，又存在一定的区别，二者并不完全一致。控制权的主体未必是股东或大股东。在股权分散的股份有限公司中，有时公司的控制权由董事会甚至经理阶层掌握；控制权的方式未必是股份控制方式，也可能是合同控制或人事连锁方式。控股权即持有上市公司达到优势比例的股权，是实现控制权的一种重要方式和保证。控股权分为绝对控股与相对控股，绝对控股是指持股在50%以上，相对控股则是指持股在50%以下，但能有效地控制公司表决及有效地控制公司的经营行为的持股比例。通过控股达到控制的通常途径是在股东大会中行使相应比例的优势表决权。

2. 控制权的特征

控制权的合理配置是有效公司治理的基础和前提，对公司稳健经营具有重要影响。就其对公司治理的影响来讲，主要有以下三个特征：

第一，公司控制权的可转移性。公司控制权的可转移性源于资本所有者对所投入资本的保护。当管理层为谋求自身利益最大化而损害资本所有者权益的时候，大股东可以通过董事会上的代理投票权竞争来撤换管理层，小股东可以到股票市场抛售公司股票，以"用脚投票"的方式来激发公司控制权市场上的并购机制，来达到转移公司控制权的目的。公司控制权的可转移性是委托代理关系下约束代理者行为的一种机制。

第二，公司控制权的可收益性。从产权的角度来看，这种控制权收益不仅表现在能为控制主体带来货币收入上，更重要的是掌握公司控制权就意味着控制权主体能享受到特定的控制权收益。这种特定的控制权收益主要包括控制权带来的各种私人收益，特别是在法律制度不完善的条件下，控制性股东通过关联交易、经理层通过在职消费等方式获取巨大的控制权私人收益。当然，这种收益是以其他公司总价值的损失为代价的。

第三，公司控制权的状态依存性。公司控制权的状态依存性源于公司所有权的状态依存性。公司所有权的状态依存是指不同的企业经营状态，对应着不同的控制机制。按照哈特对公司所有权安排的理解，谁拥有公司剩余控制权，谁就拥有了公司所有权，而剩余控制权是控制权的关键内容，所以公司控制权也就具有了状态依存的特性。状态依存的客观存在本质上是对私有产权的保护。在企业中，不同要素产权主体以契约形式让渡资产使用权，以追求资产的最大增值，但由于要素的特征差异和产权主体对风险的偏好不同，各个产权主体提供的资产面临不同的风险水平，这决定了各个主体在企业经营陷入危机、企业原始的合约关系难以为继时，对保全各自资产的权力次序，即一旦预期到自身权益将遭受损害，预期损害最大的利益相关者将会相机取得对资产的控制权。因此，企业的控制权随企业的经营状况而定，从而具有了状态依存的特点。

3. 控制权市场的作用

在现代公司制下，委托代理问题日益严重，股东常会通过股东大会、增设内部审计委员会和独立董事、直接监督经理层等内部治理机制降低代理成本，但当公司内部治理机制不能有效降低代理成本时，外部的公司控制权市场就会成为一种替代机制，对业绩不好的公司予以并购，对不称职的经理进行更换，所以说外部控制权市场是完善公司治理机制的一种重要方式，它的作用如下：

第一，控制权转移将直接导致公司内部治理结构的重整。伴随并购而发生的控制权转移，将直接导致公司治理结构的改变，这种改变包括两个方面。一是当公司的业绩不佳时，大股东会主动出面，通过行使投票表决权，提出更换现有的董事或经理，从而改变公司控制权的现状。二是当公司经营状况不好时，股票价格下跌就会引起其他公司的注意，在时机成熟的时候，并购方会采取要约收购等方式对公司进行收购，从而导致大股东的更替和公司治理的重组。如果是善意收购，即收购方事先与被收购方的经理层谈好条件，可能不会导致经理层的更换，但并购成功后，经过整合的公司治理结构也会发生很大的变化。如果是敌意并购，常会伴随被并购方经理的离职，公司治理结构通常会发生重大变化。

第二，控制权市场作为外部治理机制，对经理具有激励和约束的作用。在委托代理关系下，股东将控制权委托给董事会，而董事会又把控制权交给经理层，这样经理层就拥有了实际控制权，但由于信息不对称，股东和董事会根本无法全面准确地了解经理层的行为，经理层则会利用这一点采取偷懒、在职消费等机会主义行为，如果股东和董事无法观察到经理层的这些行为，则通过内部治理结构就无法对经理层的这些行为给予惩罚。但由于控制权市场的存在，如果公司的业绩下降导致股票价格下降，经理层就会面临被更换的危险，这种威胁可能来自本公司的股东和董事，也可能来自外部并购者。这对经理们的行为形成了很大的激励与约束作用，一方面，经理会减少在职消费，提高公司利润和价值；另一方面，经理会增强自我约束，努力工作，处理好与董事和股东的关系，防止被更换，同时也时刻防范被外来并购者并购。

第三，公司控制权市场的有效运作有利于公司业绩的改变，提高资源配置效率。一方面，公司控制市场的存在，使公司常常面临被并购的危险，这就激励经理层不断提高公司业绩防止被并购；另一方面，在控制权市场上被并购的公司常是那些经营不善、运作不佳的公司，而业绩较好的公司作为并购方，完成并购后，会进行全方位的整合，包括资产重组、组织结构调整、文化整合等，使资源的配置效率达到最高，从而提高公司整体业绩。在 1996 年 1 月 1 日至 2000 年 12 月 31 日期间沪深两市上市公司所发布的资产重组公告中，张文璋等以 999 起并购事件作为研究样本（其中沪市 551 起，深市 448 起），发现经营业绩改善的比例为 60.08%，而 1999 年和 2000 年经营业绩改善的比例分别高达 68.97%

和68.60%。[①] 而且在许多国家,如日本,善意并购数目比较多,表面上看是并购,实际上是通过企业联合达到实现规模经济或资源配置效率的目的。

(二)控制权市场的作用机制

控制权市场的主要意义就在于它可以克服两权分离下公司经理的追求与股东利益目标之间的偏差,从而保证及增加股东的福利。它一方面能够使资源集中在有能力的管理团队中,使之得到有效利用;另一方面也能够惩戒经营不善的管理者,防止资源浪费。同时,在股权集中且控股股东存在侵占行为时,控制权争夺是对控股股东控股地位的潜在威胁,从而有助于抑制控股股东的利益侵占行为。

市场上对公司控制权的争夺分为两个层面,一是股权争夺层面,二是董事会争夺层面。这两个层面上的争夺"战场"是不一样的,股权层面上的争夺战场是证券市场;而董事会层面上的争夺战场是股东大会。其中,股权是控制权的基础,董事会是控制权的核心。股权争夺的结果必然伴随董事会的争夺,而董事会的争夺通常以股权为基础。控制权转移的方式一般包括:企业并购、代理权竞争、托管运营和司法裁定等。

1. 企业并购

(1)并购的含义与并购方式

企业并购泛指在市场机制作用下,并购公司为获得其他公司的经营决策控制权,对目标公司进行购买的经济行为,是公司控制权市场的主要内容。要想控制一家公司,首先必须掌握该公司的选举权,而获得选举权的最简单方法当然是购买该公司的股票,这种购买股票的权利被称为控股竞争权。根据并购的动机,并购可分为善意并购和敌意并购。

善意并购,是并购公司事先与目标公司协商,征得其同意并通过谈判达成收购条件的一致意见而完成收购活动的并购方式。善意并购得到了目标公司的支持,并购双方能够充分交流、沟通信息,因而有利于降低并购行为的风险与成本,同时可避免因目标公司抗拒而带来额外的支出。但是,善意收购是双方相互博弈妥协的结果,为换取目标公司的合作,并购公司不得不牺牲部分利益,而且漫长的协商、谈判过程也可能带来巨大耗费。

敌意并购,是指并购公司在并购过程中虽然遭到目标公司的抗拒,仍然强行并购,或者并购公司事先并不与目标公司进行协商,而突然直接向目标公司股东开出价格或收购要约的并购行为。敌意并购的优点在于并购公司完全处于主动地位,不用被动权衡各方利益,而且并购行动节奏快、时间短,可有效控制并购成本。但是敌意并购通常无法从目标公司获取其内部实际运营、财务状况等重要资料,给公司估价带来困难,同时还会招致目标公司抵抗甚至设置各种障碍。所以敌意并购的风险较大,并购公司必须制订严密的收购行动计划并严格保密、快速实施。另外,由于敌意并购易导致股市的不良波动,甚至

---

① 张文璋、顾慧慧:《我国上市公司并购绩效的实证研究》,载《证券市场导报》,2002(9)。

影响企业发展的正常秩序,各国政府都对敌意并购予以不同程度的限制。

从并购方式看,企业并购包括兼并与收购两种方式:

① 兼并。企业兼并是指两家或两家以上的独立公司组成一家公司。按照国际标准,公司兼并划分为两类:吸收兼并和新设兼并。吸收兼并是指接管(收购)公司定向发行新股给予目标公司股东,从而获取目标公司的方式,即换股合并。接管公司吸收目标公司,目标公司解散,丧失独立法人地位;而存续公司仍然保有原公司法人名称,通过吸收,获得被吸收公司的资产和债权,同时承担起债务。新设兼并,又称创立合并,是指两个或两个以上公司合并设立一个新公司,合并各方解散;新设公司接管合并公司的全部资产和业务,重组公司治理结构。

兼并是企业存量资产重新进行组合的重要方式。对企业兼并的动机,存在多种假说,比如控制权增效假说、自由现金流量假说、效率理论、信息理论、代理成本理论、税收理论等。但不管哪种动机,兼并所导致的后果都是一样的,即企业控制权发生了转移,并且这种转移需要通过兼并与被兼并企业管理者的共同行动来完成。

② 收购。根据我国《上市公司收购管理办法》第二条规定,收购是指"收购人通过在证券交易所的股份转让活动持有一个上市公司的股份达到一定比例、通过证券交易所股份转让活动以外的其他合法途径控制一个上市公司的股份达到一定程度,导致其获得或者可能获得对该公司的实际控制权的行为"。按照收购采取的法律手段,收购可以分为两种形式:要约收购和协议收购。

要约收购 要约收购是一种场内行为,指收购方向目标公司的所有股东发出的收购通知,表明收购方将以一定价格在某一有效期之前买入全部或一定比例的公司股票。根据《上市公司收购管理办法》第二十三条,投资者自愿选择以要约方式收购上市公司股份的,可以向被收购公司所有股东发出收购其所持有的全部股份的要约,也可以向被收购公司所有股东发出收购其所持有的部分股份的要约。由此可见,要约收购是收购方向被收购公司所有股东发出收购要约以表达其收购意愿的收购方式。

要约收购是美国上市公司采用的最主要的收购形式。它的优点在于:一是平等地对待所有股东,使中小股东也能了解公司被收购的信息;二是公开交易,制约了收购公司和被收购公司的股东或高级管理人员之间的欺诈行为。

按照不同的标准,可以将要约收购进行如下的分类:

根据要约收购报告书中预定收购股份的数量和比例的不同,可以把要约收购分为全面要约收购和部分要约收购。全面要约收购是指收购方向被收购公司所有股东发出收购其所持有的全部股份的要约;而部分要约收购是指收购方向被收购公司所有股东发出收购其所持有的部分股份的要约。可见,全面要约收购成功后,被收购公司不复存在,而部分要约收购成功后,被收购公司仍然存在。

根据要约人的主观愿望,可以将要约收购分为自愿要约收购和强制要约收购。自愿要约收购是指,收购方是自愿发起要约收购报告书的;而强制要约收购是指,收购方发出要约收购报告书并非出于自愿,根据《上市公司收购管理办法》第二十四条的规定,通过证券交易所的证券交易,收购人持有一个上市公司的股份达到该公司已发行股份的30%时,继续增持股份的,应当采取要约方式进行,发出全面要约或者部分要约。

要约收购在各国的法律上都已经形成了一套成熟的制度体系。主要包括：

第一，对收购者信息公开的要求。如投资者持有一个公司股份达到一定比例时，必须报告持股意图。美国要求的比例为5%，英国为2%，我国为5%。

第二，对要约收购期限的规定。美国规定一个要约收购在它的主体条件已经公开披露后的5个交易日内必须开始收购，且要保持至少20个交易日。英国的规定是一次发起的收购要约必须至少开放20天，最长不得超过60天。我国规定要约收购的期限不得少于30天，并不得超过60天（出现竞争要约的除外）。

第三，强制要约收购。收购者在持有目标公司股份达到一定比例时，必须向目标公司股东发出要约。其目的是保护小股东免受控股大股东收购者对利益的侵蚀。

从上述规定来看，对要约收购的法律管制，主要目的是为处于同一个要约收购状态的股东提供足够的时间和信息来作出审慎的决策。同协议收购相比，要约收购增加了小股东选择和参与收购活动的机会，限制了大股东单方面制定收购价格的能力。要约收购的本质是一种市场竞价行为。要约收购形式有利于敌意收购的发生，从而迫使那些经营不善而又不愿自动出局的大股东和经营者面临被敌意接管的命运，从而促使其建立起科学的公司治理机制，提高资源的配置效率。

协议收购　协议收购是一种场外的股份转让活动，是指收购方通过与被收购公司的控股股东进行协商，达成并签订收购其股份的协议，以此获得被收购方控制权的收购方式。它是我国上市公司的主要收购方式。这主要是由我国上市公司的股权结构决定的。在我国上市公司的股权结构中，国有股和法人股占很大比例，截至2004年6月，包括国家股、法人股等在内的不能流通的股权有4 399.11亿股，占发行总股数的64.14%，其中国家股占总股份的比例为29.28%。[①] 所以收购方要成功进行收购，就必须拥有对国有股和法人股的控制权。在股权分置改革之前，国有股和法人股不能在证券市场上流通，只能通过双方协议的方式进行转让。所以协议收购就成为全流通前我国上市公司进行收购的主要方式。

协议收购作为我国上市公司的主要收购方式，具有以下优点：一是程序简单。因为协议收购只需要收购方与控股股东达成收购协议，而在我国上市公司中，国有股和法人股占控股地位，所以收购方只需要与国有股和法人股的持股机构就收购股权数目、收购价格等达成并签订协议，通过证券公司的审核，股份就成功转让了。二是收购成本低。因为协议收购的股票价格是收购方与控股股东在证券交易市场以外达成的协议，它会远低于流通股价格，但高于每股净资产值。所以，比起其他并购方式，协议收购的成本要低得多。

虽然兼并与收购同属公司接管机制的范畴，但兼并主要是两个企业管理层之间的协调和运作，而收购是接管方经理和被接管企业股东之间的相互运作。因此，收购更能体现公司控制权转移的影响，直接反映了公司控制权的争夺，且收购发生后，目标公司仍然存续；而兼并则更多反映了公司扩张与规模效益方面的需求，在兼并结束后，被兼并企业不会再作为一个公司实体而存在。

---

① 徐向艺等：《公司治理制度安排与组织设计》，经济科学出版社2006年版，第433页。

【案例 9-1】

成商集团的要约收购

2002 年 7 月份，迪康集团协议受让成都市国资公司所持成商集团 65.38% 的股份，两个月后转让事项获四川省政府批准，同年 10 月份获财政部批准。因转让的股份超过公司总股本的 30%，触发要约收购。2003 年 8 月 1 日成商集团发布要约收购报告书：四川迪康产业控股集团股份有限公司要约收购成商集团股份的要约期间为 2003 年 8 月 4 日至 2003 年 9 月 2 日。要约价格确定为：社会法人股每股 2.31 元，流通股每股 7.04 元。要约股份比例社会法人股占 9.47%，流通股占 25.15%。如果此次要约收购涉及的股份全部预受要约，所需资金总额为 404 064 670.24 元，迪康集团已将 8 082 万元存入上海登记结算分公司指定的银行作为履约保证金。报告书说，成商集团摊薄后的 2002 年净资产为每股 2.1 元。而成商集团 7 月 31 日收盘价为每股 7.21 元。2003 年 9 月 5 日成商集团(600828)公告称，根据中国证监会《关于四川迪康产业控股集团股份有限公司要约收购"成都人民商场(集团)股份有限公司"股票有关问题的函》，四川迪康产业控股集团股份有限公司向成商集团除成都市国有资产投资经营公司以外的所有股东发出全面收购要约。2003 年 9 月 2 日要约收购期已满，截至 2003 年 9 月 2 日成商集团股票交易结束时，本次预受要约股份累计为 741 150 股，其中，法人股为 740 640 股，流通股为 510 股。其中，2003 年 8 月 18 日，有 1 个账户预受了 39 600 股成商集团非流通股，从而成为我国要约收购首例法人股预受案。

资料来源：金景波：《资本暗战》，湖北人民出版社 2007 年版。

【案例 9-2】

中集集团并购荷兰博格

2007 年 6 月 28 日，中集集团宣布间接收购荷兰博格工业公司(Burg Industries B. V.) 80% 权益的交易，日前已分别获得中国、德国和荷兰政府有关部门批准。截至 2007 年 6 月 26 日，中集公司已支付相关交易价款，博格的股权转移交接程序业已完成。

中集集团介绍，此次成功收购的博格是欧洲主流的道路运输车辆和专用静态储罐领先供应商之一。早在 2005 年 8 月，中集公司董事会就达成了收购博格的决议，并且曾尝试单独收购博格，但因欧盟委员会于 2006 年 3 月份对该交易展开深度调查，并同时表示，中集集团的收购计划引发了罐式集装箱市场严重的反垄断担忧，最终导致中集集团的直接收购计划搁浅。于是，中集集团不得不在 2006 年 7 月份放弃了单独收购博格的计划，并决定用迂回战术间接收购博格。

2006年11月16日，中集集团与荷兰博格公司签署协议，由中集集团下属的全资子公司中集罐式储运装备投资控股有限公司，通过在比利时新设全资子公司，与博格股东之一彼得共同出资6000万欧元在荷兰注册成立Newco，然后由Newco以1.08亿欧元的价格收购博格100%的权益。其中，中集罐式储运装备投资控股有限公司出资4800万欧元，占80%的股份，为控股股东；彼得出资1200万欧元，占20%的股权。Newco通过注入资本以及相应的融资安排来支付整体收购价款，从而使博格的道路运输车辆和静态储罐资产及经营业务转入Newco。但是因为曾经在上次收购中遭遇欧盟对标准罐箱业务的反垄断调查，此次收购的博格公司剥离了标准罐箱业务，但仍然包括了静态储罐、罐式码头设备等罐式储运设备。由于荷兰是新公司Newco的注册地，而德国则是博格主要的业务发生地，此次交易不构成关联交易，因此无须提交股东大会审议，也无须欧盟批准。

资料来源：曲桂音：《从中集集团收购荷兰博格看中国企业的海外并购》，载《黑龙江对外经贸》，2007(10)。

(2) 并购的其他形式

并购和代理权竞争是公司控制权争夺的两种主要方式，而杠杆收购、管理层收购则是收购的衍生形式，其在融资方式和参与主体方面有别于传统的收购。

① 杠杆收购(leveraged buyout，LBO)是指收购方以少量的自有股本，通过向银行、金融机构大量举债或大量发行债券的方式融资，以达到收购目标公司的目的。之所以称为“杠杆收购”是因为它的负债常常占总收购资金的50%以上，甚至更高，是典型的以少量自有资本，通过财务杠杆达到并购目标公司的方式。杠杆收购受到了很多美国大公司的青睐，不仅因为它可以实现收购方“小鱼吃大鱼”的愿望，还因为它在无形中形成了“税盾”，即大量的举债改变了收购后公司的资本结构，从而使公司的税负大大减少。1985—1989年间，美国的公司接管约有20%采取了LBO的形式。

杠杆收购最大的特点就是高负债。通常收购方的自有资金只占总收购资金的10%，其余收购资金来自银行或保险公司的贷款或公开发行债券，这给公司带来了大量的负债，对公司形成巨大的压力。

杠杆收购的特点之二是高风险。一是财务风险，主要来源于两个方面：一方面，如果收购方遭到了目标公司的反并购回击，如目标公司设置的“毒丸”计划，则收购方要么以巨大的收购成本去完成并购，要么放弃此次收购，但由于收购方的资金主要来自负债，因此这两种情况都会给收购方带来难以收拾的局面；另一方面，收购方大量举债是以被收购公司的资产和未来现金流作为担保的，如果对被收购公司资产的评估存在误差，就会为日后企业的偿债能力埋下隐患。二是经营风险。收购方收购目标公司成功并不是终点，如果不能对并购后的公司进行有效的整合，则收购不能算是成功。在企业整合的过程中，一些潜藏的问题就会暴露出来，如收购方可能发现目标公司的经营状况并不像收购前看起来那么具有市场前景，或者并购后组织结构、人力资源和文化整合都面临着巨大的阻碍,增加了经营的不确定性。

杠杆收购的特点之三是杠杆收购必须依赖外部的资金支持,包括银行、保险公司或其他金融机构,而且常常是几家金融机构的联合支持。如在京东方的杠杆收购案中,就依靠了韩国汇兑银行联合其他三家银行和一家保险公司提供的贷款,如果没有这些金融机构的联合贷款,财务杠杆根本无从谈起。

杠杆收购的程序比较复杂,但概括起来,有四个基本步骤。

步骤之一:举债融资　这是最关键的一步。杠杆收购的关键是如何获得财务杠杆。通常,收购资金只有10%是来自收购方的自有资金;50%以上的收购资金都是以目标公司的资产或未来收益作为抵押向银行或保险公司等其他金融机构贷的款。除此之外,收购方还会发行垃圾债券(收益率与风险均高于较高级债券)。

步骤之二:向目标公司发起收购　收购方筹资成功后,会购买目标公司的全部股票或资产。被收购的目标公司通常是上市公司,而收购其公开发行的股份,将使原有的上市公司转为私人拥有的公司。

步骤之三:收购后的全面整合　收购方成功收购目标公司之后,首先会对公司治理和管理团队进行重组。同时,为了支付大量债务,公司会进行资产重组,剥离不具竞争力的业务,突出核心业务。此时,企业会面临一定的经营风险。成功的整合与企业未来的收益有着密切的关系。

步骤之四:第二次公开发行(SIPO)　这是建立在第三步成功的基础上的。当公司收购完成后并且有力地进行了全面整合,公司稳步强大,就需要通过第二次公开发行来重新上市,达到通过股票融资扩大企业资金规模的目的。

② 管理层收购(MBO)是杠杆收购的一种,指目标公司的管理层,尤其是高级经理人员,通过向第三方融资来收购所管理的公司,获取公司控制权以达到控制、重组该公司的目的,然后用公司未来的现金流来归还所欠债务,并从中获得超过正常收益回报的金融工具。其特殊性不仅在于它是LBO的一种形式,而且还在于接管主导方是目标公司的管理层。

在实践中,除了管理层单独接管外,还发展出另外两种不同的形式,一是管理层与外部投资者或接管专家组成投资集团共同实施MBO;二是管理层与员工持股计划(employment stock ownership plan,ESOP)相结合。西方的MBO不同于一般意义上的经营者持股,两者的显著区别在于持股比例的不同,当经营者持股达到可以控制整个公司经营的程度时,这种持股就已经从一般意义上的经营者持股转化为管理层收购。MBO也不同于单纯的ESOP(员工持股计划),单纯的ESOP一般要组成员工持股会,而且面对的是全体员工,其持股比例不一定要达到控制公司的程度。

MBO是西方国家在20世纪七八十年代出现的新现象,与LBO类似,MBO的出现主要是基于以下几种因素:首先,20世纪六七十年代的接管失误,使得许多公司未能创造出适当的激励机制和管理结构;其次,公司重组所必需的大型的流动金融资产市场的诞生;最后,全球范围内更剧烈的对公司控制权市场的竞争。最初,MBO是作为一种业务放弃战略而出现的,一些过度扩张的巨型公司为了集中力量发展主业,选择下属的一些企业和部门进行出售,使MBO成为一种主要的出售方式。在1987年的股市崩溃后上市公司选择 MBO 退出证券市场成为当时的一种重要选择。在美国，MBO 在 1988 年达到了顶峰，当时包括 MBO 在内的“杠杆收购”的融资额已占到大型银行所有商业贷款 9.9% 的份额。20 世纪 90 年代末，用 MBO 进行资产剥离的案例比 20 世纪 90 年代中期增长了 15% 左右。在美国 800 家大公司中，管理层几乎无一例外地持有本公司的股票，其中 111 家公司管理层所持有股份已达总股份的 30%。① 此外，MBO 在转轨国家还被当做国企私有化的一种手段。

管理层收购对公司治理的意义在于：第一，缩短了委托代理链。现代企业制度下，企业的所有权和经营权相分离，股东将决策权委托给董事会，董事会又将部分控制权委托给管理层，而管理层通过收购本公司的股份而成为主要股东，从而大大缩减了委托代理链，达到了股东与经营者二者合一的状态。第二，降低了代理成本。在两权分离的情况下，由于信息的不对称性，股东无法观察到管理层的所有行为，管理层常常会有偷懒等机会主义行为，但通过管理层收购，他们成为主要的股东，这就大大减少了管理层偷懒、在职消费等行为。第三，负债融资激励管理层努力工作。为了完成对目标公司的收购，管理层除了利用自己手中的小部分股权之外，大部分的融资来自银行和金融机构的贷款，为了支付这笔债务，管理层会努力改善公司业绩，使并购后的公司不断强大。

我国至今还没有专门针对 MBO 的特定法律，现有的相关法律、政策对 MBO 主体法律地位的确定、MBO 融资政策和 MBO 的定价等问题存在较多的障碍和不协调。这些因素使得我国 MBO 案例尚不多见。

【案例 9-3】

KKR 的“世纪大收购”

杠杆收购的经典案例应该是 20 世纪 80 年代末的“世纪大收购”。当时，RJR 作为美国仅次于菲利普·莫里斯的烟草生产企业，每年能产生 10 亿美元现金利润，而公司原 CEO 罗斯·约翰逊(Ross Johnson)挥霍浪费，不懂得节约开支，不重视股东利益，经理津贴高得过分，最终 KKR 通过杠杆收购重组了 RJR Nabisco 并委任了新的管理层。

1988 年 10 月 19 日，由“香烟大王”RJR 与“食品大王”Nabisco 合并而成的雷诺-纳贝斯克公司董事长约翰逊在投资银行的支持下，以每股 75 美元的价格收购自己的公司，而当日公司股价是 53 美元。约翰逊的出价看似溢价，但一些股东对此却并不满意。不久，华尔街的“收购之王”KKR 公司加入雷诺-纳贝斯克公司 RJR 争斗战，经过 6 个星期的激战，最后 KKR 一方获胜，收购价是每股 109 美元，总金额 250 亿美元，创下了当时的世界纪录。在收购中，KKR 大量使用垃圾债券进行融资，并承诺在未来用出售目标公司资产的办法来偿还债务，因此，KKR 一共只动用了不超过 20 亿美元的现金，相对整个融资规模实在很小。其中，KKR 只从自己钱兜里掏出区区 1 500 万美元的现金，余下 99.94% 的

① 薛刚、王少春：《管理层收购的中外比较及借鉴》，载《特区经济》，2005(9)。

资金全靠垃圾债券大王迈克尔·米尔肯发行垃圾债券。并购后约翰逊被替换,但获得5 300 万美元的退休金。可以想象,如果不使用财务杠杆,KKR 是绝难实施成功收购的。杠杆工具大大增加了市场并购的机会。

经过多年的经验积累,KKR 形成了一些收购的基本原则:第一,目标公司必须有好的现金流特征,即现金流必须稳定,至少是可以预测的;第二,目标公司必须有3—5 年的时间里大幅度降低债务水平从而提高股权价值的显而易见的潜力;第三,目标公司有一位好的 CEO 或者至少有这样一位人选;第四,收购建议必须被目标公司的董事会接受(没有硬性"袭击"),必须说服经理们入股。

虽然杠杆收购没有固定的融资模式,KKR 仍发展了一些基本规则,作为收购活动必须满足的基本框架。在其粗线条的计划中,KKR 用大约 10%—20% 的股权资金和80%—90% 的债务资金收购公司。股权资产主要来自于 KKR 筹措的基金,KKR 对每个项目进行1% 的股权投资,却要拿走20% 的利润。在债务资本中,优先级银行债务的偿还期限较短(5 年),而次级债务的期限一般较长。典型的 KKR 收购方案要求公司在 5—7 年里偿还收购时发生的债务。在这一基本的收购框架中,存在着多种可能性。每笔融资都要与具体环境相一致,还需考虑贷款人的偏好及目标公司的需要和能力。

从 KKR 并购 RJR Nabisco 案例可以看出,KKR 遵循的规则是,第一,目标公司必须存在潜在的价值;第二,KKR 发现这些价值并与管理层合作,通过多种方式融资,采取杠杆收购的方式对目标公司实施收购。因此,从公司治理的角度看,杠杆收购对经理层形成了一种强大的外部压力,只要公司价值被低估,外部投资者就可用杠杆收购的方式实施并购。同时,一旦收购成功,收购方通常都会重组公司董事会和管理层,对公司治理产生重大影响。

资料来源:汪涵:《投资联盟开创大场面 KKR 瞄上了韩国三星人寿》,载《证券市场周刊》,2005.6.6; Carol J. Loomis:《KKR 公司的传奇商业史》,http://xz.bokee.com/30/2005-08-22/32684.html。

(3) 杠杆收购基金

杠杆并购是一种对股票市场、公司重组和治理发挥重要影响的交易技术。随着杠杆收购市场的扩大,杠杆收购基金应运而生。(杠杆)收购基金(leveraged buyout funds)是私人股权(投资)基金中最为主要的一类,得名于其(杠杆)收购的投资方式。杠杆收购基金已占据了美国私人股权投资基金(private equity fund)的主流,其掌握的资金规模是另一类私人股权投资基金——风险投资基金(venture capital fund)的四五倍以上。一些大型杠杆收购公司频频出击并购市场,成为资本市场一支越来越活跃的力量。

杠杆收购基金始于 20 世纪 70 年代末期,由贝恩斯登(Bear Stearns)投资银行家 Jerome Kohlberg、哥伦比亚商学院 MBA 毕业生 Henry Kravis 和加州大学 Hasting 法学院法律博士 George Roberts 成立的 KKR 集团所首创。经过 30 多年的发展,收购基金已经成为美国新的资本之王。杠杆收购行业的旗舰公司 KKR 集团早在创始之初的 1985 年,其杠杆收购的购买力即已超过巴基斯坦全国的国民生产总值。后起之秀凯雷集团(Carlyle Group)和黑石集团(Black Stone Group)更有后来居上之势,两家公司共控制着 800 亿美元的自有资金,如以十倍于自有资金的借贷能力计(也就是10财务杠杆),其购买力可高达8 000亿美元。凯雷集团旗下的30多个公司共雇用30多万雇员,年销售额500多亿美元,完全可以跻身美国《财富》20强公司之列。

根据《私人股权资讯》(*Private Equity Intelligence*)的统计,2006年,全球私人股权新筹资金超过了4 320亿美元,比2005年的3 111亿美元增长了39%。据《亚洲私人股权投资观察》调查,2004年亚洲私人股权投资募集了约65亿美元,是自2001年以来的最高纪录,其中杠杆收购基金占56%。就新筹资金规模数额看,很多私人股权投资公司的新基金也越来越大。比如KKR已经筹集了一个161亿美元的基金,凯雷在新筹一个150亿—200亿美元的基金,贝恩资本、APAX、银湖、THL等新筹划的基金至少是其前任基金规模的两倍。这样看来,预计2007年杠杆收购基金总筹资额很可能将跨过2 000亿美元大关。

杠杆收购基金的兴起进一步活跃了并购市场,杠杆并购规模发展迅速。2006年7月,贝恩资本、KKR和美林宣布,以321亿美元收购美国连锁医院集团HCA,刷新了18年前的纪录,使得1989年轰动全球的KKR对RJR Nabisco 314亿美元的收购案变得黯然失色。但仅5个月后,黑石集团就宣布以325亿美元买下不动产投资公司Equity Office Properties Trust,经过几轮竞价后增加到390亿美元,成为有史以来最大的并购案例。另外,《萨班斯-奥克斯利法案》也成为私人股权投资的推波助澜者,它把公开上市的公司推离公众监督的视野,投入了私人股权基金的怀抱。据Dealogic统计,2005年有1 010家美国上市公司被私人股权公司收购退市,而2004年是664家,2001年为324家。

传统意义上的对冲基金和私人股权投资(包括杠杆收购基金、风险投资基金等)原本泾渭分明:私人股权投资被视为"创造价值"(creating value),即通过相对长的时间里同目标企业管理层共同改进管理创造财富,然后再通过公开上市或私下转让,为投资人创造价值;所谓对冲基金被视为"发现价值"(discovering value),即通常通过识别因为市场局部失效或价格失常,发现"业已存在"的价值,这些价值能够通过"做多或者做空"等交易策略在相对比较快的时间(以分钟、小时或者天计算)里被实现。

1985年以来杠杆收购基金遵循着一个传统的操作轨迹:在经过数月对目标公司的真实价值进行彻底调查之后,买卖双方开始签署交易合同,接下来目标公司的管理层又回到原来的管理方式,新的业主们则静候市场上出售时机的成熟。十多年来,这种业务模式帮助投资者赚取远远超过市场平均水平的收益。这一轨迹经过二十余年的演进也愈来愈缜密完善,总的来说杠杆收购基金的运作模式大致可以分为三个阶段:进入阶段、增值阶段和退出阶段,其中增值阶段的重要性逐渐凸显。

在进入阶段,杠杆收购基金会通过各种标准体系对目标公司进行价值评估,而其中企业家(管理层)的能力是其考虑的重要因素之一,近些年来杠杆收购基金为了激励管理层努力工作,在股权、薪酬等方面给予管理层有市场竞争力的激励。

退出阶段的主要工作是以一个好价格将目标公司卖掉,收回成本并实现高额收益。退出的方式有很多种,最为主要的就是通过IPO或者借壳上市将目标企业卖给资本市场,另外将目标企业转让给国际大型产业资本也是一个常用的方式,如果上市或者转让给产业资本两种方式都不行的话,杠杆收购基金为了及时退出也会通过发行次级债甚至垃圾债的方式部分收回本金实现利润,杠杆收购基金之间的相互转让也是退出的重要方式之一。

增值阶段是杠杆收购整个流程中最为重要的,也是杠杆收购基金"创造价值"的关键所在。杠杆收购基金一旦接手目标公司,通常会与其管理层密切合作,努力识别出最具价值的市场机会,制定可行的战略目标与财务指标,调动公司内外部一切资源来执行行动方案,对整个运营状况进行跟踪监控,在为公司带来良好业绩的同时,通过出售股权而获利。

(4) 并购对公司治理的影响

在资本市场约束中,收购与重组是一种非常关键的外部公司治理机制(Grossman and Hart, 1980; Franks and Mayer, 1990,1996)。竞争的并购和控制权市场为敌意接管这种公司治理机制提供了可能。它的含义是,当一个企业由于经营管理不善,其市场价值低于实际价值时,公司外部的并购者(或称为袭击者)就会在投资银行或其他金融中介的帮助下,通过资本市场或金融市场对企业发起敌意接管行动,在接管成功以后通过更换管理层改善经营的绩效,实现企业的真正价值,并从中获利。与有些治理机制相比,无论是董事会的监督还是代理权争夺战,都是治理主体承担了改进管理的成本,但只分享到收益的一部分。敌意接管在理论上说是约束管理层的更为有力的机制,因为它允许那些发现公司经营业绩表现不佳的人得到全部收益。

通常情况下,成为收购对象的公司经营绩效普遍较差,或者是经营面临困难,这意味着公司内部治理制度安排是无效的,而收购与重组无论成功与否,对于公司治理过程来说,一般都会有积极的意义。这种治理机制的作用方式在于公司被收购时的管理层面临失去公司控制权的威胁(Karpoff et al., 1996),成功收购后的结果往往是公司管理层的变动和治理架构的重组,经营无方的管理者被替代的结果反映在公司价值的大幅度提升上(Jensen and Ruback, 1983; Jarrell et al., 1988)。即使收购不成功,在位管理者因面临被替代的威胁而主动改变经营行为,最终也会体现在公司价值的改善上(收购不成功的情况可以分为两种,一种是收购过程因被收购公司的拒绝而失败,结果往往是公司价值的进一步提升(Dodd and Ruback, 1977; Bradley, 1980; Dodd, 1980);另一种情况是收购过程因为收购者的放弃而失败,结果往往是被收购公司价值的下跌(Wallance et al., 2002))。因此收购和重组的威胁被认为是控制经理人员行为的最有效方法之一(Shleiferand and Vishny, 1997)。同时,并购的威胁也会有效抑制控股股东可能的机会主义行为。如果控股股东存在侵害其他中小股东的行为,导致公司价值的下降,则并购者就会发起控制权争夺战并将赢得中小股东的赞同,最终将导致控股股东控股地位的丧失。并购成功后,并购方会对公司治理及管理层进行大规模重组,提高公司价值。

但是,并购的发生和发展受其他宏观环境的影响较大,处于不稳定状态。而公司的日常经营管理是持续进行的。并购市场对公司治理的影响势必主要停留在纠正错误的阶段,而非预防错误。并购市场本身给公司的经营者所带来的潜在压力,将会起到一定的预防作用。但是这种作用的效果很难量化,与经常性的、制度性的监督相比,其预防作用在理论上就远没有后者明显。这是市场调节手段的滞后性的一个表现。另外,并购市场的高成本也是经常受到批评的。造成并购成本不断上升的原因主要有以下几点:① 投标者的信息成本。为了准确地猎取目标公司,投标者需要收集、掌握大量的信息,经过比较、筛选后,才能作出正确的判断。② 竞争成本。如果在并购过程中,参加投标的人不止一个,并购过程将因为竞争者的加入而大大增加并购的成本。③ 反收购成本。公司的现任经营管理者决不会坐以待毙,他们必然会使用各种可能的反收购手段来保护自己的利益。昂贵的成本必然会对并购产生一定的阻碍。但是,投标者也可以在一定程度上通过先期获得部分股票来降低成本。另外,投标者是在原经营管理的基础上计算标价的,必然会在获取利润的前提下,才会继续其收购事宜。

(5) 全流通下我国企业并购特征

我国股权分置改革的推进和全流通时代的到来,为控制权市场的活跃奠定了制度基础,并购和反并购的机会将更多,也将更市场化。2006 年 7 月底,修订后的《上市公司收购管理办法》出台,这对于规范全流通市场下的收购兼并方式,具有重要的推动作用。

首先,全流通给并购和反并购提供了更多机会。目前 80% 以上的个股已经完成了股改,IPO 开闸后,市场正在进入崭新的全流通时代,给并购重组提供了最大的便利。由于股权分置改革的实行,大部分公司选择以送股作为对价,导致大股东持股比例下降。据统计,截至 2006 年 3 月 9 日,全部上市公司中,包括已经实施股改方案的个股,第一大股东持股比例低于 30% 的个股高达 480 只,而随着股权分置改革进行的加速,在全流通到来之后,这一数量还将继续增加。大股东持股比例下降一定程度上降低了并购难度。

并购的重要前提之一是股权充分的流动性,A 股市场的全流通变革为并购创造了重要的条件。随着股权锁定期的逐步结束,原有的国家股、法人股均获得在二级市场中的流动性,一并接受和遵循二级市场的定价原理。这为并购的展开提供了必要的条件。2001 年,我国上市公司发生的并购案件不到 50 起,金额也不足 50 亿元。但到 2005 年,我国上市公司发生的并购案已超过 500 次,并购金额也达到 600 多亿元。虽然数额大规模增加,但是和国外全流通资本市场相比其占 GDP 份额依旧很小,不足 0.3%,因此进入全流通时代后,此类并购与反并购等诸多争夺控股权的行为也会在我国 A 股市场大量出现,并成为 A 股市场常态。随着全流通市场逐步形成,部分上市公司已经预演了这一幕,如 G 宝钢举牌 G 邯钢,G 中百频繁被举牌,这都体现出目前资本市场上并购机会正越来越多。

其次,全流通背景下的并购更市场化,不是简单地靠政府部门的协调和控制,而是更多地依靠市场的运作。并购将真正地从协议的股权转让并购转变成真正意义上的市场并购,参与各方通过购买市场流通股的方式来进行并购。因此,市场化的结构将可能使股价在二级市场上出现更大的表现机会。与此同时,股改后,上市公司大股东持股比例普遍下降,对优质公司控制权的守护和争夺行为将会更加活跃。全流通背景下,上市公司大股东对控制权的守护和掌控意愿强化,未来反并购也将更加流行。如 G 宝钢举牌 G 邯钢时,G 宝钢就是通过在二级市场上买进 G 邯钢的股票和认购权证来达到举牌目的的。为了应对 G 宝钢的并购,G 邯钢提出了增持股票的计划。因此,不难看出,未来并购和反并购机会会越来越多,而且市场化的并购将给二级市场带来巨大的投资机会,控制权市场的治理功能也将更好地得以体现。

【案例 9-4】

凶猛出击邯钢权证，宝钢演绎 G 时代并购新模式

2006 年 5 月 29 日，G 邯钢(600001. SH)一开盘便牢牢封死在涨停板上，收于近半年来的最高价 3.92 元。同样，邯钢 JTB1(580003)也大涨 24.38%，收于 2.296 元。

在之前一周，即 5 月 22 日至 5 月 26 日，共 5 个交易日，宝钢集团联手附属公司上海宝钢设备检测公司购入了大量 G 邯钢的认购权证，成为持有权证数量达到或超过可流通数量 5% 的持有人。由此计算，二者合计持有的邯钢 JTB1 数量至少在 1.07 亿份以上。

两个多月前，宝钢集团和旗下的宝钢工程技术公司双双跻身 G 邯钢前十大流通股股东之列，宝钢系成为 G 邯钢最大流通股股东。

而更早些时候，同属于宝钢集团的宝钢财务公司持有了大量的邯钢转债。如果宝钢系公司持有的权证全部行权、转债全部转股的话，其持有的 G 邯钢流通股将占 G 邯钢总股本的 9.14%。

与此相对的是，G 邯钢大股东邯钢集团在上市公司的绝对控制权逐渐削弱。虽然邯钢集团在股改完成后曾在二级市场上大力增持，但如果邯钢认购权证全部行权，邯钢集团持股比例将降至 25.56%，这样一来，宝钢集团只需再买入 4.54 亿份认购权证并全部行权即可超越邯钢集团，成为 G 邯钢的第一大股东。

这种进退自如的操作思路在股权分置时代是无法想象的。宝钢的模式是，首先，通过参与 G 邯钢的股权分置改革而大量持有其流通股和认购权证，接下来，在二级市场中又大肆购买筹码，为未来的全面并购埋下伏笔，使得对手没有更多的反击能力。

资料来源：《21 世纪经济报道》，2006. 5. 30。

2. 代理权竞争

(1) 代理权竞争的含义

代理权竞争是股东中的持异议集团通过征求代理委托书从而达到在股东大会上行使控制权的一种控制方法，它通过股东的投票权争取董事会的代表权，从而影响董事会的构成和决策，达到控制和约束管理层的目的。代理权争夺也是一种重要的控制权市场约束机制，其客体是股东的委托表决权。代理权的竞争，本质上是一种管理约束机制，是上市公司股东惩罚未能实现公司利润最大化的管理者的重要工具。

在代理权争夺过程中，不同利益集团的股东要调动一切资源以获取有利信息，加强对其他股东信息披露的程度；而管理者则要尽量设法控制对自身不利信息的传播。从这个角度看，代理权竞争更像是对管理者的一次“全民公投”。发生代理权争夺的原因常常是一部分股东对公司的盈利能力、运营状况、发展战略等不满意，与管理层协商却得不到管理层的认可，不能达成共识，所以这部分股东会通过征集委托代理权控制管理层，达到

改变公司现状的目的。通常在股权适度集中、有几个相对控股股东时，代理权争夺比较容易发生。因为当股权高度分散时，广大中小股东没有足够的动力去进行代理权争夺，常常通过“用脚投票”来表达对公司的不满；当公司有绝对控股股东存在时，他对管理层有绝对的控制权，没有必要通过代理权争夺来控制管理层，而其他小股东发动代理权争夺的可能性和成功性也很小；而当股权适度集中，有几个相对控股股东时，一个股东可能会联合中小股东反对另几个相对控股股东对管理层的控制，或者几个相对控股股东共同联合反对现有管理层。

代理权竞争不同于企业并购，它是一种管理约束机制，是上市公司股东惩罚未能实现公司利润最大化的管理层的最后工具。发动代理权竞争的持异议集团并不谋求目标企业所有权结构的变化，也就是说代理权竞争不会改变现有的股权结构。在这种情况下，要获取企业控制权，持异议集团的股东必须使具有投票权的股东相信他们有提高公司收益的投资政策，说服他们相信改变董事会可以提高公司价值。而其他股东判断持异议股东可以提高公司利润能力的标准也只能是他们过去的经营业绩及对公司业务的熟悉程度。实际上，有相当大数量的持异议股东曾经是那些在公司政策纷争后离开的董事会成员或者管理者。而现有管理层的管理现状是不能令人满意的，其中包括公司收益率下降、股票的低回报率、公司股价下跌等。持异议股东以此来说服其他股东，并认为董事会的改变可以决定性地增加公司的价值，可以给股东带来更大的收益。

持异议股东发动代理权竞争的目的是要通过获取公司董事会席位而对公司的决策进行控制。持异议股东之所以不采用并购的方式来获取公司控制权，一方面可能是因为持异议股东的财力有限而难以购买到控制权；另一方面可能是法律上存在的合并障碍，阻止持有异议者直接收购控制权。

(2) 代理权竞争方式

代理权的争夺主要有两种方式：① 委托书征集（即代理投票权征集），即在公司控制权市场上，公开向包括中小股东在内的其他股东征集委托表决权授权书，委托表决权授权书是上市公司的股东委托代理人行使股东大会表决权而由代理人出示的证明文件。这是代理权争夺的主要方式。为了赢得最后的胜利，不管是发起争夺的股东还是管理者，都会尽力争取中小股东的支持，积极征求不出席股东大会的股东的代理投票权的授权。② 表决制度。这主要是美国公司治理中的一种制度。在美国公司里大多存在两种表决制度，即简单多数投票制和累积投票制。前者是将存有争议的董事席位逐一进行表决，根据投票多少决定人选；后者是将所有待表决的席位一次性投票表决，按总投票数的多少决定人选。运用这种方式具有相当的威力，有助于提高公司信息披露程度，促使中小股东积极参与公司治理，有助于公司控制权的转移，提高公司的运营效率，实现股东利益最大化。

(3) 代理权竞争的特点

代理权争夺与公司并购都是力图控制公司，但公司并购的重点是争夺公司股权，而代理权争夺的重点是股票代理权，更具体一点，就是仅仅是股票权利束中的投票权。这种借助第三方力量的方式，更注重公司的“决策控制权”。而公司并购则主要是为了保有公司的控制权，本质上是确保拥有占据优势的董事会席位。但由于公司董事有任期限制，加之公司法和公司章程均有对董事地位的保障条款，董事在其任期内不得由股东大会对其无故解职，因此，有时即使并购公司成功实现了并购，也难免遭遇虽然手中握有公司控制权，但却无法在短期内掌握实际控制权的尴尬局面。而代理权争夺的最终胜利者就是以获得了多数董事会席位而胜出的。

代理投票权由于争夺的是投票代理权，未发生股权的转移，因而不会对所有权结构产生影响。而在公司并购中，随着并购的实现，有可能使被并购公司的所有权结构分布和控股股东主体发生变化。

(4) 代理权竞争与公司治理

上市公司多元化的股权结构中，不同持股比例的股东对公司治理有不同的参与程度，表决权就是其参与的工具。代理权争夺具有的独特内涵和特征，使其和公司并购一道成为公司控制权市场上公司控制权转移的两种主要方式，同时也是一种公司外部治理机制。代理投票权竞争是股东运用这一工具维护自身权益的集中体现，其过程与结果涉及公司控制权配置、管理者约束等方方面面，对公司治理有着直接的影响。具体而言，代理权竞争对公司治理的影响主要体现在以下方面：

第一，代理权争夺提高了公司信息的透明度。在代理权争夺中，持有异议的股东为保证代理权争夺成功，就要动用更多的资源，使公司信息尽可能向股东公开。相反，管理者则努力控制对其不利的信息，以使大部分股东反对持异议股东提出的代理权争夺。这样，在双方反复较量和争夺的过程中，公司信息的透明度必然随之提高，这有利于降低所有者与代理人之间的信息不对称程度，使所有者能更好地监督代理人，同时也使代理人的不良行为受到约束，从而有利于公司治理水平的提高。

第二，代理权争夺提高了中小股东参与公司治理的积极性。表决权是股东参与公司治理的工具，但由于信息的非对称性和获取信息、参与投票成本的存在，大多数中小股东往往放弃其表决权。这样，上市公司特别是股权较为分散的上市公司的股东大会往往成为大股东的大会，公司治理的主动权掌握在大股东手中，小股东的参与意识和能力不强。但在代理权争夺中，中小股东的力量备受重视，是现任管理者与持异议股东争取的对象，双方竞相提出有利于中小股东利益的政策，特别是公开征集股东授权委托书，使中小股东的意志得到充分体现，中小股东的广泛参与在其中能起决定作用。代理权争夺实际上建立了中小股东参与公司治理的一条新途径，有利于充分表达包括中小股东在内的各利益相关主体的利益诉求。

第三，代理权竞争对大股东和现任管理者形成压力，有助于改善公司治理。代理权争夺作为一种管理约束机制，对上市公司的大股东和管理层具有惩罚威慑的作用。一般认为，管理层经营不善、管理效率低是遭遇代理权争夺的最主要原因。因此，不管代理权争夺的结果如何，都将直接危及管理者的去留问题，因而对管理者具有惩罚作用。即使是持异议股东的方案被否决或是持异议股东与管理者在争夺代理权中最终达成某种妥协协议，管理者也会采取改良的政策甚至按照持异议股东提出的方案来进行公司经营战略和决策的调整，进而提高公司资源的利用价值，避免再次成为代理权竞争的目标。同时，在存在控股股东的情况下，大股东通常控制了公司管理层。因此，代理权竞争的矛头必然指向在位大股东，从而对大股东形成外部压力，迫使大股东改善公司治理以提高公司绩效。

股东之间的代理权争夺有利于降低公司代理成本，促进公司价值的提高。Peter Dodd 和 Jerold B. Warner 研究了在纽约和美国证交所交易的企业 1962—1977 年间的 96 宗代理权争夺战对股东财富的影响情况发现：第一，虽然持异议的股东实际仅在 25% 的争执中获得控制权，但超过 75% 的企业由于争夺而提高了价值。平均而言，在争夺期间股东获得 82% 的超常回报；第二，无论发起代理权之争的目的是获得控制权还是仅仅为了参与董事会，股东都可以获得超常收益；第三，在争夺期间的股价的上升，并不受争夺的结果的影响。但持有异议者是否获得董事会的多数席位，则对股东收益的大小有影响。

必须说明的是，代理权竞争需要有一定的制度环境和条件，如竞争的股票市场和健全、完善、执行良好的法律制度；股权足够分散，股票市场的容量足够大，使得没有任何人能够操纵市场；有可靠的上市企业信息披露制度和公开、公平、公正的市场监管制度；股票必须实现同股同权同利，具备良好的流动性；等等。中国股权分置改革的实施和全流通时代的到来，为代理权争夺提供了更有利的市场环境，从而有助于提高代理权市场在我国上市公司治理中的作用。

【案例 9-5】

代理权争夺案例

1994 年春的“君安事件”是我国公司控制权市场首起有轰动效应的代理权争夺。当时，由于在熊市中包销大量余额 B 股而成为深万科大股东之一的君安证券公司，通过取得委托授权的形式，联合持有深万科总计达 12% 股权的四大股东突然向原董事会发难，提出对公司经营决策进行全面改革，但随后不久挑战者同盟中的一名大股东临阵倒戈，撤销了对君安的委托授权，并表明支持原管理层，最终使君安改组万科的计划不了了之。

尽管代理权竞争没有成功，但是万科在后来的发展中却表现出对部分君安所提建议的逐步吸收。君安建议的主要内容是：收缩战线，放弃贸易、零售、投资、工业等活动，集中力量发展房地产业。在君安建议公布后的第一个年度，万科公司的贸易及商业收入就比上年度下降 46.82%，这使得房地产收入占总收入的比重大幅度上升。1996 年起，房地产收入一直占主营业务收入的 60% 以上，实现了君安建议中收缩战线、提高业务透明度的建议；君安减持所持申华流通股的举动也表明，君安建议中对万科投资业务的批评，逐步被采纳。君安建议中要求万科对非房地产业务的子公司，除保留文化经营项目外，其余应当或转卖或清算。万科对这一建议也是逐步“接纳”，如转让或清算怡宝饮料有限公司（1996 年）、万科工业扬声器制造厂、万科供电公司（1997 年）、深圳万科工业有限公司、万科机械加工厂、万科礼品设计制造公司、深圳国际企业服务公司（1998 年）等。其中，转让当时盈利能力颇强的怡宝饮料有限公司，尤其能说明万科公司收缩非主营业务的战略。

1998年,金帝建设的董事会选举中,持公司20.7%股份的第二大股东通过收集委托投票权等手段占据了董事会全部席位,而占公司26.48%股份的第一大股东上海新绿企业公司无一人进入董事会,从而使上海新绿企业对金帝建设的控制权彻底旁落。

山东胜利股份有限公司自1999年7月1日我国《证券法》实施以来首次大规模使用"公开征集股东授权委托书"争夺表决代理权的形式。山东胜利股份有限公司(以下简称"胜利股份")是由山东省胜利集团公司(以下简称"胜利集团")为发起人,以集团核心企业"山东省胜利物资总公司"的经营性资产折为国家股,并以定向募集方式向法人及内部职工募集股份设立的,主营塑料管道、精细化工、进出口贸易、油器经营。胜利股份于1994年5月正式设立,1996年6月在深交所挂牌上市。截至1999年年底,公司总股本21780万元,前五大股东持股情况为:胜利集团24.17%、国泰君安8.40%、胜邦企业6.98%、山东省资产管理公司3.5%、润华集团3.36%。广州通百惠公司主营企业服务网、社区服务网和网上企业孵化器,并拥有一系列网站,正欲借助资本市场谋求快速发展。2000年1月10日,通百惠公司以每股1.06元的价格竞买成功,购入胜利股份3000万法人股,占总股本的13.77%,在1月28日交割后,成为胜利股份第一大股东,并于次日予以公告。

成为胜利股份第一大股东后,通百惠公司向胜利股份董事会提交了董监事会提名人选,被董事会拒绝。3月4日,胜利股份再次公告,指出因通百惠对董事会关于董监事推荐程序、方式和数额持有异议,决定对其推荐的两名董事、一名监事不予提名,并提出了自己的董监事人选方案,从而引发双方的人事争端。胜邦和通百惠分别公告,继续增持股份。最终,胜邦、通百惠持股比例分别达到17.35%和16.66%,胜邦仅以0.69%的微弱优势居于第一。

2000年3月17日,通百惠在各大媒体上打出"你神圣的一票决定胜利股份的明天"大型广告,并在证券和网络媒体上公开征集代理委托书,开始了对中小股东表决权代理的征集。胜利股份的流通股超过50%,大量散户的立场将对控制权的转移起决定性作用。3月27—29日,通百惠再次大规模地公开征集股东授权委托书。通百惠以为民请命的姿态公开征集中小股东的投票委托书,引起中小股东的共鸣,三天之内共征集有效委托2625.7781万股,占总股本的10.96%,与会代表股份的15.197%。加上3月16日所持有的胜利股份法人股3630万股,共持有6255.7781万股,占胜利股份总股本23958.8758万股的26.11%,占出席本次股东大会代表股份17267.744万股的36.21%。2000年4月4日,公司对股东大会决议予以公告,至此通百惠与胜邦的表决代理权之争告一段落。虽然结局是胜邦继续掌握胜利股份控制权,但值得强调的是,委托书授权大大增加了通百惠参与控制权之争的筹码。

资料来源:根据《中国证券报》2000年1月29日至4月4日关于胜利股份(000407)的相关公告和报道整理。

从上述几例事件来看,代理权争夺实际上建立了中小股东参与公司治理的一条新途径，对上市公司管理层和大股东形成制约，有利于公平对待公司各利益相关主体的利益。作为公司的一种外部控制机制，代理权争夺在中国证券市场上已完成了数例实践。从效果上看，其对加强公司管理人员的监督和约束、调整公司发展战略、促进中小股东参与公司治理等方面均起了一定作用。但从我国发生的几家代理权争夺的公司来看，都是股权较为分散的公司，而我国绝大部分上市公司的股权结构还呈现出一股独大的特征，这不利于代理权争夺的发生，也难以充分发挥代理权争夺对公司治理的积极作用。

3. 资产剥离

通过并购可以实现企业扩张，与并购相对的另一种资本重组方式是资产剥离(divestiture)，它是企业收缩的一种方式。资产剥离是指上市公司把一部分资产通过出售而达到分离出去的目的。1999 年 12 月，国嘉实业公司将无锡锡钢 9.53% 的股权和对上海宝鑫鞋业有限公司、上海金泰实业公司、上海赢进实业有限公司、上海嘉俪时装有限公司等公司的债权共计作价 7 688.40 万元转让给和德集团，和德集团收购上述股权及权益、债权的同时承担公司应付国嘉发展的债务 4 072.36 万元。① 这就是一个资产剥离的例子。资产剥离是资本重组的一种具体操作方式，同时也是控制权市场的运作机制，因为在资产剥离的过程中伴随着控制权的转移和交易。资产剥离主要有三种方式：一是出售上市公司的实物资产；二是分立；三是股权切离。

(1) 资产出售

资产出售(sell-offs)是指公司将一部分资产或业务出售给其他公司。资产出售的意义在于以下三个方面：第一，公司通过出售部分资产或业务，可以将核心资产和核心业务保持下来，从而增强本公司在行业中的竞争力；第二，公司通过出售部分资产或业务，可以获得一定的现金收入，从而改善公司的财务状况；第三，对于买方公司而言，通过购买自己需要的资产，可以以此扩大经营规模，达到扩张的目的。

(2) 分立

分立(spin-offs)是指母公司设立新的子公司，子公司作为独立的法律实体，有自己的董事会和经理层，进行独立自主的运作。此时，公司的股权一部分被分割到新的子公司中，从而发生控制权的分离，但母公司并没有得到现金回报。分立的另一种情况是，母公司会被分立成多个新的子公司，母公司的控制权便分散到各个子公司中去，而母公司不复存在。分立后的各个子公司将作为独立的法人实体，从事经营活动。

(3) 股权切离

股权切离(equity carve-cuts)是把上市公司的股权出售给外部人士，让他们拥有现有公司的一部分所有权，例如，使母公司下属的一家子公司上市，并对外公开发行子公司的股票就是股权切离的一种方式。股权切离不同于分立在于：一是母公司通过把一部分股权出售给外部大众而获得现金收入，但分立只是将股权分割到子公司，而母公司并没有得到现金回报；二是股权切离后，母公司仍然持有子公司的股权并对其控制，母公司对子公司的控制地位并没有丧失，而分立后，母公司和子公司之间相互独立，各自决策，不存

① 王巍：《中国并购报告》，中国物资出版社 2001 年版，第 28 页。

在控制与被控制关系。

资产剥离作为控制权市场的一种运作方式，对公司治理的影响主要体现在以下方面：

第一，资产剥离可以减轻管理层的过度投资倾向。通过分拆等行为，管理层对子公司的控制权都会大大降低，子公司自主性得到增强，从而使母公司管理层的过度投资倾向得到抑制。

第二，资产剥离可以改善公司的财务状况，提高公司核心竞争力。公司通过把业绩较差的业务或运作不善的资产剥离出去，而保留自己的核心业务，从而增强在行业中的竞争力。同时，通过出售一部分资产或股权可以获得相应的现金收入，这部分现金收入投入到公司核心业务的经营中，在提高公司的核心竞争力的同时，使公司的财务状况得到了改善。

第三，资产剥离也是公司反并购的一种手段。当面临被收购的威胁时，公司通过把最具吸引力的部门或业务从公司剥离出去，从而使并购者对公司失去兴趣，以致放弃并购计划。这方面的一个典型例子就是当布鲁斯韦克（Brunswick Corp.）公司受到韦塔克（Whittaker）公司的收购威胁时，在 1982 年把医疗业务出售给了美国家用（American Home Products）公司。出售此部分给布鲁斯韦克公司带来的收入比韦塔克对整个公司的报价还高出 1 亿美元。具有讽刺意义的是，韦塔克公司也因在 1989 年面临相似的威胁而将化工和技术业务出售。[①]

4. 托管运营

托管运营，即委托经营管理，一般分资产托管和股权托管两种形式。资产托管是指企业所有者将企业的经营管理权委托给具有较强经营管理能力的法人或自然人有偿经营，并明确相关各方产权关系的一种经营方式。资产托管又可以进一步分为内部托管和外部托管。内部托管是我国证券市场独有的模式，指业绩不良且丧失了再融资资格的上市公司托管集团内部另一个资产和业绩优良的经营实体的方式。由此，上市公司可获得托管资产带来的好处，达到争取市场要求再融资的条件；同时，上市公司一般会利用再融资的资金收购被托管的资产，获得其优质资产的所有权，此时，集团也相应的完成了资产注入，达到了“借壳上市”的目的。外部托管是指上市公司和被托管企业及其母公司签订托管协议，合理配置托管企业和上市公司的资源，完成被托管企业的资产重组，然后由上市公司出资收购被托管企业，最后，上市公司进行配股融资，补充收购所耗费的资金。

股权托管是指股权持有者将其持有的股权委托给他人管理的一种经济行为。公司的股东与托管公司签订合同，委托托管公司代表股东，在合同的授权范围内实施该股份的管理监督权利，进行高效资本运作。接管人并不取得股权，只是受托行使相应股权的表决权，并接管控制权，这属于一种“善意的接管”。

股权托管和股权转让在法律关系上有着本质区别。区分二者的关键在于股份的所

---

① 〔美〕威斯通等：《接管、重组与公司治理》（第二版），李秉祥等译，东北财经大学出版社 2000 年版。

有权是否发生了转移。发生了转移，则为股权转让；反之，则为股权托管。股权转让为买卖关系，股权托管为委托代理关系。

5. 其他形式

（1）一致行动。一致行动是指两个或两个以上的人（包括自然人和法人）在收购过程中，相互配合以获取或巩固某公司控制权的行动。由于现代公司的规模很大，单独一人想争夺或保持对某一公司的相对或绝对控股地位非常困难，因此联合起来采取“一致行动”，有助于实现共同的目标。

（2）无偿划拨。无偿划拨指政府（中央或地方）直接将国有股在国有投资主体之间进行划拨的行为。这种股权转让方式简便、快捷，但行政性、政府色彩过于浓厚。

（3）司法裁定，也称诉讼裁定。法院裁定转让已成为近年来上市公司控制权转让的重要形式。通常，当上市公司原股东无法清偿债权人债务时，债权人会向法院申请将其持有的股票资产冻结、拍卖、抵债，战略投资者可通过竞拍的方式取得这部分股权，或由法院直接裁定将这部分股权转给债权人作为抵偿。

（三）反并购策略

反收购是指目标公司旨在防止或挫败收购人的收购而采取的一系列行为措施。20世纪80年代，欧美的并购浪潮促使许多公司的经营者寻求相应的防御策略以避免被其他公司恶意并购。美国的反并购策略比较丰富，而英国对目标公司管理部门的反收购行为原则上是禁止的，它把反收购措施的决策权赋予了目标公司的股东。总的来看，反并购策略主要包括以下几种。

1. “毒丸”防御

所谓“毒丸”是指在并购发生之前，目标公司在公司章程中设定一系列的规定，如许多美国公司采用的“股东权利计划”，当公司正常运营的时候，这些“毒丸”不会发生作用，但当公司遭遇敌意收购时，这些“毒丸”就会发作。“毒丸”计划分为“投入”毒丸和“放上”毒丸两种。前者是允许目标公司的股东以优惠的价格购买目标公司的股票或以很高的价格向目标公司出售自己的股份；后者是允许目标公司的股东以优惠的价格购买收购方的股票或以很高的价格向收购方出售自己的股份。“毒丸”一旦发作，收购者就会发现自己手中的股份被稀释了，从而增加了并购的成本。董事会可以不经股东大会的许可，自行制订“毒丸”防御计划。

2005年2月18日，盛大互动娱乐有限公司及其某些关联方向美国证监会提交了13-D表备案，披露其已拥有新浪已发行普通股19.5%的股权。对此，新浪公司决定采纳购股权计划，以保障公司所有股东的利益。按照该计划，于股权确认日（预计为2005年3月7日）当日记录在册的每位股东，均将按其所持的每股普通股获得一份购股权。一旦新浪10%或以上的普通股被收购（就盛大及其某些关联方而言，再收购新浪0.5%或以上的股权），购股权的持有人（收购人除外）将有权以半价购买新浪公司的普通股。如新浪其后被收购,购股权的持有人将有权以半价购买收购方的股票。每一份购股权的行使价格是150美元。新浪将就该购股权计划向美国证监会提交8-K表备案。[①] 盛大吞下"毒丸"后,于2005年11月7日,通过花旗集团出售总计约370万股新浪普通股,在第一次抛售部分所持新浪股份3个月后,盛大互动娱乐有限公司又计划向基金公司出售400万股新浪现有股票。盛大在连续两次售股之后仍持有新浪大约210万股股票,从新浪第一大股东退居第五大股东。[②] 新浪的"毒丸"防御计划可谓在保护公司股东的利益和维护董事会权利方面起到了重要的作用。

2. 金降落伞

从严格意义上来说,"金降落伞"防御也是"毒丸"计划的一种,"金降落伞"是目标公司针对管理层提出的权利计划。金降落伞是指目标公司在并购发生前就作了如下规定:一旦公司被并购,董事会成员和高层管理者面临被解雇的时候,他们可以领到一笔价值可观的补偿金。金降落伞策略使董事和经理层不用考虑并购给个人带来的风险,而从公司的利益出发,考虑面临的并购是否符合公司未来的发展和股东的利益。与此类似的还有"灰降落伞"和"锡降落伞"策略,"灰降落伞"策略主要是向级别较低的管理人员提供较为逊色的同类保证。这类管理人员根据工龄长短领取数周至数月的工资。"锡降落伞"是指目标公司的员工若在公司被收购后两年内被解雇,则可领取员工遣散费。通过"金降落伞"策略可以加大并购方的并购成本从而挫败其并购计划。

目前我国已有部分上市公司采用了此种反收购措施,如兰州黄河(000929)在2006年4月29日披露的公司章程第10条第2款规定了"当发行公司被并购接管的情形时,在公司董事、监事和其他高级管理人员任期未届满前如确需终止或解除职务,必须得到本人的认可,且公司须一次性支付其相当于前一年年薪总和十倍以上的经济补偿"。再如G万科A(000002)2006年4月28日披露的《股票激励计划(草案修订稿)》第39条规定"当公司控制权发生变更时,控制权变更前的半数以上法定高级管理人员在控制权变更之日起的30日内有权书面要求信托机构将本计划项下信托财产立刻全部归属"。

3. 绿色勒索

"绿色勒索"是指当持有目标公司股份的收购者表示要收购目标公司时,经营者为了防止并购的发生,会以较高的价格出资购买收购方的股票,使收购者获得巨额利润。这种反并购措施常被认为是经营者为保全自己在公司的地位,以其他股东的利益为代价,避免公司被并购,因此会招来股东的不满。

1984年,巴斯兄弟已经获得了美国得克萨斯石油公司9.9%的股份,而且有兴趣收购剩余90.1%的股份。得克萨斯石油公司的管理层支付13亿美元购买巴斯兄弟手中的股票,而这个数字远远高出市场价格。这样的支付激怒了后来成为加利福尼亚州财务主管的杰西·昂鲁,他组建了极富影响力的机构投资者委员会,该委员会为了增加股东的

---

① 《新浪公司采纳股东购股权计划》,新浪科技,2005.2.22。

② 《盛大再次抛售新浪部分股份》,《新闻晨报》网络版,2007.2.9。

权力而四处进行游说。其实，得克萨斯石油公司的董事会本应该让公司股东决定是否把他们手中的股票卖给巴斯公司。①

4. 白衣骑士

“白衣骑士”策略是指收购方向目标公司发出收购要约时，目标公司的经理层会主动寻找友善的第三方提供帮助。这个友善的第三方必须有相当的经济实力，并且与目标公司关系密切，愿意在目标公司面临收购威胁时挺身而出，以更高的价格收购目标公司。而这个友善的第三方就被称作“白衣骑士”。面对“白衣骑士”，收购方要么放弃收购，要么以更高的收购成本进行收购，而当收购方出资更高的时候，“白衣骑士”又会抬高收购价格，使收购陷入了竞价的局面，以此来挫败收购方的收购行为。

5. 帕克曼式防御

帕克曼式防御是一种先发制人的反并购策略。它是指当目标公司面临即将被收购的局面时，能够通过自身的经济实力或寻找“白衣骑士”，变防御为进攻，购买收购方的股票，使对方从进攻者变成防御者，以扭转不利的局面。实施帕克曼式防御要求目标公司本身具有很强的经济实力或者外部融资能力很强，否则很难成功。

一个帕克曼式防御的著名案例就是邦迪克斯公司和马丁·玛丽埃塔公司之间的并购之争。1982 年，邦迪克斯公司宣称要购买玛丽埃特公司，而玛丽埃特公司则以收购邦迪克斯公司的股权作为回应。几个月后，联合科技公司也加入了这场收购之争，计划以高出玛丽埃特公司的出价购买邦迪克斯公司。最后，这两家公司都被联盟公司收购了。②

6. 焦土策略

焦土策略是公司在遇到收购袭击而无力反击时，所采取的一种两败俱伤的做法。例如，将公司中引起收购者兴趣的资产出售，使收购者的意图难以实现；或是增加大量与经营无关的资产，大大提高公司的负债，使收购者因考虑收购后严重的负债问题而放弃收购。

7. 在章程中设置反收购条款

出于反收购的目的，公司可以在章程中设置一些条款，并以此作为并购的障碍。这些条款有以下几种：(1) 分期分级董事会制度，此制度又称董事会轮选制，即公司章程规定董事的更换每年只能改选 1/4 或 1/3 等。这样，收购者即使收购到了“足量”的股权，也无法对董事会作出实质性改组，即无法很快地入主董事会控制公司。(2) 限制董事的资格，在公司章程中规定公司董事的任职条件，非具备某些特定条件者不得担任公司董事，这会增加收购方选送合适人选出任公司董事的难度。(3) 限制董事的提名方式，在

---

① 〔美〕罗伯特·蒙克斯、尼尔·米诺：《公司治理》(第 2 版)，李维安、周建等译，中国财政经济出版社 2004 年版，第 175 页。

② 同上书，第 177—178 页。

公司章程中规定提名公司董事的股东的持股时间和比例限制。(4) 多数条款,即由公司规定涉及重大事项(如公司合并、分立、任命董事长等)的决议须经过绝大多数持有表决权者同意方可通过。更改公司章程中的反收购条款,也需经过绝对多数股东或董事同意。这就增加了收购者接管、改组目标公司的难度和成本。

8. 我国《上市公司收购管理办法》对反收购的规定

我国《上市公司收购管理办法》(以下简称《管理办法》)第八条规定:“被收购公司的董事、监事、高级管理人员对公司负有忠实义务和勤勉义务,应当公平对待收购本公司的所有收购人。被收购公司董事会针对收购所作出的决策及采取的措施,应当有利于维护公司及其股东的利益,不得滥用职权对收购设置不适当的障碍。”《管理办法》第三十三条规定:“收购人作出提示性公告后至要约收购完成前,被收购公司除继续从事正常的经营活动或者执行股东大会已经作出的决议外,未经股东大会批准,被收购公司董事会不得通过处置公司资产、对外投资、调整公司主要业务、担保、贷款等方式,对公司的资产、负债、权益或者经营成果造成重大影响。”《管理办法》第八十条规定:“上市公司董事未履行忠实义务或勤勉义务,利用收购谋取不当利益的,中国证监会采取监管谈话、出具警示函等监管措施,可以认定为不适当人选。上市公司章程中涉及公司控制权的条款违反法律、行政法规和本办法规定的,中国证监会责令改正。”

【案例9-6】

微软与雅虎并购之争

2008年2月1日,微软公司宣布已经向雅虎公司董事会提交了收购要约,微软计划耗资446亿美元收购雅虎公司。微软公司在致雅虎董事会的信件中说,微软将收购雅虎公司的全部普通股,收购价格是每股31美元,比雅虎1月31日19.18美元的收盘价溢价62%。微软将以一半现金、一半微软普通股股票的方式进行支付,即雅虎股东可以选择将普通股换成现金还是微软普通股。微软收购要约的价值达到了446亿美元。这一消息引发了华尔街的连锁反应。周五(当天)盘前交易中(截至搜狐IT发稿时),Google公司的股价大跌了6.7%,微软公司的股价下跌了4.36%,雅虎公司的股价则暴涨了52%。

美国当地时间2月11日,雅虎宣布正式拒绝微软提出的446亿美元的收购计划。雅虎当天发表的声明称,公司董事会认为微软的这一出价“严重低估”了雅虎的价值。微软12日则回应称,将不会放弃收购雅虎的计划,公司仍保留“寻求所有必要方式”以确保此项交易的进行。微软表示不会提高收购报价。业界人士分析,微软可能广泛接触雅虎公司的大股东,希望他们能够向雅虎董事会施加压力。微软也可能直接向股东提出报价,这同样会对雅虎公司董事会造成巨大压力,迫使其同意与微软进行谈判。微软同时还暗示,由于很多雅虎的股东同时也是微软的股东,他们不一定会希望微软出更高的价格。

微软还可以为报价协商设定最后期限。此外,如果微软不介意背上恶意收购的名声,还可以采用代理人战,来挤压雅虎董事会。

值得注意的是,与其他许多公司不同,雅虎没有设置董事会分批改选机制,也就是说,在即将召开的股东大会上,该公司董事会将会被全体改选。这样一来就更加利于微软提名一批董事候选人,通过一次改选就控制整个雅虎董事会。

与微软针锋相对的是,首先,雅虎对微软要约的回应是无休无止的拖拉;其次,董事会批准了一项"毒丸"计划(股权摊薄反收购),使微软的任何收购活动都将付出更加昂贵的代价。分析机构指出,雅虎的"毒丸计划"几乎可以阻挡任何发出收购要约的企图。因为据这份于2001年就被雅虎采取的计划规定,一旦微软通过收购要约直接获取的雅虎股份达到了雅虎已发行股的15%,雅虎就有权限制微软的股权收购。这至少可以为雅虎寻求更多的选择赢得时间。

5月4日,微软发言人宣布,因价格未达成一致,正式放弃收购雅虎。据外电报道,微软CEO鲍尔默在周六致雅虎的信中表示,愿意将收购报价提高至475亿美元,相当于每股33美元。但雅虎仍坚持至少530亿美元的报价,相当于每股37美元。鲍尔默在信中表示,没有理由发动一场耗时长久的代理权争夺战,因此微软放弃了收购雅虎的计划。业内人士表示,三大原因促使微软最后放弃收购。第一,据了解,微软公司上周末有意将收购报价提高至475亿美元,相当于每股33美元。但雅虎CEO杨致远和联合创始人大卫·费罗(David Filo)称其目标价格为38美元,且董事会授权他们最多只能退让到37美元。

第二,微软CEO鲍尔默在写给杨致远的信中提到,在双方谈判期间雅虎高层甚至都已经准备好了应付微软可能发动恶意收购的计划,就是不惜和竞争对手Google合作,因此鲍尔默认为微软和雅虎很难进行成功、友好的业务整合。

第三,微软宣布放弃收购可能是希望市场期望能降温,如果雅虎不能迅速重新振作起来,雅虎投资者就有可能对雅虎董事会不满,微软或可以以退为进。

据国外媒体报道,5月6日,在微软宣布放弃收购雅虎两天之后,雅虎多名大股东的不满情绪加剧。一些激进投资者正在考虑通过代理权争夺驱逐雅虎董事会。雅虎一些最大的股东表示,他们将支持替换董事会的行动,因为他们认为董事会在上周末与微软的谈判中没有考虑到大股东的意见。之前,雅虎一些大股东已经明确向董事会表示能够接受每股34美元的收购报价。由于微软的出价已经到每股33美元,因此大股东预期交易能够完成。

5月6日,雅虎股价下跌了15%,跌幅小于华尔街预期。市场人士对于微软二度展开收购的预期以及雅虎和Google的广告合作计划使得雅虎股价呈一个上行走势。

微软洽购雅虎的全进程如下所示。

2月1日:微软宣布446亿美元洽购雅虎。

2月1日:雅虎回应称收到微软收购要约。

2月4日:默多克否认新闻集团将参与竞购雅虎。

2月11日:雅虎正式拒绝微软的收购价。

2月12日:微软称不放弃收购雅虎。

2月13日:雅虎因拒绝微软收购遭股东诉讼。

2月14日:杨致远致信股东:雅虎不能出售。

2 月 19 日:盖茨首度表态不会加价收购。

2 月 20 日:雅虎出台离职补偿计划狙击收购。

2 月 20 日:微软发动代理权争夺战向雅虎施压。该消息称,如果雅虎董事会不重新考虑微软当前 446 亿美元的报价,那么微软将启动代理权之争,并于 3 月 13 日提名适合人选进入雅虎董事会。知情人士透露,发动代理权之争将耗费微软 2 000 万—3 000 万美元的费用。但与提高报价相比,这可谓是向雅虎董事会施压的一个廉价途径。

3 月 5 日:传雅虎 AOL 谈合并狙击微软并购。雅虎已召开董事会就各种收购和合作方案进行评估,尽管还未作出任何决定,雅虎董事会已决定授权管理层,本周继续与多家牵扯进"雅虎微软合并案"的企业进行更深入的接触,包括深化与时代华纳美国在线(AOL)的合并谈判。

3 月 6 日:雅虎周三宣布延长董事会成员候选者举荐期限,以此推迟微软利用代理人进行收购的行动。原定的董事会成员举荐期限为 3 月 14 日,雅虎宣布,新期限定于股东会议结束后的 10 天。

4 月 6 日:微软发出最后通牒。微软公司要求雅虎在 3 个星期内就微软的收购提议作出回应,否则将直接将此事交由雅虎的股东决定。微软表示,如果在此之前仍不能达成协议,微软将发动代理权战,以赢得雅虎股东对此次收购的支持。

4 月 7 日:雅虎回绝微软最后通牒。

4 月 10 日:传新闻集团拟与微软联合收购雅虎。

4 月 18 日:微软请公司为收购游说。据国外媒体报道,尽管微软尚未说服雅虎接受自己的收购报价,但日前已经开始为后续工作做好了准备。日前,微软聘请专业公司 Bryan Cave Strategies 游说联邦政府,希望能够批准这项数百亿美元的潜在交易。

4 月 23 日:雅虎发布的第一季业绩好于预期。

4 月 24 日:微软 CEO 称做好收购失败准备。

4 月 27 日:微软收购雅虎大限已过。微软给雅虎的交易考虑截止日期 4 月 26 日已经过去,目前两家公司都在保持静默。而华尔街大部分分析师都认为,微软将启动科技行业历史上规模最大的一次恶意收购。

5 月 4 日:微软宣布放弃收购雅虎。据悉,微软与雅虎曾进行非正式会谈,以求避免微软发动代理权之争或撤回收购意向的情况发生。微软周六将收购价格由此前的 446 亿美元增至 475 亿美元,不过雅虎仍坚持至少 530 亿美元的报价。

资料来源:南开大学中国公司治理研究院案例库。

二、产品市场竞争与破产机制

产品市场的竞争结果是对经理人员最直观的评价,也是最直接的约束,同时也是检验企业治理效率的标准。产品市场所提供的信息——产品的价格、销售量、市场占有率、利润等可以对企业治理效率和经理人员的经营能力、努力程度作出一个基本的判断，并反映企业生产方面的信息，这既为控制权争夺提供了信息基础，更隐含着破产清算的威胁。哈特(1983)曾经分析了产品市场竞争对公司治理的影响。公司治理的内在结构的最终结果反映在公司产品的市场竞争力上，破产清算的威胁强制公司不断完善内部治理过程，破产清算程序的实施是最极端的外部约束机制。充分的产品市场竞争至少能够起到三方面的作用：一是改善治理机制，提高治理效率；二是对经理人员形成巨大的压力，迫使其改变管理方式和调整经营方式；三是区分经理素质，通过声誉机制迫使在职经理努力工作，驱逐劣质经理，提高经理整体素质。

在市场经济条件下，市场评判是监督和约束经理层的主要依据，竞争机制为对经理层进行监督和约束提供了基础。在一个高度开放、自由进出的充分竞争的产品市场上，不同的产品在由各自的供求关系决定的市场价格的引导下，会在不同的企业和产业之间自由流动，在不同的企业之间、行业之间、产业之间直至整个社会范围内就会形成一个平均的成本水平和利润水平。这样，各个企业的利润水平就会成为一个能够反映企业经营状况的充分信息指标。而企业的经营状况在竞争的市场条件下，又是由管理层的能力、责任心和经营行为决定的，出资者只要把单个企业的盈利水平与这个行业的平均利润水平相比照，就可以判断管理层是否称职和尽职尽责。可见，充分竞争的产品市场的存在，有助于克服所有权和控制权分离下的信息不对称，从而为解决代理人问题提供了可靠的信息支持。

三、经理人市场竞争与声誉机制

经理人是直接对企业的经营效果负责的高级经营管理人员，经理人市场是从外部监督公司经理层的重要治理机制。经理人市场对经营者的激励约束作用主要表现在以下两个方面：一是激励现任经理努力工作，以避免因经营不善而被辞退。由于一个活跃的经理人才市场的存在，一旦现任的经理层不能有效地经营公司，导致公司业绩下降，股东和董事会就会通过经理人才市场，聘请能力更强、更勤勉尽力的人才取代现任的经理层，以改善公司经营业绩。这种压力的存在，导致现任的经理层必须勤奋努力地工作，实现公司及股东利益最大化。二是经理人的人力资本往往与公司业绩挂钩，从而激励经理人不断创新，注重为公司创造价值。通过公司价值的提升，经理人的人力资本也得以升值，从而在经理人市场具有更高的价值和竞争力。这样，经理人的努力会在提升公司价值的同时提高其人力资本价值，从而具有重要的激励作用。

竞争的经理人市场意味着经理人员能够在不同企业间和企业的不同岗位上根据自身的条件自由流动，并且由市场决定他们的价格，即他们的报酬水平。在这样的市场上，经理是否被雇用就不会由行政命令决定；经理的提升或降职也就能由他们的经营能力和业绩决定，而不是由上级主管部门来决定。在市场竞争中被证明有能力和对出资者负责任的经理人员，就会被高薪雇用，且在经理市场上建立很好的声誉，提高他们人力资本的价值；相反，那些经营不好的经理人员的薪金会被降低，甚至会被替换以致失业，他们在经理市场上的声誉也会降低甚至留下臭名，他们的人力资本就会贬值。由于经理人员所经营企业的业绩好坏决定了他们在经理市场上的价格和就业机会，因而经理人员会追求对出资者有利的经营和管理，以提高企业的获利水平和企业价值；同时，对卓越经营和管理的追求，使得经理人员在两权分离下与出资者之间激励相容，有利于解决代理人问题。

【案例 9-7】

南钢股份的要约收购

2003 年 4 月 9 日，上市公司南钢股份(600282)的一则公告让沪深股市有史以来首例要约收购浮出水面，南钢股份的公告显示，2003 年 3 月 12 日，南钢股份控股股东南钢集团公司，与复星集团、复星产业投资有限公司和上海广信科技发展有限公司联合组建南京钢铁联合有限公司。《合资经营合同》约定：南京钢铁联合有限公司(简称“南钢联合”)注册资本为 27.5 亿元。其中，南钢集团以其持有的南钢股份国有股 35 760 万股(占总股本的 70.95%)及其他部分资产、负债合计 11 亿元出资，占注册资本的 40%；复星集团公司以现金 8.25 亿元出资，占南钢联合公司注册资本的 30%；复星产业投资以现金 5.5 亿元出资，占南钢联合公司注册资本的 20%；广信科技以现金 2.75 亿元出资，占南钢联合公司注册资本的 10%。由于南钢集团公司以所持南钢股份的股权出资尚须取得财政部、中国证监会等有关部门的批准，合资各方在《合资经营合同》中约定对南钢联合采取“先设立，后增资”的方案，即先行按前述出资比例设立注册资本为人民币 10 亿元的南京钢铁联合有限公司，其中南钢集团以须取得财政部、证监会等有关部门批准方可投入的资产以外的其他经营性资产合计净值人民币 4 亿元出资，而复星集团等另三方仍以现金出资；待南钢联合成立且有关各方履行完相关审批手续后再行由合营各方对南钢联合进行同比例增资，南钢集团以其持有的南钢股份国有股权及其他经营性资产(包括负债)出资，复星集团、复星产业投资、广信科技仍按前述出资比例以现金出资，以使南钢联合的注册资本达到 27.5 亿元。后三者的实际控制人是以郭广昌为首的四个自然人。3 月 27 日，财政部批准了南钢集团公司以其持有的南钢国有股份出资成立南钢联合。这实质上构成了上市公司收购行为，且收购的股份超过南钢股份已发行总股本的 30%，依法已触发要约收购义务。根据《上市公司收购管理办法》中要约收购义务豁免的申请条件，南钢股份此次要约收购不符合此条件，所以南钢联合将根据有关规定履行要约收购义务，向南钢股份法人股和流通股股东发出全面收购要约。

根据《上市公司收购管理办法》的规定有四种可以豁免的情形：一是上市公司实际控制人未变的，如国有主体之间的转让可以视同实际控制人未变，南钢股份的实际控制人已经从南钢集团转变为复星控制的公司，显然不属于此类豁免的情形；二是上市公司面临严重财务危机，而从目标公司南钢股份 2002 年年报来看，业绩良好；三是发新股；四是法院裁决。虽然《上市公司收购管理办法》中也作了弹性规定，即监管部门可根据市场的发展作出其他豁免情形的认定，但显然南钢联合没有尝试作其他豁免情形的认定。在法律没有明示理由可以豁免的情形下，采取直接发起要约的方式来履行自己的义务。这实际上是反映了收购方对自身实力和重组前景的充分信心。

2003年4月9日，南钢联合公司宣布，对南京钢铁股份有限公司（简称“南钢股份”，股票代码600282）的240万股法人股、1.44亿股流通股分别以3.81元/股和5.84元/股公开进行要约收购。按照规定南钢联合向中国证监会报送了要约收购报告书。由于这是中国首个非常大的要约收购，中国证监会对此相当重视。中国证监会也意识到了问题，那就是收购结束，南钢联合持有南钢股份的股权超过《公司法》和《证券法》规定的比例，南钢股份可能面临的退市问题。南钢联合于2003年6月12日公告了《南京钢铁股份有限公司要约收购报告书》，向南钢股份除南京钢铁集团有限公司以外的所有股东发出全面收购要约，在2003年6月13日至2003年7月12日的有效期间内，收购其所持有的南钢股份股票。中国第一例要约收购就此拉开了帷幕。

南钢联合已经拥有南钢股份70.95%的股份，已经处于绝对控股地位，其他240万社会法人股（占股份总额的0.48%）和1.44亿流通股（占股份总额的28.57%）对南钢联合的控制权已经没有实质性的影响。对于总股本5.04亿元的南钢股份，只有当收购方持股比例达到85%以上，才有可能被终止交易。240万社会法人股占股份总额的0.48%，对收购的影响不大，最重要的是占股份总额的28.57%的1.44亿流通股对南钢联合要约的接受比例。

显然，要想使这部分股东不接受要约，一个最简单可行的办法就是在法律允许的情况下，规定一个尽可能低的收购价格，从而让这部分股东望而却步。南钢联合对240万股法人股的收购价是3.81元/股、1.44亿股流通股的收购价是5.84元/股。社会法人股没有相应的价格参照暂且不说，流通股在《要约收购报告书》公布的前一天，即2003年6月I1日的收盘价是8.74元，与5.84元的收购价差2.9元。

2003年7月15日公司发布公告公布了这次收购的结果。公告称：在一个月的收购期内，根据预受要约结果，公司股东无人接受公司发出的收购要约。这次要约收购也就以“零预受、零购买”的结果而结束。

显然，其他股东不太可能接受要约提出的收购价格，“零预受、零购买”的结果也应该在预料之中。南钢联合利用法律的空隙，采用了这样一个巧妙的手段，既不用申请豁免要约收购，实际上又避免了要约收购。这次收购可以说是一次成功的策划，南钢联合既尽了法律规定的要约收购的义务，实现了对南钢股份的控股，又没有大量的现金支出，南钢股份也没有了退市风险。

此次要约收购对于激活控制权转让市场和完善收购兼并信息披露均具有重要意义。相比行政豁免，零预受表现为一种市场豁免的结果，现行的《上市公司收购管理办法》由于采用了分类要约、分类定价等原则，显然有利于收购人通过对价格走势的良好预期，通过受要约人在利益最大化决策中放弃接受要约的选择，取得全面要约的豁免。同时，根据有关规定，从要约收购的提示性公告开始到收购行为的结束一直存在着严格的信息披露，包括收购的实际控制人和一致行动人，收购目的、价格、牵涉的股权关系、支付方式等，而且在整个要约有效期内每天的预受股份数量和撤回情况均需及时公告，这就为中小投资者判别收购动机和收购真相提供了更多的依据，有利于投资者权益的保护。

资料来源：据《上海证券报》2003年6—7月相关报道整理。

第二节　银行相机治理机制

20世纪90年代以来，随着股东单边治理缺陷的逐步显现以及公司社会责任的日益强化，利益相关者在公司治理中的地位越来越多地得到重视。利益相关者共同参与治理是公司治理的必然趋势，网络经济的兴起使各利益相关者得以更方便地参与公司治理。银行、政府、中介机构及社会公众等外部利益相关者日益关注并积极参与作为公众公司的上市公司的治理，成为市场监控的必要补充及外部治理的重要组成部分。

一、银行参与公司治理的理论基础

债权契约是解决代理人问题的一个重要机制。债权虽然只是资本流动的一个特殊形式，但它实际上是一种控制能力。债权契约的基本特征是：如果债务人违反契约或不能支付，企业资产的部分控制权将由债务人转向债权人。债权人的权利相对股权来说更加清晰，对债权的违反在法庭上也容易证实。与股权不同，债权即使不被集中也比较刚性化。而股权分散时，个体分散股东不能得到任何偿还股本的承诺。如果被大债权持有，并且债务人拖欠债务，与这些债权人重新谈判极其困难，那么企业可能被迫破产。因此，债权人治理是一种刚性治理机制。债权人治理的主要机构是银行。主银行能够对企业的银行账户采取实质性控制，来保证债权的实现。银行在其债务偿还之前拥有巨大的控制权。在不同国家，银行基于债权、股权等权利关系和法律法规的规定而具有不同的治理功能和参与方式。就债权控制而言，银行对企业的控制主要有两种：距离型控制与相机性控制。距离型控制主要是英、美银行采取的控制机制，而相机性控制则是日、德银行采取的控制机制。

20世纪60年代以前是传统公司治理理念的主导时期，即认为股东是公司的唯一所有者和成员，是公司最重要或唯一的利益主体，公司存在的目的和经营目标就是追求股东利益最大化，公司经营管理者只需考虑股东利益并只向股东负责，因此，股东成为公司治理的唯一主体，股东以外的其他公司利益相关者，如以银行为主的债权人、职工等无权参与公司治理，即所谓的“股东单边治理模式”。20世纪60年代开始，随着公司社会责任、经济民主、利益相关者等治理理念的冲击，单边治理的狭隘视角和内在缺陷逐渐受到理论界与实务界的批判，“共同治理”这种新型公司治理理论应运而生。该理论认为，股东、债权人、职工等公司所有的利益相关者都是平等的、独立的公司利益主体，公司存在的目的和经营目标是公司全体利益相关者利益最大化，公司经营管理者必须考虑全体利益相关者的利益并对他们负责，股东不是公司治理的唯一主体，还应包括以银行为主的债权人和其他利益相关者。那么，银行作为公司重要的利益相关者之一，应如何参与公司治理，已成为当前“共同治理”理念的一个重要问题。

公司治理的外延应是委托人和代理人、所有者与经营者、债权人与债务人、管理者与被管理者之间的互动与博弈,其运行不仅要通过内部权力机关(股东大会、董事会和监事会)之间的制衡与监控,而且还需要诸如资本市场、产品市场、经理人市场等发挥作用。公司治理的主体不应仅局限于股东层面,还有包括银行在内的债权人、政府、职工、供应商、社区等相关利益集团。在对公司治理外延的认识与反思和对国外公司治理实践进行总结的基础上,中国证监会在2002年年初出台的《上市公司治理准则》,就提出了以银行为主要债权人的利益相关者治理问题。该准则规定利益相关者包括:"银行等主要债权人、职工、消费者、供应商和社区等,所赋予的权力包括:求偿权、债权人和职工的知情权以及适当的参与权。"该准则对银行等利益相关者在公司治理中的地位、作用和权力等问题作了框架性的规定,从制度层面为利益相关者参与公司治理奠定了基础。

二、银行参与公司治理的模式比较

不同国家的制度文化背景、资本市场发展水平和股权结构等存在巨大差异,导致了世界范围内多样化的公司治理模式。相应地,作为债权人,不同国家的银行在参与公司治理的方式和途径上也存在显著差异。

(一)德国银行在公司治理中的作用机制

建立于其特定制度基础上的德国公司治理机制有两方面的特点:(1)与美、英等国不同,德国银行在公司治理结构中具有重要作用,对经理层有较强的监控能力。(2)与其他国家不同,职工广泛参与公司治理。德国法律规定,监事会和理事会中必须有职工代表。在德国,一个对公司持股最大的银行被称为主持银行(类似于日本的主银行)。

德国的主持银行参与公司治理主要是通过控制公司股权而对公司实施控制。主持银行持有公司的投票权比例较高。据统计,1986年德国排名前100位的公司中,有33家公司监事会中银行股东投票权平均占64.49%。德国对银行持有公司股票没有限制,银行除直接持股外,还接受委托为中小股东投票,这进一步增强了银行在公司治理中的作用。主持银行还通过向公司提供短、中、长期贷款,对公司进行监督,并保持与公司的长期业务关系。德国的主持银行在公司治理中的作用是十分显著的,它主要通过以下四种机制来实现对公司的控制。①

1. 基于债权关系的治理

基于银行与企业间的借贷关系,银行作为企业最大债权人可以对企业实行监控。通常情况下,若将内部融资计算在内,银行贷款所占企业融资比例不大,Wenger(1990)指出,尤其是大的德国股份公司已经在逐渐减小其对银行贷款的依赖。但单从外部融资比

---

① 周睿:《论银行在公司治理结构中的作用》,华东师范大学博士学位论文,1999年。

较，银行贷款是企业最大的外部融资来源。据此，银行凭借其企业的最大债权人身份，可以获得企业的内部信息，成为"代理监督者"（delegated monitor），对企业实施代理监督。特别是当企业陷入财务危机或战略转变发生困难时，银行可利用其最大债权人地位，中止经理人员的自主权，行使更直接的临时控制。不过，德国银行在公司治理中的重要作用并不是主要通过债权控制来实现的。

德国银行可利用其作为公司最大债权人或大股东获取监事会席位来实施对公司的控制，这是银行发挥其公司治理作用的又一重要力量。德国监事会（类似美、英等国的公司董事会）通常由9—21名监事组成，根据法律，其中半数由雇员代表选举（必须至少有一人是公司经理人员）；另一半由股东选举，成员不是公司的专职雇员。监事会主席必须是股东代表，当出现赞成与反对票数相等时，享有决定性的一票权。德国监事会中由股东选举的半数成员相当于美国公司中的外部董事或英国公司中的非执行董事。德国公司中的"外部董事"多来自于大银行、保险公司或与公司有重大利害关系的其他公司的主管阶层。按照德国的传统做法和有关的法律，拥有公司10%股权的股东有权在公司监事会中占有一个席位。银行可通过其直接持股和拥有的代理投票权的份额，来获得监事会中的席位，进而实现对公司的控制。

据 Gottschalk（1988）的研究，银行在其有投票权的公司中获取了多达27%的监事会席位。Baums（1994）研究指出，1990年，在德国最大的100家公司中，德意志银行、德雷斯顿银行和商业银行分别在其中35家、19家和16家中拥有至少一个席位。

德国监事会成员在法律上有责任代表股东和利益相关者的利益对公司实施监控，这在银行作为监事时更是如此。银行集股东和债权人于一身，其作为监事会成员，更能反映债权人、供应商、雇员、消费者等利益相关者的利益。当主持银行集债权人、大股东、监事会成员（甚至监事会主席）于一身时，更能有效地对企业实施监控。因此，德国银行在公司治理中发挥重要作用的权力基础主要来自股权，即通过直接持股和拥有代理投票权来获得在监事会的席位，进而对公司实施控制。

2. 基于所持股份的股东治理

在德国，银行可直接持有企业股票，而且，对其持股比例，在法律上没有严格限制。少数银行在一家企业持股比例较高，如德意志银行在1975年持有奔驰汽车公司57.9%的股份，商业银行持有德国最大的卡尔斯塔特百货公司34%的股份。一般情况下，银行持有一家企业的股份大多在10%以下。银行是企业的大股东，但不是最大的。银行作为企业股东，其持股比较稳定，并可以以股东的身份参与到公司治理中去。通常，银行持股不会因企业经营的暂时困难而出售股票，愿意保持同企业的长期持股关系。如戴姆勒-奔驰公司在重构公司时，公司利润出现滑坡，但其主持银行德意志银行并未出售股票。

3. 银行的代理投票权机制

作为股东，银行所获得的控制权远远超出其通过持股所能直接达到的权力，这种权力的获得是来自于银行的代理投票权。银行代理投票机制是德国公司治理最富特色之处。在德国，许多商业银行，尤其是那些大银行，一般都充当其他股东的股票托管人，特别是一些小股东更愿意将股票存放在银行，他们在寄存股票的同时，也把其所拥有的投票权“寄存”给了银行。根据德国代理权（proxy）法律，银行实际上能代表这些股份进行投票，这就使银行具有了代理投票权。银行通过这种代理投票机制，获得了大大超过其持股所能直接得到的控制权。

委托银行托管股票的股东有政府、金融机构、保险公司、投资公司、非金融实业公司、私人家庭和外国人，其中非金融实业公司和私人家庭要求托管的量最大。1988年年末由银行托管的股票额达4115亿马克，约为德国国内股票市场总值的40%。再加上银行自己拥有的10%的股票，银行直接和间接管理的股票就占德国上市公司股票的50%左右。Wenger（1992）和Baums（1994）的研究也表明银行通过代理权获得了极高的投票权，在24家股权分散持有的股份公司的股东大会中，银行累计投票权（包括自己持有的、代理投票权、银行所属投资公司持有的股权）平均占到总投票权的82%。

银行这种代理权最初是自动的、无限期的，也无须真正股东的指示。虽然德国规定银行应根据客户（即真正股东）的指示投票，要求每15个月更换一次，但由于这种特定的指示很少，银行一般仍都按照它们自己的意见自由地进行投票。

（二）日本银行在公司治理中的作用机制

在日本，银行在公司治理中发挥的重要作用主要通过主银行制来实现。日本的公司治理表现为两个明显的特征：一是共同治理，即由股东、银行、员工和其他利益相关者组成的共同治理结构；二是主银行相机治理。所谓主银行是指在日本公司中拥有最大贷款份额并通常持有公司较大比例股份的银行。主银行在日本间接融资中扮演中心角色，作为主要债权人对公司实施事前、事中、事后的一体化监督。在银行财务状况良好时，主银行与公司保持距离，当公司财务状况恶化时，主银行进行干预，解聘管理层或重组公司。主银行对企业的监控主要通过以下四种机制来实现。

1. 基于债权关系的治理

在日本，银行贷款是企业外部资金的主要来源。主银行提供的短期和长期贷款约占总贷款的15%，而主银行一般是该企业最大的贷款人，它承担着对企业的监督责任。这样，主银行作为“代理监督者”对企业进行事前、事中和事后监督。

日本主银行在公司治理中发挥重要作用，其权力主要来自作为控制权基础的债权。可以说，在日本，银行的作用超过了其作为债权人代表的作用。这表现在：第一，主银行向企业提供各种有价值的信息和投资信贷服务，如获得或清偿公司资产和不动产或介绍潜在的业务伙伴以及所需的贷款安排。第二，支付清算账户。企业的支付清算账户没有利息，用于管理现金的流进和支付，一个企业往往指定它的主银行来负责支付清算账户。主银行通过观察企业每天进行的支付和结算活动，掌握了企业经营状况的变化轨迹，这使主银行在信息方面具有其他金融机构所没有的优势，这也为主银行控制和监督企业提供了条件。第三，日本主银行深深涉足于其客户公司的事务之中，要求公司经常地（通常是季度性地）公开详细的公司战略和投资计划。对银行主管而言，要求修改这些计划以作为继续提供稀缺资本条件的情况经常可见。虽然20世纪80年代日本公司融资的证券化大大削弱了主银行对大型的、经营良好的、高度流动性的公司的影响，但是，主银行仍然是其较大型客户的较小附属企业的重要资本提供者。

2. 基于所持股份的股东治理

日本1947年出台的《禁止垄断法》允许银行可拥有一家公司不超过5%的股份(1987年前是10%)。主银行一般也是企业最大的5个股东之一，据Sheard(1989)的研究，日本公司的主银行排公司五大股东之列的占其研究样本的72%，排在第一、第二位的占39%。Prowse(1990)也发现在日本公司中银行既是最大的贷款者也是最大股东的情况占其研究样本的57%。日产汽车公司1990年10位最大的债权与股本所有权的分布，更说明了银行在公司中的地位。1990年年底，日产公司的借款总额达5795亿日元，在已知的7位贷款者中，有6位就贷款1921亿日元(占33.1%)，这6位贷款者持有的日产公司的股票价值约为5580亿日元(占总市值的20.8%)，即这些金融机构既是债权人又是主要股东。它们在日产公司的总投资近似于拥有一部分日产公司的资本基础。

作为主要股东，银行可对企业发挥监督和治理作用。不过，由于法律限制，主银行单独持股的比例不多，保险公司、持股家族往往持股更多。主银行对企业的控制权力主要不是来自所有权(即股权)的影响。正如W. Carl Kester(1994)所指出的，在日本股本的作用与其说是把所有权集中在剩余索取者手中，使之有很强的权力去监督管理人员，还不如说是把一些公司中有利益关系的经济主体相互结合起来——作为一种金融“粘合剂”，帮助把有长期交易联系的当事人结合在一起，即银行持股的目的不是获取控制权，而更多的是同企业建立一种稳定的关系，实行企业系列化和集团化。所以，一般银行几乎不持有与自己没有交易关系的公司的股份，并且一旦持有股份，就很少出售，不过，银行持股强化了贷款的监督职能。

3. 进入董事会

日本董事会主要由在职的经理人员组成(公司的支薪企管人员)，经理人员分为两类，一类是“内部人董事”，即从公司内部提拔上来的终身雇员，他们通常在任职期间进入公司的董事会；一类是“外部人董事”，真正的外来人，即在任职董事的同时，还兼任其他公司的职务，通常担任审计。银行一直是“外部人董事”的供应者，主银行常常把自己的管理人员安排进对象企业的董事会或指派审计。通常做法是将这些管理人员的所属关系都转到企业，使其能倾注全部工作时间行使监控，保证信息收集的效率。

不过，日本通产省1985年的一项研究表明，在东京股票交易所第一节上市的日本公司中有43.5%没有“外部人董事”。Kaplan(1991)研究发现，在其研究样本的119个日本企业中有65.5%没有“外部人董事”。1992年，日本上市公司中40045名董事的1/4(约24.4%)来自公司外部，这些外部董事的1/5来自银行。构成主银行制核心的银行——最大的六七家城市银行和日本产业银行是银行董事的主要来源。可见，主银行作为公司董事会中的代表对公司的监管有一定的作用，不过不是银行权力的主要来源。

4. 相机治理

主银行对陷入财务困境的企业的救助,是主银行在公司治理中发挥作用的一个重要特点。这一作用也源自于主银行作为企业最大债权人的身份。当企业陷入财务困境时,集最大债权人、主要股东、债券信托人为一体的主银行,拥有决定企业命运的强大权力。在这种情况下,主银行可以有三种选择,或者放弃主银行的地位,催收有可能变为呆账的贷款;或者重新注资,解救企业;或者拒绝注入新的资金而宣布企业破产。第一种选择可能会使银行的声誉受损而失去未来盈利的贷款机会。因为未来的融资机会不一定来自同一个借款人,可能还包括其他借款人。第二种选择银行通常会取代企业的管理,不过代价较高。第三种选择即破产,往往会受到在职管理人员的激烈反对,也会受到其他信贷人的反对。

从日本主银行实施情况看,大多采用的是第二种方案,即主银行采取代价高昂的增资行动(救助行动),向陷入困境的借款人提供应急贷款,或帮助其进行重组,条件是确保部分或全部的剩余控制权(例如替换或接管管理层)。剩余权的转让将根据借款人的财务状况而定。等到企业经营恢复正常后,管理权又回到内部经理层手中。

20世界80年代中期前,主银行制的公司治理显示出良好的效果,主银行能够恰当地监督经理人员的行为,对经理人员能够产生足够的压力,使之有效经营。特别是在借款企业陷入财务困境时,主银行能够向这一困难企业派出官员,密切干预公司经理人员的重组过程等,可以说对战后日本经济的高速发展起了巨大的推动作用。其后,外部制度性因素的变化和主银行制的内在缺陷(主银行道德风险等),使得企业对主银行的依赖减弱,主银行的监督作用也有所降低,从而使得主银行在公司治理中的作用有所下降,20世纪末日本所出现的经济低迷状况,也引起了人们对主银行制的重新思考。

(三) 美国银行在公司治理中的作用

与日、德模式不同,美国对商业银行持有非金融公司的股份有严格限制。美国银行与公司的关系主要体现在贷款等债务关系和作为信托财产的个人股份财产管理两个方面。美国银行对公司的贷款一般以短期为主,往往要求抵押、担保,当公司出现财力困难而不能履行债务时,银行就可以通过破产程序接管公司,从而公司的控制权发生转移。银行作为信托财产的个人股份管理者,是以信托者的利益为有限目标的,与以取得公司控制权为目标的持股具有本质区别。因此,美国银行与公司的治理关系是一种消极的距离型治理。

美国商业银行对公司的控制主要是基于债权。《帕特曼报告》、Kotz(1978)以及Mintz and Schwartz(1983)的研究都有力地论证了,在美国银行对公司有较强的控制力。美国银行在公司治理中具有重要作用,但这种作用的发挥是在严格的法律限制下进行的。这种法律限制可从两方面看:(1) 对银行持股的限制。1933年的《格拉斯-斯蒂格尔法案》禁止商业银行从事投资银行业务,特别是证券承销业务和自营买卖证券业务;禁止商业银行同任何主要从事股票,债券,信用公司债、票据或其他有价证券的发行、展期、承销、公开销售或分销机构进行联营。这一规定割断了商业银行与公司直接持股的联系。后来,这一法规有所松动,但仍十分严格。1956 年的《银行持股公司法》规定,银行可以组成持股公司(holding companies)的方式持有非银行公司的股份,但比例受到严格限制,规定持有一家非银行公司的股份的上限不能超过该公司有投票权股票的 5%,而且是一个被动的投资者(passive investors)。虽允许商业银行信托部以信托名义代客买卖股票,但美国的税收法鼓励银行管理的信托持股(trustholdings)分散化,银行的信托基金在任何一家公司的投资额不能超过其资产的 10%,而且银行要在其贷款活动与其信托部门投资活动之间建立"中国墙"(Chinese wall)以防止内幕交易。这些规定限制了作为银行控制权基础的股权控制,使美国银行不能像德、日银行那样利用股权进行监控。(2) 对银行作为债权人干预的限制。美国法律有所谓"公平的从属"(equitable subordination)原则,指积极地参与过企业经营的债权人,当该企业破产时,其债权的优先权就会丧失。也就是说,如果银行对其借款企业有过多干预,那么一旦该借款企业不能偿还债务,宣布破产,那么银行在索取赔偿时将丧失优先权。这一原则使得银行在提供贷款后,公司如果生产正常,使用贷款得当,能够按期偿还本息,银行一般不对公司的日常决策进行干预;而当公司经营管理不善,出现亏损,到期不能偿还全部或一部分贷款时,银行才进行干预。

总的来说,美国银行在公司治理中有重要的作用,主要是通过其作为企业的债权人来体现,这种债权干预相对于控制权市场的干预,其影响程度远不及后者,使得美国银行在公司治理中的作用没有显示与众,相对较弱。美国银行在公司治理中的这种地位与美国整体的制度安排有关。美国公司的股权结构的特点是股权极为分散,持有股份的主要是个人股东和机构股东,这一股东结构状况可以说一定程度上决定了美国公司治理结构的特点。一方面,拥有极少量股权的小股东由于监督成本太高而无监督的动力,即使有心监督,也无力影响经理层,所以,小股东都有"搭便车"的倾向;另一方面,机构投资者并不是真正的所有者,而是机构性的代理人,代理本基金的受益人运用资金。由于机构基金进入市场较晚,大多数机构基金只拥有大中型公司的小额股本,而且法律的限制也使其不能拥有一家公司大量的股份,一般将其资金分散投资到多家股票上。这样,它们作为"消极的投资者"(passive investors),主要关心公司能付给它们多高的红利,而不是企业经营的好坏和实力的强弱,它们所持有的股份具有较强的流动性,一旦发现所持股票收益率不高,就会迅速抛出手中的股票,而无意于插手改组公司领导班子或帮助公司改善经营。此外,美国法律规定任何一个非银行金融机构持有的股份不允许超过发行公司总股份的 5%,而银行对公司的控制和干预又受到法律的限制。

在这种情况下,美国的公司治理主要是通过股票市场、控制权市场等途径,对公司经理人员进行监控。这种机制也使得美国股票市场的敌意接管行为比任何其他国家都多。可以说在美国通过股票市场对经理人员进行控制,主要是采用敌意接管方式来实现的,即当公司绩效不高、股价下降到远远低于资产价值时,多数股权被一些投资者收购,当收购者手中持有大量股票后,就会凭借股权优势,召开股东大会,撤换公司现有领导,进行整顿和改组。

（四）银行在公司治理中作用的比较与启示

从以上三种模式我们可以看出，影响银行在公司治理中作用的因素主要有几个方面：一是资本市场的发达程度。日本和德国的资本市场均不发达，公司无法从股票市场进行充分的直接融资，转而依赖银行进行大规模的信贷，从而形成了银行与公司的密切关系，银行在公司治理中发挥重要作用。而在英美国家，在高度发达的资本市场，公司可以通过各种融资渠道进行融资。公司对银行资金的依赖程度较低，银行对公司治理参与持消极态度。二是公司控制权市场的发达程度。公司控制权市场是指通过买卖股票、接管、并购等手段争夺公司控制权的市场。在日本只有20%—30%的股票可以在市场上自由交易，大多数股票处于稳定的非流通状态。股票不能自由进出股票市场，股东很难通过"用脚投票"方式转让股票。另外，银行与公司间存在交叉持股现象。因此兼并、收购等行为往往很少发生。德国的情况也大体如此，双层董事会制度、共同决定制度、股权集中持有等有效阻止了接管。兼并与收购在德国公司并不经常发生，甚至呈下降趋势。外部投资者很难通过公司控制权市场接管公司，进而动摇全能银行在公司治理中的作用。英美公司的最大特点是所有权高度分散，并且流动性强。公司治理依赖于公司运作的高度透明和相应完善的立法及执法机制。由于股权分散，股东在公司决策中所能发挥的作用十分有限，不足以对公司管理产生压力，有一个庞大、发达的资本市场可以依托，英美模式中的持股人——无论是机构持股人还是个人持股者——通常不直接干预公司运营，而更关心股票市场的涨落，通过买卖的形式来"参与"公司重大问题决策，也被称为"用脚投票"。持股的短期性使股票交易活跃，公司接管或兼并事件频繁发生，市场上股票价格对公司管理者形成间接约束。对公司管理者的选择、监控和激励主要依赖于外部市场，特别是资本市场。因而英美国家银行参与公司治理一般是消极的。三是国家对债权的保护体系。债权保护体系的不同，直接导致了银行对企业的控制机制的不同。例如，不同国家对银行持股设有不同的规定，对银行的债权控制机制也有不同的规定。这一方面直接影响了银行基于债权的控制机制，也形成了不同的其他治理机制（如基于股权）。可见，银行参与公司治理的形式需与本国的整体环境和法律制度相适应，各国应根据本国的具体情况规范银行参与公司治理的方式和途径。

第三节　政府及监管部门的监管

作为公司治理宏观主体的一国政府承担着双重使命，一方面要建立起现代公司治理运行的基础体系，包括法律、制度、市场体系等，为完善公司治理提供制度框架和运作规范；另一方面又要通过加强监管保障和完善这些体系的正常运行，通过给予违法行为相应的惩罚来促进良好公司治理的实现。尤其在发展中国家和经济转轨国家，政府的作用会更加突出。如果没有政府的直接参与，很难建立起有效的公司治理。

一、法律制度环境与监管规则约束

公司治理与公司生存离不开社会这个大环境。法律制度、政治因素和社会文化因素等变量对其产生了越来越大的影响。这些法律法规和监管制度体系一方面为公司治理的建立和运作提供了基本的框架和参考;另一方面通过对违规行为的惩罚而保证良好公司治理的实现。法律法规通过对中小股东的保护、股权结构、对债权人的保护来影响公司治理,其中公司法、证券法和破产法对公司治理的影响相对要大一些。法律法规体系主要包括股东诉讼制度、信息披露制度、董事及高级管理人员民事赔偿制度等一系列从公司立法到公司章程的有关法律法规。完善的法律法规和执行体系将对公司治理中出现的违法违规行为形成有力和直接的威慑。

实践中,不同国家的公司治理存在显著差异,这些差异可以体现在公司股权的集中与分散程度、资本市场的发育程度、投票权的价值以及公司对外部融资的依赖程度上等,而这些差异被认为与一个国家对中小投资者利益的法律保护程度密切相关(La Porta et al.,1997,1998,1999)。即使在同一国家,不同地域的法律制度差异也会影响到公司治理的状况(Daines,2001)。

我国公司治理的法律和监管环境建设取得重大进展。近年来,中国上市公司治理水准随着证券市场的迅猛发展而取得了进步,证券监管部门先后出台了多部法规条文。其中,《上市公司治理准则》、《上市公司章程指引》、《股东大会规范意见》、《建立独立董事制度的指导意见》等一系列重要法规的出台,对提升上市公司治理水平起到了重要的推动作用。但是从中国的实际情况看,对小股东和债权人的保护仍不够充分,法律法规的完备性和可操作性都有待进一步提高。

监管主要是指对证券机构、上市公司以及与它们发生关联的其他服务机构的监管,包括会计和审计机构等。总体来说,这种监管具有某些行业约束的特征,监管的机制主要有两种,一是规则监管,二是道义监管,其中最主要的是规则监管。

从美国的经验来看,监管的过程往往是事后的,Rowland(2002)分析了 SEC 针对大量出现的管理者修改控制会计信息而作出反应的过程。公司财务信息被操纵的丑闻很早就存在了,直到 1998 年 SEC 主席列维特的一个演说,才揭开了 SEC 对财务信息披露过程的强化监管过程。SEC 期望在公司董事会中建立独立审计委员会,以发挥其对公司财务信息真实性的监督和保证作用,这一点与公司治理理论中强调董事会作用的强化是一致的,但是在改变公司财务信用危机方面显然没有起到关键作用。而在《萨班斯-奥克斯利法案》中,这种对公司财务信息真实性的保证的职责,从公司董事会成员(独立审计委员会)身上,进一步延伸到公司管理者身上。新法案规定,CEO/CFO 要在书面认证报告中承认:第一,他们审查了报告。就他们所知而言,报告不存在有关重要事实的虚假陈述、遗漏或者误导。第二,报告所含财务陈述和信息均为公允表述。如果知道报告不合法定要求,仍然作出书面认证,可并处不超过 100 万美元的罚款和不超过 10 年的监禁;如果蓄意违犯,可并处不超过500万美元的罚款和不超过20年的监禁。另外还有了对公司外部审计机构行为规则的新规定。

二、美国的监管改革与启示

1934年,美国证券交易委员会(SEC)成立。作为美国议会授权的监管机构,它的主要职责是监管上市公司和证券市场的运行情况,并制定相关的公司治理准则。而1933年《证券法》和1934年《证券交易法》是美国政府对公司治理和证券市场实施监管的法律依据。美国的监管法律和机构一向是美国人的骄傲,然而自2001年起,美国爆发出一系列的财务丑闻,许多大公司,如安然、世通等相继破产,这引起了人们对美国监管法律和制度的质疑。为此,证券交易委员会对监管法律和机构都作出了相应的改革,以加强监管力度。

(一) 监管法律的变化——《SOX法案》

2002年7月,美国总统布什正式签署了2002年《萨班斯-奥克斯莱法案》(简称《SOX法案》),其内容主要是加强审计独立性、完善公司治理、强化信息披露、防止欺诈行为等,它被认为是1934年以来最具影响力的一部监管法律。它对公司内部治理结构安排作出了详细的规定:

第一,对审计委员会的规定。《SOX法案》要求上市公司审计委员会的成员必须全部由独立董事组成;审计委员会成员不得与公司有其他关联关系;审计委员会成员不得接受公司给予的咨询费等津贴之外的报酬。会计师事务所向上市公司提供审计服务必须经过公司审计委员会的批准。

第二,对管理层的监管。《SOX法案》明确要求公司的CEO和CFO证实向SEC申报的定期报告中不存在虚假、遗漏或者误导。如果发现公司公布的定期报告有重大违规而被要求重新编制并申报时,CEO和CFO将把所有奖金、红利等奖励性报酬以及通过买卖该公司证券的收益返还给公司。

同时,要求管理层加强信息披露,包括对定期报告中资产负债表外部分的披露;对涉及主要股东和高级管理者交易的披露;对审计委员会财务专家的披露;管理当局对公司内部控制有效性进行评估,并且要求公司的审计师对管理层的评估报告予以鉴定,评估报告和鉴定报告需要被披露。

(二) 监管机构的调整

美国对监管机构的调整包括公众公司会计监督委员会(PCAOB)的建立和对注册会计师事务所的监管调整两个方面。

(1) 在《SOX法案》实施之前,美国注册会计师协会(AICPA)负责制定公认审计准则(GAAS),并且对上市公司的审计情况以及注册会计师(CPA)事务所的运行情况进行监管。但是2001年之后的财务丑闻,使投资者对美国注册会计师协会失去信心,为此,根据《SOX法案》,美国证券交易委员会建立了公众公司会计监督委员会(PCAOB)来执行美国注册会计师协会的主要职责,它受到证券交易委员会的直接监督。

《SOX法案》规定公众公司会计监督委员会的职责主要包括:负责会计师事务所的注册,只有在该委员会注册并通过检查的会计师事务所才有资格向公众公司提供审计业务;调查会计师事务所的审计情况,对违规的会计师事务所进行惩罚;对注册会计师的独立性、职业道德和工作质量进行审查;制定审计准则;等等。

公众公司会计监督委员会的成员有5人,都是由证券交易委员会任命,其中,只有2名可以是注册会计师。《SOX法案》规定公众公司会计监督委员会的成员不得参加职责之外的商业活动,如通过向公众公司提供咨询服务获取报酬等。同时,《SOX法案》还规定,公众公司会计监督委员会是一个非营利机构,其资金主要来自公开发行证券的公司和因负责会计师事务所的注册和审核而由会计师事务所提供的资金。

(2)对注册会计师事务所的监管调整。在过去,一些注册会计师事务所会为审计客户提供咨询等非审计服务,这些咨询费用的数目常常很大,甚至高于审计费用。安然、安达信的财务丑闻被披露之后,为增强注册会计师事务所的审计独立性,《SOX法案》规定:禁止审计师为审计客户提供评估或估价服务、精算服务、法律服务等非审计服务,会计师事务所的非审计服务收入不得超过事务所总收入的5%;所有审计服务和非审计服务都必须得到事先批准;要求审计合伙人轮换,即主管审计合伙人和复核审计合伙人为同一审计客户连续提供审计服务不得超过5年;建立注册会计师审计回避制度,避免利益冲突等。

(三)美国监管改革的启示

美国通过《SOX法案》的实施对公司内部治理结构和监管机构进行了更加严格的监管,使内部治理结构更加完善,有利于提升信息披露的真实性,加强对经营者的监督,同时也使监管机构更好地发挥监督企业的作用,对我国的公司治理改革具有很大启示。

第一,加强审计委员会的作用,完善公司内部监管体系。审计委员会作为董事会的下设机构,对公司内部治理起着重要作用,它负责监督公司的内部审计制度及运行情况,审核公司的财务报表,提议聘请或更换外部审计机构,审查公司的内控制度等。为此,当美国出现财务丑闻后,《SOX法案》对加强审计委员会的独立性方面作了特别规定:要求上市公司审计委员会的成员必须全部由独立董事组成;审计委员会成员不得与公司有其他关联关系;审计委员会成员不得接受公司给予的咨询费等津贴之外的报酬。在我国,2001年《关于在上市公司建立独立董事制度的指导意见》和2002年《上市公司治理准则》中,对审计委员会作了规定:上市公司董事会可以按照股东大会的有关决议,设立战略、审计、提名、薪酬与考核等专门委员会。专门委员会成员全部由董事组成,其中审计委员会、提名委员会、薪酬与考核委员会中独立董事应占多数并担任召集人,审计委员会中至少应有一名独立董事是会计专业人士。但是对审计委员会的设立只是上市公司的自愿行为,并未强制执行,而且在新《公司法》中也没有对审计委员会的特别规定,这使得我国的许多上市公司没有重视审计委员会的作用,使公司的内部监管体系得不到进一步的完善。

第二,加强对会计师事务所的监管。会计师事务所作为公司的外审机构,对公司财务报表和信息披露的审核起着重要的作用。安达信的垮台使人们对美国会计师事务所丧失信心,为此,《SOX 法案》规定:禁止审计师为审计客户提供评估或估价服务、精算服务、法律服务等非审计服务;要求审计合伙人轮换,即主管审计合伙人和复核审计合伙人为同一审计客户连续提供审计服务不得超过 5 年;建立注册会计师审计回避制度,避免利益冲突等。其中,审计合伙人轮换制对提高审计工作的独立性,防止公司和审计人员之间联合造假起了重要的作用。不仅要通过制定相关的法律和法规来加强对会计师事务所的监管,同时相关机构对会计师事务所的监管也非常重要。根据《SOX 法案》,美国证券交易委员会建立了公众公司会计监督委员会(PCAOB),对会计师事务所具有审批注册权、调查权、惩罚权和监督权。

第三,加强法律监管力度。政府通过制定法律对公司进行外部监管,但管理者也有自己的权衡机制。当他们因自己的机会主义行为给公司和股东带来损害而负经济责任和法律责任时,管理者会衡量这种机会主义行为的收益与法律和经济制裁两者孰轻孰重。如果收益大于制裁带来的损失,则他们会漠视法律,践踏公司和股东的利益。为此,有力的监管法律是外部监管的必要手段。在《SOX 法案》中,加重了对高级管理人员违法行为的惩罚力度。如《SOX 法案》规定,如果公司 CEO 或 CFO 对明知财务报告没有满足要求却蓄意签署证明,最高可处500 万美元的罚款或者20 年的监禁等。这些都表明了美国自安然等重大财务丑闻之后,制定的法律更具震慑力,使高级管理者不敢轻易以身试法。

三、《COSO 报告》对公司治理的影响

美国安然等系列财务舞弊案的爆发,使人们更深刻地认识到公司治理中内部控制的重要性。在公司治理体系中,内部审计是必不可少的组成部分。早在 1992 年,美国全美反舞弊性财务报告委员会(又称 COSO 委员会)就发布了《内部控制——整体框架》(以下称《COSO 报告》),以加强公司内部控制。COSO 报告为企事业单位构建起一个三维立体的全面风险防范体系。它们给企业以立体、全方位、多层次的内部审计和风险防范,这对于企业的内部控制和风险管理具有重要的意义,也为在公司治理框架下加强内部控制提供了方向。

（一）COSO内部控制体系

《COSO报告》将内部控制定义为：内部控制是一个过程，它受到董事会、管理人员和其他职员的影响，以期为实现经营的效果和效率、财务报告的可靠性及遵守相关的法律法规提供合理保证。

《COSO报告》提出，内部控制由五个要素组成，即控制环境、风险评估、控制活动、信息与沟通和监控。五要素中，各个要素有其不同的功能，内部控制并非五个要素的简单相加，而是由这些相互联系、相互制约、相辅相成的要素，按照一定的结构组成的完整的、能对变化的环境作出反应的系统。控制环境是整个内控系统的基石，支撑和决定着风险评估、控制活动、信息传递和监督，是建立所有事项的基础；实施风险评估进而管理风险是建立控制活动的重点；控制活动是内部控制的主要组成部分；信息传递贯穿上下，将整个内控结构凝聚在一起，是内部控制的实质；监督位于顶端的重要位置，是内控系统的特殊构成要素，它独立于各项生产经营活动之外，是对其他内部控制的一种再控制。

《COSO报告》认为，企业内部每一成员在实施内部控制方面都扮演着一定的角色，对内部控制也都负有一定的责任，报告也对企业中各层次人员的控制职责作出如下具体设计：

（1）管理层。CEO对整个控制系统负责。

（2）董事会。管理层对董事会负责，由董事会设计治理结构，指导监管的进行。

（3）内部审计师。内部审计对评价控制系统的有效性具有重要作用，对公司的治理结构行使着监管的职能。

（4）内部其他人员。明确各自的职责，积极主动参与、配合内部控制制度的实施。

（5）外部人员。公司的外部人员也有助于控制目标的实现，而且由于其相对独立于企业的身份，更具有可靠性。

（二）内部控制与公司治理

从主要功能上来说，公司治理的范围可以包括：股东、董事会——决策者；管理阶层——执行者；审计人员（包括内部审计人员及外部审计人员）——监督者；其他利益相关者（例如顾客、供应商、债权人及员工等）——影响者；等等。从这个角度来讲，内部审计人员应该在公司治理中占有一席之地。因为沟通公司治理各功能主体的重要工具就是会计信息系统。因此，会计信息系统本身是公司治理结构的组成部分，而且会计信息更严重地制约和影响着公司治理结构中其他制度安排效用的大小。会计信息系统提供的会计信息的真实可靠是内外部激励机制正常运行的前提条件，而有效的审计监督制度是确保这一前提条件实现的关键。外部审计对公司财务报表进行审计，并对其公允性发表审计意见，从而起到增强会计信息可信性的作用。而内部审计处于公司内部，对于公司内部控制、管理经营活动、风险管理都有透彻深入的了解，与外部审计人员相比，内部审计对公司治理发挥的作用在层面上更为深入，在范围上更为广泛。

（三）《COSO报告》对公司治理的启示

鉴于内部审计在确保公司内部控制制度有效运转及管理和控制风险等方面的独特作用，内部审计理应成为公司治理的关键一环。结合《COSO 报告》提出的内部控制框架，公司治理应作出相应的制度安排。①

第一，公司治理规范必须对内部控制机制的构建提出基本要求。为保证多级委托代理链组成的公司运行能够维护所有股东的平等地位和权利，承担对股东的诚信义务，公司治理规范中必须提出对内部控制构建的基本要求，从而保证内部控制目标与公司治理目标的高度一致性。没有公司治理做后盾，内部控制系统的不断完善将失去动力。因此，公司治理理应涵盖内部控制系统。事实上，各国有关公司治理的法规和准则中都对内部控制作出了基本要求。例如，美国内部控制从制度发展到三要素构成的结构和五要素构成的框架，与美国《反海外腐败法》（Foreign Corrupt Practices Act，FCPA）的颁布与完善是分不开的。该法除了禁止各种形式的行贿和具有可疑行贿的行为之外，还要求在证券交易委员会管辖下的每一家公司都建立内部控制制度，并详细规定：美国公司有责任保证其海外下属公司妥善保存财务报表和记录，并建立和实施内部监控制度，不得非法向外国政府公职人员或国际公共组织官员支付财物，即使海外下属公司在母公司不知情的情况下发生与上述行为有关的不适当行为，母公司也不能免责。2002 年 1 月，中国证监会颁布了《上市公司治理准则》，从六个方面作出了公司治理的规范：平等对待所有股东，保护股东合法权益；强化董事的诚信与勤勉义务；发挥监事会的监督作用；建立健全绩效评价与激励约束机制；保障利益相关者的合法权利；强化信息披露，增加公司透明度。上述六个方面的要求需要通过科学严密的内部控制系统来保障，否则相应的要求就难以落到实处。

第二，保证董事会在内控中的核心地位。公司的董事会是联结出资者和经营者的桥梁，为股权资本出资者和经理人员的职业合同提供了合理的保障。尽管在契约未预见的事项发生的情况下，出资者可以利用剩余控制权作出决策，但由于基于股权分散的事实产生的投资者行使剩余控制权的高额成本以及信息不对称，行使控制权的重心客观上要求落在董事会身上。内部控制是董事会抑制管理人员机会主义倾向，保证法律、公司政策及董事会决议切实贯彻实施的措施；内部控制以及涉及内部控制的信息流动构成解决信息不对称、保证会计信息真实可靠的重要手段；而确保信息质量是董事会不可推卸的责任。董事会在内部控制中的核心地位是通过公司治理结构和机制的安排来实现的。因此，应通过优化董事提名机制、董事会形成机制以及董事责任追究与免责机制，强化董事会专业委员会建设，确保董事会的独立勤勉，从而保证其在内部控制中发挥核心作用。

第三，强化监事会的监督职能。内部控制框架的五大要素之一是“监督与纠偏”，在“控制环境”这一要素中，也要求建立与内控相应的监督机构。在以董事会为核心的内部

① 杨有红、胡燕：《试论公司治理与内部控制的对接》，载《会计研究》，2004（10）。

控制框架中，董事会下包括审计委员会在内的专业委员会的建立，以及经理层下属的审计部在对内部控制制度运行过程的监督和效果评价方面的作用越来越明显。但是，监事会对处于内部控制核心地位的董事会的监督却长期弱化。在完善的内部控制体系中，监事会的监督作用是重要一环。

第四，建立有效的反向制衡机制。决策与执行相互分离是内部控制框架中不相容职务分离的五大内容之一。这种分离不仅包含了当事人间的相互制约，而且还包括反向制衡。在《COSO报告》的信息与沟通部分和监督部分，要求各内控执行主体在经营中要相互监督，有权拒绝明显违法的事项并通过信息沟通反映经营管理中的不适当行为。在解决了董事会成员和经理层的高度重合、董事长与总经理交叉任职的基础上，在治理机制设计上启用反向制衡程序对杜绝大股东侵占中小股东合法利益、实际控制人通过牺牲公司利益来实现个人利益显得十分必要。国家有关公司治理的法规和企业的公司章程中应明确规定总经理有权抵制股东会或董事会（股东或董事）抽逃资本、利用关联交易侵犯中小股东利益等违法行为。已颁布的有关公司治理的规定已在反向制衡机制构建方面进行了有益的尝试，例如，中国证监会2004年3月颁布的《期货经纪公司治理准则（试行）》第五章“经理层”中明确规定了经理对股东大会、董事会违规违法行为的抵制权以及经理层之间的制约措施。

四、我国政府监管的内容和作用

我国政府通过制定法律，如《公司法》、《证券法》等，对公司治理的有关问题作了明确的规定，如股东大会、董事会、监事会的职权和运作方式，公司合并、分立等问题；同时，相关的监管机构，如证监会也出台了一些重要的法规和准则，包括《上市公司治理准则》、《关于在上市公司建立独立董事制度的指导意见》、《上市公司收购管理办法》等，更加详细地对公司治理过程中的相关问题作出了说明，如经理人员激励机制的建立，独立董事的职责等问题；而且，中国证监会还通过审核上市公司的定期报告和临时报告直接对公司进行监管，对上市公司分派或者配售新股的情况进行监督，对上市公司控股股东和信息披露义务人的行为进行监督。例如，以要约收购方式进行上市公司收购的，收购人应当向中国证监会报送要约收购报告书，同时抄报上市公司所在地的中国证监会派出机构，抄送证券交易所，通知被收购公司，并对要约收购报告书摘要作出提示性公告，接受中国证监会的监管。下面具体地介绍一下相关的内容。

（一）对公司内部治理结构的规定

《中华人民共和国公司法》已由第十届全国人民代表大会常务委员会第十八次会议于2005年10月27日修订通过，自2006年1月1日起施行。《公司法》中对公司董事、监事、高级管理人员的资格和义务作了规定，包括董事、监事、高级管理人员应当遵守法律、行政法规和公司章程，对公司负有忠实义务和勤勉义务。在一些情形下，当事人没有资格担任董事、监事或高级管理人员,如因贪污、贿赂、侵占财产、挪用财产或者破坏社会主义市场经济秩序,被判处刑罚,执行期满未逾五年,或者因犯罪被剥夺政治权利,执行期满未逾五年等。

对董事、监事、高级管理人员行为的管制:董事、监事、高级管理人员不得利用职权收受贿赂或者其他非法收入,不得侵占公司的财产。如因挪用公司资金或违反公司章程的规定或者未经股东会、股东大会同意,与本公司订立合同或者进行交易等行为给公司造成损失的,应当承担赔偿责任,并且所得的收入应当归公司所有;董事、高级管理人员违反法律、行政法规或者公司章程的规定,损害股东利益的,股东可以向人民法院提起诉讼;股东会或者股东大会要求董事、监事、高级管理人员列席会议的,董事、监事、高级管理人员应当列席并接受股东的质询;上市公司董事、监事、高级管理人员应当保证上市公司所披露的信息真实、准确、完整。

此外,《公司法》还对股东大会、董事会和监事会的职权和运作作了规定。《公司法》指出,股东大会是公司的权力机构,其职权包括决定公司的经营方针和投资计划,选举和更换非由职工代表担任的董事、监事,审议批准董事会、监事会的报告,审议批准公司的年度财务预算方案、决算方案等;董事会对股东会负责,其职权包括召集股东会会议,并向股东会报告工作,执行股东会的决议,制订公司的年度财务预算方案和利润分配方案,决定公司内部管理机构的设置,决定聘任或者解聘公司经理及其报酬事项等。监事会的职权主要包括检查公司财务,向股东会会议提出提案,对董事、高级管理人员执行公司职务的行为进行监督,必要时提出罢免的建议;主持公司的生产经营管理工作,组织实施董事会决议。经理的职权包括组织实施公司年度经营计划和投资方案,拟订公司内部管理机构设置方案和公司的基本管理制度等。关于股东大会、董事会和监事会的运作,《公司法》对会议的召开周期、出席会议的人员构成、决策方式、主持者的身份、临时会议的组织等都作了明确的规定。

2002 年 1 月 7 日,中国证券监督管理委员会和国家经济贸易委员会发布了《上市公司治理准则》,对董事会专门委员会作了规定,该准则指出,上市公司董事会可以按照股东大会的有关决议,设立战略、审计、提名、薪酬与考核等专门委员会。专门委员会成员全部由董事组成,其中审计委员会、提名委员会、薪酬与考核委员会中独立董事应占多数并担任召集人,审计委员会中至少应有一名独立董事是会计专业人士,并对各委员会的职责作了规定。

(二) 对独立董事制度的规定

中国证监会为进一步完善上市公司治理结构,促进上市公司规范运作,制定了《关于在上市公司建立独立董事制度的指导意见》(以下简称《指导意见》),并于 2001 年 8 月 16 日予以发布。《指导意见》的内容主要包括以下几个方面:(1) 上市公司应当建立独立董事制度,上市公司董事会成员中应当至少包括三分之一独立董事,独立董事对上市公司及全体股东负有诚信与勤勉义务,尤其要关注中小股东的合法权益不受损害。(2) 独立董事必须具有独立性,并对独立董事的任职条件作了相关说明。(3) 上市公司董事会、监事会、单独或者合并持有上市公司已发行股份1%以上的股东可以提出独立董事候选人，并经股东大会选举决定。为了加强证监会的监管力度，在选举独立董事的股东大会召开前，上市公司应将所有被提名人的有关材料同时报送中国证监会、公司所在地中国证监会派出机构和公司股票挂牌交易的证券交易所。独立董事可以连任，但是连任时间不得超过六年。(4) 独立董事具有重大关联交易的知情权、决议权以及独立聘请外部审计机构和咨询机构、向董事会提议聘用或解聘会计师事务所、在股东大会召开前公开向股东征集投票权等职权。(5) 为了保证独立董事有效行使职权，上市公司应当为独立董事提供必要的条件。上市公司可以建立必要的独立董事责任保险制度，以降低独立董事正常履行职责可能引致的风险。

(三) 对公司股票发行方面的监管

《中华人民共和国证券法》已由第十届全国人民代表大会常务委员会第十八次会议于2005年10月27日修订通过，自2006年1月1日起施行。《证券法》对证券发行条件、向监管机构报送的申请文件等作了详细的规定，来规范股票发行和上市，加强了对上市公司的监管。《证券法》规定，国务院证券监督管理机构设发行审核委员会，依法审核股票发行申请。发行审核委员会由国务院证券监督管理机构的专业人员和所聘请的该机构外的有关专家组成，以投票方式对股票发行申请进行表决，提出审核意见。此外，新《证券法》还确立了上市保荐人制度和预先披露制度。新《证券法》规定，发行人申请公开发行股票、可转换为股票的公司债券，依法采取承销方式的，或者公开发行法律、行政法规规定实行保荐制度的其他证券的，应当聘请具有保荐资格的机构担任保荐人。保荐人应当对发行人的申请文件和信息披露资料进行审慎核查，督导发行人规范运作。发行人申请首次公开发行股票的，在提交申请文件后，应当按照国务院证券监督管理机构的规定预先披露有关申请文件。

(四) 有关加强信息披露的规定

政府通过制定法律和证监会制定的准则，强制公司进行信息披露，保证公司治理的透明度。在《上市公司治理准则》中，上市公司需要对与股东权益有关的信息进行披露。公司治理信息包括：董事会、监事会的人员及构成；董事会、监事会的工作及评价；公司治理的实际状况；改进公司治理的具体计划和措施；等等。关于股东权益的披露包括及时披露持有公司股份比例较大的股东，以及一致行动时可以实际控制公司的股东，或实际控制人的详细资料；上市公司应及时了解并披露公司股份变动的情况；上市公司控制权发生转移时，上市公司及其控股股东应及时、准确地向全体股东披露有关信息；等等。新《公司法》还规定，公司应当定期向股东披露董事、监事、高级管理人员从公司获得报酬的情况。新《证券法》要求公司依法必须披露的信息，应当在国务院证券监督管理机构指定的媒体发布，同时将其置备于公司住所、证券交易所，供社会公众查阅。

中国证券监督管理委员会为了规范发行人、上市公司及其他信息披露义务人的信息披露行为，于2006年12月13日审议通过了《上市公司信息披露管理办法》，并于2007年1月30日起开始施行。其主要内容包括：凡是对投资者作出投资决策有重大影响的信息，均应当在招股说明书中披露；上市公司应当披露的定期报告包括年度报告、中期报告和季度报告；上市公司应当制定信息披露事务管理制度，建立信息披露事务管理部门并明确负责人在信息披露中的职责；等等。

（五）对关联交易的管制

新《公司法》规定，公司的控股股东、实际控制人、董事、监事、高级管理人员不得利用其关联关系损害公司利益。违反规定，给公司造成损失的，应当承担赔偿责任。

《上市公司治理准则》对关联交易作了详细的规定，包括：(1) 上市公司与关联人之间的关联交易应签订书面协议。公司应将该协议的订立、变更、终止及履行情况等事项按照有关规定予以披露。(2) 上市公司应采取有效措施防止关联人以垄断采购和销售业务渠道等方式干预公司的经营，损害公司利益。公司应对关联交易的定价依据予以充分披露，关联交易的价格原则上应不偏离市场独立第三方的价格或收费的标准。(3) 上市公司的资产属于公司所有。上市公司应采取有效措施防止股东及其关联方以各种形式占用或转移公司的资金、资产及其他资源。上市公司不得为股东及其关联方提供担保。

（六）对投资者利益的保护

新《证券法》规定，国家设立证券投资者保护基金。证券投资者保护基金由证券公司缴纳的资金及其他依法筹集的资金组成，其筹集、管理和使用的具体办法由国务院规定。这是我国首次确立要设立证券投资者保护制度。

新《证券法》还确立了投资者损害赔偿制度。新《证券法》规定发行人、上市公司的信息披露资料有虚假记载、误导性陈述或者重大遗漏，致使投资者在证券交易中遭受损失的，发行人、上市公司应当承担赔偿责任；因内幕交易、操纵证券市场、欺诈客户行为给投资者造成损失的，行为人应当依法承担赔偿责任；投资咨询机构及其从业人员从事证券服务业务买卖本咨询机构提供服务的上市公司股票等行为，给投资者造成损失的，依法承担赔偿责任；等等。

2004年12月7日，中国证券监督管理委员会发布了《关于加强社会公众股股东权益保护的若干规定》。它主要是通过建立社会公众股股东表决制度、完善独立董事制度、加强投资者关系管理、提高信息披露质量、实施积极的利润分配办法和加强对上市公司和高级管理人员的监督来加强对社会公众股股东权益的保护。其主要内容包括：(1) 在股权分置情形下，上市公司应建立和完善社会公众股股东对重大事项的表决制度。(2) 切实保障社会公众股股东参与股东大会的权利，董事会、独立董事和符合一定条件的股东可以向上市公司股东征集其在股东大会上的投票权。(3) 在股东大会选举董事、监事的过程中，应充分反映社会公众股股东的意见，积极推行累积投票制。(4) 上市公司应建立健全投资者关系管理工作制度，通过多种形式主动加强与投资者特别是社会公众投资者的沟通和交流。(5) 上市公司的利润分配应重视对投资者的合理投资回报，上市公司董事会未做出现金利润分配预案的，应当在定期报告中披露原因。(6) 上市公司高级管理人员未能忠实履行职务，违背诚信义务的，其行为将被记入诚信档案，并适时向社会公布；违规情节严重的，将实施市场禁入；给上市公司和社会公众股股东的利益造成损害的，应当依法承担赔偿责任。

(七) 保护员工的相关规定

员工是公司的基层力量，但其权益常常遭到忽视。政府为保障员工的权益，在新《公司法》中作了相应的规定，内容主要包括员工的经济利益、职业发展和参与治理三个层面。在保障员工的经济利益方面，增加公司依法与职工签订劳动合同的规定，规定公司必须保护职工的合法权益，依法与职工签订劳动合同，参加社会保险，加强劳动保护，实现安全生产，并且由公司工会代表职工就职工的劳动报酬、工作时间、福利、保险和劳动安全卫生等事项依法与公司签订集体合同；关于保障员工的职业发展，公司应当采用多种形式，加强公司职工的职业教育和岗位培训，提高职工素质；在保障员工参与治理的方面，公司研究决定改制以及经营方面的重大问题时，应通过职工代表大会等形式听取职工的意见和建议，并允许通过发主选举公司职工代表参与公司董事会，而监事会中则必须有公司职工代表，且比例不得低于三分之一，具体比例由公司章程规定。监事会中的职工代表由公司职工通过职工代表大会、职工大会或者其他形式民主选举产生。

【案例 9-8】

史美伦的监管新政

自从史美伦担任中国证监会副主席(2004 年 9 月离职)以后，她就在中国证券市场上掀起了一番监管风暴，史美伦的就职被认为是监管时代的开始。

史美伦的监管箴言是“不畏不惧、无偏无倚”。她认为，加强监管才能增强市场信心。在证监会分管发行、上市公司监管工作期间，保荐人制度的推出就是一项重要监管政策。此项政策强化了券商的责任，让券商承担了保荐责任，其目的是防止包装上市，强化承销商的尽职调查。在行业不规范的情况下，推行保荐人制度不仅可以提高保荐人的素质，也可以从源头上提高上市公司的质量。

与此同时，史美伦强调：要以强制性信息披露为中心，完善“事前问责、依法披露和事后追究”的监管制度，发行监管工作要着力从证券市场的“入门关”和“源头”上奠定现代公司治理的基础。同时还要加强对中介机构的监管。监管者不可能杜绝问题的发生，要做的是保证市场的健康运作和发展，提高违规违法行为的成本，让违规者对其行为负责，使投资者利益得到一定的保障……

资料来源：参考于宁、康伟平：《史美伦：监管的关键是决心》，载《财经》，2004(18)；《史美伦：监管应事前问责、依法披露、事后追究》，载《上海证券报》，2002.3.18；《史美伦：监管就是要提高违规成本》，载《人民日报》，2001.12.22；《史美伦表示：监管的目的是要保持市场健康发展》，载《证券时报》，2003.7.14。

第四节　中介机构与社会舆论监督

中介机构与社会舆论监督是实现良好公司治理的必要补充，而社会伦理道德则是公司治理赖以运作的基础。多方健全的监控有利于约束上市公司的行为，有利于上市公司董事会、监事会和总经理很好地履行职责，促进上市公司的健康发展。因此，要充分发挥新闻媒体和社会中介机构等的监督作用，即由合法成立的会计师事务所、审计事务所依法对公司报告的真实性、公正性进行审计，以便有关方面对其财务状况、经营绩效和风险程度等作出正确判断，并对其存在的问题进行审计监督。社会舆论会从外部对上市公司形成强大的约束，而积极的社会伦理道德则会从更深层次促进上市公司治理水平的提高。

一、中介机构

在一个健康发展的资本市场上，中介机构的地位和作用是毋庸置疑的。尽管投资银行的证券分析师、会计师事务所的独立审计师、注册会计师们的本意并不是为了监督企业的经营，而是为了猎取最新的公司信息，为投资者提供最佳服务，但其功效如同投资者或企业所有者的眼睛，间接地起到了对上市公司的监督作用，充当了证券市场中"经济警察"的角色。因为公司的业绩、高级主管的各种行为、经营决策、投资决策及融资决策等都很快反映在股票价格上，如果公布的公司业绩比预期的更好，该公司的股票价格就会上升，反之会下跌。对公司披露的此类信息进行核实的，就是一批具有较高专业水准与职业道德的独立会计师。至于经营决策、投资决策、融资决策等是否符合公司所有者的最大利益，并准确合理地反映在股票价格上，则是由证券分析师们来作出判断。证券分析师一般对所关注公司的过去与现在了如指掌，且不断地猎取最新信息，尽力对公司的前景作出最准确的分析判断。他们不但分析公司所披露的财务信息和重大行为，而且还通过定期参观企业、访问企业高级经理猎取第一手最准确的资料。他们不但要及时掌握企业的各种重大决策和人事变动，而且还要对公司的各种决策作全面深入、公正客观的分析，以判断它们是否符合公司所有者的最大利益，是否有利于公司的长远盈利，同时还将分析判断的结果及时提供给市场，即企业的现有投资者及未来投资者。这样，通过资本市场中的中介组织就能形成一种强大的监督机制（李承友，2001），从而对促进公司治理的完善和保护投资者利益具有重要作用。

二、社会舆论监督

新闻媒体、社会公众的监督作用在公司治理中的地位日益突出。近年来，国内外上市公司对一些重大违规违法事件的查处，如美国的安然，国内的银广夏、蓝田股份等，很大程度上就是这两种力量参与监督的结果。事实上，相对于监事会的监督、法律法规的监督，新闻媒体及社会公众对上市公司的监督更直接、发现问题更及时、成本更低。

社会公众的监督方式主要有：一是通过阅读所公开的文件和资料，对该公司进行分析和比较，以决定是否购买证券，借助货币选票进行间接监督；二是作为普通股股东，通过参加股东大会，参与公司的管理监督，还可检查公司账簿记录进行财务监督；三是利用网络、报刊等新闻媒体公开发表意见，进行评价和监督。透明度和信息披露标准是公司治理框架内代表公司治理整体水平的一项重要指标。透明度涉及有关公司运作、财务状况以及公司治理信息充分、及时的披露。具有高度信息披露水平的公司可以使其股东、债权人和董事对公司的管理、运作以及财务进行有效监督。信息披露也有助于帮助公众了解企业组织结构和经营活动，以及公司在环境问题、商业道德与社区关系方面的政策和绩效。因此，建立完善的信息披露制度，确保公开信息的准确、及时和完整，尽量减少经营者与所有者之间的信息不对称，保障外部投资者公平获取信息的权利，才能使股东和其他利益相关者有效监督公司治理和运行。

为了明确必须公布的信息内容，许多国家使用“实质性”这一概念。实质性信息指的是如果遗漏或谎报，将影响信息使用者的经济决策的信息。具体包括：公司的财务状况及经营成果；公司目标；主要股份所有权和投票权；董事与主要执行官员及其报酬；重要可预见的风险因素；与雇员和其他利益相关者有关的重要问题；治理结构和政策等（彭壁玉，2001）。财务透明涉及及时披露适当的关于公司运营、财务表现和公司治理方面的信息。除了财务信息，非财务信息也很重要，比如公司运营、公司竞争地位、公司章程、决议。公开披露是内部透明性和有效内控制度的反映，因此，公司章程、决议和文件应该清晰制作和容易提供给股东。公司应该建立一个网址，用当地语言和英语两种文字披露公司报告、报告摘要和其他投资者关心的信息。审计师应该和公司董事、管理层、公司业绩和公司目标保持独立，也应该拥有较高声誉。通过分析审计师合同，财务和控制制度，审计委员会的程序、章程及有关条款，审计报告等，可以衡量审计师的独立性（裴武威，2002）。

随着独立董事制度的完善，独立董事拥有独立发言权，对上市公司的信息披露具有监督与促进作用；信息披露与中介机构的“联动制”，如承销商公布对上市公司募集资金使用情况的回访报告，会计师事务所对上市公司资产置换出具财务报告，律师事务所对上市公司行为出具法律意见书等，信息披露增强了监督方的力量，多角度地对上市公司信息披露质量进行把关，为社会公众和新闻媒体实施有效监督提供准确客观的依据。

【案例 9-9】

社会监督与格林柯尔治理问题的暴露

2004 年 8 月 9 日，郎咸平教授在复旦大学发表了题为“格林柯尔：在‘国退民进’的盛宴中狂欢”的演讲，将格林柯尔老总顾雏军收购系列上市公司的方法归纳为“七大板斧”——安营扎寨、乘虚而入、反客为主、投桃报李、洗个大澡、相貌迎人以及借鸡生蛋。在关于格林柯尔、海尔、TCL 的研究报告中，郎咸平试图以典型案例的方式解析以下两点：一是在中国资本市场中，大股东与相关交易主体联手或独自运用各种手段，不当侵吞中小股东的利益。二是在国有企业产权改革中，由于非公开、非市场化竞争，以及相关制度和规则的缺失或执行不力，存在大量国资流失情况。随后部分媒体将郎咸平的案例进行了报道，并对顾雏军的格林柯尔再度产生质疑。顾雏军所控制的四家上市公司科龙电器(000921)、美菱电器(000521)、亚星客车(600213)以及 ST 襄轴(000678)近期股价均有不同程度的下跌。2005 年 8 月，在经过旷日持久的“郎顾之争”后，证监会对顾雏军及科龙电器的调查结果公布：顾雏军等人及格林柯尔系有关公司涉嫌侵占、挪用科龙电器财产累计发生额为 34.85 亿元，涉嫌八类犯罪行为。9 月 2 日，顾雏军同其副总裁严友松等多名高管被正式逮捕。

资料来源：根据《中华工商时报》等 2004—2005 年相关报道整理。

三、社会伦理道德

社会伦理道德的外部约束是指一个国家或者社会主流的价值准则、伦理观念等对公司利益相关者态度、行为等的影响及约束，它不是通过相关的法律制度体现出来，而是通过根植于一个社会文化之中的、具有广泛社会认同和潜在约束力的道德准则体现出来。它与监管和法律约束的不同在于其约束力是潜在的和无强制力的。有关这方面的认识包括：企业社会责任(social responsibility)、专业机构和自治团体的道义说服、社会诚信与经理人员道德等。

(1) 按照 Wartick 和 Cochran(1985)的说法，企业的社会责任理论以下面两个假设为前提：第一，企业要实现生存，其经济活动必须满足社会的要求，其行为和经营过程必须遵循已有的一系列社会规则，或者说企业与社会有一个契约，这个社会契约暗含着一系列的权利和义务。第二，企业在社会中扮演着一个类似道德机构的角色，其行为最终体现为对某种社会认同价值的遵循或者强化。从这两个前提出发，企业的社会责任可以包括企业的经济责任(economic responsibility)、公共责任(public responsibility)、社会反应(social responsiveness)三个方面，企业的经济责任类似于古典经济学中对企业理性的认识，认为企业只是要满足其所有者利润实现的需要；企业的公共责任是指企业除了要满足利润最大化要求外，还要体现出对社会公共政策过程的参与，这些公共政策可以包括公平的就业机会、劳动者的安全保障与健康、环境的保护等，Cochran(1985)称之为企业的双重责任，一是对市场的责任，类似于经济责任，二是对公共政策过程的责任；企业的社会反应是强调企业对社会责任的态度从被动的遵从向积极响应的转变，企业主动响应的行动产生了对某些社会认同价值准则的强化。

(2) 专业机构和自治团体的道义说服。英美国家的一些专业机构和自治团体、行业协会等都有对该团体内各成员的行为进行规范和指导的准则，这些准则虽然没有强制意义，但是其约束力是明显的，如美国商业圆桌会议(Business Roundtable)、蓝带委员会(Blue Ribbon Commission)、美国会计师协会等对有关公司治理规则的建议和对《公司法》内容修改以解决公司治理过程中出现的新问题的建议等。美国商业圆桌会议是一个大公司CEO组织的专业协会，从1978年到现在发布了一系列有关公司治理准则方面的文件，表现出各专业协会从规则上对CEO行为的约束。Black和Coffee(1998)曾经研究了英国存在的由机构投资者建立的各种组织对各种投资基金管理者行为的自我约束或者自我管制问题，如英国保险业协会(The Association of British Insurers)、基金管理者协会(The Institutional Fund Managers Association)、国家退休基金委员会(The Natural Association of Pension Funds)等，这些机构的主要职责是协调基金管理者与所有者之间、基金与该基金投资所在公司的管理者之间的关系，制定行业准则等，甚至有时直接参与到处于经营危机状态的公司经营过程中。在英国，机构投资者拥有的上市公司的股权超过60%，因此他们的行为以及他们倡导的行为准则对公司治理具有重大影响。

(3) 社会诚信也可以说是社会信用，是指单个自然人或者法人与其他自然人或者法人在社会经济交往中发生守信履约行为。在这里，社会经济交往主要是指产品和资金交易过程。良好的社会信用意味着交易过程的有效率或者交易成本的减少。因此社会信用体系的发育程度，对公司治理产生外部的约束作用，这种外部约束体现在公司之间的交易过程中，也体现在管理者与所有者、所有者之间等的交易过程中。一个有效率的社会信用体系，应当包括以下一些内容：对经济主体完整的信用记录，信用数据的开放和信用管理行业的发展；信用管理的立法和执法，即信用使用的规范以及失信惩罚机制的建立和完善；政府对信用交易的监管，以及信用管理的民间机构的建立；信用管理的研究与发展；等等。

(4) 管理人员道德主要是指管理者的职业道德，与此有关的理论主要是有关声誉的研究，也被称为声誉理论，如Kreps(1990)等。按照李军林(2002)的认识，Kreps等人对声誉的研究以及由此得出的声誉对行为主体的激励效应理论是一般意义的，它可以被用于对企业行为的解释，企业就是“一个声誉的载体”，也可以被用于对单个管理者行为的研究。声誉与管理者的人力资本价值密切相关，企业的经营者也有建立和维护良好声誉的积极性。声誉效应是企业经营者的重要激励机制，在声誉效应的激励机制下，管理人员有提高自身工作积极性的内在动力。声誉机制的实施与经理人员市场的发育紧密相关，一个充分竞争的市场环境，是激励机制得以发挥作用的必要条件。

【本章思考题】

1. 外部治理与内部治理间有何关系？
2. 并购主要有哪些方式？收购成功的要素是什么？
3. 企业防止敌意收购的策略有哪些？
4. 决定银行参与治理的具体方式和途径的因素是什么？
5. 政府及监管部门监管对公司治理有何影响？

【综合案例】

京东的控制权保卫战

2014年5月22日，京东商城正式在美国纳斯达克证券交易所挂牌上市，股票代码为"JD"，收盘价报20.90美元，较发行价19美元上涨10%，募集到17.8亿美元资金，市值达到约285.72亿美元，成为继腾讯、百度之后中国第三大互联网上市公司。近三年间，京东的销售收入从2011年的211亿元增长到2013年的上千亿元，可谓发展迅猛，这与近年来电子商务的快速崛起有关，当然也与京东的科学化决策紧密相连。那么，这家发展迅猛的互联网公司到底是谁在掌舵呢？其资本构成又呈现出什么样的特点呢？其发展历程又有哪些值得我们关注的亮点呢？其上市之后又将面临着何种挑战？

根据第三方市场研究公司艾瑞咨询的数据，京东(JD.com)是中国最大的自营式电商企业，2013年在中国自营式电商市场的占有率为46.5%。2004年1月，创始人刘强东建构了第一个在线销售网站，随后在当年开创了京东业务，自此一直带领着公司不断发展壮大。2006—2012年陆续成立上海子公司、华南分公司，并陆续拓展自身的业务线和物流体系。2012年10月，京东海外站(英文网站)正式上线公测，显示了其发展海外业务的野心。2013年京东发布首份企业社会责任报告。2014年京东在业务拓展、资本市场运作方面都发展迅猛。

控制权方面，自2007年3月以来京东共进行9次私募融资，先后引进今日资本、美国老虎环球基金、DST全球基金、红杉资本、沙特王国投资公司等PE投资机构，募资额总计达18.77亿美元。过去8年，京东规模越做越大，2013年实现年销量千亿元目标，但也付出代价：在完成18.77亿美元私募融资后，京东股权结构呈现出分散、多元格局，刘强东持股比例被大幅稀释。

一、私募融资：股权稀释，控制权不稀释

在IPO前，刘强东通过两家控股公司Max Smart Limited和Fortune Rising Holdings Limited共持有23.67%股权，仍为第一大股东，但刘强东第一大股东地位已岌岌可危，第二大股东老虎环球基金持股比例达22.1%，五家主要PE合计的持股比例更高达65.6%。

在股份被稀释的情况下，如何保证控制权？这就要追溯到京东股东在2012年2月通过的同意公司设立双层投票结构的议案。京东上市前股票分为A类股(class A common stock)和B类股(class B common stock)，刘强东掌控的两家公司Max Smart Limited和Fortune Rising Holdings Limited直接持有B类股，其1股拥有20票的投票权。包括老虎环球基金、高瓴资本、DST基金、今日资本、沙特王国投资、红杉资本在内的股东均持有京东A类普通股，其1股仅拥有1票的投票权。如果将京东IPO前的总股本视为100，刘强东仍然拥有高达86.13%的投票权。

董事会运行方面，京东的董事会为9人，老虎环球基金、Best Alliance、Strong Desire以及DCM分别有权任命1名董事，而刘强东及管理团队则有权任命5名董事，并且有权任命董事会主席。刘强东及其管理团队与其他股东在董事会的投票权为5∶4，刘强东在董事会中投票权过半数，在董事会重大问题上应是刘强东及其管理团队说了算。这样，刘强东及其管理团队在董事会与股东会都有绝对的发言权，从而牢牢地把握了公司的控制权。

因此，即便未来京东继续融资，刘强东股份再度稀释，刘强东要想保持超过半数的投票权也并非难事，刘强东只需要保持4.75%的股权比例就可以保持超过半数的投票权。

二、双赢合作：腾讯入股

2014年3月10日，腾讯在港交所发布公告称，公司将购买351 678 637股京东普通股，占京东上市前在外流通普通股的15%。在此交易中，腾讯将向京东支付2.14亿美元现金以及腾讯B2C平台QQ网购和C2C平台拍拍网的100%权益、物流人员和资产，同时还将购买易迅网的少数股权和购买易迅网剩余股权的权利。双方还将签署战略合作协议，其中，腾讯将向京东提供微信和手机QQ客户端的一级入口位置及其他主要平台的支持，以助力京东在实物电商领域的发展；双方还将在在线支付服务方面进行合作，以提升顾客的网购体验。

这意味着，尽管谈判过程屡有波折，但在和腾讯“密会”大半年后，京东最终用15%的股权和5%上市股份的认购权，换来了腾讯电商资产、现金资源、一个竞争对手的消失，以及移动互联网上最大的一张船票——微信。据腾讯公告，易迅的资产总价值为-6.22亿元，而并入京东的QQ网购、拍拍网、易迅物流等资产总价为3.98亿元。

出于对董事会的掌控以及A类股和B类股的设定，京东“掌门人”刘强东不存在腾讯入股后对公司失控的问题。

刘强东之所以可以操盘京东，有很多创业企业很难复制的具体情景，包括刘强东一贯的强势硬派风格、京东在电商领域的业绩表现，以及包括DST、红杉与KPCB在内的11家投资人将其投票权委托给了刘强东(通过Max Smart Limited)行使，抱团全力支持刘强东。有了腾讯的入股，华尔街给京东的估值从上市前三个月的不到75亿美元骤升到上市时翻了两番的市值。

虽然刘强东和京东这些因人而异的特质很难复制，但是创业者们却可以通过学习资本市场的游戏规则，并通过既理解创业投资又懂治理的专业人士的协助，为创业企业设计合理的控制权制度，以实现对企业的相对控制。

三、IPO 之路

更新后的财报显示，刘强东拥有18.8%的股权。IPO之后，刘强东持有京东20.5%的股份，全部为B类股，根据京东A、B股投票权1比20的设置，刘强东将拥有京东83.7%的投票权，仍然牢牢地掌握着京东的发展方向。另外，其他几大股东的股份比例也发生了些许变化。老虎环球基金持股18.1%，拥有3.2%投票权；腾讯持股14.3%，拥有3.7%投票权；高瓴资本旗下HHGL 360Buy Holding. ltd持股13%，拥有2.3%投票权；DST全球基金持股9.2%，拥有1.6%投票权；今日资本旗下Best Alliance International Holdings Limited持股7.8%，拥有1.4%投票权；雄牛资本旗下基金Strong Desire Limited持股2.2%，拥有0.4%投票权；红杉资本持股1.6%，拥有0.3%投票权。

京东将在此次IPO交易中发售9 370万股美国存托凭证，其中6 900万股由该公司自身提供、2 470万股由献售股东提供。美银美林和瑞士银行担任本次发行的联席全球协调人和联席牵头账簿管理人。招股说明书显示，京东2014年第一季度净营收226.57亿元，较去年同期的137.25亿元同比增长65%。净利润方面亏损37.95亿元，而去年同期为净利润1 300万元，第一季度净利润率为－16.7%。不过，大幅亏损是源于对刘强东的股权激励，并非京东自身业务出现问题，招股书显示，这笔股权补偿开支为36.70亿元，主要是赠予京东CEO刘强东9 378.097万股限制股。按照这一增长速度，京东在2014年的营收有望超过2 000亿元。而在利润上，京东也有望在2014年实现盈亏平衡，其CEO刘强东身家有望超过30亿美元。

四、未来方向：公司治理的优化

京东上市之后，所面临的不仅是机遇，更多的是挑战。上市不仅仅是募集资金，更是企业公司治理优化的平台，在更开放、公正的平台中如何自处，成为企业上市后面临的头等问题。截止到目前，已有几十家在美上市中国公司的审计师提出辞职或曝光财务问题，部分在美上市的中国公司遭停牌或摘牌，中国公司的海外声誉大幅滑坡。从海外上市的第一天起，诸如股东诉讼等问题就始终伴随着中国公司。这也再次警示人们，在上市尤其是海外上市的过程中必须切实防范治理风险累积。否则，一旦治理风险被引爆，带给公司的必然是灭顶之灾。

在近年我国企业纷纷赴海外上市的背景下，中国公司的当务之急，就是要练好公司治理内功，熟悉并遵守相关国际规则，防范治理风险累积甚至蔓延到企业身上，在转型的背景下防止负效应的放大可能引发的地震。否则，后果将不堪设想。以京东为例，上市的动力诱因将会促使其向现代公司治理转型。为此，在转型的过程中，需要处理好下列问题：随着企业的发展，如何进行控制权与股权结构的重组；股权结构中人力资本与货币资本的关系如何处理；如何设置合理的创始人减持和退出机制，做到既不伤“人情”又能保证企业控制权的稳定；如何实现经营权和所有权分离，做到一方逐渐退出，另一方以合理的价格受让，或者双方采用分割而治的方式；职业经理人的引入与控制权的合理配置；企业中利益相关者的利益如何体现；如何处理高度集权与“家长式”管理问题；等等。只有从制度上改善股权结构，规范治理机制，确保控制权稳定，企业才能走得更远。

上市之后，京东面临着外部治理环境的改善、治理风险的变化、股权结构优化等问题。在未来的发展道路上，京东需要注意以下几点：首先，外部治理环境的持续改善为公司治理优化提供了权利保障、程序公平、理性博弈的制度环境；其次，企业应警惕隐性的公司治理风险；再次，企业股权结构优化的重要性再次凸显；最后，企业应着力构建和谐的治理文化。总之，要更加注重通过制度的完善来提升治理机制的系统效能，通过治理结构的再优化推进公司治理向经济型治理转型。

资料来源：根据公开资料整理。

【案例讨论】

1. 刘强东的控制权保卫战对其他创始人有何启示？
2. 如何保护双层投票结构下的中小投资者的利益？
3. 京东在上市后可能会面临什么样的治理风险？对此，你有何防范建议？

参 考 文 献

1. B. Balachandran, N. Nagarajana, A. Rappaport. Threshold Margins for Creating Shareholder Value. *Financial Management*, 1986, Spring.

2. Bae, K., et al. Do Controlling Shareholders' Expropriation Incentives Imply a Link Between Corporate Governance and Firm Value? Theory and Evidence. *Journal of Financial Economics*, 2012, 105(2): 412—435.

3. Bebchuk, L. A., K. J. M. Cremers and U. C. Peyer. The CEO Pay Slice. *Journal of Financial Economics*, 2011, 102(1):199—221.

4. Borokhovich, K. A., R. Parrino and T. Trapani. Outside Directors and CEO Selection. *Journal of Financial and Quantitative Analysis*, 1996, Vol. 31(3): 337—355.

5. Class Hagg, Hakan Preiholt. Investor Relations, Financial Marketing and Target Groups. *The Marketing Management Journal*, 2004, Vol. 14(2): 129—133.

6. Coles, J. L., M. L. Lemmon and J. Felix Meschke. Structural Models and Endogeneity in Corporate Finance: The Link Between Managerial Ownership and Corporate Performance. *Journal of Financial Economics*, 2012, 103(1):149—168.

7. Craven, B. M., Marston, C. L. Investor Relations and Corporate Governance in Large UK Companies. *Corporate Governance: An International Review*, 1997, Vol. 5(3): 137—151.

8. Dahya, J., O. Dimitrov and J. J. McConnell. Dominant Shareholders, Corporate Boards, and Corporate Value: A Cross-country Analysis. *Journal of Financial Economics*, 2008, 87(1): 73—100.

9. David Larry Yermack. Do Corporations Award CEO Stock Options Effectively? *Journal of Financial Economics*, 1995, 39(2—3): 237—270.

10. Deephouse. The Effect of Financial and Media Reputations on Performance. *Corporate Reputation Review*, 1997, Vol. 1: 68.

11. Di Giuli, A. and L. Kostovetsky. Are Red or Blue Companies More Likely to Go Green? Politics and Corporate Social Responsibility. *Journal of Financial Economics*, 2014, 111(1):158—180.

12. Duchin, R., J. G. Matsusaka and O. Ozbas. When Are Outside Directors Effective? *Journal of Financial Economics*, 2010, 96(2): 195—214.

13. Fathilaul Zakimi, Abdul Hamid. Malaysian Companies Use of the Internet for Investor Relations. *Corporate Governance*, 2005(5): 5—14.

14. Favara, G. Agency Problems and Endogenous Investment Fluctuations. *Review of Financial Studies*, 2012, 25 (7):2301—2342.

15. Ferreira, D., G. Manso and A. C. Silva. Incentives to Innovate and the Decision to Go Public or Private. *Review of Financial Studies*, 2014, 27(1):256—300.

16. Field, L., M. Lowry and A. Mkrtchyan: Are Busy Boards Detrimental? *Journal of Financial Economics*, 2013, 109(1):63—82.

17. J. W. Byrd and K. A. Hickman. Do Outside Directors Monitor Managers. *Journal of Financial Eco-*

nomics, 1992, Vol. 32(2): 195—221.

18. John E. Core, Robert W. Holthausen, David F. Larcker. Corporate Governance, Chief Executive Officer Compensation, and Firm Performance. *Journal of Financial Economics*, 1999, 51(3): 371—407.

19. Koenig, Thomas, Robert Gogel. Interlocking Corporate Directorships as a Social Network. *American Journal of Economics and Sociology*, January, 1981(40).

20. Kroll, M., B. A. Walters and Wright. Board Vigilance, Director Experidence, and Corporate Outcomes. *Strategic Management Journal*, 2008, 29(4): 363—382.

21. Marston C, Straker, M. Investor Relations: A European Survey. *Corporate Communications: An International Journal*, 2001, Vol. 6(2): 82—93.

22. Mary Conger. How a Comprehensive IR Program Pays Off. *Financial Executive*, 2004, January/February.

23. Masulis, R. W., C. Wang and F. Xie. Agency Problems at Dual-Class Companies. *The Journal of Finance*, 2009, 64(4): 1697—1727.

24. OECD. OECD Principles of Corporate Governance, 2004.

25. Powell, W. W. Neither Market Nor Hierarchy: Network Forms of Organization. *Research in Organizational Behavior*, 1990, 12: 295—336.

26. Richard R. Dolphin. The Strategic Role of Investor Relations. *Corporate Communications: An International Journal*, 2004, Vol. 9(1): 25—42.

27. Ryan, Thomas. *Using Investor Relations to Maximize Equity Valuation*. Hoboken, NJ, USA: John Wiley & Sons, Incorporated, 2005.

28. Ryder, Regester. *Investor Relations*. London: Hutchinson Bysiness Books, 1989.

29. Schnitzer, Elliot M. Foreign Corrupt Practices Act. Board Practices Monograph, National Association of Corporate Directors No. 14, April 1981.

30. Tuschke, A., W. G. Sanders and E. Hernandez. Whose Experience Matters in the Boardroom? The Effects of Experiential and Vicarious Learning on Emerging Market Entry. *Strategic Management Journal*, 2014, Vol. 35: 398—418.

31. 别敦荣、徐梅:《去行政化改革与回归现代大学本质》,载《中国高教研究》,2011(11)。

32. 〔英〕尼利、亚当斯、肯尼尔利:《战略绩效管理:超越平衡记分卡》,李剑峰译,电子工业出版社2004年版。

33. 陈晋平:《上市公司控制权转移的实证研究》,载《证券市场导报》,2005(12)。

34. 程昔武、朱小平:《非营利组织治理结构:特征分析与框架构建》,载《审计与经济研究》,2008(3)。

35. 邓菊秋:《独立董事制度研究》,西南财经大学出版社2004年版。

36. 段丛清:《独立董事制度研究》,人民出版社2004年版。

37. 〔英〕费恩特等:《公司董事会》,何昌邑等译,华夏出版社2004年版。

38. 金永红、奚玉琴:《独立董事制度与中国上市公司治理》,立信会计出版社2003年版。

39. 〔英〕克里斯·皮尔斯:《执行董事》,段佳陆等译,华夏出版社2004年版。

40. 李维安等:《公司治理》,南开大学出版社2002年版。

41. 李维安、武立东:《公司治理教程》,上海人民出版社2002年版。

42. 李维安:《中国公司治理原则与国际比较》,中国财政经济出版社2001年版。

43. 李维安:《公司治理学》,高等教育出版社2009年版。

44. 李维安、王世权:《大学治理》,机械工业出版社2013年版。

45. 廖理:《公司治理与独立董事案例》,清华大学出版社 2003 年版。

46. 刘俊海:《股份有限公司股东权的保护》,法律出版社 2004 年版。

47. 刘明彦、王光宇:《公司治理:花旗与德意志银行比较》,载《银行家》,2006(10)。

48. 卢昌崇、陈仕华、Joachim Schwalbach:《连锁董事理论:来自中国企业的实证检验》,载《中国工业经济》,2006(1)。

49. 鲁桐:《独立董事制度的发展及其在中国的实践》,载《世界经济》,2002(6)。

50. 〔美〕罗伯特·蒙克斯、尼尔·米诺:《公司治理》,李维安、周建等译,中国财政经济出版社 2004 年版。

51. 马更新:《独立董事制度研究》,知识产权出版社 2004 年版。

52. 马连福、赵颖:《基于公司治理的投资者关系文献评述与研究展望》,载《南开管理评论》,2006(1)。

53. 钱颜文、姚芳、孙林岩:《非营利组织治理及其治理结构研究:一个对比的视角》,载《科研管理》,2006,27(2)。

54. 孙敬水:《独立董事制度:公司治理的创新与革命》,安徽大学出版社 2003 年版。

55. 谭劲松:《独立董事与公司治理:基于我国上市公司的研究》,中国财政经济出版社 2003 年版。

56. 〔英〕托尼·兰顿、约翰·瓦特肯森:《公司董事指南:职责、责任和法律义务》,李维安、牛建波等译,中国财政经济出版社 2004 年版。

57. 王巍:《中国并购报告》,中国物资出版社 2001 年版。

58. 吴淑琨:《公司治理和公司管理的系统化思考》,载《南京大学学报(哲学社会科学版)》,2001(3)。

59. 王名:《非营利组织管理概论》,中国人民大学出版社 2002 年版。

60. 夏天:《投资者关系管理》,中华工商联合出版社 2005 年版。

61. 谢朝斌:《独立董事法律制度研究》,法律出版社 2004 年版。

62. 徐向艺等:《公司治理制度安排与组织设计》,经济科学出版社 2006 年版。

63. 杨华:《公司控制权市场的微观基础和宏观调控》,中国人民大学出版社 2003 年版。

64. 杨华:《投资者关系管理与公司价值创造》,中国财政经济出版社 2005 年版。

65. 于东智:《董事会与公司治理》,清华大学出版社 2004 年版。

66. 〔英〕约翰·哈珀:《董事会运作手册》,李维安、李胜楠、牛建波译,中国财政经济出版社 2006 年版。

67. 仲继银:《董事会与公司治理》,中国发展出版社 2009 年版。

68. 朱宝宪:《从深宝安收购延中实业到裕兴、高清举牌方正科技》,载《中国并购评论》(第一册),清华大学出版社 2003 年版。

教师反馈及教辅申请表

北京大学出版社本着“教材优先、学术为本”的出版宗旨，竭诚为广大高等院校师生服务。为更有针对性地提供服务，请您认真填写以下表格并经系主任签字盖章后寄回，我们将按照您填写的联系方式免费向您提供相应教辅资料，以及在本书内容更新后及时与您联系邮寄样书等事宜。

<table>
<tr><td>书名</td><td></td><td>书号</td><td colspan="2">978-7-301-</td><td>作者</td><td></td></tr>
<tr><td colspan="2">您的姓名</td><td colspan="3"></td><td>职称职务</td><td></td></tr>
<tr><td colspan="2">校/院/系</td><td colspan="5"></td></tr>
<tr><td colspan="2">您所讲授的课程名称</td><td colspan="5"></td></tr>
<tr><td colspan="2">每学期学生人数</td><td colspan="3">______人______年级</td><td>学时</td><td></td></tr>
<tr><td colspan="2">您准备何时用此书授课</td><td colspan="5"></td></tr>
<tr><td colspan="2">您的联系地址</td><td colspan="5"></td></tr>
<tr><td colspan="2">邮政编码</td><td colspan="2"></td><td>联系电话
（必填）</td><td colspan="2"></td></tr>
<tr><td colspan="2">E-mail（必填）</td><td colspan="2"></td><td>QQ</td><td colspan="2"></td></tr>
<tr><td colspan="5">您对本书的建议：</td><td colspan="2">系主任签字

盖章</td></tr>
</table>

我们的联系方式：

北京大学出版社经济与管理图书事业部

北京市海淀区成府路 205 号，100871

联系人：徐冰

电话：010-62767312 / 62757146

传真：010-62556201

电子邮件：em_pup@126.com　　em@pup.cn

Q Q：5520 63295

新浪微博：@北京大学出版社经管图书

网址：http://www.pup.cn